★农村发展与新型城镇化建设研究丛书

湖北新型城镇化转型与治理研究

HUBEI XINXING CHENGZHENHUA ZHUANXING YU ZHILI YANJIU

◎宋亚平 项继权 等著

长江出版传媒
湖北科学技术出版社

图书在版编目(CIP)数据

湖北新型城镇化转型与治理研究 / 宋亚平,项继权等著.
—武汉:湖北科学技术出版社, 2013.12
(农村发展与新型城镇化建设研究丛书)
ISBN 978-7-5352-6098-7

Ⅰ. ①湖… Ⅱ. ①宋… ②项… Ⅲ. ①城乡化—研究—湖北省
Ⅳ. ① F299.276.3

中国版本图书馆 CIP 数据核字(2013)第 171096 号

策　　划:何　龙　高诚毅　　　责任校对:蒋　静
责任编辑:高诚毅　宋志阳　　　封面设计:喻　杨

出版发行:湖北科学技术出版社　　　电话:027-87679468
地　　址:武汉市雄楚大街 268 号　　　邮编:430070
　　　　(湖北出版文化城 B 座 13-14 层)
网　　址:http://www.hbstp.com.cn

印　　刷:武汉中科兴业印务有限公司　　　邮编:430071

700×1000　1/16　　　22 印张　3 插页　354 千字
2014 年 3 月第 1 版　　　2014 年 3 月第 1 次印刷
定价:43.00 元

《农村发展与新型城镇化建设研究丛书》编写委员会

总　序

我出生在农村，对农民有着特殊的感情，走上领导岗位后，在山区工作长达十年之久，尔后又在省政府分管了五年的农业农村工作。最近，省社科院的同志抱来一套即将付梓出版的《农村发展与新型城镇化建设研究丛书》命我作序，勾起了我心底深厚的“三农”情结。

近年来，我们党提出了把解决好“三农”问题作为全党工作“重中之重”的战略思想，确立了走中国特色农业现代化道路的根本方向，明确了推进“四化”同步发展的基本方略，部署了加快发展现代农业、建设社会主义新农村的战略任务，集中力量办了很多事关农业农村长远发展的大事难事。在很多领域都取得了令人瞩目的成就。在这样的背录下，“三农”研究蔚然成为显学，涌现出一大批学术理论成果。同时，也仍然存在很多亟待破解的难题．如何深入透彻地研究“三农”问题并作出科学决策，在世界经济格局发生深刻变化、中国经济升级版呼之欲出的情势下，显得尤为重要。我以为，推进“三农”问题研究向纵深发展，关键是要把握好四个维度，观之以更宏阔的视野，致之以更深入的审视。

一是全球视野。在全球化进程日益加快的今天，世界正越来越贴近中国的农村和农民，中国的“三农”问题已经成为一个世界性的问题，全球粮食危机日益逼近，中国粮食安全影响世界粮食供给格局；世界经济复苏缓慢，中国农村城镇化是转换中国经济增长动力，推动世界经济摆脱阴霾的重要因素；高成本时代悄然来临，中国农业发展方式的转变不仅关乎中国

“世界工厂”地位的巩固，更影响着全球许多商品的供给和价格。研究“三农”问题，必须以世界格局及其与中国的互动关系为横向维度，结合经济全球化的发展趋势和国际政治经济的复杂形势，充分吸收和借鉴世界各国处理农业农村问题的有益经验，为“三农”问题的化解提供参考和依据。

二是中国语境。“三农”问题不仅仅是一个经济发展问题，也是一个社会和政治问题；不仅仅是一个提高农民收入、改善农村面貌、稳定农业发展的问题，也是一个如何谋求农业、农村、农民长远发展的问题；不仅仅是一个“三农”本身的问题，也是一个关系到整个国民经济与社会发展全局性的问题。因此，必须将“三农”问题置于中国改革深化，经济社会转型和现代化发展的视域中来加以考察与研究。正如邓小平同志所说：“我国农业现代化，不能照抄西方国家或苏联一类国家的办法，要走出一条在社会主义制度下合乎中国情况的道路。”我们必须正视国情和农情，牢牢把握发展的阶段性特征，立足中国特色社会主义实践，在理论与实践的契合中为中国特色农业现代化道路的顺利推进提供理论支撑和战略定位。

三是区域实际。区域维度也是考察“三农”问题的基本维度之一，必须将“三农”问题放在经济社会发展的区域结构中加以考察与研判。我国是一个农业人口众多、农村面积广阔的大国。各地自然条件、资源禀赋、社会基础、经济发展程度各不相同，导致农业发展水平区域差异很大，这一基本国情从根本上决定了，在中国几乎考虑任何全局性问题时都必须重视在空间维度上的考量，这是基于中国区域差异性的基本研究难度，本质上是统筹发展思维的重要体现，是区域生产关系适应区域生产力发展的区域性差异，处理好解决“三农”问题过程中局部突进与全局推进的关系，提供多元的、有差别的、分类指导的制度选择与安排，为地方党委政府的制度供给与创新提供更为宽松的空间。

四是群众立场。历史从来都是由数以亿计的人民大众开创的，任何历史发展进程都是历史主体的主体性提高的过程。“三农”问题的核心是农民问题，是农民的生存、转型和发展问题，而农业与农村问题在很大程度上讲不过是农民问题的派生，“三农”问题研究也只有紧紧把握“群众立场”这一核心问题。同具体的、实际的、生生不息的社会环境和历史语境环环相扣，同亿万农民群众的切身利益息息相通，才能够继往开来、永葆生命活力。我们必须以亿万农民的实践历史为研究核心，以农民群众的切身利益为重大关切，带着对农民群众的深厚感情去研究问题、寻求对策，充分尊重农民的主体地位和首创精神，充分调动广大农民的积极性、主动性和创造性，紧紧依靠农民的智慧和力量推动农业农村改革发展，实现好、维护好、发展好农民群众的根本利益，逐步实现“三农”问题的根本解决。

令人欣慰的是，湖北省社科院组织编写的《农村发展与新型城镇化建设研究丛书》较好地体现了这四个维度。该丛书围绕农村发展与新型城镇化建设这一重大课题，立足湖北，放眼全国，对城乡一体化过程中的经济模式、服务管理、政策支持、社会保障、生态建设等课题进行了深入研究和探索，数据与案例并存，理论性与实用性兼顾，必将为推行“三农”创新发展起到重要的指导与参考作用。

是为序。

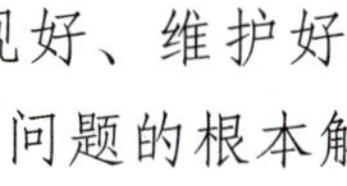

2014 年 1 月 8 日

序 言

宋亚平

2012 年初，中共湖北省委、省政府领导以“圈批”形式给我院下达了 15 项重大社会科学研究任务，我牵头负责的“湖北城镇化研究”即为其中一项。考虑到我院从事城镇化研究的力量比较薄弱，特邀请华中师范大学政治学研究院专家项继权老师加盟课题组。从初夏到深秋，我们带领十几个博士、硕士研究生，先后深入到襄阳、十堰、荆门、荆州、咸宁、黄冈等地区进行调查，收集了大量的第一手资料，经过分专题潜心研究，又与省直有关职能部门的领导和部分专家学者进行了多次座谈与讨论，最后形成了今天的成果——《新型城镇化：社会发展与治理转型——湖北新型城镇化发展研究》一书。

实事求是地讲，从上世纪九十年代起，湖北省的城镇化进程便开始昂首阔步、勇立潮头，特别是襄樊地区的小城镇建设更是抢机遇、夺先声，领跑在全国各省的前头。当年《经济日报》主编艾丰先生到襄阳县、谷城县、枣阳市考察，敏锐地从石花、双沟、吴店等小型城镇化建设热潮中破译出蕴藏于其中的时代密码，“小城镇、大战略”的思想口号与理论体系几乎于一夜之间传遍大江南北。1998 年 10 月，作为顶层决策，党的十五届三中全会决议旗帜鲜明地提出：“发展小城镇，是带动农村经济和社会发展的大战略”。

进入新世纪之后，城镇化建设进一步发展成为中国最时髦、最热门、最吸引眼球与神经的焦点话题，特别是在 2013 年的新一届“两会”之后，绝大多数人都坚定不移地相信：城镇化就像一台功率强大的“发动机”和一个势不可挡的“火车头”，不仅可以拉动国民潜在的巨量消费内需，而且还将长期支撑中国经济的高速增长。在这个良好希望与美丽愿景的欢欣鼓舞下，各地方“诸侯”无不都在提振精神，积极主动，充分利用“集中力量办大事”的体制优越性，超前制订规划，高调发布城镇化建设目标体系，你追我赶地发起了一场波澜壮阔、如火如荼的城镇化运动。

当前，湖北省正处于“黄金十年”机遇期。随着经济发展方式与社会进步模式的转变，传统的城乡二元体制正在逐步松动，数以百万计的农民大军“洗脚上岸”，不断涌入大城市与小城镇务工。更重要的是，长江经济带与长江中游城市集群特别是“中三角”战略的提出，高铁时代与“九州立交桥”的实施，“两圈一带”与“一主两副”城镇体系格局的初步形成，全省城镇化已经呈现加速发展的大好态势。根据湖北省统计公报，2012 年底，我省常住人口 5779 万，其中城镇常住人口 3091.77 万，农村常住人口 2687.23 万，城镇化率达到 53.49%。不仅位居中部地区第一，而且高于全国 52.57% 的平均水平。

本课题研究的精华部分主要体现在总报告之中，2012 年底通过我院的《要文摘报》呈送给省委、省政府的领导研阅之后，得到了他们的高度肯定。在总报告中，课题组对于湖北城镇化的历史进程、已经取得的发展成就和当前存在的诸多问题、新型城镇化的路径选择与目标体系都作了相当深刻的阐述，并在此基础上提出了自己的看法和建议。借此书出版作序的机会，我觉得很有必要再作一些补充，特别是紧密结合湖北省经济社会发展的具体实际，就城镇化建设在操作层面上大家所关心的一些事情，讲讲我个人的经验与体会。不一定正确，仅供读者参考。

一、准确把握城镇化的本质特征

加快推进新型城镇化建设是党在十五届四中全会上提出的战略路线。此后，每年中央经济工作会议、农村工作会议均有反复强调。纵观其社会背景与精神实质，“城镇化”之所以被决策层寄予厚望，主要是为了解决农业发展慢、农民增收难、城乡二元结构顽固，城乡差距越来越大这一特殊的“三农”难题。严格地讲，这与国际上一般意义的“城市化”概念有明显区别，而是一个有着鲜明中国特色的理论概念。正因为如此，我国学界现在讨论“城镇化”的时候，也大多专指“农村的城镇化”。所以，我们不能把城镇化片面地理解为单纯的城市建设和城市发展问题，也不能把城镇化道路简单地理解为是到底是建设大城市好还是建设小城镇好的问题，而是要全方位地深刻领会中央关于城镇化发展的丰富内涵，坚持城镇化前进的正确方向。

具体地讲，“城镇化”主要指以农村人口不断向城市迁移与聚集为本质特征的一种历史过程。在这里，城镇化的范围虽然也包括诸如武汉、宜昌、襄阳等大中城市，但“主战场”应该是县域，平台是城镇，对象是农村，主体是农民，目标和任务则是让绝大多数农业人口有效地转移成为非农业的城市居民。同时,农村的地域自然景观、产品产业结构、生产生活方式、社会组织体系、行政管理制度等等也要随之变化,使整个社会形态由传统的乡村社会向现代的城市社会转型。所以,加快推进新型城镇化是解决城乡二元体制,缩小城乡差别,实现统筹城乡一体化的必由之路。同时,也是转变发展方式、保障湖北经济社会又好又快发展、构建促进中部崛起战略支点的科学选择。

可以说,城镇化的核心与关键,在于人的城镇化,特别是农民的市民化。因此,在新一轮城镇化进程中,我们应该准确把握城镇化的本质特征,紧密围绕城镇化的主要任务来研究相关的方针、路线和政策,科学编制城镇发展规划,妥善推出各项行动措施。我认为,检验城镇化建设成败的一个重要的客观标准,不是数你建造了多少座新城,也不是看你改造了多少旧城,更不是评比豪华排场的所谓"城市"广场、"世纪"大道、"欧式"街区和"休闲"花园,而是要看你通过工商经济活动的繁荣和公共服务体系的完善等途径,最后有效地实现了多少农村劳力的稳定就业,真正地完成了多少农村人口的市民化进程。这个核心目标达不到,你的城镇化建设就有可能是劳民伤财的"花瓶"工程。

二、充分尊重城镇化的内在规律

古今中外,凡有城镇诞生,无非来自两种情形:一是因交通便利、资源丰富而自然形成的人口稠密之处;二是依靠产业集聚、商贸繁荣而逐步拓展的区域经济中心。至于凭借军事和行政手段所建立起来的权力据点,往往也能够在一定程度上"孵化"为城镇。然而,无论哪一种城镇,都不是从石头缝隙里蹦出来的"孙大圣",而是本地区市场经济发展到一定阶段后各种生产要素综合聚焦的客观反映,也是社会文明形态由传统农村向现代城市变迁的自然过程。换个角度看,城镇化建设就像一棵参天大树,需要本地区经济社会的繁荣昌盛来作为自己吸取营养以茁壮成长的"肥沃土壤"。

许多地方的城镇在发展进程中为什么老是像一群"侏儒",虽经大力扶助仍然难以"长大成人"。一个很重要的原因就在于:很多城镇包括一些"中等城市"不是对自然形成的区域经济中心的理智选择,而是按照行政区划的均衡性通过行政手段"指腹为婚"的政治产物,甚至有的就是片面追求城镇化而形成的"小马拉大车"的工程。由于基本不具备城镇化的客观条件和发展潜力,多年来尽管政府投入了大量人力、物力、财力进行建设,但结果往往是低水平重复严重,公共基础设施差,服务功能不健全不完善,产业升级换代困难,提供就业门路狭窄,对农村人口转移缺乏吸引力。一旦行政区划发生调整,重新“洗牌”之后遭到弃守的多数城镇便很快化为一座座“废城”和“死城”。

以行政手段配置资源最大的优点是可以集中力量办大事。上述教训告诉我们:任何城镇的形成及其“化”的过程,都如同“十月怀胎”一样,属于是本地区经济社会发展到一定阶段的必然产物。城镇数量的多少、城镇规模的大小以及城镇化推进速度的快慢,真正起决定作用的不是政府的行政动员、政策干预和财政投入能力,而是该地区经济基础特别是市场化、工业化的爆发力和支撑力。如果看不到这一规律性,任凭地方领导人运用行政权力“拍脑袋”去“造城”,那么,再多再大的城池也只能化为无本之木、无源之水,犹为沙漠上的大厦,迟早必然会坍塌,这应该是一个既简单又浅显的常识。

所以,各地党委、政府要推进城镇化建设,就得按客观规律办事,把着眼点和着力点放在社会生产力的培育发展上。既要有只争朝夕的时代紧迫感,大胆开拓创新,又要有长期艰苦奋斗的思想准备和工作作风,说实话,做实事,打基础,促发展。努力避免“平铺摊子、乱搭架子、到处甩票子,最后一片空壳子”的行为,将有限的人力、物力、财力、精力,集中投入到真正具备城镇发展条件的地方,循序渐进,梯度展开,以求实效。

三、精心构建城镇化的核心支撑

早在2000多年前,亚里士多德就曾经说过:“人们来到城市,是为了生活。人们留在城市,是为了更好地生活。”因此,城市不仅仅是经济发展的增长极,更应该是一个人文精神的根据地,并以经济繁荣昌盛、文化灿烂辉煌、社会和谐稳定、自然环境优美为核心支撑,构建成为人们宜业与宜居的灵秀之地。在我看来,这既是一个城市的基本要求,也是一个城市的首要功能。只有当这个核心支撑形成之后,才能聚集人气与人才,才能汇合各种生产要素以施放城市的潜在发展能力,才能充分体现出城市的强大竞争力。

但是,我们也看到,现在有一些地方推进城镇化建设所追求的直接目标,不是以人为本、统筹城乡发展,全面实现小康社会,而是为了在短期内推动本地区经济的快速增长,特别是充分利用房地产的“热潮”来促进地方政府财政税费的快速增收以脱贫致富。有的地方则是把城镇建设当成形象工程和政绩工程来做,表现出一种急功近利,贪大求洋,玩“花架子”的态度。结果在布局上搞“摊大饼”，在规划里演“镜花缘”，在建设中玩“空手道”，对招商引资搞“拣进篮子都是菜”，对环保问题搞“睁一只眼闭一只眼”。到头来，这种城镇化建设便必然导致布局分散、规模狭小、环境恶化、资源浪费大、运行质量差、就业机会少、服务功能弱、管理成本高、低水平重复建设严重的现象。

就业是农民进入城镇之后能否“落脚投生”最基本的前提。如果找不到工作，没有了收入，纵使鲜花般的漂亮城镇也无法让人驻足。所以，产业经济的繁荣发展是城镇化建设最重要的基础。但是，中国工业化目前已进入资本密集度越来越高的历史阶段，资本投入大量增加，资本有机构成迅速提升，资本对劳动的替代不断加快，就业对经济增长的弹性日益下降。同时，一些地方政府在推进城镇化过程中，往往是将有限资源集中使用在城市基础设施建设方面，造成城市发展中的产业“空心化”问题，导致就业机会严重不足。还有一些地方，其城镇化率主要是通过撤县建市、撤县建区或者撤乡建镇等途径来提高的，尽管行政区划已经变成了城镇，但还是原来的农业大县，产业并未得到真正的发展，创造的就业岗位也就必然十分有限。

如何创造更多的就业机会，是我省城镇化建设所面临的突出问题。在当前条件下，既要发展技术密集型、资金密集型产业，提高城市竞争力，也要发展劳动密集型产业，兼顾劳动就业和社会稳定。同时，城市产业结构特别是二、三产业之间以及产业内部各行业之间要保持协调性。现在，很多城市提出要大力发展第三产业，认为第三产业占地区 GDP 的百分比越高，产业结构越高级。其实这是个误区，因为第三产业说到底是个服务业，如果没有强大的第一、二产业，就不可能有繁荣的第三产业，这应该是一个基本常识。所以，在城市产业结构调整过程中，应该合理把握一、二、三产业之间的比例关系，根据城市特点及周边地区产业类型确定本城市产业的结构目标，这样不仅能够完善产业链条，提高产业竞争力，也有利于城市产业规模和经济总量的扩大。

四、不断提升城镇化的公共服务

由于城乡二元结构坚冰难破，我国现有城镇人口中有 2.6 亿农民工和 1.4 亿通过县改市、县改区、乡改镇的途径虽然具有城镇户籍，实际上仍然从事农业生产的人口。这些人大多没有真正转变身份，不能在就业、住房、教育、医疗、社会保障等公共服务领域享有与城镇居民相同的待遇，导致

“就业在城市，户籍在农村；劳力在城市，家属在农村；收入在城市，积累在农村；生活在城市，根基在农村”的特殊格局，从而使他们无法真正完成向城镇的“落户”迁徙。其实，在这个庞大的“被城镇化”了的社会群体中，还有那些拥有非农户籍的异地城镇居民也极难融入本地区的城镇社会，同样享受不到政府公共服务的阳光，而始终如同一群随波逐流的无根“浮萍”。

有人指出，当前制约城镇化发展的罪魁祸首是户籍制度。只要把旧的户籍制度废除了，城门就会大开，农民就会蜂拥而入。其实，户籍制度的阻碍作用只是一个表象，背后真正的“濠沟”是政府的财政能力不足。即使没有户籍制度，政府也会采用其他的方式来严格限制本地城市的人口规模。改革开放以来，县域城镇基本上已经放弃了传统的户籍制度。看起来谁进城都可以，但进城之后，市民化无法在住房、教育、医疗、社会保障等公共服务领域享有与城镇居民相同待遇的这个核心问题得不到解决，事实上没有市民化，从而就必然产生出一系列社会问题。

只要是来本地落脚投生的群众，就应该平等地享受政府提供的公共服务。但为什么关于户籍制度改革的问题高喊了这么多年，各地政府仍然无动于衷、不积极作为呢？其实，并非是政府不想作为，而是政府因财力不足而没有能力去作为。我以武汉为例，参照通用的相关数据进行过估算，发现要有效地接纳一个农村人口，并将其完全市民化，包括征地拆迁、公益基础设施建设、公共服务建设、社会民生保障与行政管理费用等等，各种项目一次性投入的综合经济成本大约需要 50 万元。也就是说，武汉市每增加 100 万人口，便必须投入资金 5000 亿元。如果再加上此前已计入武汉市城镇常住人口中的农业人口 280.65 万人和 178 万非户籍人口所必须偿付的历史欠账，这高达数万亿元巨额财政压力，武汉市政府势必无法承受。所以，基础设施与公共服务问题不解决，仅仅给你一个城镇户口有什么用处？

但是，大量增加政府的公共服务供给和不断提升政府的公共服务水平，不仅是政府不可推卸的神圣责任，也是时代发展进步的必然要求。例如，按照中央的有关精神，今后的城镇化建设肯定要以人的完全市民化为目标体系来考核，并且必然会与建立健全三大保障体系紧密挂钩：一是社会养老保险体系；二是社会医疗保险体系；三是社会救济福利体系。这三大社会保障体系，哪一条都得由政府财政支付大量的真金白银来实现。所以，如何加快农民工市民化进程，不是一个简单的户籍制度的改革问题，而是需要政府逐步积累起强大的财政能力，以切实保障社会公共服务的有效供给。

五、正确选择城镇化的实现路径

按照湖北省《关于加快推进新型城镇化的意见》中确定的工作目标，到2020年，我省城镇化水平要从现在的52%达到60%。具体地讲，在“十二五”期间，我省每年必须完成60万农村人口向城镇居民的有效转移。如何实现呢？《意见》安排了三条平行的路径：一是特大城市和大城市由6个增至14个，吸纳110万人；二是中小城市由40个增至50个，吸纳150万人；三是3万人口以上的建制镇由46个增至100个，吸纳100万人。

其实，武汉作为特大型城市，经过多年超常的持续扩张，规模经营和边际效益从整体上讲均已越过峰值。如果按照传统的路子走下去，各种公共基础设施与社会事业服务包括民生保障等领域的建设成本将越来越高，“城市病”的严重隐患将越来越多，与“资源节约、环境友好”发展原则的冲突将越来越大。同时，我参照省内外通用的相关数据进行估算，像武汉、襄樊、宜昌等大型城市要有效接纳一个农村人口，其经济成本（包括征地拆迁、公益基础设施建设、公共服务建设、社会民生保障与行政管理费用等平均值）大约为30万元。仅以规划中的110万人计算，总额则在330亿元以上。再加上此前的历史欠账，我估计各级地方政府都将面临着巨大的财政压力。

现在，很多人都主张大力发展小城镇，包括重点打造所谓的“中心镇”和“特色镇”，认为小城镇数量多、密度大、投资省，见效快，方便农民就近“洗脚上岸”。但这里有四个问题：一是小城镇布局分散、规模狭小、运行质量差、服务功能弱、管理成本高的劣势也非常明显，看起来投资省和见效快，实际上是低水平重复建设，资源浪费更大；二是“中心镇”和“特色镇”本该是由交通枢纽、产业链接、物流配置、服务健全等生产要素聚集而成的经济增长极，数量自然很少，往往超越既定的行政区划。但现在谁是“中心镇”和“特色镇”？很大程度上不依市场机制考评而靠行政手段认定。上级政府往往采取按县域平均分配的办法，“一碗水端平”，结果仍旧可能“摊大饼”；三是包括所谓“中心镇”和“特色镇”在内的多数小城镇缺乏产业支撑力，能够提供稳定就业的机会非常少，很难达到有效转移非农业人口100万人的规划目标；四是不利于土地集约使用的原则。根据全国第一次农业普查数据显示，中部地区建制镇人均占地512.5平方米，等于国家关于建制镇人均占地标准100平方米的5倍，高于同期地级以上城市人均占地的8.31倍。我也对监利的朱河、洪湖的瞿家湾、咸安的双溪、京山县宋河镇等四个省级重点镇进行过抽样调查，人均城镇工矿用地为460平方米，远远超出省国土资源厅规定的104平方米的约束性标准。这种状况与国家越来越严格的用地法规明显相悖，肯定难以可持续发展。

我个人认为，根据湖北的具体情况，应该把农村城镇化的主战场放在县域的城关镇即县城。这也有四个条件：一是县城为县域社会的政治、经济、文化、教育中心，生产力诸要素的聚集度较高，基础设施较全，服务功能较好，工商业经济比较活跃，相对容易创造就业机会；二是于绝大多数农民群众来讲，进入大中城市的“门槛”高，给人“望洋兴叹”和茫然无助之感，但在县城生活不仅能够享受现代化的物质文明，而且还因地缘、亲缘、血缘的关系能让人产生一种亲切感与安全感。浓烈厚重的乡音与约定俗成的文化之中，也比较容易构建稳定和谐的社会关系；三是经济成本相对较低。县城有效转移一个农民的综合投入约为10万元，仅为大城市的三分之一或四分之一。倘若各级政府都伸手帮上一把，这个问题应不难解决。而且，县城的土地集约程度明显高于一般城镇，也比较容易实施“生态优先、低碳发展，资源节约、环境友好”的政策措施；四是改革开放以来，随着县域经济的迅速发展，县城的规模经营和边际效益正在呈现广阔的开拓空间。如果在未来的10年间即到2020年，我们能够让县城的人口规模平均达到30万人的话，则62个县城的总人口将达到1890万，比现在净增加1000万人。仅此一项，全省的城镇化率便可提升15个百分点。所以，把农村城镇化的着力点和主战场定位在县城，应该是实事求是的正确选择。

目　录

总　　论

湖北城镇化发展的新阶段与新对策[1]

城镇化是人口持续向城镇集聚的过程，是工业化和现代化的重要标志，也是社会文明进步的集中体现。城镇化的发展，关系国民经济、社会发展和保障改善民生大局。近些年来，湖北城镇化加速发展，2011 年底，湖北省城镇化率已达 51.83%，城镇人口首次超过农村人口，经济社会结构发生了历史性的深刻变化。当前，湖北已经进入一个新的历史时期，未来十年是湖北发展的"黄金十年"，城镇化发展迎来重大历史机遇，同时，也面临新的需求和新的挑战。在新时期、新阶段和新的历史起点上，如何进一步深刻认识和科学把握湖北城镇化发展的新需求和新趋向，充分发挥城镇化在扩内需、调结构、转方式、保民生、促发展中的推动和主导作用，实现湖北跨越式发展；如何破解当前城镇发展中诸多不平衡、不协调的问题，构建和优化全省城镇发展空间体系结构，促进"三化"（工业化、城镇化、农业现代化）协调发展，实现科学发展、富民强省目标；如何立足湖北、着眼全局，探索具有中部特点、湖北特色的城镇化发展道路，形成"三化"协同、"两型"和谐的发展模式，推动"五个湖北"建设，为湖北发展、中部崛起提供强力支撑，为我国内陆农业地区城镇化发展开辟新路，是当前湖北各级领导干部和广大群众面临的历史机遇和历史责任！在湖北省委省政府有关部门的支持下，我们对湖北城镇化的发展及新时期的新情况、新问题和新需求进行了调查研究，对新时期和新阶段湖北城镇化发展的路径、政策和措施提出建议，供有关领导和部门参考。

---

〔1〕 报告执笔：项继权，华中师范大学政治学研究院教授、博士生导师，中国农村综合改革协同创新研究中心常务副主任，民政部"全国农村社区建设专家顾问组"顾问；李增元，华中师范大学政治学研究院博士生，中国农村综合改革协同创新研究中心研究人员。

一、城镇化的本质特征及其内在动力

迄今为止,人们对于城市化及城镇化有不同的理解和解释。[1] 较早提出城市化概念的埃尔德里奇(H. T. Eidridge)认为:"人口集中的过程就是城市化的全部含义。人口不断向城市集中,城市就不断扩张。人口停止向城市集中,城市化亦随即停止。"[2]我国有的学者认为:城镇化主要是指由农村人口转变为城镇人口的过程。其实质内容是由农业生产转向非农业生产的劳动力日益增多,人口分布由原先较分散的农村居民点逐步转向在不同程度上有所集中的城镇居民点,居民的生活方式也随之相应地发生变化。[3] 有的则认为"城市化是社会生产力变革所引起的人类生产方式、生活方式和居住方式改变的过程,不仅是物质文明进步的体现,也是精神文明前进的动力。"[4]国内比较权威的解释也认为"城市化(urbanization)是人类生产和生活方式由乡村型向城市型转化的历史过程,表现为乡村人口向城市人口转化以及城市不断发展和完善的过程。又称城镇化或都市化。"

虽然人们对城市化或城镇化有不同的解释,但是,通常都认为,"城镇化"是指农村生产要素不断向城市迁移与聚集,城镇人口不断增多,城镇数量、规模不断增大,质量不断提高的历史过程。城镇化是以工业为主体的非农产业集聚发展的必然结果,是工业化和信息化的重要标志,是农村社

---

[1] 国外通常称之为"城市化",我国学界和政界则使用"城镇化",以突出特殊的国情及特殊的城市化道路。1982 年 12 月 6 日至 10 日,中国建筑学会学术委员会区域规划和城市经济学组曾在南京召开了"中国城镇化道路"学术讨论会。与会代表普遍认为:"'城市化'是当今世界性大问题,为各国所共有,但是,各国具体国情不同,其'城市化'道路也各有特点。中国是以计划经济为主的社会主义国家,中国城市化道路当然也具有不同于资本主义国家城市化道路的特色。"代表们还对"城市化"与"城镇化"的概念进行专门的讨论,普遍认为:"城镇化"与"城市化"是同义语,是对"urbanization"一词的不同译法。urbanization 是人口从农村向各种类型的城镇居民点转移的过程。城镇可以泛指市和镇,虽然,城市也含城镇的意思,但我国的镇量多面广,因而从我国国情和科学含义看,运用"城镇化"比"城市化"词语更为准确、严密,主张用"城镇化"的概念取代"城市化",以示中国城市化道路的特殊性。

[2] 于洪俊,宁越敏. 城市地理概论[M]. 合肥:安徽科学技术出版社,1983:17 ~ 18 页.

[3] 罗艳琳. 基于 GIS 的云南城镇空间关系及演化分析[D]. 昆明:云南大学系统工程中心,2004.

[4] 走中国特色的城镇化道路[N]. 学习时报,2010 - 11 - 29(4).

会演进并通往现代化的一个重要过程，是传统农村向现代城市文明的一种变迁，是统筹城乡发展、全面建设小康社会的重要内容。[1]

（一）城镇化是区域经济社会发展集聚的过程

城镇的实质是生产要素的聚集，而生产要素的聚集则是经济社会发展的必然结果，因此城镇的形成不是行政干预的结果，也不是偶然因素的促成结果，而是区域经济社会发展所自然形成的中心。城镇化进程与经济发展水平紧密相关：1957 年，美国经济学家霍利斯·钱纳里（H. Chenery）发现，经济发展水平和城镇化进程之间存在正相关关系，即人均 GDP 越高，城镇化水平也就越高。经济发展带动城镇化水平的提高，而城镇化的更高品质也会促进经济发展，两者互相促进，互为因果。城市作为物质空间载体，能够提供现代经济和社会活动所需要的规模效益和集聚效益，这意味着城市的发展可以以较低的成本获得较高的收益。

（二）城镇化是工业化发展的客观要求和结果

城镇化与工业化之间具有互动的关系：一方面，工业化是城镇化的动力，城镇化是工业化的必然结果；另一方面，城镇化可以降低交易成本，从而推动工业化和经济发展。在城镇化和工业化发展模式方面，中国和西方发达国家存在较大差异，中国是先工业化，然后实行以工业化促进城镇化的发展，这样的发展模式的优点是能更好地发挥工业化对城镇化的促进作用，而西方发达的城镇化则是伴随工业化的过程而发展的。1981—2003 年，我国城镇化率从 20.16% 到 40.53% 只用了 22 年，这个过程比发达国家平均快了一倍多。进入 2000 年后，这一进程进一步加快，9 年间城镇化率提高了 10.4（36.2%～46.6%）个百分点，平均每年就得提高 1.13 个百分点。由此可见工业化对城镇化发展具有巨大的推动作用。

（三）城镇化是农民与农村发展和转型过程

虽然人们对于城镇化或城市化有不尽相同的解释，但是，普遍都将"城镇化"视为"城市化"过程。迄今的讨论都将农村人口城镇化、农村经济的非农化、农村社会的现代化、人居系统集中化等视为城镇化或城市化最基本的内容。显然，城市化或城镇化并不是单纯的城市问题，也非简单的城镇人口的增长、城镇数量的增加及城镇规模的扩大。就其实质而言，城镇化的主要内容及其实质是农村经济社会发展及转型问题。这种转型不仅

---

〔1〕 王立红．基于城乡统筹的小城镇建设研究——以青州市为[D]．青岛：中国海洋大学工程学院，2011.

是农村人口向城镇集中，也涉及农民生产和生活方式的转变、农业及农村经济社会结构的变化、以及农村人居空间、生存环境的改变。不仅如此，城镇化过程导致的经济社会的变化也引起乡村社会组织、管理及服务方式的转变，对农村的自然生态、文化传统及政治生活都将产生重大的影响。[1]从这个意义上说，城镇化的实质是农村问题，或者说是农村发展和转型问题。

（四）城镇化是人们追求幸福生活的自觉选择

城镇化不仅是工业发展、农村转型的结果，同时还是人们追求幸福生活的自觉选择。城镇化是生产要素集聚的产物，城镇相对于农村具有较完整的公共服务体系和较齐全的公共服务设施，具有便捷的交通，这些是人们幸福生活的基础。从我们对全国“百村千户”农民调查来看，有66.7%的农民想过或很想离开本村到城市工作生活；有80.53%的农民希望自己的子女到城市工作和生活。这显示农民进城具有广泛的现实需求，城镇化是满足人们追求幸福生活愿望的途径。

因此，城镇化内涵丰富，其发展有内在动力和规律。城镇化不是某一方面的城镇化，城镇化是人口、产业、社会形态相互协调、统一发展的过程。人口城镇化即农村人口脱离农村，从事非农行业，并融合成城市市民的过程；产业城镇化即非农产业不断向城镇聚集取代农业产业并成为了地方经济发展的支柱；社会形态城镇化即农村的地域自然景观、产品产业结构、生产生活方式、社会组织体系、行政管理制度等等也随着城镇化的发展而变化，使整个社会形态由传统的乡村社会向现代的城市社会转型。城镇化发展表现为城镇化是城市人口比重不断提高；城镇化是产业结构的调整和转变；城镇化反映了居民消费水平不断提高；城镇化是城市文明不断发展并向广大农村渗透和传播的过程；城镇化也是人的整体素质不断提高的过程。从总体上来看，城镇化是新时期经济社会转型的重要表现，是经济社会发展到一定阶段的必然结果，也是实现从城乡分治到城乡一体的重要推力。

二、建国以来湖北城镇化的历史发展

湖北地处中部，是近代中国较早对外开放的地区，也是中国内陆地区工业化和现代化的先行者，是我国城镇化发展较快的地区。建国以来，湖

---

〔1〕 项继权．城镇化的“中国问题”及其解决之道[J]．华中师范大学学报（人文社会科学版），2011(1)：3.

北城镇化不断发展，总体上看，经历了五个发展阶段，不同的历史发展阶段呈现出不同的特征。[1]

（一）1949—1960：恢复发展时期

1949 年，全省城镇人口 272 万人，仅占全省人口的 8.8%，城镇化水平极低。随着湖北全境的解放，湖北省委省政府在重建政权、稳定社会的同时，着力恢复工农业生产。随着国民经济的逐步稳定，1952 年，国家开始大力推进工业化发展，并制订了按照工业建设的比重分类建设城市的计划。湖北武汉被定为冶金、机械为中心的工业城市，建立一批大型、重点工厂。省委省政府也将加快工业化和城镇化建设作为全省经济社会建设的重要内容，湖北工业化和城镇化迅速发展。在城市数量方面，经过十年发展，到 1960 年，城市数量从原来的武汉、沙市、宜昌，增加到了武汉、沙市、宜昌、襄樊、黄石，城市数量增加到了 5 座，城市人口从 117 万人增加到 311 万人，城市人口占城镇总人口的比重从 51.5% 上升到 64%。不过，与大城市相比，小城镇数量有所减少，1953 年，湖北省建制镇的数量为 409 个，到 1957 年减少为 170 个。在城镇人口方面，在十年间，大城市人口增长率为 7.7%，小城市人口增长率为 12%，小城镇仅为 3.9%。不过，大城市人口增加量占全省城镇人口总增加量的 75%。总体上来看，到 1960 年，城镇人口已增加到 540 万，城镇化率达 17.1%。在这一时期，政府在城镇化建设过程中发挥了巨大作用，政府通过实现全省资源的重新配置及有计划的开展经济建设，重点发展大城市，使城市人口数量迅速增长，城镇化在外力作用下大力扩张。

（二）1961—1978：停滞不前时期

从 20 世纪 60 年代到 70 年代末，为了加快重工业优先发展，国家实施了城乡二元体制，在农村实行人民公社制度，禁止人口流动，另外经历了十年文革，湖北城镇化处于停滞不前状态。在这一时期，我省人口年均增长率为 2.15%，而城镇化增长率仅为 2.1%，低于人口增长率水平，1960 年湖北城镇人口为 540 万，到 1978 年，全省城镇人口为 690 万，城镇人口增加仅为 150 万，在 1961、1962 及 1968 年，城镇化甚至出现了负增长。从城镇数量来看，这个时期小城镇数量不断萎缩减少。1964 年湖北省有 189 个建制镇，然而到 1975 年，建制镇减少到了 104 个，净减少 85 个，基本上一个县只

〔1〕 马大强．湖北城镇化发展的历史回顾与前景展望[J]．湖北社会科学，1994(5)：14－15.

设有一个城关镇。中小城市、小城镇的人口增长要明显高于大城市人口增长。在这一阶段,人口的平均增长率,大城市为0.82%,中小城市为4.9%,而小城镇为2.4%,大城市发展基本上驻足不前。

(三)1979—1990:快速发展时期

改革开放后,随着国家调配经济社会发展方式的转变,城乡二元体制逐步松动,国家高度重视城市化发展,这一时期,城镇化发展得到了快速提升。在城市建设方面,湖北省新增城市24座,城市总数达到了30座;在城镇建设方面,新增建制镇740个,建制镇总数达到了844个。这一时期我省城镇人口数量快速增长,城镇人口从747万人增加到了1551.51万人,净增城镇人口803.59万人。我省城镇人口的年均增长率为9.77%。到1990年,我省城镇化率从16.14%提高到28.9%。这一时期我省城镇化水平的提高有其现实性原因,由于城乡二元体制的松动,大量的乡村居民获得进城打工、生活的机会,这较大程度提升了城镇化率,特别是随着户籍政策放宽,有条件的居民可以迁入城镇,这极大地推动了城镇化水平。据统计,在1978—1988年的十年间,在全省县辖镇的迁入人口中,永久性迁入人口占54%,暂时性迁入的占13%,通勤性流动人口占33%,并且,有些地方开始出现农民集资建镇现象。随着改革开放的不断深入,大量劳动力从农村向城镇的转移及就业方式的转变,都极大地推动了这一时期的城镇化水平。

(四)1990—2000:稳步上升时期

随着改革开放的不断深化,市场化、工业化在推动城镇化发展方面发挥着重要作用。在市场化及工业化发展推动下,农村经济社会结构也在不断发生转型,乡镇企业的发展促进大量农村劳动力向城镇地区转移,城乡集贸市场也不断兴起,这些都推动着湖北城镇发展水平的提高。在经济社会发展的推动下,我省开始放宽城镇建设标准,到1999年,湖北城市数量达到了36个,中小城市数量居多,建制镇数量更是迅猛增加,到2000年,全省建制镇数量达到了864个,设镇率达64%,远远高于全国42.2%的平均水平。在城乡人口方面,到1999年底,湖北省非农业人口为1644.55万人,湖北省以城镇非农业人口计算的城镇化水平为26.6%,高于全国2.2个百分点,以实际居住人口计算的城镇化水平为33.6%,高于全国2.7个百分点;按2000年第五次人口普查口径,湖北省城镇化水平为40.22%,高于全国36.09%近4个百分点。不过,这一时期的城镇化呈现出以下新特点:由于东部地区以平原为主,交通便利、经济发达,所以人口较为集中,城镇比较发达,而西部地区多以山区为主,人口比较分散,城镇数量相对较少,从而形成了东西不平衡的发展格局。

（五）2000年至今：加速发展时期

新世纪以来，湖北省城镇化水平稳步提高，在“十一五”时期的前四年，全省城镇化水平由2005年底的43.2%增长到2009年的46%，每年平均以0.7%的速度增长。截至2008年底，湖北省共有城镇773个，其中设市城市36个。按行政等级划分，全省省辖市12个（武汉、黄石、十堰、宜昌、襄樊、鄂州、荆门、孝感、荆州、黄冈、咸宁、随州），自治州1个（恩施），县级市24个（含省直管市仙桃、潜江、天门），县40个（含神农架林区，下同），其他建制镇740个。[1] 截止2009年底，湖北省常住人口为5720万人，城镇人口为2631.2万人。2009年，全国城镇化率为47%，湖北省低于全国的平均水平。2010年，全省城镇化率达到了49.7%，比2000年增长了9.23个百分点。总体上来看，“十一五”期间，湖北城镇化步伐逐步加快，年增速分别为0.6%、0.5%、0.9%、0.8%和3.9%，呈现出加快发展的良好态势。[2] 如表0-1和图0-1所示，经过三十年的发展，我省城镇化率由1978年的15.09%上升到了2011年的51.83%，30年间增长了30多个百分点。随着武汉城市圈上升为国家战略，一批城市步入同等城市先进行列，为全省城镇化加快发展奠定了重要基础。在城镇建设方面，至2010年底，全省有城镇816个，其中省辖市12个，县级市24个（含3个直管市），县城40个，建制镇740个。[3] 按城镇规模分，湖北省有特大城市和大城市6个，中小城市40个，3万人以上的建制镇46个。[4] 更为重要的是，随着长江经济带的加速开放开发，高铁时代的到来，中三角的提出，城镇发展空间得到进一步拓展，沿江城镇带和沿高铁城镇带发展迅速，全省城镇布局将得到进一步优化。

从建国以来湖北城镇化的发展来看，城镇化发展成绩斐然，城镇化发展有鲜明的特征和特点：

---

〔1〕 周百灵．湖北省城镇发展水平的现状分析与对策［J］．科技风，2009（15）：190.

〔2〕 联合课题组．新形势下推进湖北省城镇化建设的思考与建议［J］．政策，2011（10）：16.

〔3〕 金涛．湖北城镇发展对策研究［D］．武汉：华中师范大学政法学院，2005.

〔4〕 联合课题组．新形势下推进湖北省城镇化建设的思考与建议［J］．政策，2011（10）：16.

表 0-1　1978—2012 年湖北省城镇化水平

年份	总人口数(万人)	城镇人口数(万人)	乡村人口数(万人)	城镇化率(%)
1978	4574.91	690.23	3884.68	15.09%
1979	4632.78	747.92	3884.86	16.14%
1980	4684.45	786.49	3897.96	16.79%
1981	4740.35	815.6	3924.75	17.21%
1982	4800.92	848.76	3952.16	17.68%
1983	4835.34	873.91	3961.43	18.07%
1984	4876.07	877.41	3998.66	17.99%
1985	4930.97	1120.5	3810.47	22.72%
1986	5047.83	1187.23	3860.6	23.52%
1987	5120.27	1288.61	3831.66	25.17%
1988	5184.94	1389.99	3794.95	26.81%
1989	5258.83	1491.37	3767.46	28.36%
1990	5439.29	1551.51	3887.78	28.52%
1991	5512.33	1433.06	4079.27	26.00%
1992	5579.85	1637.68	3942.17	29.35%
1993	5653.48	1731.66	3921.82	30.63%
1994	5718.81	1604.13	4114.68	28.05%
1995	5772.07	1800.89	3971.18	31.20%
1996	5825.13	1965.4	3859.73	33.74%
1997	5872.6	1834.6	4038	31.24%
1998	5907.23	1884.41	4022.82	31.90%
1999	5938.03	1990.17	3947.86	33.52%
2000	5960	2412.2	3547.8	40.47%
2001	5658	2308.5	3349.5	40.80%
2002	5672	2348.2	3323.8	41.40%
2003	5685	2387.7	3297.3	42.00%
2004	5698	2427.3	2466.7	42.60%
2005	5710	2466.7	3243.3	43.20%
2006	5693	2493.5	3199.5	43.80%
2007	5699	2524.7	3174.3	44.30%

续表

年份	总人口数(万人)	城镇人口数(万人)	乡村人口数(万人)	城镇化率(%)
2008	5711	2581.4	3129.6	45.20%
2009	5720	2631.2	3088.8	46%
2010	5723.8	2846.1	2877.7	49.7%
2011	5758.00	2984.32	2773.68	51.83%
2012	5779	3091.72	2687.23	53.5%

资料来源:湖北省人民政府主管、湖北年鉴编辑委员会.2011 湖北统计年鉴[M].北京:中国统计出版社,2011. 人口数除 1982 年、1990 年、2000 年是以人口普查为基数推算外,1982 年及以后为人口抽样调查推算数。2000 年以前数据是总人口数,2010 年以后数据为常住人口数,2010 年为第六次人口普查数据。

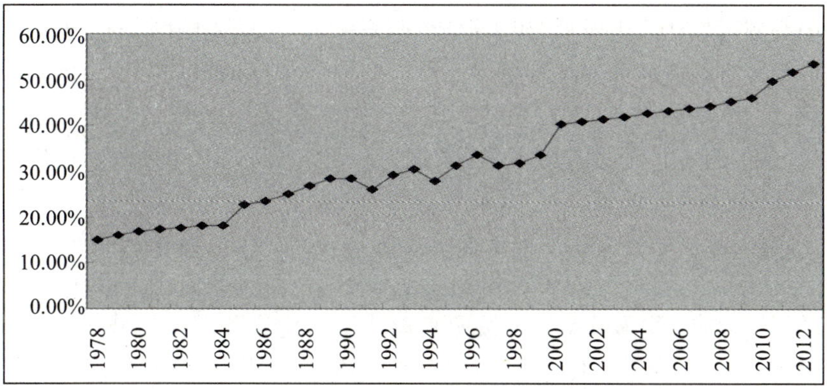

图 0-1　1978—2012 年湖北省城镇化率

首先,湖北城镇化曲折发展,呈加速之势,位居全国前列、中部省份首位。建国以来,湖北城镇化发展不平衡,一度处于停滞状态。不过,改革以来,特别是近些年来,湖北省城镇化加速发展。从全国来看,1982 年湖北省城镇化率为 17.68%,低于全国平均水平近 3 个百分点。1990 年上升至 28.52%,高于全国平均水平 2.3 个百分点。2000 年达到 40.47%,高于全国平均水平 3.55 个百分点。2010 年为 49.70%,与全国平均水平 49.68% 基本持平。2000 年到 2009 年,全省城镇化率从 40.47% 提高到 46%,到 2011 年,城镇化率已达 51.83%,再次超过全国城镇化平均水平(51.27%),2013 年达 53.5%,高于全国 0.93 个百分点。

其次,湖北流动人口进一步向大中城市集中,中心城市加速扩张和发展。从湖北流动人口的转移及城镇聚集的方向来看,人口向大中心城镇加速转移和聚集。武汉市作为中部特大城市，近几年经济快速发展，对劳动力的吸纳进一步加强，2011 年武汉市常住人口首次突破 1000 万大关。全省 17 个市、州的常住人口分布情况是：武汉市 1002.00 万人，黄石市 243.46 万人，十堰市 334.81 万人，宜昌市 406.85 万人，襄阳市 552.72 万人，鄂州市 105.10 万人，荆门市 287.99 万人，孝感市 482.49 万人，荆州市 570.40 万人，黄冈市 621.04 万人，咸宁市 246.79 万人，随州市 216.99 万人，恩施州 329.74 万人，仙桃市 118.26 万人，潜江市 94.83 万人，天门市 136.90 万人，神农架林区 7.63 万人。[1]

第三，城镇空间布局不断调整，"两圈一带"、"一主两副"城镇体系格局初步形成。建国以来，湖北从初期重点发展大城市，到逐步推进大城市与中小城镇统筹协调发展，更加注重中小城镇的发展，大力推进城市圈和城市群的建设，城镇体系和空间结构特色鲜明。特别是武汉、宜昌、襄阳等一些中心城市加速集聚发展，初步形成"两圈一带"、"一主两副"的空间格局，并成为全省经济社会发展的重要支点。城镇分布依据自然环境、经济发展呈现出自东向西的梯度发展。城镇空间网络联系不断增强，从单中心向"城市圈"、"城市群"和"城市带"发展，逐步形成以大城市为中心、城市群为依托、城市带为纽带、中小城镇为基础的城镇体系。

第四，从政府外部推动到依靠工业化、市场化推进，城镇化发展更有活力和持续性。建国以来，我国城镇化的发展就一直是政府主导和调控下发展的。1952 年，我国就制订了按照工业建设的比重分类建设城市的计划；为了抑制消费，为工业化进行原始积累，1955 年 9 月，国家建委给中央的报告中提出"原则上以中小城镇及工人镇为主，并在可能的情况下建设中等城市。没有特殊原因，不建设大城市。"[2] 在 50 年代末工业和农业"大跃进"过程中，各地的城镇人口和规模也急剧扩大，为此，1960 年 11 月第九次全国计划会议上作出"三年不搞城市规划"的决定。在十年文化大革命中，"国家以大量动员城市青年上山下乡和严格限制农民转变身份的城市政策，通过抑制城市化来推动工业化的方式推到极限，城市建设几乎停止。"[3] 在此背景下，湖北城镇化的发展也呈现出相同的发展进程。湖北城

---

〔1〕 湖北人口发展的新特征[EB/OL].(2012－09－18)[2012－10－21] http://www.stats－hb.gov.cn/wzlm/zdzl/sqdfzcj/5591.htm。

〔2〕 孟登科，王清．中国城市的生与死：传统城市正迅速消失[EB/OL].(2012－04－08)[2012－10－21]http://news.99.com/a/20100408/001235_3.htm.

〔3〕 项继权．城镇化的"中国问题"及其解决之道[J]．华中师范大学学报（人文社会科学版），2011(1)：9.

镇化的发展也一直受制于政府政策选择，表现为政府外力推动型的城镇化。不过，20 世纪 80 年代改革以后，随着市场经济的发展，湖北城镇化的发展越来越受到市场力量的推动，城镇化发展注入了新的动力，更具科学性和持续性。

第五，从城乡分离、工农分开到城乡一体、“三化”同步，城镇化发展走上协调发展之路。城镇化首要的表现和核心的内容是农村人口向城镇转移和聚集。作为一个农业大省，湖北城镇化的重要任务及主要困难之一就是如何顺利转移农村人口尤其是庞大的剩余劳动力。在过去相当长一段时期，湖北城镇化的发展一直受制于城乡二元体制。城乡之间人口、资源难以顺利流动。特别是一度对城镇建制及城镇人口严格控制，城镇人口一度减少，出现逆城镇化。改革以来，党和国家推行了一系列改革措施，尤其是废除了城乡二元的粮食供应制度，改革户籍管理方式，放宽农民进城的政策，逐渐打破了长期城乡隔绝的局面。近几年来，省委、省政府把缩小城乡差别，推进城乡一体化，作为促进城乡同繁荣、共发展，加快湖北全面建设小康社会步伐的一项重要发展战略来抓。通过改革户籍制度，推行一元化户籍管理制度，取消对农业和非农业户口性质的划分，同时相继出台了一系列政策和措施，促进农村人口在居住、就业、教育、社保、医疗、基础设施等方面逐步享受到与城市人口同样的待遇。这些政策和措施的贯彻实施，促进了人口在城乡间的有序流动，城乡一体化发展迅速，城乡结构不断优化。从工业化和城镇化的关系来看，过去 20 年全省城镇化率年均提高 1.05 个百分点，工业化率年均提高 1.07 个百分点。全省城镇化与工业化提高的进程基本同步，相互促进。

第六，城镇化发展有力推动和支撑了全省经济社会发展，同时为后续城镇化发展提供了强大驱动力。从建国以来湖北城镇化发展的历程来看，工业化推动了城镇化的发展，但同时，城镇化也为工业及全省经济发展提供了强大推动力。在《中国省城经济竞争力发展报告（2009—2010）》蓝皮书中，湖北省经济竞争力排名全国第 11 位，仍居中部榜首，居第二方阵（第 11 ~ 20 位）之首。“十一五”时期，武汉、宜昌、襄阳、黄冈、孝感、十堰、荆门、咸宁、鄂州、潜江等 10 市地区生产总值实现翻番；近 10 年来，9 个地区经济总量翻了两番多。武汉市率先加入 5000 亿元俱乐部，宜昌、襄阳两市经济总量双双突破 1500 亿元大关。[1] 县城经济发展速度明显加快，经济

〔1〕 中共湖北省委常委、省委秘书长李春明．论推进湖北跨越式发展［J］．政策，2011（3）：16.

实力明显增强，这一切与城镇化发展提供的产业聚集、投资拉动和消费需求分不开。最近10年，不仅是湖北城镇建设投入最多，城镇化发展最快的十年，也是湖北经济跨越式发展、城乡面貌变化最快的时期。

三、湖北城镇化发展中的突出问题

近些年来，湖北省委、省政府一直把推进城镇化作为全省经济社会发展的大事来抓，取得了明显的成效，城镇化水平保持了稳步提高的发展态势。但是，我们也应看到，湖北是我国中部的农业大省，城镇化发展也面临着严峻形势。从居民收入来看，2010年全省城镇居民家庭人均可支配收入为16058元，农民家庭人均纯收入为5832.27元。城镇人均收入是农民人均收入的2.75倍，城乡居民收入比大大超过了改革开放初期的水平（1980年城乡居民人均收入比是2.43∶1）。农民收入水平大体上比城市居民落后10年。[1] 虽然湖北近年来城镇化水平有了明显提高，但也还存在着亟待解决问题和挑战，其中，最突出的表现在如下几个方面：

（一）城镇化总体水平偏低，城镇化发展速度滞后

虽然改革以来，湖北城镇化发展加快，城镇化水平显著提高。但是，从目前来看，湖北的城镇化发展水平不仅远落后于发达地区，城镇化增长速度也低于中部其他省份。1982年湖北城镇化率为17.32%，低于全国平均水平3.23个百分点，排名全国第19位。1990年上升至28.75%，高于全国平均水平2.55个百分点，排名全国第12位。主要原因除湖北城镇化进程加快外，也与国家城乡划分标准的调整，将鄂州和荆门全部人口都计入城镇有关。2000年湖北城镇化率为40.48%，依然高于全国平均水平3.56个百分点，排名降为第13位。2009年湖北城镇化率为46%，低于全国平均水平0.6个百分点，位次继续后移，排全国第15位。1990—2000年湖北城镇化率一直高于全国平均水平。2000年以来发展速度有所下降，到2011年才再次超过了全国城镇化平均水平。2010—2010年湖北城镇化水平年均增长仅0.9个百分点，低于全国平均增速。2009年排名较2000年下降两位，较1990年下降3位。与湖北历史以来在全国的应有地位极不相称。

从中部六省横向比较来看（如表0-2所示），虽然2010年湖北城镇化率在中部地区各省份中排名第一，但是2000年以来湖北城镇化速度就开始低

---

〔1〕 汪志强．阶层利益整合与“和谐湖北”建设．党政干部论坛，2005(9)：24.

于全国平均水平，从2001—2009年年均增幅为0.61个百分点，低于全国平均水平0.47个百分点，是中部六省中增幅最低的，低于湖南的1.74，江西的1.72，安徽的1.71，河南的1.58，山西的1.20。由于增长速度偏低，城镇化水平的差距正在迅速缩小。2009年湖北城镇化率仅比处于第二位的山西省高0.01个百分点。在中部六省的领先地位遭遇了严重挑战。不过，值得庆幸的是，到2012年，湖北城镇化率已经有了明显提高，超出国家0.93个百分点。如表0-3所示，从中部六个省会城市相比较而言，2009年武汉市在中部排名第二，但是在全国仅处于第18位，2010年排名有了一定的进步，上升到第16位，2011年排名有所上升，但是在中部地区的排名中仍然处于前十名之外，与全国其他城市仍有较大的差距。

表0-2　中部地区省份城镇化率

	2010年	2011年	2012年	2012年排序
山西	48.05%	49.68%	51.18%	2
安徽	43%	44.8%	46.5%	4
江西	44.06%	45.7%	47.2%	3
河南	40%	40.6%	42.2%	5
湖南	43.3%	45.1%	46.5%	4
湖北	47%	51.83%	53.5%	1
中部地区（总量或平均值）	44.24%	46.285%	47.85%	
全国	49.68%	51.27%	52.57%	

资料来源：各省公布的城镇化率官方网站。

表0-3　中部城市竞争力排名

	2004	2005	2006	2008	2009	2010	2011
长沙	25	29	24	20	16	30	29
武汉	24	22	28	21	18	16	12
合肥	36	41	35	26	38	—	32
南昌	30	38	36	35	41	—	40
郑州	50	37	52	36	22	26	27
太原	63	59	64	60	60	—	55

数据来源：2011中国最具竞争力100强城市排行榜[EB/OL]. http://www.china-citynet.com/yjh/fyphb_show.asp? id=2270

(二)城镇产业支撑不力,内聚力和辐射力不强

城镇化是工业化的产物,城镇化的发展需要产业的支撑。湖北是全国人口大省之一,常住人口总量居全国第 9 位。2012 年末,湖北常住人口 5779 万人,城镇常住人口 3091.77 万人,占总人口的 53.5%,农村人口仍有 2687.23 万人,虽然城镇人口首次超过农村人口,但农业和农村人口就业与转移压力仍然较大。但是,由于第一产业基数大,效率低,就业比重仍接近一半。民营经济成长缓慢,湖北工业比重偏低,且偏重化,大部分属于非劳动密集型产业,随着技术改造力度加大,劳动生产率逐步提升,这就形成吸纳就业能力偏弱的现状。以高新技术产业为代表的劳动密集型产业相对发展不足,吸纳就业能力有限。尤其是 2000 年以后第一产业从业人员以年均增加 10.6 万的速度增长。第二、三产业,持别是偏重的第二产业吸纳就业偏低,导致本省就业岗位提供不足。1990—2008 年间,湖北周边省份第二产业吸纳就业的比重上升了 5 ~ 10 个百分点,而湖北二产就业比重不升反降。同时缺少农业和工业的有力支撑,湖北第三产业发展基础仍显薄弱,近年来吸纳就业能力也有所下降,城镇化缺乏有力的产业支持。

从城镇建设来看,作为农业大省,农业产业化发展不足,农产品加工业优势不优,县域经济实力不强,公共服务设施建设滞后,薪酬水平不高,直接影响到城镇人口的聚集。特别是县城对农村劳动力的吸引力,对小城镇的带动能力十分有限,农业富余劳动力大量外流。在城镇基础设施建设上投入普遍较少,小城镇建设品质差,集聚效应难以形成。2006 年,在湖北 747 个建制镇中,只有 43.1% 的镇有影剧院,有体育场馆镇仅占 16.9%,有公园的仅占 11.4%。小城镇近年来发展处于停滞状态。如表 0-4、表 0-5 所示,从 2010 年中部六省份来看,湖北省的工业产值、财政总收入及城镇居民可支配收入也仅仅处于中间水平,与其他地区仍有较大的差距。与 2010 年相比,2011 年,湖北省的工业产值贡献率及城镇居民的可支配收入位次都有所下降,与中部其他省份相比,工业产值、财政总收入都处于中下游水平。如表 0-6、表 0-7 所示,与东部沿海省份相比较而言,无论在县市财政收入,还是工业产值,湖北省都排在最后位,经济吸纳能力、城镇建设财政投入都缺乏相应的财政支撑。到 2011 年,如表所示,这种状况并没有得到很好的改善。

表 0-4　2010 年中部六省 GDP、工业、财政总收入及城镇居民可支配收入

省份	GDP		工业产值				财政总收入		城镇居民人均可支配收入			
	绝对值（亿元）	位次	占 GDP 比（%）	位次	贡献率（%）	位次	绝对值（亿元）	位次	绝对值（亿元）	位次	增速（%）	位次
湖北	15806. 09	3	49. 12	5	62. 3	4	1918. 94	3	16058	2	11. 8	2
山西	9088. 1	6	56. 79	2	66. 2	2	1810. 7	5	15647. 7	5	11. 8	2
安徽	12663. 4	4	52. 1	4	57	5	2063. 8	2	15788	4	12. 1	1
江西	9435. 0	5	55. 06	3	70. 7	1	1226. 0	6	15481	6	10. 4	4
河南	22942. 68	1	57. 7	1	63. 2	3	2293. 37	1	15930. 26	3	10. 8	3
湖南	15902. 12	2	46. 0	6	54. 9	6	1862. 88	4	16566	1	9. 8	5

资料来源：数据由各地统计年鉴、统计公报及政府工作报告整理而来。

表 0-5　2011 年中部六省 GDP、工业、财政总收入及城镇居民可支配收入

省份	GDP		工业产值				财政总收入		城镇居民人均可支配收入			
	绝对值（亿元）	位次	占 GDP 比（%）	位次	贡献率（%）	位次	绝对值（亿元）	位次	绝对值（元）	位次	增速（%）	位次
湖北	19594. 19	3	50. 1	5	54. 2	6	2582. 81	3	18373. 87	3	14. 4%	3
山西	11100. 2	6	59. 2	1	70. 7	2	2260. 6	5	18123. 9	5	15. 8%	2
安徽	15110. 3	4	54. 4	4	75. 0	1	2632. 8	2	18606	2	17. 8%	1
江西	11583. 8	5	56. 9	3	65. 0	3	1645. 0	6	17495	6	13. 0%	5
河南	27232. 04	1	58. 3	2	62. 0	4	2851. 22	1	18194. 80	4	8. 4%	6
湖南	19635. 19	2	47. 4	6	56. 1	5	2460. 7	4	18844	1	13. 8%	4

资料来源：数据由各地统计年鉴、统计公报及政府工作报告整理而来。

表 0-6　2010 年中部及沿海省份县域经济发展比较

	县（市）（个）	县市 GDP 占全省比重（%）	县市地方财政收入占全省比重（%）	县均 GDP（亿元）	县均规模工业增加值（亿元）	县均一般预算收入（亿元）
湖北	64	37.84	19.34	54.6	17.7	1.7
江苏	52	52.1	35.27	256.13	132.56	15.18
浙江	58	52.4	36.17	169.66	89.00	10.29
河南	108	69.7	37.97	96.84	50.25	3.03
湖南	88	58.7	38.44	61.35	21.4	2.09
安徽	61	47.4	26.41	57.23	13.61	2.35
江西	80	58.8	42.11	40.44	16.56	2.05
山西	96	57.01	33.53	34.05	16.73	2.09

资料来源：相关数据由 2011 年各地统计年鉴、政府工作报告、统计公报数据整理、汇总、计算得出。

表 0-7　2011 年中部及沿海省份县域经济发展比较

	县（市）（个）	县市 GDP 占全省比重（%）	县市地方财政收入占全省比重（%）	县均 GDP（亿元）	县均规模工业增加值（亿元）	县均一般预算收入（亿元）
湖北	64	23.78	22.65	98.04	49.61	5.40
江苏	49	51.80	35.10	519.15	252.16	40.53
浙江	58	51.37	36.07	286.23	142.31	20.18
河南	108	70.14	37.80	174.90	79.79	6.03
湖南	87	54.18	48.91	122.50	53.78	8.53
安徽	62	48.30	31.24	61.23	43.46	2.89
江西	81	59.9	42.34	43.56	23.79	2.53
山西	96	58.21	38.32	38.26	29.31	2.68

资料来源：相关数据由 2011 年各地统计年鉴、政府工作报告、统计公报数据整理、汇总、计算得出。

在快速城镇化过程中，一些城市急剧扩张，城镇建设中“摊大饼”现象仍然存在，土地资源被大量占用，城镇人口承载量比较低。如表0-8所示，城镇分布、人口密度及地域面积等都呈现出不均衡性。从各地市来看，除武汉市以外，其他市城镇人口均未达到100万。县城规模一般在10万人左右，建制镇城镇人口平均不到1万人。最小的镇城镇人口仅千余人，平均规模为7000人。几乎所有县城都远大于县域内非县城城镇。规模效益较差的小城市和小城镇比重超过40%。2004年，湖北有全国“千强镇”3个，而2008年没有一个建制镇进入“千强镇”名单。十多年前，湖北的宋埠镇经济实力可以抵上河南的整个新县，而近年来，发展条件相似的新县经济水平已远远赶超宋埠镇。这表明湖北省其他区域性中心城市的规模不大，实力不强尚不具备中心城市应有的综合型、多功能的职能难以带动所辖区域的发展。城镇规模过小，使文化、教育、医疗、卫生等公共设施因成本高而难以配置，城市很难发展起来，城镇遍地开花，但发展质量不高。

表0-8　湖北城镇基本概况

地区	国土面积（万 km^2）	总人口（万人）	城镇人口（万人）	城镇个数（座）	城镇个数（>10万）（座）	城镇密度（座/百 km^2）
合计	18.59	6110.8	2581.4	772	55	0.42
西部	8.37	1308.1	466.1	200	9	0.24
东部	10.21	4802.7	2115.3	572	45	0.56

资料来源：参见湖北省人民政府主管、湖北年鉴编辑委员会.2011湖北统计年鉴[M].北京：中国统计出版社，2011.

很多建制镇不是对自然形成的区域经济中心的理智选择，而是按照行政区划的均衡性通过行政手段“指腹为婚”的政治产物，甚至有的就是片面追求城镇化而简单采取“撤乡建镇”的政绩工程。由于基本不具备城镇化的客观条件和发展潜力，多年来我们投入了大量人力、物力、财力和精力所进行的小城镇建设，结果往往是低水平重复严重，公共基础设施差，服务功能不健全不完善，产业升级换代困难，提供就业门路狭窄，对农村人口转移缺乏吸引力。一旦行政区划发生调整，重新“洗牌”之后遭到弃守的多数城镇便从此“一蹶不振”，化为一座座“废城”。

（三）“三化”协调不足，城镇化和农业现代化滞后

在新的历史时期，城镇化、工业化与农业现代化协调发展是推动经济社会快速发展的必然要求,更是湖北实现跨越式发展的必要条件。不过,作为一个中部农业大省,湖北省城镇化与农业现代化发展水平却明显落后于工业化水平。在湖北省2010年三大产业对于经济的产业拉动率[1]中,第一产业对经济的拉动率占地区生产总值的3.3%,第二产业占66%,第三产业占30%,农业对经济增长贡献明显不足。2010年湖北省主要农作物耕种收综合机械化水平达到56%,2011年,达到57.8%,比2010年增长1.8个百分点。农业生产方式实现了以人畜力为主到以机械化为主的历史性转变。但是农机化发展总体水平仍然不高,一些关键环节机械化发展缓慢,水稻机械育插秧水平不到19%,油菜机播、机收水平仅为5.6%和11.8%,马铃薯播种、收获、油菜移栽、秸秆还田等环节的装备尚处于研发试验示范阶段,畜牧水产养殖业、林果业、设施农业、农产品初加工等机械化虽然取得一定发展,但与实际需求仍不相适应,农业现代化水平明显落后。[2]

有关统计表明,从1999年到2007年,我国城市建成区的面积扩大了7.2%,但吸纳的人口只增长了4%,土地的城镇化大大高于人口的城镇化。从湖北来看2020年,武汉市建成区面积,将在目前400平方千米的基础上翻一番,达到800平方千米。新增400平方千米建成区,将承接从中心城区分流的部分人口、农村转移到城市的人口以及省内外向武汉聚集的人口。

在国际标准中,城镇化率是作为工业化程度发展的标准之一,一般工业化初期为37%以上,工业化国家则达到65%以上。通常发达国家城镇化比率要高于工业化比率。改革开放30年来,湖北有1500万农村劳动力向城镇转移就业,通过农转非、教育转移等方式,其中500万人完全实现市民化,仍有1000万是农民工。这1000万农民工中,有700万在省外打工,在本省打工的农民工有300万人,他们无法真正进入城市扎根生活。就2010年的统计来看,湖北城镇化率仅为47%,比全国城镇化率低2.68个百分点。如表0-9所示,在对湖北工业产出贡献率中,技术贡献率与资本贡献率远远超过了劳动贡献率,工业产出平均增长率是劳动平均贡献率的2倍。从三产业产值增长来看,2010年,湖北省第一产业完成增加值2147

〔1〕 产业拉动率指GDP增长速度与各产业贡献率之乘积。

〔2〕 农业部关于加强农机农艺融合加快推进薄弱环节机械化发展的意见[EB/OL].(2010-11-29)[2012-10-28] http://www.china.-citynet.com/yjh/fyphb-show.asp? id-2270.

亿元，增长 4.6%；第二产业完成增加值 7764.65 亿元，增长 21.1%；第三产业完成增加值 5894.44 亿元，增长 10.1%。三次产业结构为 13.6∶49.1∶37.3。从居民收入来看，2010 年全省城镇居民家庭人均可支配收入为 16058 元，农民家庭人均纯收入为 5831.83 元。城镇人均收入是农民人均收入的 2.75 倍，城乡居民收入比大大超过了改革开放初期的水平（1980 年城乡居民人均收入比是 2.43∶1）。农民收入水平大体上比城市居民落后 10 年。2011 年，湖北省城镇居民人均可支配收入为 20839.59 元，而湖北省农民人均纯收入为 7851.7 元，城镇人均收入是农民人均收入的 2.65 倍，差距仍然较为明显。城镇化滞后于工业化、农业现代化滞后于城镇化与工业化，已经成为湖北省经济社会深入发展的严重阻滞。

表 0-9　资本投入、劳动投入、技术进步对湖北工业产出的贡献率

年份	产出增长率（%）	资本增长率（%）	劳动增长率（%）	资本贡献率（%）	劳动贡献率（%）	技术贡献率（%）
2007	17.57	16.45	4.98	70.87	6.89	22.24
2008	23.76	18.34	17.74	58.43	18.14	23.43
2009	21.13	22.01	15.47	78.85	17.79	3.36
2010	23.76	23.75	8.29	75.67	8.48	15.85
平均	22.25	18.94	9.57	65.35	10.52	24.13

资料来源：参见刘天权，胡璇，张红. 湖北省工业经济增长因素及贡献率的实证分析. 决策与信息：下旬，2012（7）：12－14.

（四）人口呈净流出态势，人口“空心化”制约城镇化

据国家统计局分析，过去十年，湖北省净迁出人口 470 万，净迁出人口规模仅少次四川省，居全国第 2 位；人口总数减少 5%，减少幅度仅低于重庆市，居全国第 2 位。截至 2010 年 6 月底，湖北省有 964 万外出务工人员，比 2009 年增加了 57.44 万，其中省外务工 592.16 万，比 2009 年增加 33.45 万，省内县外务工 370.31 万，另有县内乡外务工人员 127 万，是典型的异地不完全城镇化，各县都有大量人口外迁。截至 2012 年 12 月末，湖北省农村劳动力外出经商务工人数为 1138 万人，在省外务工人员为 567 万人。2000—2008 年，湖北人口迁入的城市由 28 个减少到 5 个（武汉、黄石、宜昌、黄冈、荆门），数量由 114 万下降到 85 万，而人口迁出的城市由 48 个上升到 71 个，数量由 146 万迅速上升到 500 万。最多的天门市迁出 27.9 万，

而人口迁出比最高为阳新县,迁出 19.8%。虽然人口外流减轻了湖北人口压力,但是,由于迁移人口大都是劳动力,甚至拥有一定技能和资金的人员,他们的流出本身是劳力、资金和技能的流出。一般来说,人口迁移主要迁往城镇地区。历史经验也表明,在城镇化的过程中,城镇不断从外来人口那里收获的“人口红利”远大于向外来人口输送的“城镇福利”。大规模的人口外流,必然会导致省内城镇化内在动力不足。据测算,如果湖北净外流人员全部流入湖北的城镇,可使湖北城镇化率提高质 7.6 个百分点。

自 2000 年后湖北省人口外迁规模急剧扩大,户籍人口与常住人口之差(即净流出人口)由 2001 年的 298.7 万人增至 2010 年的 462 万人。从 2001 年到 2010 年的 10 年中,湖北工业产值占全省 GDP 的比重仅提高了 8.5 个百分点,与其他地方相比,湖北的优势制造业属非劳动密集型产业,客观上造成了吸纳就业能力偏弱的现状,导致本省就业岗位提供不足,这对大量人员外流有着必然的联系。从 2001 年到 2010 年的 10 年中,全省非农产业就业比重仅提高了 1.6 个百分点;三是薪酬不高,湖北的就业人员工资相对沿海发达地区明显偏低。如表 0-10 至 0-12 所示,就湖北省城镇规模来看,由于人口不足,大城市偏小,中小城市偏多,城镇扩容不足。到 2010 年底,湖北省有特大城市和大城市共计 6 个,中小城市 40 个,3 万人以上的建制镇有 46 个,大城市数量仍然较少。与 2010 年相比,2011 年湖北省大、中小城市数量没有明显变化,但是,大城市人口数量却呈现出急剧增加趋势,与 2009 年相比,到 2011 年,50 万人以上的大城市人口增加了 60 多万。可见,城镇人口主要流向仅有的几个大城市。

表 0-10　2009 年湖北省城镇人口规模

	城镇类型	数量(单位:个)	人口(单位:万人)	备注(人口分布)
市	50 万人以上(大城市)	6	868	武汉 533 万人、黄石 69 万人、宜昌 73 万人、襄樊 76 万人、荆州 67 万人、十堰 50 万人
	20 万~50 万人(中等城市)	20	536	鄂州 39 万人、荆门 32 万人、孝感 28 万人、黄冈 27 万人、咸宁 26 万人、随州 31 万人、仙桃 35 万人、潜江 34 万人、天门 25 万人、大冶 30 万人、老河口 20 万人、枣阳 20 万人、汉川 33 万人、洪湖 33 万人、赤壁 22 万人、武穴 21 万人、恩施 20 万人、当阳 20 万人、麻城 20 万人、钟祥 20 万人

续表

	城镇类型	数量（单位：个）	人口（单位：万人）	备注（人口分布）
市	20万以下（小城市）	10	141	丹江口16万人、宜都10万人、枝江11万人、宜城13万人、应城15万人、安陆17万人、石首14万人、松滋11万人、广水19万人、利川15万人
县	10万人以上	19		阳新14万人、郧县12万人、房县12万人、南漳14万人、谷城13万人、京山14万人、沙洋10万人、大悟9万人、云梦11万人、公安15万人、监利13万人、红安10万人、英山10万人、浠水12万人、蕲春15万人、黄梅12万人、嘉鱼12万人、通城10万人、通山10万人
	5万～9万人	12		
	5万人以下	10		远安5万人、兴山4万人、五峰2万人、宝康4万人、江陵4万人、团风5万人、随县2万人、宣恩5万人、鹤峰4万人、神农架3万人
建制镇	3万人以上	46		

资料来源：相关数据由2011年湖北统计年鉴整理而来。

表0-11　2011年湖北省城镇人口规模

	城镇类型	数量（单位：个）	人口（单位：万人）
市	50万人以上（大城市）	6	930.21
	20万～50万人（中等城市）	19	513.7074
	20万以下（小城市）	11	163.2586
县	10万人以上	22	313.24362
	5万～9万人	9	—
	5万人以下	10	36.6939
建制镇	3万人以上	46	—

资料来源：相关数据由湖北政府统计局网站、湖北个地方政府网站及中国城市统计年鉴整理而来。

表 0-12　2011 年湖北省城镇人口等级

2011 年	城镇个数	主要城镇及人口规模(万人)
>200 万	1	武汉
100~150 万	0	
50~100 万	4	襄阳、宜昌、荆州、黄石
20~50 万	14	十堰、潜江、鄂州、孝感、随州、仙桃、荆门、黄冈、咸宁、钟祥、天门、老河口、赤壁、恩施
<20 万	17	枣阳、武穴、麻城等

资料来源:相关信息由 2011 年统计年鉴及湖北城市化发展研究报告整理而来。

(五)武汉"一城独大",城镇体系出现"断层"

全省现有城镇 816 个,其中省辖市 12 个,县级市 24 个(含 3 个直管市),县城 40 个,建制镇 740 个,城镇人口 2762 万,城镇数量在全国位居前列。但是,如果按照特大城市、大城市、中等城市、小城市(含建制镇)人口规模分级,全省各级城镇人口所占的比重分别为 20%、13%、16.5%、50.5%,为典型的"两头大、中间小"的城镇规模结构。如果将全省 36 个设市城市按 200 万人以上、100~200 万人、50~100 万人、20~50 万人、20 万以下规模进行分类,则各类城市数量为 1-0-4-14-17,全省缺少 100~200 万人口的城市,而 50~100 万人的荆州、襄樊、黄石、宜昌 4 个城市也都是 1990 年以后才开始逐步达到这类人口规模的。排在全省第一位城市的武汉,其人口规模是第二位城市的 6 倍多,城市首位度为 3.79,大于正常值 2。[1] 武汉市非农人口数是湖北省除武汉外 11 个地级市市辖区非农业人口之和,GDP 是 11 市市辖区之和的 1.2 倍,财政收入是 1.6 倍。宜昌、襄樊、黄石、荆州、十堰 5 大城市城区平均人口约在武汉市城区人口的 1/7 至 1/8 之间;包括所辖县市在内,5 个市平均国内生产总值约为武汉市的 24%;除武汉之外,人口超过 100 万的城市几乎没有(襄樊 90 万、宜昌 70 万),而东部省份江苏有 5 个,山东有 4 个,广东有 5 个。县城以下城镇人口总数占全省比重为 30%,"过度带"、"蓄水池"的作用发挥不够。这种梯次结构,不利于实现大中小城市协调发展,不利于市县乡(镇)齐头并进。如表 0-13 示,在湖北城镇中心体系中,国家中心城市仅有武汉市 1 个,国家级中心城市少,中小型地区性中心城镇多。如表 0-14 所示,在湖北省不同等级城镇

〔1〕 丁建怀. 湖北地级城市综合实力评价研究[D]. 武汉:华中科技大学,2005.

体系中，城镇化速度及地区生产总值增速呈现出明显的差异性，武汉处于遥遥领先地位，而其他地市与武汉之间的差距较大，致使湖北省整个城镇体系发展不协调。

表 0-13　湖北城镇中心体系

<table>
<tr><th colspan="2">等级</th><th>个数</th><th>城市</th></tr>
<tr><td colspan="2">国家中心城市</td><td>1</td><td>武汉</td></tr>
<tr><td colspan="2">省域中心城市</td><td>4</td><td>宜昌、襄樊、荆州、黄石（含大冶）</td></tr>
<tr><td colspan="2">地区中心城市</td><td>12</td><td>十堰、荆门、随州、孝感、咸宁、黄冈（含团风）、鄂州、恩施、仙桃、潜江、天门、麻城</td></tr>
<tr><td rowspan="3">地方中心城镇</td><td>都市区一体化城镇</td><td>20</td><td>安陆、孝昌、云梦、应城、京山、汉川、浠水、蕲春、南漳、丹江口、老河口、谷城、宜城、当阳、松滋、宜都、枝江、秭归、公安、赤壁</td></tr>
<tr><td>都市区协调城镇</td><td>17</td><td>随县、房县、枣阳、利川、钟祥、沙洋、江陵、石首、监利、洪湖、广水、大悟、武穴、黄梅、红安、阳新、嘉鱼</td></tr>
<tr><td>增长极－旅游区城镇</td><td>21</td><td>竹溪、竹山、郧西、郧县、神龙架、保康、兴山、巴东、远安、长阳、建始、五峰、鹤峰、宜恩、咸丰、来凤、罗田、英山、崇阳、通城、通山</td></tr>
</table>

资料来源：参见中国城市规划研究设计院．湖北省城镇化与城镇发展战略规划（2010—2030）[M]．武汉：湖北省住房和城乡建设厅城乡规划处出版，2011.

表 0-14　不同等级城镇化发展评价

	城市	城镇化率	城镇化速度	地区生产总值占全省的比重（%）	地区生产总值增速
省域中心	武汉	高	较慢	35.0%	快
二级区域中心城市	襄樊	较高	慢	8.8%	较快
	宜昌	较高	较慢	9. %	较慢
	荆州	低	慢	5.5%	慢
	十堰	低	较慢	4.3%	慢
	黄石	高	慢	4.9%	较快

续表

	城市	城镇化率	城镇化速度	地区生产总值占全省的比重(%)	地区生产总值增速
中等城市	仙桃	较高	快	2.1%	较慢
	潜江	较高	快	1.9%	快
	天门	低	快	1.7%	快
	恩施	低	快	2.2%	慢
	随州	低	快	2.7%	较慢
	咸宁	高	快	3.2%	快
	黄冈	低	较快	5.3%	慢

资料来源:参见中国城市规划研究设计院.湖北省城镇化与城镇发展战略规划(2010—2030)[M].武汉:湖北省住房和城乡建设厅城乡规划处出版,2011.

(六)城镇分布东密西疏,城镇空间布局不尽合理

在城镇分布方面,如图 0-1 所示,湖北呈现出东密西疏的空间分布结构,基于地理位置等因素,大部分城镇主要沿交通干线或长江汉水集聚,东部城镇数量多、密度高、规模大,而西部城镇少,规模小。自长江、汉江水道依次有武穴市、潜江市、荆门市、宜城市、黄石市、鄂州市、黄冈市、武汉市、汉川市、仙桃市、襄阳市、老河口市、丹江口市、洪湖市、石首市、枝江市、宜都市、宜昌市共 18 个城市。整个长江和汉江水道所分布的城市占湖北所有城市的 18/37,接近一半。[1] 大中小城市与城镇的布局不够合理。缺乏梯次推进的发展格局,制约了城市的协调稳健发展。二级城市规模偏小。与我国东部沿海地区比较,湖北二级城市的规模偏小,市区非农业人口超过 100 万的城市几乎没有(襄樊 90 万、宜昌 70 万),而江苏有 5 个,山东有 4 个,广东有 5 个。县城以下城镇人口总数为 828 万人,占全省城镇人口比重为 30%。另外,就从区域分布而言,由于湖北多山地丘陵,37 个城市中,有神农架林区、恩施市、利川市分布于海拔 500 米以上的山区其余的都分布于 500 米一下的平原和丘陵地区。

[1] 陈飞.湖北省城镇化发展方略的思考与选择[D].武汉:华中师范大学城市与环境科学学院,2011.

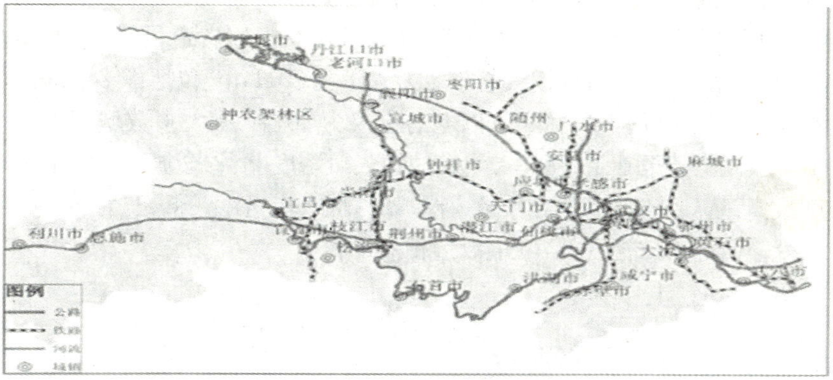

图 0-1　湖北省城市分布空间结构

总体上而言，城镇化水平较高的地区大多聚集在武汉周边地区以及“襄荆宜”高速公路和沪蓉高速为轴的地段的中心城市周围。全省 36 个城市中，沿长江 11 个，汉江 6 个，沿铁道 29 个，铁道水路兼临的 17 个。如果以丹江口—远安—宜昌—宜都一线分界，将省域划分成鄂东、鄂西，可发现东、西部城镇化差异较大，局部地区发展拖后，影响着全省城镇化进程。与东部地区相比，西部地区地形崎岖，交通不便，人口分散，经济发展水平相对低下，城镇数量少。鄂西面积占全省的 40.8%，而设市城市的数量不足 20%，建制镇数量也仅占 23%，城市人口占全省城市总人口的 10%左右，建制镇人口也仅占 16%；而东部地区以平原为主，交通便利，人口密集，经济发展水平较高。与鄂西相比，鄂东不仅城镇数量多、密度高、规模大，而且还出现了武汉—鄂州（黄冈）—黄石城市连绵区（雏形）。在武汉附近 100 千米（直线距离）的范围内，设市城市达 13 个之多，城镇人口占全省城镇总人口的 36%。[1] 如图 0-2 所示，是湖北省城镇的人口密度结构，湖北西部为大山区，主要是恩施州和十堰市全部，宜昌市和襄樊市一部分，人口密度较小，城市也少；北部与东南部为丘陵，主要是随州、黄冈、咸宁等 3 市大部分和襄樊市一部分；鄂中鄂南为平原，以武汉为首，城市密集。[2] 城镇化空间布局区域差距过大，是地区之间工业化、现代化非均衡发展的表现，也给

〔1〕 丁建怀．湖北地级城市综合实力评价研究[D]．武汉：华中科技大学公共管理学院，2005.

〔2〕 王智勇，黄亚平，张毅．湖北省城镇化发展的路径思考[J]．小城镇建设，2010(5)：14.

全省地区之间经济社会协调发展造成困难。到 2009 年，建制镇虽然达到了 740 个，但主要集中在江汉平原、长江汉江沿线和国道省道沿线，平均间距为 5 ~6 千米，平均人口规模仅有 1.2 万人。到 2011 年，包括许多县城的城关镇在内，镇区常居人口在 3 万以上的也仅为 46 个，绝大多数城镇人口均在 1 万人以下甚至不足 2000 人。在城镇人口密度上，省会城市武汉的人口密度最高，达到 972 人/平方千米，神农架林区人口密度最低，只有 24 人/平方千米。西部人口密度低，城市数量相对也较少。

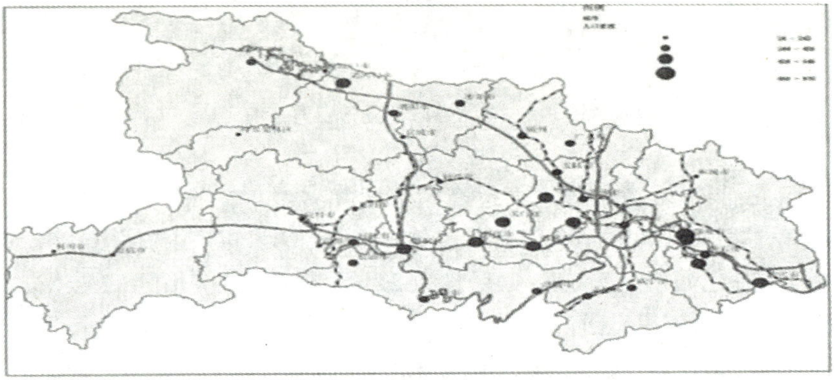

图 0-2　湖北省城市人口密度空间分布

（七）二元化体制残续，政治、经济和社会代价高昂

虽然改革以来城乡关系有重大的改变，但是，迄今为止城乡二元结构仍没有完全打破。特别是当前城乡公共服务供给主要以特定的行政区划为界限，而不是根据公共服务的特性作出有针对性地安排，形成了城乡分离、地域分割的公共服务供给体制。在农民城镇转移和市民化过程中，由于现行教育、医疗、卫生、社保、住房等方面的城乡差别依然存在，给农民市民化造成了诸多障碍。相当数量的人们居住在城镇，但户籍在农村，即使住在城里，也是住在城中村、城边村，并没有真正融入城市，转化为真正的市民。农民生产方式与生活方式、职业身份与社会身份错位和背离。特别是城市土地实行国家所有制，农村实行集体所有制，农民的土地和房产等不能自由流动、平等交易，巨量而宝贵的土地资源及潜在的资金资本因此固化沉淀，难以充分利用和发挥应有的效益。这不仅使农村经济因缺乏资本难以发展，也限制了城市的发展空间。

不仅如此，长期以来，我国城镇化的发展就一直是政府主导和调控下发展的。20 世纪 80 年代改革以后，随着市场经济的发展，城镇化的发展越来越受到市场力量的推动，但是，政府仍然通过户籍、就业、教育、医疗及社会保障等管理制度以及土地征用、城镇规划、公共投入等等的控制权对城镇人口、规模等等进行调控。虽然政府主导的城镇化可以保持政府对城镇化的方向、重点和速度的调控，也有助于动员和整合资源以加快城镇化的发展。[1] 但是，过度的行政化常常造成人口、资源的不合理配置，甚至资源浪费，进而也阻碍了城镇化的发展。尤其是城镇化涉及农村土地的非农化及农民的市民化，但是，迄今在政府主导的城镇化及人口转移和安置过程中，土地征用及农民进城方面的制度和政策仍不尽完善。其中，最突出的表现在农村土地征用和补偿程序不规范。用地单位未批先征，农村集体组织擅自出让土地使用权现存依然存在；征地事项不对农民公开，征地补偿标准偏低，补偿费用分配不公，暗箱操作，土地补偿资金管理不严，截留、挪用、克扣等等，常常引发农民的不满和上访，也造成农民对政府的不满。

对于流入城镇的人口来说，在当前的财政体制、社保体制、医疗体制、教育体制、户籍制度等等改革没有完全到位的情况下，大量的流动人口带来的财政压力、就业竞争、公共管理等等方面的困难和问题更为突出。据相关专家测算，在人民生活水平达到小康阶段之后，吃、穿需求的长期收入弹性（收入变化1个百分点导致的消费变化的百分点）都低于0.4，住的需求弹性接近但仍然低于1.0，但教育、医疗等社会公共需求的弹性却高达1.6，这意味着教育、卫生等社会公共需求部分随着收入增长而急剧增加。[2] 然而，农民工在城市的就业岗位不稳定，流动性很强，农民工社会保障滞后的问题也很突出，农民工工伤保险和医疗保险纳入保障范围的工作刚刚起步，养老保险尚未纳入统一的城镇职工养老保险范围。很多录用农民工的企业都没有按国家有关规定为其录用的农民工提供法定的保险。而留在农村的老年人还是靠传统的家庭土地养老；农户的规模经营没有风险保障抵御市场风险。[3] 虽然，当前对广大农民工和失地农民的社会保障欠帐，降低了目前的企业运营和城市发展成本，但是将构成对未来社会保障体系的巨大压力。

此外，城镇化过程中，对流动人口和各类组织体的管理，我们面临着不

---

〔1〕 项继权．城镇化的“中国问题”及其解决之道［J］．华中师范大学学报（人文社会科学版），2011（1）：5.

〔2〕 吴孔凡．健全完善需求导向型的农村公共品供给制度［J］．社会主义研究，2008（3）：112.

〔3〕 王仁江．莱西市新型城镇化发展研究［D］．济南：山东大学政管学院，2011.

少新情况新问题。当前湖北60%以上的城镇从业人员在非公有经济组织和新社会组织中工作,全省流动人口已超过1100万,网民达到1300万人,境外非政府组织达200多个。尤为突出的是,一些重点人员、重点地区成为社会服务管理的“空档”和“盲区”;一些城乡结合部、城中村等部位社会管理滞后、公共服务缺失、基础工作薄弱,成为治安的乱点;一些地方社会治安问题仍较突出,严重影响了人民群众的安全感。实际上,城镇化不仅包括城乡经济协调发展,也包括基础设施、公共服务、公共管理以及法律制度的创新,这些都需要对现存的利益结构、法规制度进行调整,如果处理不好,都可能带来较大的矛盾与冲突。

(八)城乡社会发展失衡,农村文化保护不力

在城镇化过程中如何处理城镇发展与农村发展的关系,是当前我国城镇化过程中的一大难题。无论从历史还是现实来看,农业是一个弱质产业,尤其是我省是一个农业大省,人多地少,资源紧缺,依靠土地和农业不可能让农民和农村富裕起来,也难以实现充分就业。农业和农村的发展最终还是取决于工业化和城镇化的发展。只有大力推进工业化和城镇化,使农民从土地上转移出来,从农村转移出来,才有可能为农业规模化和集约化生产创造条件,为农民就业和农民增收提供更多的机会,才有可能为农村的发展提供更大的空间。但是,城镇化的发展不能以牺牲农民利益、损害农村发展、破坏农村环境以及消灭农村文化为代价。不可否认的是,城市化已经成为当前实现我国经济社会快速发展的重要推动力量,然而在城市化发展过程中,往往具有片面性。就从全国各地来看,大部分地区都将农村人口城镇化、农村经济的非农化、农村社会的现代化、人居系统集中化等作为城镇化建设的主要内容。在具体开展工作中,往往忽视城乡社会之间的协调性发展,农村的城镇化并不意味着农村的城市化,在城镇化的过程中,农村不可能消失,城市化的发展带来的是农业、农村、农民的深刻变革,是新时期农村经济社会的转型发展问题,它涉及农民生产和生活方式的转变、农业及农村经济社会结构的变化、以及农村人居空间、生存环境的改变。城镇化是社会发展阶段的必然性选择,但更是城乡协调发展的基本体现。

从当前湖北的城镇化建设来看,同样存在着重人口的城镇化发展,轻农村经济社会发展的现象。近年来,随着湖北城镇化进程的加快,人口大量外出谋生,向城镇大批外迁,其结果是农村最紧迫需求的资金、人才、知识和需求大量向城市集中,以至造成农村发展的“空心化”。2012年湖北省常居人口5779万人(指常住本省半年以上人口)其中,乡村2687.23万人,占46.5%,而截至2012年底,湖北省有1138万外出务工人员,留在农村中的人数有1549.23万人,其中大多数剩余人口多为不谙世事的青少年和受教育程度较低的大龄人口。如湖北省随州市曾都区洛阳镇张畈村,60岁的凌顺诗老人带着7岁的孙子生活。在曾都农村,大部分人家是这样的"老幼配",村子里绝大部分青壮年都外出打工了。人才缺失、农村经济发展缓慢都给基层治理带来了较大挑战。

另外,注重推进城镇化而轻视农村建设,也造成了农村大量资源浪费,农村经济发展缓慢。湖北全省有7000多万亩草山草坡没有得到充分开发利用;全省每年生产的2800万吨农作物秸秆,利用率不足10%;全省有200多万亩可养水面闲置;还有3000万亩中低产田有待改造。仅粮食加工转化一项,全省就有1000亿元的增值潜力。虽然农业生产方式实现了以人畜力为主到以机械化为主的历史性转变。但是农机化发展总体水平仍然不高,一些关键环节机械化发展缓慢,水稻机械育插秧水平不到19%,油菜机播、机收水平仅为5.6%和11.8%,马铃薯播种、收获、油菜移栽、秸秆还田等环节的装备尚处于研发试验示范阶段,畜牧水产养殖业、林果业、设施农业、农产品初加工等机械化虽然取得一定发展,但与实际需求仍不相适应。

我国是一个拥有7000年农耕文明的农业大国,中华民族的祖先曾在这片广袤的土地上创造出独特而令人瞩目的农业文明。农村文化是中华文化的根基。在城镇化、工业化和现代化迅速发展过程,农村文化和农业文明受到巨大的冲出,一些地方大搞迁村腾地,一些村落被拆除,一些农民被"赶上楼",原有农村人文景观、自然风貌、文化传统、生活习惯以及道德观念正在急剧的改变,甚至消失。在湖北快速城镇化过程中,如何保护和传承优秀的农村文化和璀璨的农业文明,也是当前城镇化和农村发展面临的急迫问题。

四、新时期新阶段城镇化的新需求

当前,整个国家及全省经济社会发展进入一个新的历史时期。作为一个中部农业大省,湖北正处于调整经济结构、转变经济发展方式的攻坚时期,也是加快建设促进中部地区崛起重要战略支点和全面建设小康社会的关键时期,世情、国情和省情正在发生深刻变化。特别是随着工业化、市场化、信息化、国际化和现代化迅速发展,农村及整个社会日益开放,人口、资源、信息、技术和资本大规模、全国性和全球性流动已经成为常态，整个社会的产业结构、社会结构、消费结构及城乡关系正面临深刻的转型和变革，人们对公共服务、生活品质、民主法制和公平正义有更高的期待，经济社会发展具有巨大的潜力和强大的动力，对城镇化的发展提供了历史性的机遇，也有重大的挑战。在新时期新阶段，我们要进一步深刻认识并准确把握国内外形势新变化和新需求，抓住和用好经济社会发展的重要战略机遇期，选择符合中部特点、湖北省情的新型城镇化发展道路，推动经济社会全面快速协调发展。

（一）国家经济转型和战略布局为湖北城镇化提供了历史性的机遇

当前，我省已跨入中等收入门槛，进入实现全面小康并向基本现代化迈进的新阶段，城镇化的发展面临多重叠加的重大机遇：国际金融危机引发国内外经济格局深刻调整，我国发展重点由沿海地区向中西部地区梯度推进，经济增长模式由外需拉动为主向内需拉动为主转变，国际国内产业分工加快调整，为中部地区有序承接国内外产业转移、推动产业结构优化升级创造了良好机遇；湖北地区广阔的市场潜力和承东启西的区位优势使之成为拓展内需市场、承接产业转移的前沿阵地，为加快全省工业化和城镇化的发展提供了十分难得的重大机遇；中部地区是全国“三农”问题最为突出的区域，是推进新一轮工业化和城镇化的重点区域，是内需增长极具潜力的区域，在新时期国家区域发展格局中占有举足轻重的战略地位。国家实施中部崛起战略，长江中游城市集群建设进入实质性推进阶段，这些都将推动中部地区转变经济发展方式，提升整体实力和竞争力，缩小与东部地区发展差距；有助于发挥中部地区区位优势，构筑承东启西、连南接北的战略枢纽，加快形成协调互动的区域发展新格局。这些都极大地激发了中部地区内需潜能。特别是湖北省在区位、交通、科教、产业、生态等方面具有综合优势，当前既享有实施中部崛起战略的政策优惠，部分地区还享受西部大开发、振兴东北地区等老工业基地和国家新一轮扶贫开发的政策优惠，还有长江经济带开放开发、东湖国家自主创新示范区等一系列政策优惠，这些都将为全省经济社会发展提供有力支撑，也为湖北工业化和城镇化开拓更加广阔的空间。如果说未来十年是湖北发展的“黄金十年”，未来十年也将是湖北城镇化跨越式发展的“黄金十年”。

（二）湖北经济社会转型、跨越式发展需要城镇化的推动和支撑

实现跨越式发展已经成为当前湖北经济社会发展的迫切要求。跨越式发展不是某一个方面的单纯发展，它是经济社会的重构，它需要产业结构的优化升级、经济结构的调整、城乡二元结构的改变、资源要素的优化配置等，而这些都离不开城镇化发展的有力支撑。

从经济发展方面来看，近年来，我国经济发展主要依靠投资和出口，其中内需不到35%，与发达国家相比，内需严重不足。如何扩大内需，使经济发展具有内在和持续的动力和拉力，是经济发展中迫切需要解决的问题。特别是在当前应对全球性的金融危机中，显得更加紧迫。从国际金融危机引发的全球经济发展模式和供需关系调整，以及国内发展环境条件变化和我们所处的发展阶段看，最大的、最雄厚的内需潜力都在于城镇化，城镇化既能增加投资，又能拉动消费，是扩大内需的必然选择。

从增加投资方面来看，城镇化建设能够扩大内需。据研究，湖北城镇化率每提高一个百分点就能增加60万城镇人口，按照每个城镇人口所必须的供水、供电、通信、交通治安和商业服务、文化、教育、治安、供暖供气等设施最低投资需求30万元计算，即每年增加1800亿元投资，如按50万元计算，则为3000亿元投资。2010年全省城镇居民人均消费支出11450元，是农村居民的3倍，“十二五”期间增加300万城镇人口，每年将拉动最终消费增长约343.5亿元，这将极大带动湖北经济发展。

同时，城镇化有利于生产要素的高效聚集，提升产业化发展，主推产业升级。工业化创造供给，而城镇化创造需求。没有工业，城镇就会失去依托，没有城镇，第二、三产业就缺乏载体，这将成为跨越式发展的瘸腿。当前我国工业化和现代化正处于加速发展的重要时期，随着工业化和现代化的发展，迫切要求改变“遍地开发”、甚至“村村办厂”的小而散的工业布局，进一步提高工业和资源的聚集程度，推动人口向城镇集中、工业向开发园区集中。这是当前推进新型工业化和现代化的迫切要求和必然趋势，而这些都需要通过城镇化为工业化的发展提供各项要素的流通与聚集。从各地实践来看，区域协调发展的过程，是一个生产要素和人口在空间上合理聚集的过程。改革开放30多年来，珠三角、长三角、环渤海等发达地区率先发展，在形成外向型经济格局的同时，形成人口和经济集聚程度较高的城市群，有力地带动了东部沿海地区的迅速发展，成为全国经济发展的增长极。中西部地区与东部地区的发展差距，在很大程度上表现为城镇化水平的滞后，区域城镇化水平决定和影响区域综合竞争力。目前东部地区城镇化率分别高于全国平均水平11.4个百分点、中部地区14.8个百分点、西部地区19.8个百分点，这就决定了东部地区的区域竞争力强于中西部地区。全国县域经济竞争力百强县市也证明，县域经济发展走在前列的，都是城镇化走在前列的。全国百强县市中的前10强，城镇化水平都在60%

以上，而湖北县域经济发展的前5名，城镇化率平均值为33.9%，最高的大冶也只有40.8%。因此，湖北需要通过提高城镇化水平，来助推经济发展方式的转型。

工业化与城市化相互促进、协调发展是跨越式发展的必然要求。而城市化发展，有利于实现人、生产要素的高度聚集，有利于推动工业化水平集产业方式的转变。而这个聚集发展的过程又会推动产业的发展，产业在发展中也会不断创新与升级。另外，城镇化的发展也有利于破除传统城乡二元体制，缩小城乡差距。也正因如此，党和政府不仅将城镇化作为农村发展的重要途径，也视为整个国民经济"扩内需、调结构、促发展"的重要抓手，湖北跨越式发展的实现更离不开新型城镇化的支撑和推动。

（三）破解湖北"三农"困局需要"三化"同步城乡协调发展

农业、农村和农民问题一直是党和政府工作的"重中之重"。目前湖北人均耕地仅为0.96亩，比全国平均水平低20%，农村人均耕地也只有1.43亩，比全国平均水平低18%。农村居民人均经营性耕地面积也低于中部和全国的平均水平。2008年，湖北省有961.5万外出务工人员，占全部乡村从业人员的46.3%，其中有600.31万在省外打工，占62.4%。没有外出务工的农村人口中，第一产业从业人员为995.79万人，按平均耕种10亩计算（日本劳均耕种25亩，荷兰55亩），还有约665万人可转移到非农产业，就业需求压力巨大。2012年，我省外出务工经商人数达1138万人，占全省农村劳动力总数的42.3%，超过一半的农村劳动力被束缚在农村土地上。在人多地少，资源紧缺的条件下，依靠土地和农业不可能让农民和农村富裕起来，也难以实现充分就业。农业和农村的发展最终还是取决于工业化和城镇化的发展。

从湖北当前发展实际来看，2010年湖北人均GDP超过4000美元，2012年超过了6000美元，是2007年的3倍。"十二五"时期将向更高水平迈进。然而，尽管近几年湖北经济社会取得快速发展，但总体发展不够仍然是湖北的最大实际。一方面，湖北经济总量还不够大、市场主体还不多不强，发展不平衡、不协调、不可持续问题仍然突出，经济增长的资源环境约束日益明显，农业基础还比较薄弱，工业集约集聚程度还不高，服务业发展相对滞后，人均GDP、人均固定资产投资、城镇化率等均低于全国平均水平。特别是当前沿海大发展、西部大开发、东北地区振兴、中部地区崛起，各地发展势头强劲，区域竞争空前激烈，湖北面临着前所未有的竞争压力；另一方面，城乡、区域发展不平衡，全省贫困地区的国土面积占57%以上，

“插花”贫困乡镇遍及全省82个县市，近10%的人口仍处于贫困之中。[1]就业、住房、教育、医疗和社会保障等成为城镇居民面临的最直接最现实的问题，改善城乡困难群众生产生活条件的任务还十分繁重。

而新时期解决“三农”问题的根本出路在于加快推进城镇化建设。农业要把粮食和重要农产品做多、做优；要农民把人数做少、收入做高，农村要实现精神文明、生态文明，这是“三农”工作的基本目标。实现这一目标必须坚定不移地走新型城镇化的路子。城镇化既可以使农村富裕劳动力从传统农业生产中解放出来，推动农业的规模化、产业化和现代化，也可以相应增加农民人均拥有资源量，从而提高农业劳动生产率和商品化率，还可以提升城镇经济实力，增强以工促农、以城带乡的能力，带动农村经济社会发展。另外，城镇化发展还有利于破除传统城乡二元体制，保障城乡居民平等的权益及待遇，促进城乡社会资源要素的合理流动，助推城乡一体化发展机制。

因此，城镇化、工业化与农业现代化是三个相互联系有机衔接的体系，互为支撑与依托。工业化发展有利于带动城镇化，同时又对农业现代化发展提出了新要求，而农业现代化发展可以助推工业化与城镇化发展。同时，城镇化发展可以为工业化发展聚集各种资源要素，又需要通过农业现代化发展解放农村各种被束缚的要素。“三化同步”协调发展是一个系统工程，持续走好“三化同步”协调发展的路子，是从根本上破解湖北发展不平衡难题的必然选择，是加快湖北省经济发展方式转变的实践道路，同时也是湖北省实现“中部崛起”战略的题中之义。

（四）湖北“两圈一带”战略的实现需要加快城镇化的发展

早在国家制定的《促进中部地区崛起规划》“重点地区发展”这一章中，提出要在中部地区培育武汉城市圈等城市群，作为促进中部地区崛起的增长极。同时，在城镇化快速发展阶段，城镇化正在由东部向中西部加快推进。另据国家发改委提供的信息，我国未来将构建“两横三纵”城市化战略格局，优先发展三个特大城市群和八个大城市群，其中，沿长江通道横轴、沿京广通道纵轴以及长江中游地区大城市群都与湖北密切相关。

省委、省政府确定的“两圈一带”总体战略是贯彻科学发展观的重大举措，是深化对湖北省情认识的重要成果，目的在于对接国家区域发展战略，

[1] 中共湖北省委常委、省委秘书长李春明．论推进湖北跨越式发展[J]．政策，2011(3)：13.

推动全省区域协调发展。从湖北新型城镇体系的构建来看,它是以武汉城市圈、鄂西生态文化旅游圈和湖北长江经济带为地域载体,实现全省城乡空间范围的总体性覆盖,使之成为“两圈一带”战略及湖北构建促进中部地区崛起重要战略支点的重要支撑,在湖北发展战略格局中居于基础性地位。“两圈一带”战略是把全省城乡区域作为包括经济、政治、文化、社会和生态建设在内的有机整体来统筹谋划。“两圈一带”既是产业圈、产业带,又是城镇圈、城镇带,必须以科学发展观统领全局,树立战略思维,加强统筹规划,适应不断提高湖北综合竞争力的需要,突出强调加大改革开放力度,通过体制机制创新,推动城乡经济社会结构的调整和城镇发展方式的转变,积极推进湖北新型城镇体系的建设和发展,对城镇体系科学布局,在大力发展城市群、城市圈,建设城镇带的同时,加快中小城镇及县城经济的发展,优化城镇体系结构,促进区域协调发展。

(五)湖北进入“高铁时代”需要适应交通变革科学布局城镇空间

近几年来,交通运输的快速发展,极大地提升了湖北区位优势。以武广高铁开通运营为标志,湖北率先进入高铁时代,一个以武汉为中心、辐射国内东南西北的3小时经济圈正在形成。武广高铁拉动的人流、物流、资金流、信息流以及旅游热、投资热、产业转移热,正在加速湖北经济的运行节奏,助推湖北发展驶入快车道。据统计,一条高铁年运量是普速铁路的4~5倍,能够为工业化、城镇化提供强大的运力支撑。高铁能够创造发展新的增长点,增强中心城市对周边城市的辐射带动作用。

从现实来看,随着长江经济带的加速开放开发,高铁时代的到来使得湖北城镇发展空间在不断发生改变,在高铁的助推下,沿江城镇带和沿高铁城镇带迅速发展,城镇布局不断优化。高速铁路沿线地区的产业和人口将不断聚集,高铁对城镇交通运力、效率和环境保护等都提出了新的更高要求。

由于高铁具有全天候运输、方便快捷和运能强大的特点,高铁区域经济的促进作用明显,武广高铁通车运营后,武汉城市圈等区域的经济发展方式转变明显加速,新的经济格局正在加快形成。相关统计显示,武广高铁开通前,武汉东湖风景区一届樱花节门票总收入200万元左右,2011年樱花节游园高峰期,周末一天票房收入就达100多万元。2012年5月16日起开始运行试验的汉宜高铁如一条大动脉,给江汉平原输入饱含各种经济元素的“血液”,把湖北东、中、西部真正串联起来。汉宜高铁大动脉贯通后,200千米/小时的速度意味着从宜昌等地出发到武汉,时间都将缩短一半以上,"1.5 小时经济圈"将为江汉平原经济一体化提供机遇,使江汉平原各城市融入以武汉为中心的"城市经济圈",参与资源的重新组合、优势互补,实现产业集群化发展和更紧密的经济一体化。鄂西内陆、江汉平原与东部经济发达地区的差距将进一步缩小。汉宜铁路也将提升新的增长点,汉宜铁路的运行,将给汉川和天门、仙桃、潜江、宜昌等的经济发展、城镇规划产生新的影响,机遇是前所未有的,所面临的挑战也随之出现。

高铁的快速发展,将带来生产要素集聚、城市之间的交流互动加强,人员流、资源流和信息流加快,它将分割的城市逐步链接为一体化经济、社会发展区域,赤壁陆水工业园、赤马港工业园、蒲纺工业园的建立与发展都受到高铁的影响。湖北省高铁时代的来临,为区域间经济的协调发展提供了助推力,同时,也在提高社会的流动性与融合性,改变原来人们的生活、工作方式,对原来的城镇体系及城镇化发展产生着深刻的影响,打破原来的城市分割、封闭,构建适宜高铁时代发展要求的一体性、开放性城镇体系,提升城镇化水平势在必行。

(六)"中三角"战略对湖北城镇化带来新的机遇和新的挑战

2012 年 2 月,湖北、湖南、江西三省签署合作协议,确立构建以武汉、长沙、南昌为核心,涵盖武汉城市圈、长株潭城市群和环鄱阳湖区域 30 个城市的长江中游最大城市集群——中三角,其国土面积 21.78 万平方千米,人口总量 9000 多万,经济总量 2.8 万亿元。"中三角"的提出和区域合作将推进长株潭城市群、武汉城市圈、环鄱阳湖城市群等中部经济发展地区实现跨区域整合,打造真正意义上的中国"第四极"。

"中三角"战略的实施,将极大地推动中部三省之间的区域合作,也将推动长江中游城市集群的形成和发展,极大地改变长江中游城市格局,对区域经济、社会和城镇化产生重大影响。尤其是"中三角"的合作要求打破三大城市圈之间的行政分割,将城镇布局从行政体制中解放出来,按照经济和社会自然走向合理配置。要求"中三角"在制订发展规划,加强生态保护、环境友好、产业合作、城镇发展、社会民生等方面的合作。随着武广高铁、昌九城际铁路的通车和杭长高铁即将运营,未来几年,武汉、长沙和南昌 3 个中心城市之间将形成"一个半小时同城圈"。人口、经济和社会的流动将不断加快,不断加深各个地区之间的融合和一体化。这也要求中部各省市立足"中三角"一体化重新布局和规划区域的产业结构和城镇体系,最大限度地发挥各自的优势,推进区域发展。

湖北省在中部地区有得天独厚的优势,不仅是中部崛起的战略支点,也是“中三角”发展战略的主战场。在“中三角”区域一体化建设中,湖北省涵盖了武汉城市圈、襄荆宜城市群。武汉号称九省通衢,东西有长江黄金水道,南北有京广铁路,有着很强经济实力和辐射影响力。长江中游城市集群形成后,GDP 占全国比重将达到 7.3%,并占有全国约 2.6% 的国土、7.9% 的人口、7.8% 的社会消费品零售总额、6.8% 的固定资产投资规模、10.1% 的实际外商直接投资,“中三角”合作的深化及发展也将对湖北省城镇发展带来新一轮的发展机遇。随着中三角战略对湖北省经济的推动,各类企业将蓬勃发展,可以在一定程度上缓解当前的就业压力。中三角地区拥有较为完备的工业体系和产业基础,潜在市场巨大,资源禀赋和要素优势明显。得“水”独厚、得“科技”独厚、得“区位优势”独厚、得“农业”独厚,并且具有成本优势。区域合作将使湖北经济社会发展活力彻底释放出来。经济发展又将进一步推动城镇化的发展。与此同时,也要求湖北省根据“中三角”区域一体化的要求对城市布局及城镇发展进行合理规模和调整。它要求湖北省改变传统“行政区经济”和画地为牢的产业和城镇布局,主动融入区域经济及城镇发展规划之中,构建更具开放性、包容性和一体化的城镇体系。与此同时,区域合作的发展也要求加强政府间的协调和合作,实现城镇区域规划、产业布局、基础设施、公共管理、公共服务的协同和一体化,这对城镇管理体制和管理方式及服务能力都产生新的需求。

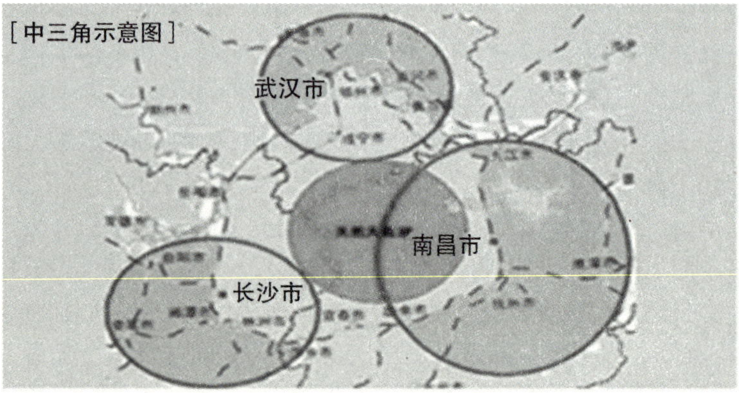

图 0-3 “中三角”空间结构

(七)湖北进入“城市型社会”需要地方治理和城镇管理体制的变革

我国是一个有数千年农业文明历史的大国。“以农立国”是历代基本的国策,也是长期的传统。在传统以农为主的农业时代,城镇虽然是治理的核心，但农村却是治理的中心。特别是由于城镇人口有限，辐射范围有限，社会处于农业和农民主导的分散化、同质化和扁平化状态，整个国家和社会治理体制和方式上也就采取基于按人口（事实上也是农民和农村人口）和地域划分进行分区治理。这种分区治理的本质特征不是依据经济空间和资源配置的需求划分管理单元，而是以人口、面积、自然环境及政治控制需要作为行政区划和政府管理的依据。这一状况一直延续到新中国成立以后。不仅如此，建国后我们实行了一系列城乡二元化的制度和政策，进一步造成城乡分割的局面。这种分区治理尤其是城乡分割的体制不仅阻碍了城乡之间要素的自由流动，也因区划行政分割制约了经济和市场以及城镇化发展空间，造成城乡之间、区域之间的冲突。一些乡镇虽然人口稀少、财政贫乏，但仍保留着完整的建制；而一些发达的乡镇经济发展的空间远远超过了行政边界，但难以统一管理；不同行政区划之间为保护地方的产值、税收、资源和市场，不惜封锁市场，垄断资源，重复建设，造成整个社会资源配置效率低下，最终阻碍了整个社会经济的发展。正因如此，如何打破现有的区划行政和城乡分割的体制，构建新的治理体制，让资源自由地流动，赋予人们选择的自由，不仅是我国经济发展的重大问题，也是社会发展和进步的重大问题。特别是随着市场化、工业化、城市化和现代化的发展，农业和农村人口大幅度减少，2011 年中国城镇人口达到 6.91 亿，城镇化率达到 51.83%，城镇常住人口超过了农村常住人口。湖北城乡人口比例为 51.83% 比 48.17%，城镇人口的比例也首次超过乡村人口。这是中国社会结构的一个历史性变化，表明湖北及整个国家已经结束了以乡村型社会为主体的时代，开始进入到以城市型社会为主体的新的城市时代。在此背景下，传统的区划行政、城乡分割以及分散管理的矛盾更加突出，迫切需要改变。为此，中央不仅要求打破城乡分割的体制，统筹城乡协调发展，也提出要"发挥好大中城市对农村的辐射带动作用，依法赋予经济发展快、人口吸纳能力强的小城镇相应行政管理权限，促进大中小城市和小城镇协调发展，形成城镇化和新农村建设互促共进机制。"[1]尤其是城乡人口结构的变化不是简单的城镇人口百分比的变化，它意味着人们的生产方式、职业结构、消费行为、生活方式、价值观念都将发生深刻变化。人们对于公共服务、生活品质、民主管理和社会参与更高的需求，也要求我们城镇管理的体制、功能和方式的转变。

---

〔1〕 申冬．农民工养老保险问题研究[D]．西安：西北大学公共管理学院，2009.

（八）资源环境和制度条件约束加大需要城镇化发展方式的转变

在任何国家和社会中，城镇化都是在特定的自然、经济、社会、政治及历史背景下进行的，不可避免地受到特定的环境、条件和制度的制约。从湖北城镇化的发展来看，城镇化发展自然、资源、社会、经济、制度环境正在发生深刻的变化，对城镇化发展的空间和路径有着越来越大的约束。从自然和资源来看，湖北是人口大省，也是农业大省，承担着国家粮食安全和三峡工程库区、南水北调水源区生态安全的政治责任，“七山二水一分田”，可开发土地资源非常有限。随着经济社会的发展，资源能源、生态承载、环境制约等的约束将越来越大，人们的生态环境保护意识越来越强，传统的依靠城镇空间扩张、过高的自然生态环境的代价的城镇化道路将不可持续。

尤其是我们必须注意到，长期以来，我国工业化和城市化发展的资金主要来自农业、农村和农民。建国后，我们党和政府就确立了“以农业为基础、以工业为主导”的发展国民经济的总方针。为了快速推进国家的工业化和城市化，采取农业支持工业、农村支持城市的发展战略，通过人民公社及一系列配置措施和政策，大规模地动员和吸纳乡村资源以快速推进工业化。据估算，改革前，国家通过工农产品价格剪刀差形式从农村隐蔽地吸取了8000亿元资金。[1] 正是依靠这种积累，我国在较短时间内建立了比较完整的工业体系，并推动了城市的快速发展。20世纪80年代的农村改革极大的调动了农民群众的生产积极性，农村经济迅速发展，在乡镇企业和农民的投入的支持下，我国农村工业化和小城镇得到迅速发展。进入新世纪以来，党和政府调整了城乡发展战略，实行“工业反哺农业、城市支持农村”的方针，加大农村公共设施和公共服务的投入。然而，值得注意的是，迄今重城轻乡的公共财政投入的结构并没有根本的变化，尤其是在市场化的过程中，农村的资金和资源仍不断快速流入城市。当前各地在推进城镇化过程中，都将从农民手中获取廉价的土地转手获得高额利润的所谓“经营城市”的方式，筹措工业化和城市化所需的资金。土地出让金已成为许多地方政府财政预算外收入的最主要来源，也是城镇化的主要资金来源。如果说改革之前我国城市化的发展是靠“农业支持”的话，当前城市化的发展实际上是依靠“农地支持”。虽然这种方式为城镇化的发展筹集了大量的资金，但是，这也是一种成本高昂、不公平的发展方式，它不仅损害

〔1〕 发展研究所综合课题组．改革面临制及创新[M]．上海：上海三联书店，1988：7.

了农民群众的财产权益，造成大量的"失地、失业"农民，产生严重的社会问题，也引发广泛和严重的社会冲突，损害了党和政府的权威和合法性。[1]这种依靠土地支撑和扩张、严重损害农民权益的城镇化显然是不可持续的。中央的政策也正在发生改变，这必将对城镇化发展方式产生重大影响，要求重新思考和选择城镇化发展道路。

五、湖北新型城镇化的道路与要求

不难看出，当前湖北城镇化发展不仅面临历史积累的问题和宏观体制的障碍，也具有新的历史机遇、需求和挑战。在新时期新阶段，必须立足国情省情，走有适应中国国情和湖北省情的城镇化发展道路。

（一）湖北新型城镇化的道路

早在2005年9月29日中共中央政治局第二十五次集体学习中，胡锦涛同志就明确强调，"坚持走中国特色的城镇化道路，按照循序渐进、节约土地、集约发展、合理布局的原则，努力形成资源节约、环境友好、经济高效、社会和谐的城镇发展新格局"，要求各地"根据各地经济社会发展水平、区位特点、资源禀赋和环境基础，合理确定各地城镇化发展的目标，因地制宜地制定城镇化战略及相关政策措施"，促进城镇化健康发展。结合湖北实际，新型城镇化应具有以下几方面特征：

1. 城乡统筹，走城乡一体三化同步的城镇化道路

城镇化的首要表现和核心内容是农村人口向城镇的转移和聚集。我国城镇化的重要任务及主要困难之一就是如何顺利转移农村人口尤其是庞大的剩余劳动力。然而，长期以来，同全国一样，湖北农村人口的城镇化转移一直受制于城乡二元化的体制，在狭小的空间中选择，并由此引发诸多的问题。二元化体制不仅是我国经济社会协调发展的结构性障碍，也是阻碍湖北城镇化健康发展的结构性障碍。当前湖北已进入加速破除城乡二元结构、形成城乡经济社会发展一体化新格局的重要时期，必须将城镇化的发展置于城乡一体化的格局下进行推进。为此，要着力破除城乡二元化的体制，为农村人口向城镇转移和聚集、城乡资源的合理配置提供条件。由于城镇化既是农村人口向城镇转移的过程，也是城镇空间扩张和农村土地城镇化的过程。城镇化的发展就要求破除城乡二元化的户籍管

[1] 项继权．城镇化的"中国问题"及其解决之道[J]．华中师范大学学报(人文社会科学版)，2011(1)：6.

理体制、二元化的城乡土地产权制度并建立相应的城乡一体化的社会保障体系。[1]

在城镇化发展中,要强调城、乡的空间异质性,“宜城则城、宜镇则镇、宜村则村”,形成功能互补的城乡关系。在工业化和城镇化过程中同步推进农业现代化;在加快城镇发展的同时,着力保护农村文化和乡土文明,改善农村人居环境,提高乡村地区公共服务的均等化水平,建设高水准的宜居乡村,促进三化同步、城乡协调发展。

2. 因地制宜,走有地域特色多样化的城镇化道路

城镇化是人口向非农产业和城镇聚集的过程,它直接带来城乡人居空间布局的调整和变化。湖北的人口和资源相对紧缺、分布不均,各地经济发展水平及文化生态环境有较大差异。在城镇化过程中,必须对城乡产业发展、城镇空间布局、公共设施建设及生态环境保障等科学规划,合理布局。与此同时,由于湖北各县市之间自然、经济社会条件禀赋各异,环境承载力和城市综合承载力千差万别,简单地强调优先发展大城市还是重点发展小城镇都难以符合各地的实际。

因此,应根据湖北各地经济社会发展水平、区位特点、资源禀赋和环境基础,按照城乡统筹、城镇带动、产业驱动、绿色发展、优化结构、突出特色的原则,坚持“大小多少”和“三个层次”的城镇化发展思路,加强各城市之间的经济联系和分工协作,实现城市以及地区优势互补和共同发展,构建以武汉城市圈为核心,以城市群和中心城市为支撑,以长江经济带为纽带,具有区域竞争力的城镇空间布局结构。

3. 转变方式,走资源节约环境友好的城镇化道路

我省人口众多、资源紧缺、环境脆弱,在城镇化发展中要从“外延式扩张”转变为“内聚式发展”,立足区域环境承载力,着力提高城镇综合承载力。环境承载力是一个区域经济、社会、资源和生态环境所能支撑的城镇规模和容量,它不仅包括城镇自身的经济能力、财政能力、服务能力和管理能力,也包括城镇及区域的人文资源及生态环境的承受能力。虽然城镇化的发展有助于人口资源、生产要素和产业结构的优化配置,提高土地和资源的利用效率,在一定程度上减轻了人类活动对环境资源的破坏和压力。但是,伴随城镇化的发展及人口的大规模聚集,人们生产和生活方式及消费方式的转变,人们对公共设施、社会服务和生活质量有更高的要求,对于

[1] 项继权. 城镇化的“中国问题”及其解决之道[J]. 华中师范大学学报(人文社会科学版),2011(1):6.

资源和能源的消耗也相应增加，也会对经济、社会、资源和生态环境带来巨大的压力。因此，应将城镇化发展置于整个经济社会和生态系统中，综合考虑区域的人口、资源、经济、社会和生态环境等重要因素，按照区域环境承载力确定城镇化的发展规模、速度及其布局，保持城镇化与经济、社会和生态系统的平衡与协调。

如果说环境承载力更多地是指城市发展与生态社会环境的关系问题，城市综合承载力则更多地是强调城市现有资源优化配置所能承受和容纳的人口、产业的合理规模。它要求对城市资源、产业、设施和服务进行优化配置，提高财政效率和管理水平，最大限度地吸纳人口，并保持城市经济发展及人们生活和服务水平的提高。从目前来看，我们一方面要防止违背经济社会发展和人们的需求，人为限制农民进城及城镇化的发展，造成城镇资源及有效承载力的浪费，另一方面要防止城镇的盲目扩张，超越环境承载能力，造成资源的浪费和对环境的破坏。特别是要防止一些自然和生态脆弱的地区城市盲目扩张，规模过大，大拆大建，破坏乡村人文景观及历史文化遗存及生态环境。与此同时，要加快城中村的改造及控制住房建设规模，消除“空心城”现象，着力提高城市综合承载力。[1]

“资源节约、环境友好”的两型要求是国家赋予湖北的发展责任，湖北既有保障国家粮食安全的重任，又有保障秦巴山区、丹江口水库、长江汉江水系等国家级环境敏感地区的生态安全要求，湖北的城镇化发展不可能也不允许重复长三角、珠三角的历史路径，以牺牲生态环境和农村耕地为代价来换取非农产业的快速扩张和城镇建设用地的无序蔓延。武汉城市圈已被国家确定为“两型社会”试验区并被赋予先行先试的政策创新权。借此机遇，湖北城镇化建设应按照建设生态文明、“两型社会”的要求，坚持绿色发展，致力于宜居城市、生态城市、园林城市和文明城市建设，把城乡发展与提高资源利用效率、改善生态环境有机结合起来，在城镇化发展中应转变城镇化发展方式，从“外延式扩张”转变为“内聚式发展”，立足区域环境承载力，着力提高城镇综合承载力，走湖北特色的资源节约型城镇化道路。

4. 激发活力，走政府与市场双轮驱动的城镇化道路

从各国城镇化发展的历史及实践来看，城市化或城镇化的发展有不同的模式。其中包括美国式的“自由放任式城市化道路”，日本和英国的“先

〔1〕 项继权．城镇化的“中国问题”及其解决之道［J］．华中师范大学学报（人文社会科学版），2011（1）：7.

放后调式城市化道路”以及法国和德国的“市场引导与政府并重的城市化道路”等等。[1] 仅从这些国家来看,城镇化发展过程中政府的规划、干预和支持是存在和必需的。但是,各国城市化大都立足市场机制引导人口和资源的流动及配置,政府仅仅在市场配置失效、导致城镇问题之时才进行干预。从实践来看,市场是资源优化配置的有效方式,市场竞争也是活力与效率之源。改革以来湖北工业化、城镇化及城乡经济快速发展的根本原因是不断改革和发挥市场在资源配置中的作用。不过,由于目前我国工农之间及城乡之间的比较利益存在明显差距,随着城乡日益开放及市场经济发展,农村资源、资金在市场化过程中仍快速向城镇聚集,造成城乡发展失衡及城市极化现象。因此,在城镇化及城乡一体化发展中,我们既要发挥市场机制这只“看不见的手”的调节作用,又要发挥政府这只“看得见的手”的调节作用,把市场对资源配置的基础性作用与政府统筹的调控性作用结合起来,加强政府对城镇化发展的统筹、规划和支持,合理引导城镇化发展的规模、速度、节奏,优化结构和布局,防范城镇化出现的城市问题及农村社会问题。尤其是当前在城镇化发展过程中,要切实改变现行的依靠农民的土地、资源和积累支持城镇化发展的方式,切实保障农民的财产权益。城镇化本身是农村经济社会发展和现代化的过程,是农村和农民群众繁荣富裕的过程。[2] 新型城镇化的发展及发展道路的成功与否最终都取决于是否有助于农村的发展和农民的富裕,是否有助于城乡的繁荣与社会的和谐融合。在现代市场“无形的手”的调节下,只要生产要素能自由流动,城乡之间及工农之间的比较收益也将逐渐趋于平衡。进一步推进市场体制改革,更大程度地发挥市场在资源配置中的基础性作用,也是湖北城镇化及城乡经济发展的关键所在。

5. 强化服务,走兴业宜居协调发展的城镇化道路

城镇不仅是工商产业的聚集地,商品流通和市场交易的中心,也是人们生产生活的空间。城镇发展本身是人类社会文明的体现。因此,城镇功能除了产业功能外,还包括公共服务功能、居住功能、生态环保功能等,这些共同构成了城镇综合承载能力。在城镇化发展过程中,一方面要大力推进产业聚集,促进经济发展,同时,也要加强城镇公共设施建设,提高城镇

〔1〕 国外城市化道路的典型模式与启示[EB/OL].(2008-01-07)[2012-11-11] http://www.chinacity.net/chengshi/show.asp? id=251299.

〔2〕 项继权.城镇化的“中国问题”及其解决之道[J].华中师范大学学报(人文社会科学版),2011(1):8.

综合承载能力。经验表明,加快城镇基础设施建设,既有利于强化城镇功能,提升城镇品位,也有利于克服城镇发展中带来交通拥挤、住房紧张、环境恶化等"城市病"。要进一步完善公共管理和公共服务,为人们的生产创业和生活休闲提供保障,建设符合"两型"社会特征的兴业宜居、环境优美、社会和谐的城市,促进城镇经济社会协调发展。

总之,未来十年是湖北发展的"黄金十年",全省发展正面临重大历史机遇。各级政府要站在新起点、应对新挑战、采取新措施、争取新成就。必须把握城镇化发展规律,加快城市建设与发展,充分发挥城市在扩内需、调结构、转方式、保民生、促发展中的主导作用;必须坚持科学发展,探索具有湖北特色的城镇化发展道路和发展模式,破解当前城市发展中诸多不平衡、不协调的问题,促进城镇化健康发展。

(二)推进湖北新型城镇化的要求

1. 以经济为基础,精心培育城市基因的成长

城镇化和经济发展之间相辅相成,城镇化是经济发展的必然结果,而城镇化的发展又是经济发展的巨大推动力。据有关部门统计湖北城镇化率每提高一个百分点将增加 60 万城镇人口,按每个(完全化)城镇人口所必须的供水、供电、通信、交通、治安、供暖供气等基础设施投资和商业服务、文化、教育、卫生、社保、环保、住房等设施最低投资需求 30 万元计算,即每年增加 1800 亿元投资。如按 50 万元计算的话,则为 3000 亿元投资。2010 年,湖北城镇人均消费性支出为 11450 元,是农村人口的 3 倍,"十二五"期间增加 300 万人城镇人口的话,每年将拉动最终消费增长约 343.5 亿元。按人均节约宅基地 0.3 亩计算,60 万农村人口进入城镇之后,每年可以节约 18 万亩土地用于农业与工业建设。

湖北在推进城镇化发展的过程中,要从以下三个方面充分培育城市基因的成长。第一是充分发挥武汉对周边城市的经济辐射作用,形成以武汉为中心的经济发展圈。第二发挥宜昌、襄樊两大省域副中心城市的作用,两大城市要扩大规模,完善功能,增强区域辐射力和竞争力,打造优势产业,壮大经济实力,带动区域发展。第三,以长江为依托,加快发展长江沿岸地区的经济,把长江经济带建设成为交通便利、设施完善、生态良好、产业发达、市场繁荣、城乡协调、社会和谐,承载能力最强、产业集聚程度最高、带动能力和可持续发展能力最强的地区之一。

加快经济的发展是城镇化建设的基础,在推动湖北城镇化建设的过程中,必须把经济的发展放在首位。城镇化建设如同一棵参天大树,需要本

地区经济社会包括工业化一定程度的繁荣发展来作为自己吸取营养以茁壮成长的“沃土”。经济社会的繁荣是推进新型城镇化的必要条件也是先决条件。经济社会的繁荣为新型城镇化的发展提供了财政支持，创造更多的就业岗位，为新型城镇化过程中人们生产方式和生活方式的转变提供了物质支持。所以，要切实纠正“平铺摊子、乱搭架子、到处甩票子，最后一片空壳子的错误搞法”，将有限的人力、物力、财力、精力，集中投入到真正地具备城镇发展条件的区域经济中心上来。

2. 以产业为支撑，大力促进生产要素的聚集

产业经济的繁荣发展是城镇化建设的根本支撑。不同的产业结构对新型城镇化发展的促进作用也不尽相同。在推动城镇化发展的过程中，要充分发挥不同产业的特点，结合城镇本地实际因地制宜地发展本地的产业，具体说来主要有以下三种：

第一，要发展技术密集型、资金密集型产业，以提高城市竞争力。技术密集型、资金密集型产业的发展对技术、资金要求较高，大部分属于工业的范畴，因此这些产业的发展对地区经济的发展、增强地区的财政收入具有重要作用；另外这些产业的发展对地区经济的发展产生辐射作用，带动其他产业的发展。

第二，要注意发展劳动密集型产业，兼顾城镇劳动就业和社会稳定。如何保证人们的就业，关系到城镇化发展的程度和效度。广大的农村地区在城镇化发展过程中，有大量的闲置的劳动力，要稳妥地推进城镇化的发展，必须解决这些闲置劳动力的就业问题。因此在推进城镇化发展的过程中，要注重发展劳动密集型产业，吸纳闲置劳动力就业。这些闲置劳动力的就业一方面能保持社会的稳定，另外一方面就业可以增加他们的收入，为其在生活方式转为城镇化发展提供经济支持。

第三，注重推进产业结构城镇化，使城镇化全面、协调发展。产业结构城镇化是城镇化的主要内涵之一。产业结构的城镇化其实质是指产业结构的升级换代。在影响一个国家或地区城镇化进程的诸多因素中，产业结构是一个十分重要的因素，城镇化过程就是产业结构不断由低层次向高层次演进的伴生发展过程。城镇化数量水平与产业存在相互依存的内在关系。第二、三产业的比重增加，将导致城镇水平提高，而城镇化水平的提高，又会带动产业结构的进一步升级。在城镇化发展进程中，城市与周边区域之间的关联程度加深，城市产业向区域产业辐射的力度和范围加大，社会资源、分工体系在超乎城市范围之外的农村及更广的区域内实现优化配置与组合，城乡之间产业因而联动发展，这就需要重新进行通盘考虑，优

化产业结构、形成城乡产业结构的合理布局与配置，替代传统工业化，形成新型城镇化的新产业基础。

3. 以规划为先导，加强城乡协调布局

科学的规划是科学发展的前提。新型城镇化发展必须以科学规划为先导。首先必须改变传统的“重城轻乡”、“城乡分割”的规划格局，由规划部门统筹城乡规划，加快规划管理职能向乡村延伸，构建城乡全覆盖的规划管理体制，实现城乡规划一体化和全覆盖，整体布局城乡空间，推进城乡融合、城乡优势互补的城乡一体化发展；其次，着力提高城乡规划水平，保证城乡规划的科学性。城乡规划必须遵循城乡统筹、合理布局、节约土地、集约发展和先规划后建设的原则，统筹协调城乡产业布局、生态环保、公共服务和基础设施的建设，优化城乡用地结构和居民点布局，科学规划城镇体系发展空间。乡村规划应当从农村实际出发，有利生产、方便生活，尊重村民意愿，体现地方和农村特色；第三，加强规划之间的协调和衔接，切实做到城乡规划体系一盘棋。一方面要求各地区内部的土地、产业、人口等专项规划之间必须统一；另一方面，下级单位制订的规划必须与上级地方政府制订的相关规划如土地利用总体规划、城镇体系规划等相衔接，并符合国家主体功能区规划、土地利用总体规划、全国及流域水资源综合规划和防洪规划等的要求。此外，加强不同地区规划之间的衔接，避免区域发展的同构性或相互冲突，加强协作对接，实现联动发展、互补发展、特色发展和集约发展。最后，增强规划的权威性和执行力。尤其是严格规划的审批程序，加强城乡规划信息化建设，完善城乡规划的监督体系，维护城乡规划的严肃性。

4. 以扩容为手段，着力提高城镇综合承载力

城镇化的水平直接体现在城镇人口聚集的程度。必须着力提升湖北城镇综合承载力，尤其是要加快中小城市和中心镇提质扩容，鼓励有条件的农民工到城镇安居乐业。在中小城市和中心镇建立城乡统一的户籍登记制度，以合法固定住所和相对稳定的职业或合法生活来源为基本落户条件，鼓励农村劳动力就近有序向城镇转移，改革户口迁移审批制度，简化户口审批手续。[1] 加快住房、教育、医疗、社会保障等与户籍管理相关的配套制度改革，让进城务工人员在劳动报酬、子女就学、公共卫生、住房租购以及社会保障方面与城镇居民享有同等待遇。加快人力资源市场和就业服务体系的培养和发展，充分发挥人力资源市场在配置人力资源中的主渠道

〔1〕 参见湖北省《关于加快推进城镇化的意见》.

作用,加强农村劳动力转移技能培训、农村实用人才培训、城乡专业技术人员培训,加强进城务工农民就业指导,加强农村劳动者职业能力建设,逐步健全乡镇(街道)劳动权益维护和劳动争议仲裁调解组织,促进城乡劳动者平等、稳定就业,安居乐业。

5. 以改革为动力,积极推行体制机制创新

第一,打破传统城乡二元社会结构,实现城乡一体化发展。

二元化体制不仅是我国经济社会协调发展的结构性障碍,也是阻碍城镇化健康发展的结构性障碍。可持续城镇化的道路必须以实现城乡之间收入均等化为主要目标,促进农业增效、农民增收、农村稳定。通过建设社会主义新农村,破解城乡二元结构、加快解决"三农"问题;提高农业科学技术,实现从传统农业向都市型现代农业的转变,从以传统农业生产为主的农村经济向清洁型工业和休闲产业为主的农村二、三产业快速发展;[1]通过加强农民技能培训,提高劳动力素质,有针对性地开展就业与再就业培训,使农民基于比较收益的考虑而从农业生产中转移出来。加快发展农村城镇化是缩小城乡差距,实现城乡一体化的重要措施。

第二,对户籍管理、劳动就业、社会保障、文化教育、医疗卫生等组成城乡一体化的制度进行全方位地改革创新。

首先,从户籍制度改革来看,就是应逐步构建城乡统一的居民登记制度,实施以身份证为核心、以居住地为基础的身份统一、机会均等、权利平等的城乡统一的人口管理体制。为城乡人口自由流动创造条件;深化户籍及公共服务体制的改革,剥离现行的城镇户籍与就业、教育、医疗、社保和住房等方面的福利关系,消除依附于城乡分割户籍制度之上的对农民社会福利的制度性歧视;进一步深化农村集体产权制度、农村户籍制度及基层组织与管理制度的改革,尤其是要进一步明晰集体产权,剥离农村居民户口与农村集体土地、集体经济及集体福利的关系,实现村委会组织及农村社区组织与村集体经济组织的分离。从而为城镇居民"非转农"及其他外在人员农村社区居住落户扫清障碍;必须制止农民"土地换社保"、"宅基地换住房"等等专门针对农民群体的歧视性和不公平性的做法,保障农民自由平等的迁徙权。[2]

---

〔1〕 张军. 新疆乌苏市资源开发型城镇发展研究[D]. 石河子:石河子大学政法学院,2010.

〔2〕 项继权. 城镇化的"中国问题"及其解决之道[J]. 华中师范大学学报(人文社会科学版),2011(1):6.

其次，要构建城乡一体的社会保障体系，将社会保障与农地产权剥离，建立高效的集聚机制和政策环境，为农民进城及失地农民提供公平的社会保障。一是鼓励有条件的农民工到城镇安居乐业。加快住房、教育、医疗、社会保障等与户籍管理相关的配套制度改革，让进城务工人员在劳动报酬、子女就学、公共卫生、住房租购以及社会保障方面与城镇居民享有同等待遇；二是加快人力资源市场和就业服务体系的培养和发展，充分发挥人力资源市场在配置人力资源中的主渠道作用，加强农村劳动力转移技能培训、农村实用人才培训、城乡专业技术人员培训，加强进城务工农民就业指导，加强农村劳动者职业能力建设，逐步健全乡镇（街道）劳动权益维护和劳动争议仲裁调解组织，促进城乡劳动者平等、稳定就业。

第三，变“发展型政府”为“服务型政府”，把政府的主要精力和工作重心逐步转移到社会建设与社会管理上来。

无论从国外的经验还是我国改革以来的实践来看，市场是资源优化配置的有效方式，市场竞争也是活力与效率之源。改革以来城镇化及城乡经济快速发展的根本原因就是不断改革和发挥市场在资源配置中的作用。因此在推进城镇化发展的过程中，要转变政府在城镇化发展过程中的功能。政府的行为重点应发生变化，不再是过去的“管理型政府”，而应把提供“低水平、广覆盖、均等化”的公共服务作为基本职能，也即“服务型政府”。“服务型政府”也必然是责任政府，因此地方政府不仅应对中央政府负责，更重要的是要对广大人民群众负责，切实保护人们合法权利，尤其是处于弱势地位、易被社会大众所忽视的群体。[1] 城镇化要求地方政府应充分发挥规划、指导、干预、规范的作用，及时有效地解决传统城镇化中的遗留问题，并为新型城镇化的健康发展创造良好的条件和环境。

6. 以民生为重点，提升公共服务均等化水平

公共服务的非均等性是城镇化发展过程中的主要问题。现行统计的6.09亿城镇人口中，包括有在城镇常住（指居住半年以上）的1.4亿农民工和因行政区划调整而一夜之间变成市民的1.45亿。这些农民工和农民虽然被算成是城镇人口，但他们在劳动就业、工资福利、子女就学、社会保障、保障性住房购买等方面仍很难享受城镇居民同等待遇，并没有真正地完全城镇化。

---

〔1〕 傅琼．中国西部城镇化过程中的地方政府行为研究［M］．重庆：重庆出版社，2004.

因此,湖北在推进城镇化建设的过程中要注重公共服务和公共设施的建设,具体指标体系应如表 0-15 所示。加快社会事业发展,加强科技、教育、医疗卫生、文化体育、人口计生、社会福利等基础性公共服务设施建设,建立综合性的服务平台,推动社会服务资源向基层和社区延伸。优化教育结构和布局,全面提升义务教育水平,大力发展职业教育,不断提升高等教育质量。健全城镇医疗卫生服务体系,加快建设以社区卫生服务为基础的医疗卫生服务网络,扩大社区卫生服务覆盖面。健全公共就业服务体系,加强基层劳动就业和社会保障服务设施建设,实施"阳光工程"等就业推进工程。完善社会保障体系,做好社会保险扩面征缴工作,实施养老保险省级统筹。大力实施各项文化惠民工程,不断满足城乡居民丰富多彩文化生活的需求。建立完善社区计划生育服务体系,推进计划生育村居民自治,强化流动人口服务管理。

表 0-15　湖北省域基本公共服务配置建议标准

项目	分项指标		国家和省域中心城市	地区中心城市	地方中心城镇			重点镇	新型农村社区
					都市区一体化城镇	都市区协调城镇	增长极—旅游区城镇		
义务教育	义务教育水平	9 年				√	√	√	√
		12 年	√	√	√				
	设施覆盖	居民出行 30 分钟					√	√	√
		居民出行 15 分钟	√	√	√	√			
公共卫生和基本医疗	基本医保水平	初等							√
		中等			√	√	√	√	
		中高等	√	√					
	基本医疗设施覆盖	居民出行 30 分钟					√	√	√
		居民出行 15 分钟	√	√	√	√			
基本社会保障	基本社保水平	初等							√
		中等			√	√	√	√	
		中高等	√	√					

续表

项目	分项指标		国家和省域中心城市	地区中心城市	地方中心城镇			重点镇	新型农村社区
					都市区一体化城镇	都市区协调城镇	增长极－旅游区城镇		
基本就（失）业保障	非农就业失业保险	初等							√
		中等			√	√	√	√	
		中高等	√	√					
	就业培训		√	√	√	√	√	√	√
基本市政设施	自来水		√	√	√	√	√	√	√
	供水		√	√	√	√	√	√	√
	铺装道路		√	√	√	√	√	√	√
农业设施与服务	农田水利								√
	农技、农业信息服务点								√
	农机、农贸服务点								√
	农业金融服务点								√
文化体育	2000 本以上图书馆		√	√	√	√	√	√	√
	专用体育场所		√	√	√	√	√	√	√
交通设施与公共交通	县道					√	√	√	√
	快速干道		√	√	√	√	√	√	
	轨道交通站点		√	√	√				
	公共站点覆盖	居民出行 30 分钟					√	√	√
		居民出行 15 分钟	√	√	√	√			
供气			√	√	√	√	√	√	√
电信网络			√	√	√	√	√	√	√
污水收集与处理系统			√	√	√	√	√	√	√
高等教育			√	√	√	√	√		
二级以上医院			√	√	√	√	√	√	√
中型以上综合体育中心			√	√	√	√	√	√	
博物馆			√	√	√	√	√		
旅游服务设施			√	√	√	√	√	√	√
旅游地垃圾集中处理设施			√	√	√	√	√	√	√

7. 以县城为基础,夯实城镇化的城乡节点

县城在整个基层治理中处于承上启下的作用,也是城镇体系中城乡节点。县城具有以下几个方面的主要特点:一是县城为县域社会的中心,生产力诸要素的聚集度较高;二是因地缘、亲缘、血缘的联系而比较容易构建稳定和谐的社会关系;三是经济成本相对较低,比较容易实施"生态优先、低碳发展,资源节约、环境友好"的政策措施;四是随着县域经济的迅速发展,县城的规模经营和边际效益正在呈现广阔的开拓空间。县域在城镇化及城乡一体化发展中越来越发挥着重要的作用。

在城镇化发展中,必须把着眼点和着力点放在县域社会生产力的培育发展上。要采取有效的政策措施,创新体制机制,优化经济环境,促进农业经济的基因"变异"和乡镇工商业的渗透"发酵",帮助农民富裕和农村进步。要提升县级城市综合承载能力,加快发展县域经济,让县级省市逐步成为农村人口转移的主要载体。应充分注重湖北 20 个发展基础较好的县(市)的作用,先把这 20 个县级城市建设成为人口聚集能力强、功能完善的中等城市然后以这 20 个县级城市为基础带动其周边城市的发展。形成以某一发展较好的县级城市为中心的区域一体化发展。县城在城镇化发展中具有得天独厚的优势条件,充分利用县城地区的优势,以县城为核心,逐步缩小城乡差距,改变城乡二元结构,促成城乡一体化发展。在现实中,必须按客观规律办事,努力避免"平铺摊子、乱搭架子、到处甩票子,最后一片空壳子"的行为,将有限的人力、物力、财力、精力,集中投入到真正具备城镇发展条件的地方,循序渐进,梯度展开,以求实效。另外,积极引导农民进城创业、异地创业,保障他们能够"离土又离乡",在城镇"留得下、待得住、富得起",积极创新土地、城镇的经营理念和机制,以地聚财、以财建城、以城带乡。

8. 以共赢为目标,形成有序竞争与合作格局

随着城镇化和区域一体化的发展,城镇之间的关系日益紧密,与此同时,利益竞争和冲突也会加剧。必须构建良好的竞争与合作机制,实现互惠互利、共同发展。尤其是区域一体化发展需要重新对原来的城镇体系进行结构调整,必须打破原来的划区而治、封闭排外的城镇格局,实现城镇体系边界的开放性与城镇体系的一体性,实现区域内各项人口、资源和资本的有序自由流动与优化配置。从更大的区域来看,随着以长江中游地区相临的湘鄂赣三省环长株潭城市群、武汉城市圈、环鄱阳湖城市群为核心,包括沿长江、洞庭湖生态经济圈、鄱阳湖生态经济圈等湘鄂赣三省的若干个连绵大中城市组成的"中三角"的日益崛起,都需要打破过去城市分割、互

不相容的局面,构建区域一体化的发展机制,而构建开放性、跨区性的容纳性城镇体系也势在必行。同时,就从城乡空间结构来看,传统城镇化是以城市为基础的城镇化,城乡分界而治,随着经济的一体化发展及社会的流动加快,在城乡社会由分离到一体化发展的过程中,需要重新布置城乡空间布局问题,逐步实现空间结构的城镇化,处理好中心城市与卫星城市的协调布局问题,时空间结构的城市化超越城乡、地域分割,形成错落有致、功能分明的空间城镇结构。

9. 以统筹为基点,形成"三化"同步协调发展机制

新型城镇化建设不仅仅是就城镇化而建设城镇化,它是一个与工业化、现代农业发展相互协调发展的过程。从总体上来看,城镇化意味着大量人力资源需要向城镇集中,这就给农业发展带来了现实挑战,需要农业生产、经营方式的变革,而走高效农业、现代农业之路正是对城镇化的有力支撑,否则基础不牢地动山摇。这就需要应进一步强化农业基础地位,用现代装备和先进技术武装农业,提高粮食综合生产能力;用现代经营方式组织农业生产,实现农业的现代化发展。同时,农业的现代化发展也能够为新型城镇化发展提供基础材料及物质需求。

另外,新型城镇化发展还必须与工业化发展相同步,从目前来看,湖北的工业化发展快于城镇化发展,从现实来看,如何通过工业产业改革与升级,重点打造能够吸纳、转移农村劳动力的产业行业对推动城镇化发展具有重要的意义,形成高技术、高密集劳动力协调发展的产业结构。同时,还应该注意产业的规划与布局,使产业规划布局与城镇化规划布局有机协调起来,形成城镇化发展聚集要素,改变个体的生活方式,工业化吸纳解决劳动力转移、工业财政收入的提升为新型城镇化的推进提供国家财政支持。

10. 以文化为根基,保护和传承文化突出城镇特色

城镇特色的根基在文化,人们生活品位也在文化。在快速的城镇化和现代化过程中,必须切实保护和传承本土文化,形成城镇的品位和特色。湖北有着灿烂的地域文化,当前要以弘扬荆楚文化为主基,突出城市个性特色定位,加强对城市自然生态、人文历史等资源特色的规划研究,着力挖掘城市内涵,留住城市记忆,传承城市文明,引领未来发展。将城市特色文化建设纳入城市总体规划,正确处理保护与开发、传承与发展、改旧与建新的关系,高起点、高品位统筹规划城市文化建设。综合利用历史和现代元素及符号、山水特质等,打造城市个性化、风貌性、标志性建筑,彰显城市个性文化特色。坚持精致为要,精心设计、精致建设、精细管理,提升城市建设品质,彰显城市特色魅力。

总体上来看，只有将城镇化、工业化与农业现代化纳入整个国民经济发展的宏观体系中进行考察，将农业现代化发展作为整个湖北经济跨越式发展的基础，积极发挥工业化的支撑带动作用，将城镇化作为未来经济社会转型发展的助推力，才能够真正有效地推进湖北跨越式发展，使湖北新型城镇化发展做到有实效、有亮点、有前瞻性。

六、当前湖北城镇化发展的若干重点

2010年省委、省政府研究已经出台了《关于加快推进新型城镇化的意见》，2012年制订了《湖北省城镇化与城镇发展战略规划》以及《湖北省人民政府关于加强城市工作提高城市规划建设管理水平的意见》，对湖北当前及今后城镇化发展进行了规划和部署，提出了具体要求。根据《湖北省人民政府关于加强城市工作提高城市规划建设管理水平的意见》，湖北城镇化发展的目标是推进“三化”（工业化、城镇化、农业现代化）协调发展走在全国前列。全省城镇化率每年递增一个百分点左右，到“十二五”期末达到56%以上。优化全省城市空间结构，建立完善以“一主两副”为龙头、区域中心城市为支撑、县城和中心镇为节点的现代城市体系，形成多点支撑、多级带动、各具特色、竞相发展的城市格局。到2015年，特大城市和大城市达到15个左右，中小城市达到50个左右，3万人口以上的建制镇达到100个左右。全省城市规划建设管理水平全面提高，城市经济结构更加优化，城市综合承载能力显著增强，城市人居环境不断改善，城市发展质量明显提升。基于这些规划和目标，我们认为当前应着力抓好如下工作：

（一）抓龙头，做强武汉城市圈

武汉城市圈是湖北以及中部地区的中心城市。大力支持武汉建设国家中心城市、国际大都市，将武汉建成全国重要的综合交通运输枢纽中心、先进制造业基地、现代服务业基地、科教和创新基地、高新技术产业基地，成为全国“两型”社会建设和自主创新示范区，充分发挥武汉市在全省及中部地区城镇化中的引领和辐射作用。当前要大力构建区域统筹规划体系、产业统筹布局体系、设施统筹建设体系和市场统筹共建体系，推进区域一体化进程，努力形成功能互补的高端产业聚集区、布局合理的城市连绵区、改革开放的先行区、城乡统筹和“两型”社会建设示范区，成为全国性的发展活力足、核心竞争力强的城市圈。

武汉城市圈要充分发挥龙头带动作用，强力推进新型工业化、农业产业化，加快发展高新技术产业和现代服务业，合理分工和布局延伸产业链。

武汉在推进现有产业优化升级基础上，重点发展金融、物流、咨询、会展等现代服务业；圈内城市重点围绕武汉龙头企业和优势特色产业做好配套和深加工，逐步形成电子信息、汽车、钢铁及深加工、石油化工、纺织服装、装备制造、农副产品加工、生物产业、新能源、软件及服务外包、工程设计、文化创意等产业链和产业集群。城市圈 GDP 总量年均增长 15%，实现经济发展和就业增长的良性循环。到 2015 年，率先在湖北省和中部地区实现工业化、城镇化和基本现代化。

城际铁路对武汉城市圈的城镇化进程有着重大深远意义，不仅会有效放大武汉市作为核心城市在城市圈内工业化和城镇化的聚集和辐射，也将有效推进区域城镇一体化和城乡一体化。要按照集聚要素、集约资源的要求，积极推动武汉城市圈城际铁路沿线地区新城建设，加快形成两条城镇密集带。要以城际铁路为依托，着力打造武鄂黄黄城镇密集带、武咸嘉赤旅游城镇带两条特色城镇带，科学制订城际铁路沿线城镇规划，引导城市圈内产业园区在铁路沿线布局，依托产业园区建设特色新城，推动推动城镇各类要素加速流动，优化配置。在武汉市远城区和城乡结合部推进“一站一城”建设，加快推进花山新城建设。

（二）强两冀，做大“宜、襄”城市群

大力推进产业、都市、文化、绿色襄阳建设，巩固省域副中心城市、“襄十随”城市群中心城市、鄂西北区域中心城市、汉江流域核心城市地位。拓展和提升宜昌城市功能，巩固省域副中心城市、“宜荆荆”城市群中心城市、鄂西圈核心城市地位，使宜昌成为长江中上游区域性中心城市、世界水电旅游名城、现代化特大城市。宜昌、襄樊两个省域副中心城市要扩大规模，完善功能，增强区域辐射力和竞争力。"宜荆荆"、"襄十随"城市群以宜昌、襄樊两个省域副中心城市为核心，作为鄂西生态文化旅游圈新型城镇化的发展重点，要优化城镇布局，科学整合资源，实行集群发展，提高综合实力，发挥其对鄂西南和鄂西北地域的辐射作用，带动区域发展。现有设区中等城市要依托中心城区，完善城市功能，打造优势产业，壮大经济实力，带动区域发展，2015 年前形成大城市规模。

“宜荆荆”城市群要充分发挥宜昌副中心城市的带动作用，通过区域合作，实现资源共享和优势互补。要以汉江平原粮棉油基地为依托，大力发展现代农业和深加工，以水电、磷矿、岩盐资源为依托，大力发展文化产业和旅游业，逐步形成能源、精细加工、农产品加工、纺织、医药等产业链和产业集群，构建沿江经济带先进的产业集群和特色的旅游区，形成区域一体化发展新格局，带动非农产业就业比重的稳步增加。

“襄十随”城市群要充分发挥发挥自然资源和产业基础优势，重点打造文化旅游和汽车产业，要围绕武当山、古隆中、大洪山等自然资源和文化基础，大力发展文化产业和旅游业，通过文化旅游业的发展，带动就业和相关产业发展。充分发挥东风汽车的龙头带动作用，做好汽车零部件的配套和深加工。通过文化旅游和汽车产业的发展，逐步形成装备制造、汽车及零部件、精细化工、轻工、食品等产业链和产业集群，全面提升产业综合竞争力，为城市群发展和就业的增加提供基础。

（三）壮主干，加快县城和中等城市发展

随着大城市承载能力趋于饱和，中小城市在城镇化过程中仍然具有较大的潜力，从现实来看，所有的待转移劳动力不可能全部转入大城市，而加快县城和中等城市发展就成为新型城镇化发展的重要载体。如表 0-16 所示，根据预测，到 2020 年，中小城市将成为城镇体系中的主体性力量，加快中小城市建设也势在必行。具体来看，要加快发展县级市和县城综合承载能力，完善服务功能，加快发展县域经济，增强就业吸纳能力，逐步成为农村人口转移的主要载体。20 个发展基础较好的县（市）要率先发展成为人口聚集能力强、功能完善的中等城市；20 个发展基础较差的县要完善基础设施，扩大县城规模，提升经济实力，逐步发展成为小城市。着力培育 3 ~ 5 个县域经济发展基础较好、综合实力较强的县市冲刺全国县域经济百强县市。其他县级市和县城要按照资源状况、发展基础和环境容量，通过扩容提质，突出城市特色，创造小城市向中等城市过渡的条件。

表 0-16　2020 年湖北省城镇规模等级预测

2020 年	城镇个数	主要城镇及人口规模（万人）
>500 万	1	武汉（750）
100 ~ 150 万	4	襄阳、宜昌、荆州、黄石
50 ~ 100 万	7	十堰、潜江、鄂州、孝感、随州、仙桃、荆门
20 ~ 50 万	10	黄冈、咸宁、钟祥、天门、老河口、赤壁、恩施、枣阳、武穴、麻城

资料来源：参见湖北省建设厅、湖北省城市规划设计研究院编著的《湖北省城镇体系规划（2003—2020）专题报告——湖北省城镇化水平预测》.

另一方面，要大力推动中心城市发展，立足各地实际，形成特色产业，造就特色城市，发挥中心城市区域引领和辐射作用。如要支持黄石实施“大产业、大园区、大城市”战略，建设全国资源枯竭型城市转型发展示范区；支持十堰打造国际商用汽之都和国家生态文明示范区，建设鄂豫陕渝毗邻地区中心城市；支持荆州大力实施"壮腰工程"，打造湖北长江经济带重要增长极；加快荆门"中国农谷"建设，高水平地创建国家现代农业示范区；支持鄂州发展成为全省地级市综合改革示范区，在推进城乡一体化方面走在全省前列；支持孝感充分发挥地缘优势，加快建设武汉城市圈副中心城市；支持黄冈加快大别山试验区建设，充分利用国家对革命老区在政策上的支持，提升老区的城镇化水平，全力打造红色大别山、绿色大别山、发展大别山、富裕大别山；推动咸宁绿色崛起，建设鄂南强市，打造"香城泉都"和"中三角"重要枢纽城市；支持随州建设世界华人谒祖圣地，打造中国专用汽车之都；支持恩施加快推进武陵山试验区建设，着力打造绿色、繁荣、开放、文明的全国先进自治州；支持仙桃、潜江、天门冲刺全国县域经济百强，成为全省"三化"协调发展的先行区；支持神农架林区彰显生态保护和绿色发展价值，建成世界著名的生态旅游目的地。

(四)厚基础，加快乡镇和农村社区建设

优先支持县域中心镇，集中打造特色资源镇，使其成为接纳农村人口转移的重要节点。遵循城镇自我发展内在规律，根据经济基础、历史延续和辐射功能，每个县域要建成1至3个综合实力突出、布局合理、规模适度、功能健全、特色明显的中心镇或特色镇。各级政府重点支持镇区人口6万人以上的中心镇和镇区人口3万人以上的特色镇。要通过政策引导、规划调控、倒逼机制，把中心镇做大，将有限的资源向中心镇集中。鼓励归并功能弱小、不适宜发展的乡镇。"十二五"期间，择优选定一批镇区人口3万以上的建制镇，实施扩权强镇，按照小城市标准，科学确定发展定位和规模，逐步发展成为功能齐全、环境优美、特色鲜明的县域小城市，使其成为经济强镇和县域副中心；结合重点景区建设，以历史文化名镇、旅游名镇创建为契机，集中打造100个生态文化旅游特色镇，增强吸引力和服务功能，使其具有鲜明的人文和生态景观特色。在此基础上，选择一批镇区户籍人口在5万以上、产业支撑强、镇区建设发展较快的建制镇作为镇级市建设试点，赋予县级管理权限，将其建设成为发展领先、功能齐全、环境优美、特色鲜明的县域小城市。

大力推进农村新型社区和中心村建设。鼓励建设具有一定人口规模的中心村或农村新社区，积极稳妥地推进村改居(社区)，进一步优化镇、村布局。编制和实施县域村镇体系规划，充分利用土地整理、建材下乡、农村环境整治、农村危房改造等政策，以中心村为重点，以新型农村社区为抓手,搞好村庄建设和农村住房建设,促进土地节约、资源共享,提高农村的基础设施和公共服务水平。更加注重城乡统筹。建立城市带动农村、城市支援农村、城市反哺农村新机制。加快推进城乡规划、产业布局、基础设施、公共服务、社会管理等一体化进程,积极推进农村新型社区和中心村建设。争取每年建成200个左右的农村新社区或中心村,2015年要实现市郊和建制镇周边村庄农村新社区建设全覆盖,全省建成1000个示范宜居村庄,节约村庄住宅建设用地100平方千米。

(五)促联合,推动城市合作和集群发展

随着城镇化从单一城镇建设向城市群和城市集群发展,要大力推动建立多层次省内城市合作机制,促进省内城市之间有序竞争和城市圈、城市群和城市带的融合。目前尤其要加快建立“武汉城市圈”和“鄂西生态文化旅游圈”城市间协调联动机制,推进圈域城市政策互惠、产业互融、服务互联、设施共建、资源共享。推进“长江经济带”开放开发,加快湖北长江经济带建设。发挥长江黄金水道优势,加快沿江交通体系建设,推进产业集聚发展,优化沿江城镇布局。把湖北长江经济带建设成为交通便利、设施完善、生态良好、产业发达、市场繁荣、城乡协调、社会和谐,引领湖北经济社会发展的现代产业密集带、新型城镇连绵带和生态文明示范带,成为连接武汉城市圈和鄂西生态文化旅游圈、推动全省经济社会协调发展的空间主轴,成为长江流域要素承载能力最强、产业集聚程度最高、发展活力最足、带动能力和可持续发展能力最强的地区之一。[1] 另一方面,要立足中部崛起、“中三角”发展战略,深化湘、鄂、赣三省务实合作,推进基础设施、产业、市场、文化旅游、生态环保等“五个一体化”,建立省际之间及中部城镇群协调和合作机制,促进“长江中游城市集群”快速同步崛起。

(六)破难点,推进体制机制的改革创新

当前城镇化发展面临诸多的体制和机制障碍,城镇化发展本身也要求管理体制的改革创新。从目前来看,要着力推进三个层面的制度创新:一是农村内部土地、产权和户籍制度的改革创新。迄今为止,农村一直延续“村社不分”、政经不分的体制,村委会与集体经济组织合一。农村土地等不能自由交易。不仅造成村级组织的封闭性,也使农民、土地难以自由流动,农民的土地资产不能变成资本,难以合理配备,制约了农村经济的发

〔1〕 吕东升.推动湖北科学发展的大战略述论——关于“两圈一带”战略的总体解读[J].武汉交通职业学院学报,2009(3):7.

展，同时也限制了农民的自由流动。为此，必须进一步明确集体产权到人到户，实现人们的户籍与土地等集体产权的分离，从而打破对农村土地、人口和资源流动的制梏，实现人口和资源的自由流动，为农村发展以及城镇发展奠定基础；二是改革城乡二元化的体制和政策。城乡二元化的体制和政策仍是阻碍和制约城乡协调发展和一体化的重大障碍。诚如中央所强调的，我国总体上已进入以工促农、以城带乡的发展阶段，进入加快改造传统农业、走中国特色农业现代化道路的关键时刻，进入着力破除城乡二元结构、形成城乡经济社会发展一体化新格局的重要时期，要求尽快在城乡规划、产业布局、基础设施建设、公共服务一体化等方面取得突破，促进公共资源在城乡之间均衡配置、生产要素在城乡之间自由流动，推动城乡经济社会发展融合。[1] 三是改革和创新城镇管理体制。随着长达数千年农业时代的结束，一个新的城市时代的来临，必须认真思考和探索适应社会经济结构深刻变革的新型治理体系和治理方式。从目前来看，尤其要着力打破现有的区划行政和城乡分割的体制，构建与开放、流动相适应的新的城乡一体化的治理体制；要求进一步推进地方行政区划、政权机构、基层组织体系的改革；要求进一步加强城镇之间、政府之间以及城市集群之间的合作共治；要求进一步改革和完善城镇管理体制，健全城市社会公共服务体系，强化社区社会管理职能，理顺社区居委会事权关系，完善社区居民自治制度；要进一步创新城市户籍管理制度，放宽中小城市人口准入条件，以合法就业和合法稳定住所（含租赁）为落户条件，妥善解决农业转移人口户籍问题，逐步在全省推行按居住地登记的户籍管理制度；创新城市基本公共服务管理方式，探索建立保障城市非户籍人口与户籍人口特别是符合落户条件的农民工在就业创业、子女就学、公共医疗、养老保险等公共服务权益，逐步推进城市基本公共服务均等化；创新市政公用事业管理，完善特许经营制度，放开市政公用事业作业市场，提高市政公用设施建设和维护管养水平等等。通过体制机制改革，释放社会活力，提升服务能力，强化管理能力，促进城镇健康发展。

（七）谋投入，创新城镇建设投融资体制

任何建设都需要一定的投入为保障。城镇发展和建设也不例外。尤其是作为中部农业大省，财政紧缺，如何筹措城镇基础设施建设、产业结构

---

〔1〕 武锋．我国城乡一体化发展中的问题及对策研究[D]．南宋：广西大学政治学院，2010.

支持、公共服务投入及城市管理成本等等的经费，是决定城镇化能否顺利推进、健康发展的基本条件。长期以来，我国城镇化的发展主要依靠农民贡献，尤其是“土地财政”的支持。但是，如前所述，随着土地资源日益紧缺，农民法制和平等观念的增强，传统依靠直接征取农民土地获取财政收益的方式已经不可持续。为此，必须从根本上改变传统的城镇建设筹资方式。其根本的方向是立足市场、通过自愿、公平和多样化的筹资渠道解决建设资金。一方面，政府要调整财政支出结构，减少直接经济活动的投入，降低行政成本，以增强城镇公共财政投入的能力；另一方面，要建立“政府主导、市场运作”的投融资体制机制。在加大政府财政投入的引导的同时，建立市政公用基础设施项目分类运作机制，政府投资集中用于非经营性项目，准经营性和经营性项目采取市场化运作方式。充分发挥现代金融工具的作用，创新投融资平台，实施建设项目和土地整理开发封闭运行。发行企业债券，股权转让，资产变现，上市公司向资本市场融资，争取国内外银行贷款。探索 BT、BOT、PPP 等方式利用社会资本，采取多种渠道和方式直接或间接融资、引资。第三，要进一步规范城市基础设施配套费征收、使用和管理，建立专项基金，支持开展城市发展、特色规划等专项研究。最后，要改革现行的政府直接参与土地征用和开发获取土地资源和资金的方式，从“征地”向“征税”转变，即建立和充分利用市场化平台，通过公开和公平的产权交易获得城镇发展的土地资源，以及通过土地和房产税收积累城镇建设和发展资金。当然，从根本上说，城镇化的根本动力在于工业化及经济的发展，这要求政府城镇化发展政策的重心从直接的城镇扩张到经济发展转变，通过区域经济的发展，依靠经济的繁荣和合法而公平的税费，为城镇化发展提供源源不绝的资金和资源。

总之，当前湖北正处在城镇化发展的关键时期，也是城镇化加速发展的时期。新型城镇化的发展要求我们解放思想，不断创新，用新的理念、新的思路和新的措施破解城镇化中的难点问题，着力破除阻碍区域一体化、城乡一体化及新型城镇化的体制机制，推动全省城镇化向更加注重内涵提升、城乡统筹、“三化”同步及经济社会生态协调发展转变，走资源节约、环境友好、经济高效、文明和谐的新型城镇化道路。李克强曾经指出，破解中国当前经济困难的钥匙是城镇化，扩大内需的最大潜力在城镇化，只有继续加快城镇化进程，才能顺应我国经济社会发展的阶段性特征，才是潜力最大、带动力最强、最具现实意义的经济振兴和社会发展途径。城镇化的发展将为湖北跨越式发展、实现富民强省目标，以及构建促进中部地区崛起的重要战略支点，提供强力支撑！

第一章
湖北人口流动、聚居及城镇体系空间布局研究[1]

一、湖北省人口流动及其对城镇空间结构的影响

人口迁移流动,是人类社会发展的一个重要特征。随着社会主义市场经济的发展,大量农村富余劳动力流入城市,改变了全省的人口结构,促进了产业转型升级,加快了城镇化进程。当前,加快推进城镇化是我省"十二五"期间的一项重要任务,也是促进全省城乡经济社会发展的重要战略举措。随着以人为本、公平正义的理念越来越深入人心,全省人口流动也实现了从限制、排斥到政府引导、社会推动的转变,人口流动和经济社会发展的良性循环正在形成,体现了社会的重大进步。然而,在湖北省新型城镇化高速发展的背景下,人口流动引发了人口分布呈现了大城市、小城市和农村聚居三格局,并最终导致我省空间分布不均衡。与此同时,流动人口融入城市过程中还存在一系列问题,需要通过进一步完善政策和制度加以解决。

目前湖北省的人口流动主要是人口结构性流动。所谓人口结构性流动,是指人口流动改变了人口结构,譬如农业人口离开原住地外出务工经商,就改变了人口结构。这种人口结构性流动的完成包括三个环节:一是农村人口由农村流出;二是在城市找到工作,被城市吸纳;三是在城市定居下来,融入城市,成为统计学意义上的城市居民。这样,流动人口就经历了职业由务农到务工经商、身份由农民到市民、生活空间由农村到城市等一系列转变,这些转变带来人口结构、社会结构的变动。[2]

改革开放30多年的实践证明,湖北省社会主义市场经济体制的不断完善使人口流动的自由度越来越大,大量农村人口进入城市,加快了城镇化进程,彰显了湖北省城镇化制度对人口流动的重要作用。结构性流动人口融入城市对于个人来讲是一种利益选择,对于社会来讲则是人口城镇化

---

〔1〕 报告执笔:谭云霞,华中师范大学政治学研究院硕士生.

〔2〕 山东省中国特色社会主义理论体系研究中心社科规划研究课题组\陈岱云.完善制度 促进人口合理流动[EB/OL].(2012-05-04)[2012-05-04] http://opinion.people.com.cn/GB/17805735.html.

的必要过程，需要制度保驾护航，使其按照发展社会主义市场经济的要求自由流动，从而不断改善和优化社会人口结构。在理论上，人口流动应该是自由的，流动人口应享受与户籍人口同等的基本公共服务。然而，自由的实现是有条件的。湖北省当前正处于城镇化的加速发展时期，此时更需要根据社会整体利益，循序渐进地促进人口流动。因而，具体的制度设计需要根据当前我省的城镇化发展阶段提供相应的价值导向，引导社会成员调试社会地位与角色关系，做出符合社会整体利益的行为选择。近些年，我省贯彻落实科学发展观，不断完善有利于人口和社会科学发展的制度和机制，既促进我省人口的自由流动，又引导了人口流动适应产业结构调整和城镇化的实际，努力实现国家、社会、个人三者利益关系的辩证统一，在中国特色新型工业化和城镇化道路上促进人口自由流动和结构改善。

2012 年，湖北省城镇化率达到 53.5%，与去年同期相比，城镇人口再一次超过农村人口。2015 年以前，我省劳动年龄人口都将多于被抚养人口，仍处于国际公认的“人口红利期”。根据《湖北省人口与发展研究报告》研究发现，截至 2012 年末，全省常住人口 5779 万人（指常住本省半年以上人口），其中：城镇 3091.77 万人，乡村 2687.23 万人，城镇化率为 53.5%。1978 年，我省城镇化水平仅 15.09%；随着城市经济体制改革中大量整县改市、镇代乡等工作推进，到 1999 年，城镇化水平升至 33.52%；新世纪以来，城镇人口总数渐增，2010 年末城镇化率达到 49.7%，2011 年末城镇化率达到 51.83%。2015 年前我省仍处“人口红利期”。

表 1-1　1978—2011 年部分年份湖北省城镇化水平

年份	总人口数（万人）	城镇人口数（万人）	乡村人口数（万人）	城镇化率（%）
1978	4574.91	690.23	3884.68	15.09%
1999	5938.03	1990.17	3947.86	33.52%
2009	5720	2622	3098	45.80%
2010	5723.77	2846.13	2877.64	49.72%
2011	6217.8[1]	3227.04	2990.76	51.83%
2012	5779（常住半年以上）	3091.77	2687.23	53.5%

资料来源：参见湖北省人民政府主管、湖北年鉴编辑委员会：1978 年、1999 年、2009 年、2010 年、2011 年湖北统计年鉴，中国统计出版社。

---

〔1〕 湖北人口与发展研究中心．2011 年度湖北省人口发展与研究报告［EB/OL］．(2012－04－13)［2012－04－14］ http://www.sxpop.gov.cn/0/1/5/60/38632.htm.

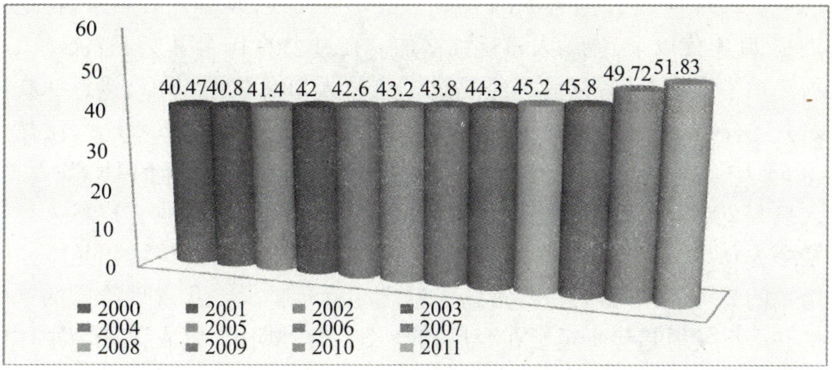

图 1-1　2000 年—2011 年湖北省城镇化率趋势(单位:%)

表 1-2　2011 年中部地区省份城镇化率

	城镇化率(%)	排序
山西	49.68%	2
安徽	44.8%	5
江西	45.7%	3
河南	40.6%	6
湖南	45.1%	4
湖北	51.83%	1
中部地区(总量或平均值)	46.285%	
全国	51.27%	

资料来源:各省公布的城镇化率官方网站。

随着我省城镇化的快速发展,城市流动人口较以前出现剧增,这是改革、开放和商品经济发展所带来的必然产物。其原因:一是利益导向这一决定性因素的作用,人们挣钱和发财的欲望驱使,认为大城市钱好挣,促使其纷纷涌入城市;二是农村实行联产承包责任制后,大部分农民从土地上解脱出来,而城市建设又需要大批劳动力,于是出现大量劳动力需转移;三是政府的有关政策松动,特别是由于恢复和发展了城市的农贸市场,并允许某些商品长途贩运,准许个体经营手工业、饮食业、商业和农副产品加工业等政策,都促使农业人口急剧流动。

(一)湖北省人口流动基本特征

湖北省是流出人口大省,从人口迁移状况来看,近年湖北人口呈净流出态势。2011 年统计全省流出人口总量 875 万人,改革开放以来,特别是上世纪 90 年代以来,流动人口迅猛增加。在过去的 10 年里,我省流动人口大约增加了大约 1 倍,目前已经超过了全省人口总数的 13%,接近 900 万人。其中,80% 以上是农民工。2001 年,我省户籍人口 5956.68 万,常住人口 5658 万,人口净流出为 298.68 万;2009 年我省户籍人口 6141.88 万,常住人口 5720 万,人口净流出达 421.88 万。2001—2009 年我省户籍人口年均增幅为 0.38%,常住人口年均增幅仅为 0.14%,户籍人口增幅是常住人口增幅的 2.7 倍,户籍人口与常住人口之差逐年扩大。我省现阶段的基本国情和人口发展趋势决定了在今后相当长一段时期内,以农民工为主体的人口流动现象将长期存在。人口的流动突破了城乡二元结构的束缚,加速了信息流、资金流、文化流的交换和传递,沟通了城乡社会经济联系,为工业增加了竞争力、为城市增加了活力、为现代化增添了动力,也有力地推动了湖北省政府职能转变和管理服务方式转变。

从整体上看,湖北省省内流动频繁,流动人口绝大部分来自农村,流入地区多数是社会经济较发达的城市地区。一方面,与流入地的居民相比,他们的教育水平、劳动技能、生活水平、保健意识等各方面都处于弱势地位。另一方面,与流出地的农村人口相比,流动人口的素质,包括文化素质、心理素质、职业素质等方面都处于优势。[1] 以文化程度为例,2010 年湖北省农村外出务工劳动力中 72.9% 的人具有初中文化程度,17.9% 的人具有高中(含中专)以上文化程度,远高于湖北农村 54.1% 和 15.1% 的平均水平。所以我们传统的看法:流动人口素质低,其实是参照系出现了偏差,不能简单的将落后地区农村人口和发达地区的城市人口素质相提并论。[2] 但随着我省经济的不断发展,招商引资力度的逐步加大,少部分流出人口有返乡打算。调查显示,2.7% 农村户籍流动人口已经返乡,但所有接受调查的流动人口中,有 77.6% 表示“不想轻易换工作”。有 7% 明确表示“想换工作”,加上 3.5% 不打算返回现居住地,合计约 10.5% 的流动人口不打算回到目前的工作岗位;此外,还有 8.3% 的人表示“可能换工作”。整体而言,我省流动人口数量庞大,主体是农民工。规模将持续增加,流入地比较集中。男性及年龄集聚比例高,整体素质高于流出地。且流动人口以非正规就业为主,举家迁移趋势明显,是城市中的边缘人口。

---

〔1〕 吴红宇. 农村劳动力迁移动机与制度冲突研究[D]. 广州:暨南大学经济学院,2007.

〔2〕 符坚. 流动人口的特征、现存问题和公共政策思考[J]. 广东经济,2006(3):21.

1. *人口流动方向——双向流动，以农村人口向城镇流动为主*

农村人口向城镇流动是现阶段湖北省人口流动的总趋势。总体而言，我省跨省流动较少，中青年由农村流向城镇，流向中小城市和县城是主流，主要呈双向流动。农民循环流动频繁，主要表现为年轻人不断流出，年纪大一些的就回家乡去了。因此，回家乡是多数农民工的一种生活预期。

城镇化的基本内容是农村居民向城镇转移或农民市民化的过程。城镇化的发展在相当程度上也取决于农民群众的需求和选择。从我省"百村千户"农民调查来看，有 66.7% 的农民想过或很想离开本村到城市工作生活；有 80.53% 的农民希望自己的子女到城市工作和生活。这显示农民进城具有广泛的现实需求。据统计，湖北省到省外就业的农民工稳步增加，截至 2011 年底，我省外出农民工 1045.37 万人，全年省外就业农民工达到 600.54 万人，有 57.44% 的农民工到省外打工，比上年同期 58.41% 下降 0.97 个百分点，从这一比重指标看静态地说明近六成的农民工聚集在省外打工，而且外出人员逐年增加，因找不到工作岗位返回的人员明显减少。另外，政府组织、企业招收形式外出人员比例上升。目前自发外出仍然是农民外出的主要形式，政府组织、企业招收形式外出的人员比例明显上升，2011 年，政府组织外出的农民工为 89.07 万人，比上年同期增加 5.96 万人，增长 7.17%，随着用工需求的增加，企业自行招收的农民工为 130.41 万人，比上年同期增加 19.58 万人，增长 17.67%。与此同时，湖北省在省

表 1-3　2010 年—2011 年湖北省省内省外打工人数对比

（单位：万人）

年份	省外打工（万人）	省内打工（万人）
2010	606.37	416.11
2011	600.54	441.59

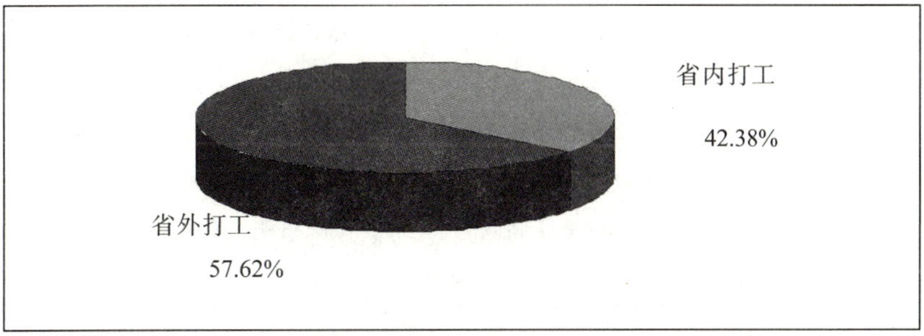

图 1-2　2011 年湖北省省内省外打工人数比率（单位：%）

内就业人数大幅增加。随着沿海经济发达省份产业结构升级转移与我省投资环境的改善,我省企业用工需求加大,农民工省内就业达到441.59万人增长5.77%。从增幅这一指标看动态地说明省内的就业环境得到明显改善,近几年我省各项安置和扶持农民工的政策措施效果明显。

2. 人口流动规模——人口净外迁加剧,建制镇是承接农村人口流出主阵地

流动人口大量涌入城市,在某种程度上对农业生产带来一定影响。就目前而言,湖北省来自远近郊区的流动人口,大多是农村中的能工巧匠、经商能手和有知识有文化的中青年人,他们是农村的骨干。他们涌入城市,虽然推动了湖北省城市经济的发展,但同时也带来我省农业生产的后劲不足。

案例1　湖北省当前人口流动现状[1]

人口是衡量城镇化水平的重要指标,是制定城镇化建设与发展规划的重要依据。当前,我省人口流动的现状主要表现在:

一是人口呈净流出态势,常住人口增速减缓。2001年,我省户籍人口5956.68万,常住人口5658万,人口净流出为298.68万;2009年我省户籍人口6141.88万,常住人口5720万,人口净流出达421.88万。2001—2009年我省户籍人口年均增幅为0.38%,常住人口年均增幅仅为0.14%,户籍人口增幅是常住人口增幅的2.7倍,户籍人口与常住人口之差逐年扩大。

二是人口流动区域存在明显不平衡。全省仅武汉、宜昌两市的人口为净流入状态,其他市州一直是净流出,省内人口流动处于非均衡状态。武汉市常住人口1990年为690.3万,2009年为910万,增加219.7万,年均增幅1.59%;户籍人口1990年为670万,2009年为835.5万,增加165.5万,年均增幅1.23%,常住人口增长速度快于户籍人口29%。相比之下,襄樊市从1998年至2009年,流入人口仅增加6.9万人,同期外流人口则增加36.4万人,是流入人口的5.2倍。其他经济发展相对滞后的市州流出与流入人口差距更加明显。

湖北省统计局根据最新数据,对2011年全省农民工外出情况进行分

〔1〕 湖北省政府办公厅,省统计局,湖北大学联合调研组(调研组成员:湖北省政府办公厅综合处谢腊泉、包洪涛、刘文高、杨正芝;湖北大学刘建平;省统计局人口处王兴华). 人口流动对我省城镇化的冲击及应对[EB/OL]. (2010-10-14)[2010-10-15] http://www.hbzyw.gov.cn/news.asp? id=7039。

析,2011 年度我省农民工外出规模持续增长。截至 2011 年 12 月 31 日,湖北省全年外出农民工 1045.37 万人,较上年增加 35.85 万人,增长 3.55%,外出农民工占农村实际从业人员比重为 45.73%,比上年同期上升 0.16 个百分点。据统计,从 2005 年底到 2009 年底 4 年间,我省全省城镇人口增量为 155 万人,年均增加人口 38.8 万人。其中,特大城市和大城市人口增加 46 万人,占 29%;中小城市人口增加 21 万人,占 14%;县城人口增加 40 万人,占 26%;建制镇人口增加 48 万人,占 31%。可以看出,各规模层次城镇人口增量占比与城镇人口基数占比基本相同,说明我省前阶段的城镇化是均衡的、自然的城镇化,没有特殊导向性影响。

案例 2　湖北阳新县"打工经济"蓬勃发展[1]

湖北省阳新县是集库区、山区、老区于一体的农业人口大县,经济落后,农村剩余劳动力多。改革开放以来,"打工经济"蓬勃发展,今年流出的成年人口高达 16 万人,流动人口计划生育管理工作长期以来是我们的重点和难点。该县流出人口的特点是:一是人口基数大。每年外出务工人员占全县总人口的 18% 左右,年初外出,年末返家,周而复始;二是流动性强。流出人口基本都是跨省流动,主要集中在浙江、广东、福建三省,人员流动十分频繁;三是育龄人群多。流出人口中,20~35 周岁的育龄人群占总量的 70% 以上,他们正处于生育旺盛期。这些特点决定了阳新县流动人口计划生育管理与服务困难多、任务重、压力大。

3. 人口流动频率——呈多方位、多层次、全天候态势

人口流动频率反映着人口在地理空间上移动所体现的人口与社会经济的内在联系。人口流动频率受诸多因素的制约。社会生产力的发展,社会经济条件的变化和有关流动人口政策的实行,都会使人口产生地理、空间上的变动。可以说,人口流动频率最终受社会生产方式的制约,首先受社会生产力水平的制约。当一个地点不能满足人们的全部需求和愿望时,人口流动便不可避免。人口流动是人们生存和生活的手段。随着湖北省改革开放的深入,生产力水平的不断提高和社会经济的不断发展,湖北省人口流动的频率不断加快,幅度不断增大,流动人口对湖北省社会的转型起着积极的推动作用,同时也给转型中的湖北省城镇化建设,增添了许多

---

〔1〕 黄石市人口计生委流管科,湖北省人口计生政务公开系统(湖北省电子政务系统). 突出重点,分类指导——阳新县流出人口分类管理见成效[EB/OL]. (2013-02-20)[2013-02-27] http://www.hbpop.gov.cn/hbegs/show.asp? id=3388.

不安定因素,从而带来了社会治安压力。一般而言,社会经济发展的速度制约着人口流动的规模。人口流动规模反映在流量、流速(频率)和范围等方面,社会经济发展快慢与人口流量大小、流速快慢、范围大小成正比关系。人口流动带动了湖北省城镇区域的商业繁荣,促进了城市和发达地区各类服务业的发展。人口流动率高表示人口的流动性大,较易流动。大量人口频繁流动本身就是一股巨大的消费力,从而为城镇的市场繁荣和商业发展做出贡献。

据调查,我省青壮年劳动适龄人口是人口流动的主体。有关资料表明:15 ~49 岁青壮年劳动适龄人口占流动人口的 69.9% ,其中 25 ~34 岁占 30.7% ,整个流动人口中平均年龄约为 33.6 岁。受教育程度高于流出地但低于流入地。按 15 岁及 15 岁以上人口受教育程度占 15 岁以上人口比例计算,流动人口中初中文化程度占的比例最高。[1]

表 1-4　2011 年湖北省流动人口受教育程度

人口、学历	高中	初中	小学	不识字
流动人口	13.3%	52.2%	24.2%	10.3%
流出地农村常住人口	5.7%	36.9%	38.2%	19.2%
城镇常住人口	44.1%	35.9%	13.5%	

分性别来看,男性流动人口的文化程度都比女性高。男性流动人口中,20% 具有高中及以上文化程度:而女性流动人口中,高中及以上文化程度的只占 13% 。男性流动人口中,小学及以下文化程度者占 38% ,而女性却占 50% 。[2]

对 2010 年湖北省 1% 人口抽样调查数据进行分析表明,文化程度影响人口的流动性;文化程度越高,流动率越大;文化程度越低,流动性越差。未上过学及参加过扫盲班的流动率就比较低,只有 1.74% ;具有小学文化程度的为 1.93% ;初中的为 3.58% ;具有高中及以上文化程度的为 3.98% 。湖北省不同流出地的流动人口的职业构成存在一定的差异。无论是从市区流出,还是从县级市或县流出,生产工人、运输工人和有关人员

〔1〕 杨建明. 现阶段人口流动的特点与市场机会研究[J]. 山西财经大学学报(高等教育版),2007,1:15.

〔2〕 尹立东. 基于信息技术的流动人口计划生育管理模式研究与应用[J]. 西安交通大学,2003(1):29.

所占比重最大。从县流出的人口中,农林牧渔劳动者居第二位,而从市或县级市流出的人口中,居于第二位的是商业工作人员。从市区流出的人口中,各类专业、技术人员,服务性工作人员,国家机关、党群组织、企事业单位负责人,办事人员和有关人员所占的比重都高于从县级市及县流出的人口。[1]

案例3　人口流动对我省城镇化的影响与冲击[2]

一是人口大量外流进一步减弱了城镇化发展动力。人口流动包含经济型与社会型两方面。经济型流动主要是工作调动、务工经商等,社会型流动主要是婚姻迁入、投亲靠友等。目前,我省的经济实力与东部及沿海地区反差较大,经济型人口流动比例接近70%,“人口红利”大为减少,经济增长和消费空间受到限制。人口外流影响了我省经济尤其是县域经济的发展,使自下而上的城镇化丧失活力,内生型城镇化的动力严重不足。

二是人口不均衡流动进一步加剧了城镇化“马太效应”。2010年全省完成生产总值12831.52亿元,其中武汉市生产总值就达4560.62亿元,占1/3强。同年,武汉市城镇化率达到64.7%,全省平均城镇化率仅为46%。究其原因,在于武汉市人口吸纳能力较强,一般中小城镇吸纳能力较弱,省内人口呈单向流动,出现强者越强,弱者越弱的“马太效应”。

三是人口外流进一步加剧了中小城镇人力资源的匮乏局面。我省大量大学毕业生和高素质劳动力流向发达地区,使得中小城镇发展人力资源严重不足,缺乏高素质技能型、管理型人才。就业难、收入低、用工环境差等问题进一步降低了城镇吸纳能力,加剧人口外流趋势,形成“累积因果”的恶性循环,流出地人口年龄和知识结构严重失衡。

四是人口大量外流进一步加速了城镇人口老龄化进程。按照国际划分标准,60岁以上人口占总人口的比重超过10%,即标志着该国家或地区已进入老龄化,目前我省该比重已超过14%,17~42岁人口占流动人口总数已超过60%以上,导致全省青壮年大量外流,老年人口增多,形成了一种未富先老、超前老化的人口结构,对我省城镇化的路径选择提出了新的要求。

---

〔1〕 赵文俊. 我国城镇家庭背景对子女教育的影响问题研究[D]. 北京:北京师范大学教育学部,2008.

〔2〕 省政府办公厅、省统计局、湖北大学联合调研组. 人口流动对我省城镇化的冲击及应对[EB/OL]. (2010-10-14)[2010-10-15] http://www.hbzyw.gov.cn/xwxx.asp? id=10985.

4. 人口流动的方式——“人户分离式”流动比例大，二元结构特点明显

总体而言，湖北省人口流动“人户分离式”流动比例大，人口流动的形式大体上分为四种：

(1)农村人口向县镇流动。在以自然或半自然经济为基础、农业人口占多数的国家中，大量存在的则是这种形式的人口流动。

(2)农村人口向城市流动。由于社会生产力的发展，农业劳动生产率的提高，导致农村出现大量剩余劳动力，同时由于近代工业发展，城市规模扩大，经济繁荣，市场兴旺，服务行业得到发展，对农村剩余劳动力产生巨大拉力。结果，使农村人口蜂涌城市。这种形式的流动人口以从事经济活动为主。我省从党的十一届三中全会以来，随着农村与城市经济体制改革的深入进行，流动人口的增长主要是这种人口流动造成的；

(3)城市人口向城市流动。这种形式的流动人口流量从我省具体情况看是相对稳定的，这部分人口流动的目的主要是参观、学习、开会和旅游观光；

(4)城市人口向农村流动。这种情况往往出现在湖北省经济较发达的地区，如：武汉。随着湖北省城市化程度的加深，城市中收入较高阶层纷纷迁往郊区居住，上班进城、下班回郊区住宿。就我省目前的经济发展水平看，流动人口类型以前两种居多。

另外，现行户籍制度对湖北省有关人口流动方式有很大影响，其中，对我省人口流动方向方面的规定最为明确，突出“两严”、“两松”。“两严”指从湖北农村到城市要严格控制，从小城镇到大城市要严格控制，相反流向则实行“两松”。现行户籍制度严格控制“人往高处走”，违背人口自由流动客观规律。出于对城市现代文明的“高攀”，以及城乡比较利益的驱动，我省人口流动主体始终以农村剩余劳动力为主，这是一种初级的体力型流动。广大农民在有了时间和资金剩余的前提下，能轻装上阵，不请自来，冲破户籍壁垒，不断涌入城市。而高层次的技术智力型人口流动比重却很小，城市户口给他们带来的社会福利收益，增加了他们对城市的眷恋。导致我省人口流动总体质量较低，两种矛盾同时存在：一是一些地方人才退化，而另一些地方却人才浪费，二是人口流动数量呈直线增加，而人口流动质量却徘徊不前。以流入人口较集中的武汉市为例：流动人口中文盲、半文盲占 8.8%，小学文化占 25.6%，初中文化占 50.6%，高中文化以上占 15.8%。[1] 我们知道，户籍的基本功能有服务功能和控制功能，纵观我省

〔1〕 柳百萍. 我国户籍管理制度对城乡人口流动的影响分析[J]. 安徽教育学院学报，2002，3：21.

户籍制度发展过程，我们可以清晰地发现，“服务”是针对城市居民，“控制”则针对农村居民，控制的结果必然增加农民进城的成本。由于“人户分离”，他们只能往返于城乡间，过着两栖生活，路费、生活费随之增加；由于“人户分离”，他们在城镇的工作十分不稳定，需不停地寻找工作，就业成本也随之提高；由于“人户分离”，子女上学费用、住房代价等都随之上升，因此作为城市里的弱势群体，他们不但没有受到社会法律制度应有的保障，反而蒙受更多的经济损失。[1]

（二）湖北省城乡人口聚居格局

随着湖北省人口自由流动的步伐不断加大，逐步导致了空间布局的严重不平衡。改革开放之后，人们挣脱了传统户籍制度的枷锁，冲破了城乡二元结构的牢笼，农村人口向城镇流动，小城镇人口向大城市流动，湖北省流动人口主要向东南沿海发达地区流动。但是，作为重要生产要素的这种人口流动，又使得地区之间经济发展的差距越来越大，农村不断衰败而城市又患了“城市病”。多年以来，湖北省一直是人口净外迁省。据统计，2000 年以后我省人口外迁逐步加剧，净迁出县市从 48 个上升到 71 个，流出最大的市是天门，占 19%，最大的县是阳新县，为 29%。净流出人口从 2001 年的 298.68 万人增加至 2009 年的 421.88 万人，极大地影响了我省的城镇化发展进程。到 2011 年，全省外出打工的农民工大约为 1000 万人，其中有近 600 万人到外省。[2]

根据第五次和第六次全国人口普查资料及 2011 年 1% 人口抽样调查公报，可以发现武汉城市圈近 15 年来常住人口空间分布特征表现为：1990—2000 集中化趋势较为明显，2000 年后人口集中化速度下降，总体趋势是趋于集中化；方向上东密西疏、北密南疏的分布态势虽未改变，但差距正在缩小，分布趋于合理。根据 2000、2005 和 2010 三年的湖北省统计年鉴的户籍人口数据来进行分析，武汉城市圈近 15 年来户籍人口空间分布变动不明显，对比常住人口空间分布，表明了高强度的人口迁移与流动的存在。根据 2010 年第六次人口普查资料，从武汉市迁移人口的流向来看，经济圈城市与武汉市人口的流动基本上呈单向流动的格局，除武汉市保持净迁入外，黄石、黄冈、鄂州、孝感、仙桃、咸宁、潜江、天门 8 个市均为净迁出

---

〔1〕 柳百萍．我国户籍管理制度对城乡人口流动的影响分析[J]．安徽教育学院学报，2002，3：21.

〔2〕 宋亚平．关于当前社会建设的几点思考[C]．襄阳：湖北省襄阳建设委员会座谈演讲稿，2012－05－16.

地区,这也证实了常住人口空间分布的集中化趋势特征。纵观湖北省城镇化水平空间布局,湖北省城镇分布呈现以武汉为中心的放射状结构,中心城市首位度极高,形成结构性的失调。

全省大城市聚集效应明显,“摊大饼”现象严重,城镇体系存在“断层”;小城镇布局分散,规模狭小,运行质量差,服务功能弱,管理成本高;农村则存在大量“空心村”、“路边店”、“独家院”现象,缺乏科学的规划和合理引导,村庄团聚系数日益低下,内部布局松散。在这种情况下,急需加快城乡一体化建设进程,打破二元格局,实现完全的市场经济,加快人口的合理流动,形成人口与资源、环境相协调的人口合理分布格局。

1. 农村聚居格局:用地规模低效性,空间布局分散性

湖北是中部农业大省,2011 年湖北省乡村常住人口 4057. 10 万人,农村人口占常住人口 6164. 06 万人(公安户籍人口)的 65. 82%,其中乡村劳动力资源 2405. 11 万人,占乡村人口的 59. 28%。[1] 湖北省的大量村落属于改造型村落,具有一定规模,村级经济水平较低、发展潜力一般、配套设施缺乏,短时难以撤并搬迁,需要适度整治、改造的基层村以及由于种种原因造成的村中老宅闲置、破败废弃、长期无人居住,而又另建有新宅的村落。这种村落现状情况造成村落用地的严重浪费,而且对村落生活环境与风貌环境影响较为严重。[2] 农村聚居情况比较分散,农村居民点建设出现

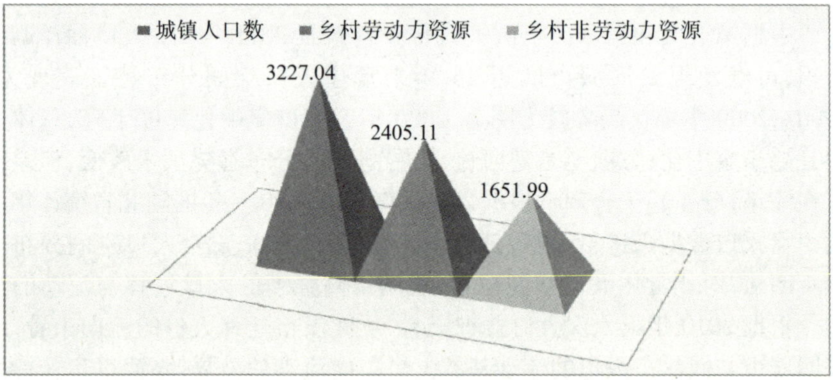

图 1-3　2011 年湖北省乡村常住人口与城镇人口分布(单位:万人)

---

〔1〕 刘晓明,韩立友. 农民工外出就业情况分析[N]. 湖北日报讯,2012 - 04 - 23,(14).

〔2〕 徐坚. 山地村落城镇化中的景观学研究——以云南大理为例[J]. 科技资讯,2009(34):12 - 15.

大量“空心村”、“路边店”、“独家院”现象，缺乏科学的规划和合理引导与控制，村庄团聚系数日益低下，内部布局松散，用地粗放且规模成不断扩大趋势。据调查，我省农民户均占地少则为国家规定的两倍以上，多的地方甚至高达4亩多。同时存在一户两宅或多宅、空心村等土地闲置浪费现象，并且房前屋后的废弃坑塘占地面积大。因为用地粗放，有的村民生活环境也不太乐观。很多村落吃水成问题，吃喝是井水，出门是泥路，用地方俗语“风扫地，月点灯，磙鼓溜子自关门”来形容当下湖北贫困农村住宿环境最为合适。

案例4 湖北农村出现大量“空心村”、“路边店”、“独家院”[1]

近年来，随着农村经济的快速发展，“户户通电”、“村村通路”、“家电下乡”等各项惠民政策的实施，越来越多的农民享受到统筹城乡发展带来的成果。在“迁村腾地”及各项政策的促进下，一大部分农民增收致富后改善居住条件的愿望更为强烈，“衣食住行”中排行第三的“住”在当前农民生活中占据了主导地位。不少农户居住的房屋从以往的偏远村庄有个容身之处的平房(瓦房)到现在沿着公路或交通便利地方的一幢幢拔地而起的二、三层的小楼房，居住条件明显改善，新建成的居民点颇为壮观。然而，不少村组都有一些因为经济困难等原因无力改变现状的村民则继续居住在原来的村庄内，渐渐形成了一座座“空心村”，这种泾渭分明的现象，目前在湖北省老河口市广大农村地区已呈燎原之势。自2000年后，湖北省老河口市逐渐富裕的农民开始建造新房，在老河口市广大农村形成了一股建房热潮。以老河口市薛集镇为例，薛集镇现有22个行政村，几乎每个村组都已经涉及到村民搬迁新建住宅的情况，由此导致的“空心村”现象。

据了解，“空心村”现象目前在我省广大农村地区普遍存在，“空心村”治理工作也是当前地方各级政府面临的问题之一，但并非无药可治。时至二十一世纪，湖北省的现代化进程，尤其工业化进程不可避免。“空心村”的解决，必须着眼于城乡一体化规划，以合理利用土地、节约耕地为原则，结合新农村建设，达到土地的集约高效利用，指导农民建造节地、节能和功能配置合理的住宅，确保新农村建设目标的顺利实施。[1]

湖北省农村聚居模式目前存在较多的问题，如用地的低效性、空间布

---

〔1〕 钱超，王飞．湖北省老河口供电公司：破解“空心村”用电难题[EB/OL]．(2010-06-18)[2013-02-25] http://hvdc.chinapower.com.cn/membercenter/nongcenter/viewarticle.asp?articleid=10080483.

局的分散性、景观格局的无序性、公共服务的匮乏性、历史文化传承的间断性、对外联系的封闭性、人与自然关系的失谐性以及有效管治的困难性。这些问题既具有交叉感染性,又具有差别性。[1]

2. 小城镇聚居格局:城镇规划滞后性,服务功能薄弱性

与大中城市居住情况不同的是,小城镇及农村地区的生活场所往往也是生产场所。居民以住宅为生产基地,把居住环境和生产环境有机地结合起来,从而获得经济效益、生态环境效益和社会效益的协调统一。[2] 近些年来,为了全面贯彻落实党的十七大、十七届三中、四中、五中全会精神和中央关于促进中部地区崛起发展战略,进一步提高湖北省小城镇的城市化水平,提高小城镇居民的生活品质,我省加快了中小城市的城镇化发展,据统计,截止 2011 年底,湖北城镇常住人口 2984.32 万人,我省中小城市人口为 664 万人,占全省人口总量的 25%,县城人口为 360 万人,占全省人口总量的 14%,建制镇 787 万人,占全省人口总量的 30%。然而大体而言,我省小城镇布局分散、规模狭小、运行质量较差,小城镇的服务功能弱,但管理成本却很高。2011 年,城镇居民家庭和农村居民家庭恩格尔系数分别为 38.68% 和 43.1%,自 1985 年以来,尽管短期有小幅度波动,但都有减小的趋势。[3]

表 1-5　2011 年湖北省城镇人口规模

	城镇类型	数量(个)	人口(万人)	备注(人口分布)
市	50 万人以上(大城市)	6	868	武汉 533 万人、黄石 69 万人、宜昌 73 万人、襄樊 76 万人、荆州 67 万人、十堰 50 万人
	20 万~50 万人(中等城市)	20	536	鄂州 39 万人、荆门 32 万人、孝感 28 万人、黄冈 27 万人、咸宁 26 万人、随州 31 万人、仙桃 35 万人、潜江 34 万人、天门 25 万人、大冶 30 万人、老河口 20 万人、枣阳 20 万人、汉川 33 万人、洪湖 33 万人、赤壁 22 万人、武穴 21 万人、恩施 20 万人、当阳 20 万人、麻城 20 万人、钟祥 20 万人

〔1〕 彭鹏. 湖南农村聚居模式的演变趋势及调控研究[D]. 上海:华东师范大学资环学院,2008(1).

〔2〕 汪芳. 小城镇聚居环境的生态措施探讨[J]. 小城镇建设,2003(5):21-25.

〔3〕 湖北省人口计划生育委员会发展规划处:湖北省人口变化新趋势.[EB/OL].(2012-04-16)[2012-04-16] http://www.hbpop.gov.cn/web/web2011/Show.aspx? Id=46631。

续表

	城镇类型	数量（个）	人口（万人）	备注（人口分布）
	20万以下（小城市）	10	141	丹江口16万人、宜都10万人、枝江11万人、宜城13万人、应城15万人、安陆17万人、石首14万人、松滋11万人、广水19万人、利川15万人
县	10万人以上	19		阳新14万人、郧县12万人、房县12万人、南漳14万人、谷城13万人、京山14万人、沙洋10万人、大悟9万人、云梦11万人、公安15万人、监利13万人、红安10万人、英山10万人、浠水12万人、蕲春15万人、黄梅12万人、嘉鱼12万人、通城10万人、通山10万人
	5万~9万人	12		
	5万人以下	10		远安5万人、兴山4万人、五峰2万人、宝康4万人、江陵4万人、团风5万人、随县2万人、宣恩5万人、鹤峰4万人、神农架3万人
建制镇	3万人以上	46		

资料来源：相关数据由湖北省人民政府主管、湖北年鉴编辑委员会编纂的《2011湖北统计年鉴》整理而来。

一直以来，政府对实现我省全面城镇化采取了很多实用和有效的措施，然而在县域城镇化的管理和建设方面却缺乏长远统一的科学规划。立足长远的科学规划是实现资源优化配置，推动城乡一体化发展的重要前提。但在“二元管理体制”下，我省城乡建设长期缺乏统一的科学规划，加之我省许多小城镇规模偏小，功能不齐全，缺乏自身特色，其应有的集聚效应和辐射带动能力被大打折扣。[1] 总体而言，我省小城镇发展水平较之基础设施好、综合实力强、发展水平高的长江三角洲和珠江三角洲等小城镇聚居区还有很大的差距。

〔1〕 肖娥芳．推进湖北城乡一体化发展的战略思考［J］．孝感学院学报，2011(3)：14.

案例5　湖北省小城镇规模偏小的历史沿革[1]

要说湖北省的小城镇规模过小，就不能不提20世纪80年代的两次农村基层体制改革。1984年，湖北省同全国一样，废除人民公社体制，设区建乡，原公社一般建为区公所或县辖镇，原管理区一般建为乡或区辖镇，这时，全省县辖镇和区辖镇猛增到500多个；1987年，全省开展撤区并乡工作，除恩施自治州以外全部撤消区公所，原区公所基本上都改建为镇，原区辖乡镇合并升格为县辖乡镇，到1987年底全省共有建制镇845个。1987年设置的乡镇行政区划，对发展农村经济、促进城乡繁荣、维护社会稳定、巩固基层政权发挥了积极作用。但经过10多年的发展变化，特别是从计划经济向市场经济体制转变过程中，原来的乡镇管理体制已难以适应农村社会经济发展的要求。特别是规模过小，难以起到区域经济中心的作用。如荆门市东宝区原栗溪镇、盐池镇和烟墩镇在1987年都一分为三，新分设的乡镇有的人口只有五六千人，所辖村不到10个。具体表现为四个方面：一是乡镇块头小，机构多，重复建设严重，人员膨胀，农民负担加重，乡级财政不堪重负；二是一些乡镇设置不符合经济流向，人流、物流与行政区划反向流动，难以搞活经济；三是一些乡镇肢解了自然水系，不利于农田水利建设和管理，特别是不利于防汛抗旱；四是一些小乡镇辐射、带动功能太弱，发展后劲不足，不能成为一方经济文化中心。这四个问题都是由"小"而派生出来的。

城镇规模太小，使得人流、物流流向较大的城镇，致使"小"城镇经济空心化，社会功能日益萎缩。比如沙洋县蛟尾镇1987年从后港镇独立出来，白手起家，通过发展水产业，自身经济实力有所增强，但比起工业大镇、商贸老镇后港就差多了，由于缺乏技术人才工业办不起来，由于地处偏僻商贸也发展不快。看着后港人过着殷实的日子，负担沉重的蛟尾人心动了，到后港务工经商、读书就学的越来越多。后港镇区人口发展到近2万人，而蛟尾镇区人口却只有近2000人，而且还有不断向后港流动的趋势。这不能怪老百姓，树大招风，城大自然招人，"水往低处流，人往高处走"是永恒的规律。

3. 中心城市聚居格局：聚集效应明显性，城镇体系现断层

湖北省城市化进程加快，城市居住空间将进一步扩张，中心城市（武

---

〔1〕 秦尊文．湖北小城镇的改革与发展[R]．武汉：湖北省社会科学院长江经济研究所，2008－09－05.

汉、黄石、宜昌、襄樊、荆州、十堰）聚集效应明显，但在市场经济体制的影响下，城市居住空间分异格局已初现端倪，中心城市普遍出现“摊大饼”现象，城市空间格局超越既定的行政区划，城镇体系存在“断层”。

然而，随着湖北城镇化进一步发展，大量农村人口涌入这些中心城市，却带来了诸多问题。一是弱势群体的住宅问题。我省大中城市，如：武汉、黄石、宜昌、襄樊、荆州、十堰等，几乎都存在一大批外来农村人口，聚居或散居在城乡结合部的窝棚或自建房屋内，居住条件极差。目前湖北省对于城市外来人口居住问题的研究多集中于探讨外来人口聚居区的形成和由此形成的社会和环境问题等，而缺乏对外来人口的居住区和城市整体居住规划建设一体化的研究，以及有关外来人口住房政策的研究。二是居民住宅区位选择的差异问题。由于我省城市的形成历史、制度和发展水平等方面的原因，影响城市居民个人住房选择行为的因素及其选择过程与其它省份存在一定程度的差异。因此，我省居民个人住房选择行为的影响因素、居民个人社会属性特征与住房消费行为和空间偏好都与其它省份存在一定的差异。三是住宅郊区化与土地资源问题。随着工业在城市的集聚，城市化的水平在短期内迅速提高，城市的数量和人口急剧增加，大城市骤然膨胀，对于突发其来的人口浪潮，城市的建房速度远远落后于城市人口的增长速度，从而出现住房紧缺、住宅郊区化的状况，住宅郊区化是大城市发展的必然现象，住宅郊区化的发展势必会占用大量土地资源，而我省又是土地资源缺乏的中部地区省份，有限的土地资源将制约住宅郊区化发展。[1]

受以前中国城市发展理念与政策影响，过去，为控制大城市规模，湖北发展了较多中小城镇，城镇化率比工业化率落后几个百分点。现在要求壮大大城市，积极发展中小城镇，但小城镇不能像过去那样遍地开花，应突出重点，一个县重点发展一两个镇。

近几年来，我省为了加强中心城市对周边城镇的辐射作用，重点发展武汉都市圈。而所谓的“都市圈”大致有以下几个标准：总人口在1000万以上，GDP中二、三产业比重超过70%，非农业人口超过60%，有一个对周边有较大辐射力的特大中心城市，通过高速公路在1小时左右时区内，城市群的产业链具备垂直专业化分工协作功能。按照这些条件，“武汉都市圈”还算过得去，但最后两个标准还有欠缺。这一点，从湖北的“回头路”现象可见一斑：近些年，湖北公路建设有很大进展，但城际公路大多呈树干

〔1〕　吴运法．城市边缘大型住区问题及空间优化研究[D]．合肥：合肥工业大学，2006.

状,几乎条条路都得原路返回,反映出武汉周边地区的路网建设、城镇建设相对落后,这制约了武汉发挥资源配置的作用,反过来又使以武汉为中心的区域城市群发育不快。按照湖北1991—2010年发展规划,到2010年武汉-鄂东地区要形成特、大、中、小四级序列等级职能分工明显的城市群,其中中小城市达29座,7座分布在交通节点上。而到2010年,实际设市只达到规划的46%。

(三)湖北省人口流动对城镇空间结构的影响

在现有的研究当中,人口学家认为城镇化是农村人口逐渐转变为城市人口的现象和过程,其实,城市化是一个综合概念,既包括农村人口向城市空间聚集的过程,也包含各种经济要素流的城市汇聚和城市空间、规模扩展的过程,[1]人口的流动必然引起各种要素的流动和汇集,最终导致城镇空间格局的变化。2012年,湖北省城镇化率达到53.5%,城乡人口比例逆转,人口的大量流动,带动了资源的优化配置,也带来了湖北经济的高速发展;同时,大量人口的跨区域流动又带来了一系列积极和消极的影响,并成为了湖北省城镇空间结构失衡的重要影响因素。

1. 人口流动积极影响:加快城市化进程

一是促成资源的优化配置。人口作为生产要素的重要组成部分,对城市化的发展有着举足轻重的作用。随着湖北省新型城镇化的快速发展,农村人口大量流入城镇,一方面填补小城市人口迁出留下的空白,另一方面直接待迁入大城市寻找就业机会,补充了城镇劳动力不足的缺口,优化了资源配置。

二是加速人口城镇化。城镇化的发展伴随着人口向经济发达地区集聚,人既是生产者也是消费者,“民工潮”所引发的湖北省城镇消费市场的扩大,也刺激了湖北省城市经济的发展。而且随着湖北省人口流动频率的加快,数量的增加,加上省委、省政府相关政策的鼓励,我省流动人口出现了从四处打工求职的初级阶段,逐渐向产业化转移,并在城镇落户,从而加速了我省的城镇化进程。

三是促进城乡一体化。人口城镇化不单纯是人口在地域上从农村居住区向城镇聚集的过程,更重要的是乡村传统封闭文化向现代化城镇开放文化的转变和人们的生产方式、生活方式、价值观念的转变,使人的解放和

---

〔1〕 孙平军,丁四保,修春亮. 北京市人口-经济-空间城市化耦合协调性分析[J]. 人口问题研究,2012(5):18-19.

全面发展上了一个大的台阶，促进了社会的发展。[1]

2. 人口流动消极影响：引发城镇体系功能层级不协调

我们在充分肯定流动人口对我省城镇化的积极影响的同时，也不能忽视它对我省城镇化进程带来的消极影响，由于我省的人口流动还处在不成熟的阶段，因此不可避免地会出现一些问题。主要有以下几方面：

一是导致城镇化发展动力减弱，城镇化"马太效应"加剧。人口大量外流影响了湖北省经济尤其是县域经济的发展，使自下而上的城镇化丧失活力，内生型城镇化的动力严重不足。"人口红利"大为减少，经济增长和消费空间受到限制。另外，人口不均衡流动进一步加剧了城镇化"马太效应"。2011 年湖北省完成生产总值 19632.26 亿元，其中武汉市生产总值就达 6756.20 亿元（约占 1/3）。究其原因，在于武汉市人口吸纳能力较强，一般中小城镇吸纳能力较弱，省内人口呈单向流动，出现强者越强，弱者越弱的"马太效应"。[2]

二是导致城镇空间体系分散。在省域城镇空间极化与缺乏整体功能组织的双重作用下，湖北省省域城镇体系的空间布局表现为各自独立、分化不显著、网络联系强度较低的松散布局状态。一级城市武汉区域组织功能的"缺失"，二级中心城市生产服务功能发育不足，使武汉与襄阳、宜昌、荆州等二级城市难以形成密切的经济联系和物资信息交流，限制了武汉在省内的区域辐射力。[3]

三是导致城镇空间布局不合理。湖北省人口的流动带来了空间资源分布的不平衡分配，而且程度逐年加剧，最终导致湖北省城镇体系功能层级不协调以及城镇体系结构不合理，建制镇数量过多，小城镇分布不平衡。东中部的江汉平原、长江汉江沿线、国道省道沿线城镇间平均间距只有 5～6 千米，而西北、西南部小城镇分布过散，[4]形成东密西蔬、东重西轻的城镇体系结构，导致全省基础设施和公用设施投资成本过高，不利于集中财

---

〔1〕 文崔琳．不同财政政策下人口流动特征及其影响[J]．商业文化，2009(7)：28.

〔2〕 省政府办公厅，省统计局，湖北大学联合调研组．人口流动对湖北省城镇化的冲击及应对[EB/OL]．(2012－02－13)[2012－07－14] http://www.hbzyw.gov.cn/xwxx.asp? id＝10985.

〔3〕 郝华勇．湖北城镇体系发育障碍及优化对策[J]．江汉大学学报(社会科学版)，2012(1)：17.

〔4〕 夏春萍．湖北省统筹城乡经济发展研究[D]．武汉：华中农业大学经济学院，2005.

力配套建设[1]。

二、湖北省现有城镇空间布局及其存在的问题

湖北产业战略性布局也遵循客观规律，经历了一个不断丰富和完善的过程。20世纪60年代以前，湖北产业布局与经济的发展一直以武汉为中心，以鄂东地区的发展为重点。党的十六大以后，国家明确提出促进中部地区崛起，并要求把湖北建成促进中部地区崛起的重要战略支点，为此省委、省政府在第九次党代会上提出了“进一步推进武汉城市圈一体化”、“推动一江（长江）两线（汉十、荆襄高速）经济带建设”、“增强宜昌、襄樊两个省域副中心城市的经济实力”等发展战略；2008年12月，省委九届五次全会针对武汉城市圈两型社会综合配套改革试验区全面建设与鄂西生态文化旅游圈建设的启动，为解决两圈之间在相互联动上存在的不足，提出加快湖北长江经济带新一轮开放开发的发展战略。[2] 2011年2月，时任省委副书记、代省长王国生在所作的省政府工作报告中提出，把武汉城市圈和“宜荆荆”、“襄十随”城市群做大做强，支持襄阳、宜昌发展成为城市群的核心城市。

（一）湖北现有城镇体系空间布局结构

在湖北城镇体系空间布局与区域发展的总体战略上，湖北长江经济带贯穿“两圈”，是实现“两圈”相互联动与优势互补的纽带。“一带两圈、双轮驱动”发展战略的提出与实施，是对湖北省情和发展规律认识层面的深化；是优化调整湖北产业发展的战略性布局，统筹湖北区域发展的战略构想，是充分调动各方面积极性，激活各种经济资源，发挥湖北综合优势，推进鄂东鄂西相对均衡协调发展的重大战略部署。

湖北东西长约740km，南北宽约470km，南北自西向东宽度逐渐减小，呈一个横向狭长的“等腰箭头”。从经济地理来看，鄂东地区是湖北经济发展的重心，2010年地区生产总值占湖北的62.25%：武汉是鄂东的地理重心和全省经济社会发展中心，2010年地区生产总值占鄂东地区的56.8%，占湖北的35.36%。根据湖北省情和产业布局及发展规律的深刻认识，湖北

---

〔1〕 胡金林. 湖北农村小城镇发展的路径依赖与路径创新[J]. 农业经济，2006(9)：11.

〔2〕 钟新桥. 湖北产业与县域经济发展研究[M]. 武汉：湖北人民出版社，2009.

的“经济发展场”在空间上表现为“一主两副”和“两圈一带”的总体格局。[1] 湖北经济社会发展以武汉为中心增长极，直接带动1+8武汉城市圈和鄂东经济的整体快速发展，间接辐射拉动鄂西的经济社会发展；鄂西以宜昌、襄樊两个省域副中心城市为“双核”，以宜昌、荆州、荆门和襄樊、十堰、随州两个城市群为支架，以旅游产业为纽带形成鄂西生态文化旅游圈；鄂东武汉城市圈与鄂西生态文化旅游圈联动发展，以长江经济带和汉十经济带为传动。以“两圈”为引擎，以“两带”为传动，形成“两圈驱动两带、两带带动两圈”的发展模式，实现“两圈两带”优势互补、相互联动、全面发展的局面。[2] 具体发展战略布局示意图如图1-4所示。

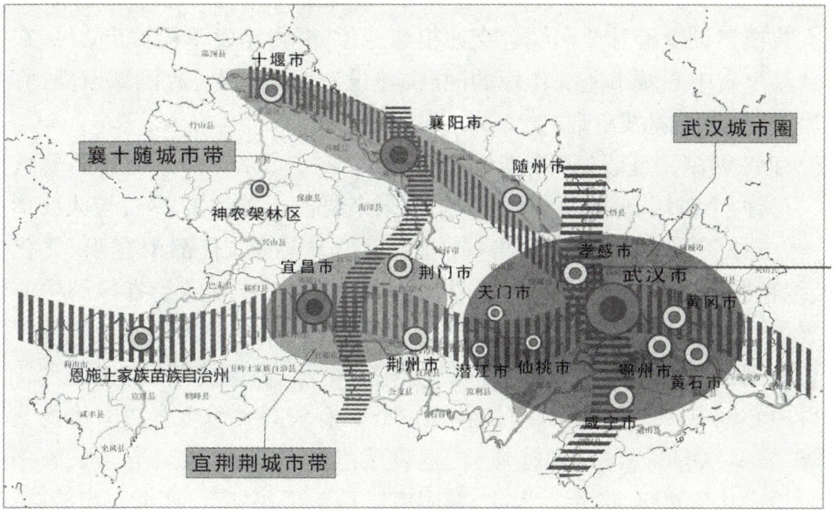

图1-4　省域城镇体系空间布局[3]

1.“一主两副”的总体格局

截至2010年，武汉、襄阳、宜昌生产总值占全省比重提高到54.4%，五年提高了2%；三市地区生产总值占武汉城市圈、“襄十随”、“宜荆荆”城市群的比重分别达到57.5%、57.4%、49.6%。湖北“十二五”规划《纲要》明确提出，充分发挥武汉、襄阳、宜昌“一主两副”中心城市的辐射带动作用，在全省形成以武汉为龙头、湖北长江经济带为主轴、武汉城市圈和鄂西生

〔1〕 钟新桥．中部地区经济发展分析与对策研究[J]．经济问题探索，2005(11)：19.

〔2〕 钟新桥．中部地区经济发展分析与对策研究[J]．经济问题探索，2005(11)：19.

〔3〕 湖北省社科院院长宋亚平．积极稳妥推进城镇化[J]．麻城讲坛，2011(15)：4.

态文化旅游圈为两轮的“一线串珠、双轮驱动”区域发展新格局。自2003年湖北省委、省政府提出“一主两副”战略以来,武汉、襄阳、宜昌三市经济社会发展取得了长足进步。2011 年 4 月 2 ~ 8 日,省委、省政府分别在武汉、襄阳、宜昌召开办公会,深入推进“一主两副”战略。

(1)“一主”:继续当好“龙头”,建成“支点武汉”。按照“建设湖北的大武汉,更做中国的大武汉和世界的大武汉”目标,全面复兴“大武汉”的历史地位,成为科学发展、跨越式发展的大武汉,成为中部城市群、长江中游城市群的核心城市和中国内陆“江字号”、“湖字号”发展级中的支点城市。〔1〕未来武汉以争当全国发展软环境最优城市为目标,以工业作为主驱动力,实施“工业倍增计划”,建成全国重要的先进制造业中心,优化城市布局,持续大规模建设以提升全国综合交通枢纽地位,努力建设幸福城市。〔2〕在发挥武汉全省中心城市龙头作用的同时,建设三个城市群:武汉城市圈,宜荆荆城市圈,襄十随城市带。

(2)“两副”:建设“四个襄阳”,宜昌实现“三级跳”。湖北省委要求襄阳、宜昌两个省域副中心城市经济总量未来要占全省经济1/3,与武汉形成“三点支撑”、“三核推动”的格局。建设以“产业襄阳、都市襄阳、文化襄阳、绿色襄阳”为内涵的“四个襄阳”,是湖北省委、省政府给省域副中心城市襄阳的战略新定位。“四个襄阳”是相互联系、相互促进的有机整体。其目标分别是:“产业襄阳”打造区域性经济中心,“都市襄阳”打造现代化区域性中心城市,“文化襄阳”打造在国内外具有较高关注度和美誉度的文化名城,“绿色襄阳”打造“两型社会”建设示范城市。到“十二五”末,襄阳生产总值要达到4000 亿元。为此,襄阳市坚持走工业立市、产业兴市战略,重点推进高新技术产业基地等“七大基地”建设。在湖北省委省政府即将出台《关于全面实施“一主两副”重大战略决策加快推进宜昌市跨越式发展的决定》中,通过下放多项审批权、加大对宜昌民生补助等扶持政策,推动宜昌在已经完成从小城市到大城市“二级跳”的基础上实现“三级跳”,把宜昌建成特大城市。

2.“两圈一带”格局

从湖北来看,改革开放以来,特别是“十一五”以来,省委省政府立足省

---

〔1〕 陈蓉. 武汉城市圈成为中部经济杠杆的可行性研究[J]. 湖北社会科学,2012.

〔2〕 中共中央党校,首都科学决策研究会. 湖北“一主两副”战略进入实施阶段[J]. 领导决策信息,2011(16):15.

情、立足实际，先后提出加快“武汉城市圈”、“鄂西生态文化旅游圈”、“长江经济带建设”这“两圈一带”发展战略，按照城乡统筹的要求，积极推进仙洪新农村示范区建设、鄂州城乡一体化试点，实施“百镇千村”示范工程，努力探索一条具有湖北特色的新型城镇化道路。2010 年省委省政府研究出台了《关于加快推进新型城镇化的意见》，这个决定集中反映了省委省政府及全省人民群众对我省城镇化建设道路的新认识，也是当前和今后一个时期全省推进新型城镇化工作的指导方针。

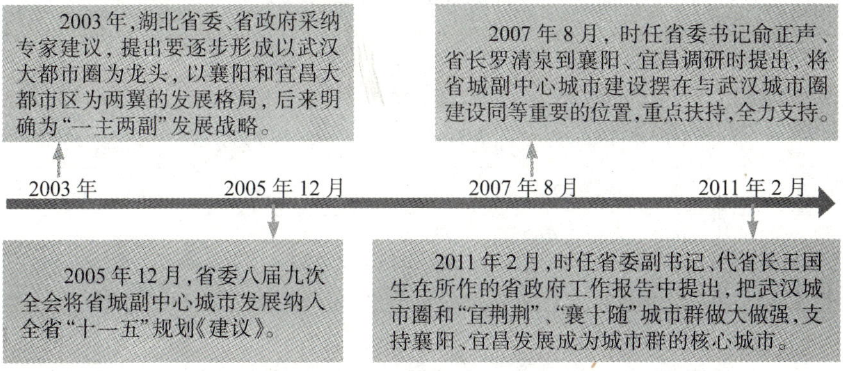

图 1-5　湖北“一主两副”战略的推进历程〔1〕

图 1-6　湖北省“两圈一带”〔2〕

总的来看，新时期新阶段我省城镇化建设要深入贯彻科学发展观，全

〔1〕　中共中央党校，首都科学决策研究会．湖北“一主两副”战略进入实施阶段[J]．领导决策信息，2011(16)：15.

〔2〕　湖北省社科院院长宋亚平．积极稳妥推进城镇化[J]．麻城讲坛，2011(15)：4.

面落实党的十七大、十七届三中、四中、五中全会精神和中央关于促进中部崛起发展战略，坚持新型工业化、农业现代化、新型城镇化协调推进，按照构建促进中部崛起重要战略支点的要求，实施“两圈一带”发展战略，推动全省城镇化向注重内涵提升转变，向注重经济社会协调发展转变，向注重城乡统筹发展转变。以特大城市、大城市为龙头，以加快中小城市和中心镇提质扩容为重点，走资源节约、环境友好、经济高效、文明和谐，城镇布局科学，城乡互促共进，区域协调发展的新型城镇化道路。

图 1-7 长江经济带城市等级体系划分

人口规模	下游地区（上海－南京 400km）	皖赣江段（南京－九江 460km）	鄂湘江段（九江－宜昌 1000km）	川江段（宜昌－水富 1500km）
200 万人以上	上海、南京		武汉	重庆
50～100 万人	无锡、常州、苏州、杭州、宁波	（合肥 南昌）		
50 万以下	南通、扬州、镇江、江阴、泰州、常熟、仪征、丹阳、张家港、兴化、宜兴、昆山、启东、溧阳、如皋、高邮、嘉兴、湖州、绍兴、海宁、舟山、萧山、慈溪、奉化	马鞍上、芜湖、铜陵、安庆、巢湖、贵池、九江、瑞昌	黄石、沙市、宜昌、鄂州、荆门、恩施、咸宁、蒲沂、仙桃、石首、床城、利川、洪湖、天门、武穴、枝城、潜江、当阳、岳阳、益阳、常德、津市、沅江	万县、涪陵、江津、合川、永川、宜宾、泸州、攀枝花

案例 6 湖北各县市工业化与城镇化空间布局相结合，势头有如“星星之火”[1]

随州是湖北省汽车工业基地之一，国家历史文化名城。在城镇化建设中，重点是发展特种专用汽车生产、机械电子、仪器加工、医药化工、纺织服装、特色农产品加工、文化旅游等行业，加强技术改造和结构升级，形成与武汉城市圈对接的高技术转化基地；强化商贸、金融、社会服务等功能，全面提升城市综合实力。依托福银高速、随岳高速、麻竹高速三条高速交汇

[1] 中国城市规划研究设计院．湖北省城镇化与城镇发展战略规划（2010—2030）[M]．武汉：湖北省住房和城乡建设厅城乡规划处出版，2011.

的有利区位,推进月益铁路与随州机场建设,提升随州衔接武汉圈与鄂西圈的枢纽功能。

老河口以发展汽车配件、纺织和服务业为主;城市空间拓展为南北双向发展为主,在城镇化建设中,注重加强与丹江口和谷城之间的空间联系。谷城是襄十随城镇联合发展区重要的汽车零配件产品生产基地,以汽车配件工业为主,兼顾发展纺织、旅游等产业;空间拓展方向以向北发展为主,重视与老河口的空间衔接。

丹江口以发展水电、汽车零部件、绿色食品等清洁产业为主,主要城镇发展方向是处理好城镇建设与水源地生态涵养的关系,适当限制化工产业发展,以生态维育为主要职能;城市空间拓展以向南为主,与老河口和谷城形成联合发展态势。

宜城临近襄阳主城区,是汉江沿线节点城镇之一,以发展汽车配件、农副产品加工工业为主;在空间上主要向北与襄阳联合发展,借助襄阳都市区的成长带动自身提升。枣阳重点发展汽车配件、食品加工业、纺织工业等产业;城市空间拓展方向主要为向西发展。南漳重点发展纺织、建材、农产品加工;城市空间拓展方向以向北、向西为主。

老河口、谷城、丹江口、宜城、枣阳、南漳等城市在城镇化过程中,主要加强与襄阳、十堰、随州等中心城市的协调和衔接,壮大实力,突出特色,从而促进襄十随城镇联合发展区的健康有序发展。老河口、谷城和丹江口空间距离较近,应考虑联合发展,打造组合型城市,形成联系襄阳与十堰的重要空间节点。

十堰是鄂豫渝陕毗邻地区重要的区域性中心城市和国家重要的汽车产业基地;十堰发展新型城镇化,主要是在确保生态涵养和环境保护的前提下,强化汽车研发和创新,推动用地扩张型汽车生产环节向武汉城市圈和襄阳等汽车产业基础较雄厚、用地条件优越的区域转移为主线的。

其它把工业化与城镇化相协调协调,重点发展发展产城互动型城镇的还有:武穴市、阳新县、蕲春县、浠水县、团风县、石花镇等。这些城镇有紧邻城市密集地区的区位优势,承担着发达地区产业转移的重任。因此,这些地区应做好产业配套,承担都市连绵带的部分城市职能。

(二)湖北现有城镇体系空间布局的基本特征

改革开放以来,湖北省的农业生产力水平提高,农产品供求基本平衡。城镇经济实力增强,城镇基础设施初具规模,推进城镇化的物质基础基本具备。社会主义市场经济体制建立健全,城镇住宅、投融资及社会保障等各项改革不断深化,社会服务体系逐步建立健全,推进城镇化的体制环境逐渐形成。2000 年以来，湖北省城镇化水平稳步提高，在“十一五”时期的前四年，全省城镇化水平由 2005 年底的 43.2% 增长到 2011 年的 51.83%，每年平均以 6 个百分点的速度增长，特别是近两年，每年城镇化水平增长均在 1.4 以上，呈加快发展态势。到 2009 年底，湖北省已有特大城市和大城市 6 个，中小城市 40 个，3 万人以上的建制镇 46 个。目前我省城镇化水平，位居全国十五位，在中部六省中位居第一，略高于全国平均水平，湖北城镇化发展仍具有较大潜力。

1. 城镇数量不断增加，城镇体系初步形成并逐步完善

我省的城镇化起步较晚，但发展较快。人口城镇化是城镇化的重要标志。我省正处在城市化中前期，城市集聚效应明显，处于加速集聚阶段，城镇数量不断增加，尤其是大城市在其较强的集聚效应和规模效益驱动下发展迅速，城市规模急剧扩大。随着我省城镇化的快速发展，城镇数量不断增加，城镇体系初步形成并逐步完善。在全省 36 个城市中，特大城市 1 个，大城市 20 个，中等城市 10 个，小城镇 41 个。初步形成了以武汉为中心，襄樊、宜昌、荆州、黄石为次中心，大、中、小城市、重点镇，一般建制镇五个等级的城镇体系，为城镇整体优势的发挥、区域经济的协调发展起到了重要的作用。

2. 城镇空间分布东密西疏，主要城市沿交通干线集聚

从总体上看，受地理环境及经济水平的影响，我省城市在空间分布上呈现东密西疏特征，湖北西部为大山区，主要是恩施州和十堰市全部，宜昌市和襄樊市一部分，人口密度较小，城市也少；北部与东南部为丘陵，主要是随州、黄冈、咸宁等 3 市大部分和襄樊市一部分；鄂中鄂南为平原，以武汉为首，城市密集。城市基本沿境内的三大铁道干线（京广线、汉丹接襄渝线以及焦柳线）和长江干流及其第一大支流汉江展开。[1] 从单个城市看，全省城镇大多沿江、沿线，集中分布在“两江、三路”（长江、汉江、宜黄高速公路、江渝铁路及汉十公路、焦柳铁路）一带，且主要城市都紧临长江或汉水，有铁路和高速公路通过。全省 36 个城市中，沿长江 11 个，汉江 6 个，沿铁道 29 个，铁道水路兼临的 17 个，武汉、黄石、襄樊、宜昌、荆州 5 个湖北最大的城市均为水陆两通。省域交通干线附近，既是全省经济开发和生产力布局的主要地带，也是城镇分布和发展的主要轴线。[2]

---

〔1〕 王智勇，黄亚平，张毅．湖北省城镇化发展的路径思考[J]．小城镇建设，2010(5)：21.

〔2〕 丁建怀．湖北地级城市综合实力评价研究[D]．武汉：华中科技大学公共管理学院，2005.

3. 城镇规模结构两头大、中间小

全省现有城镇 816 个，其中省辖市 12 个，县级市 24 个（含 3 个直管市），县城 40 个，建制镇 740 个，城镇人口 2762 万，城镇数量在全国位居前列。如果将全省城市按特大城市、大城市、中等城市、小城市（含建制镇）人口规模分级，则全省各级城镇人口所占的比重分别为 20%、13%、16.5%、50.5%，为典型的“两头大、中间小”的城镇规模结构。据统计，全省 36 个设市城市中 200 万人以上的城市仅为 1 个（武汉），50～100 万人以上的城市为 4 个，20～50 万人以上的城市为 14 个，而 20 万以下的城市数量为 17 个，由此可见，全省缺少 100～200 万人口的城市，而 50～100 万人的荆州、襄樊、黄石、宜昌 4 个城市也都是 1990 年以后才开始逐步达到这类人口规模的。排在全省第一位城市的武汉，其人口规模是第二位城市的 6 倍多，这么高的首位度在全国其他省份不多见。[1] 因为武汉不仅是湖北的省会，而且是华中地区的中心城市，其地位比较特殊，需要有足够的规模实力。除武汉之外，人口超过 100 万的城市几乎没有（襄樊 90 万、宜昌 70 万），而东部省份江苏有 5 个，山东有 4 个，广东有 5 个。县城以下城镇人口总数占全省比重为 30%，“过度带”、“蓄水池”的作用发挥不够。这种梯次结构，不利于实现大中小城市协调发展，不利于市县乡（镇）齐头并进。[2]

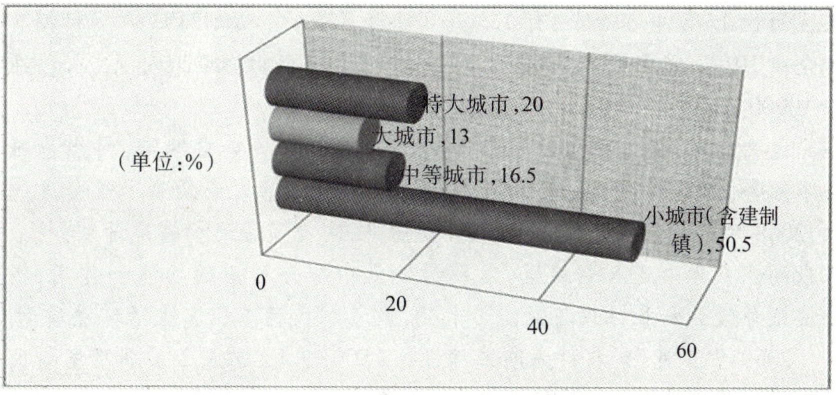

图 1-8　2011 年湖北省城市规模分级示意图（单位：%）

〔1〕 赵长勇．湖北农村小城镇发展研究[D]．武汉：华中农业大学经济管理学院，2004.

〔2〕 中共湖北省委联合课题组．新形势下推进湖北城镇化建设的思考与建议[J]．政策杂志社，2011（10）：8.

4. 城镇承载能力明显增强，居民生活水平大幅度提高

对于大中城市而言，湖北省12个地级市，在整个国民经济生活和社会发展中占有重要地位，是起着领导和组织作用的城市群体，特别是武汉、襄樊、宜昌、荆州、十堰、黄石等几个中心城市，更是对全省经济的发展、改革的创新，发挥着综合集聚功能和极大的辐射作用，推动着湖北省的城镇化进程向更高水平发展。

而在小城镇的发展过程中，呈现明显的阶段性。一是起步初始阶段。城镇数量急剧增加，是从农民变为居民，农业社会转向工业社会，农村变为城镇的过程。二是快速发展阶段。出现了一批发展速度快，区域辐射能力强，城市功能较完善的经济强镇，是居民变为市民，城镇转向城市的过程。以乡镇企业的迅速发展为契机，以小城镇基础建设为重点，通过完善城镇功能吸引大批乡镇企业向小镇聚集，走上集中连片的集约化经营发展之路。三是全面推进阶段。以农民造城运动为契机，向小城镇大规模的转移农村富余劳动人口，通过引民建镇推动农村走上乡村城市化、城乡一体化的道路。

案例7　胡集镇虎山新农村建设成效显著[1]

虎山村位于钟祥市胡集镇西北部，是中原磷都腹地的一个经济强村，辖区面积4.48平方千米，有九个居民小组725户，人口2453人。村拥有集体企业10家，固定资产1.52亿元，2011年集体纯收入720万元，人均纯收入10000元。

过去，虎山村村民居住零散，分散居住在90多个自然湾，村组基础设施不配套，道路系统不完善，村民的生产、生活很不方便。为了改变这一现状，2008年底村"两委"广泛征求群众意见，决定实施迁村腾地计划，将分布零散的住户集中迁入新住区，发挥村组集中综合利用的功能和作用，提高公共服务设施和基础设施的综合利用，改善村民的居住和生活环境质量。

2009年5月，新农村一期工程投入1500万元，建成2层别墅型村民住宅40套，总占地面积33401.3平方米，总建筑面积19030平方米，绿化面积7272.1平方米，户均占地面积138平方米，迁村腾地户29户，腾出土地120亩，其中基础设施投入200万元（含土地平整、水电路三通、电视信号及网络入户、小区绿化、太阳能路灯等），目前已全部入住；2011年建设的多层单元楼住宅三栋，总建筑面积8900平米，占地面积1500平米，可入住60户，

[1] 参见：2011年钟祥市政府工作报告.

预计腾地120亩，目前工程建设已完成。根据宜居村庄建设要求，新农村二期工程已规划，计划建成联排别墅120户，多层单元楼三栋，可入住60户，占地面积43355平方米，预计腾地300亩，现工程建设已启动，计划2013年3月竣工。到2014年完成超市、农贸市场、卫生室等便民配套设施。到2015年将启动三期工程，使全村零散住户全部集中到居民小区，并对大自然湾进行就地改造，使虎山村成为一个经济发展、社会和谐、环境优美、功能齐全、适宜居住的社会主义新农村。

通过不断的发展，2011年湖北城镇人口约3227.04万人，比1978年增加2536.81万人，增长3.7倍。2011年全省城镇居民人均可支配收入达到2734.3元，城市居民人均可支配收入比2010年增长13%[1]，是1978年城镇居民收入的62.8倍，城镇居民人均消费水平达12080元，比全省平均水平高出4289元，高55.1%，比1978年高出26.6倍。2011年城镇居民人均住房面积达33.4平方米，比1980年增加27.7平方米，增长5.4倍。

（三）湖北省城镇空间布局存在的问题

改革开放以来，特别是自"十五"以来，湖北省把推进城市化进程作为统筹城乡协调发展、加快全面建设小康社会步伐的一项重要战略，出台了一系列加快人口城市化进程的政策、措施，湖北省城镇化水平有了很大提高，呈现出快速健康发展的新局面。1999年，湖北省城镇人口超过1900万人，城镇化水平达到32%，高于全国平均水平1.1%，居全国各省区（不含直辖市）前十位。2000年以来，湖北省城镇化水平稳步提高，在"十一五"时期的前四年，全省城镇化水平由2005年底的43.2%增长到2009年的46%，每年平均以0.7%的速度增长。特别是近两年，每年城镇化水平增长均在0.8%以上，呈加快发展态势。但随着湖北省城市化的进一步发展，人口流动的加剧和积聚，对湖北城镇体系的构建产生了深远的影响。

1. 规划相对滞后，城镇化进展缓慢

近10年来，湖北省转移人口在各级城镇的分布不合理。大中城市一直是接纳人口转移的主体。小城市发展较快，但小城镇发育不足，有重数量轻质量的倾向。虽然湖北城镇化发展取得了较大成绩，但城镇化水平与工业化水平相比，仍明显滞后；城镇化速度与世界平均水平、全国平均水平比，相对较慢。2011年，全省城镇化率为51.8%，增长幅度连续9年低于全国平均水平。目前，我省城镇化率虽然在中部仍居首位，但优势已十分微

[1] 参见：湖北经济社会发展年度报告2010.

弱，领先湖南、安徽、江西仅2～3个百分点。形势异常严峻，任务非常艰巨。2000年后我省人口外迁规模急剧扩大，户籍人口与常住人口之差（即净流出人口）由2001年的298.7万人增至2010年的462万人。究其原因：一是工业化推进速度不快，产业发展对城镇化的带动作用有限。从2001年到2010年的10年中，湖北工业占全省GDP的比重仅提高了8.5个百分点，城镇化率仅提高了6.2个百分点；二是湖北的优势制造业属非劳动密集型产业，客观上造成了吸纳就业能力偏弱的现状，导致本省就业岗位提供不足。从2001年到2010年的10年中，全省非农产业就业比重仅提高了1.6个百分点；三是薪酬不高，湖北的就业人员工资相对沿海发达地区明显偏低。

2. 城市空间结构布局不尽合理

随着我省人口自由流动的步伐不断加大，导致了空间布局的严重不平衡。湖北省东部城镇数量多、密度高、规模大，西部城镇数量少、密度低、规模小。武汉市“一城独大”，宜昌市和襄樊市这两个省域副中心城市的区域辐射力不够，从而也导致了湖北省城镇化的空间不均衡性。

表1-6　2011年湖北城镇空间分布[1]

地区	国土面积（万平方千米）	总人口（万人）	城镇人口（万人）	城镇个数（座）	大于10万的城镇个数（座）	城镇密度（座/百平方千米）
合计	18.59	6110.8	2581.4	772	55	0.42
西部	8.37	1308.1	466.1	200	9	0.24
东部	10.21	4802.7	2115.3	572	45	0.56

湖北省东西部城镇化差异较大，局部地区发展滞后，影响了全省的城镇化进程。除武汉城市圈及武鄂黄城镇空间发育程度相对比较成熟外，其他地区城镇空间发育缓慢。受宏观地形地貌制约，湖北省城镇空间密度分布呈东密西疏、四周低中间高的特征。[2]“襄阳—荆门—宜昌”（焦柳线）地理连线为界是湖北省山区与平原岗地的分界线，此线也是我国地形地貌第二、三级阶梯的分界线的组成部分。焦柳线以西为武陵山区和秦岭—大巴山山地，地形崎岖，交通不便，人口分散，经济发展水平相对低下，镇数量

〔1〕湖北省人民政府主管，湖北年鉴编辑委员会编纂．湖北2011年统计年鉴[M]．武汉：武汉年鉴社，2011.

〔2〕余斌，李星明，曾菊新．武汉城市圈创新体系的空间分析——基于区域规划的视角[J]．地域研究与开发，2007(1)：17.

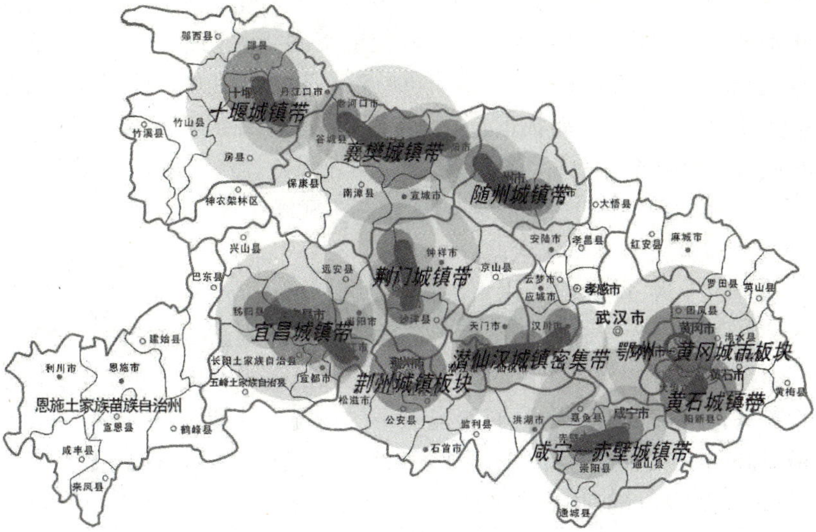

图 1-9　湖北省城镇带分布示意图

少；以东为江汉平原、鄂北岗地和鄂东沿江平原，以平原为主，交通便利，人口密集，经济发展水平相对较高，城镇数量相对较多。〔1〕 西部地区国土面积占全省的45.02%，城镇个数占全省的25.9%，人口大于10万的城镇个数仅占全省的16.4%，城镇密度为0.24座/百平方千米，大大落后于全省及鄂东平均水平，如表4所示。

武汉城市圈作为湖北经济发展的引擎、城镇化的引领，在全省城镇化进程中空间极化作用明显，2010年实现GDP 9635.8亿元，占全省经济总量的60.3%；城市圈常住人口为3024万人，占全省比例为49%。省域内部城镇化滞后的地区分布在鄂西山区和江汉平原。鄂西山区城市集聚发展不够，难以辐射带动广大山区发展，特别是恩施长期受交通制约导致中心城市发展不足。江汉平原也是湖北城镇化的洼陷地区，荆州从辉煌到萧条便是印证。江汉平原有1000多万人口，大中城市发展明显不足，特别是荆州市所辖各县市绝大部分现状仍为10余万人口的小城市，发展严重滞后。〔2〕

---

〔1〕 中华人民共和国国家统计局．加快湖北长江经济带新一轮开放开发[EB/OL]．(2010－06－25)[2010－06－25] http://finance. sina. com. cn/roll/20090730/08562980565. shtml.

〔2〕 于涛方，甄峰，吴溢．长江经济带区域结构："核心—边缘"视角[J]．城市规划学，2007(3)：14.

另外,黄冈分布有700多万人口,但中心城市弱小,中小城市少,也是全省城镇化水平和质量较低的地区。在省域城镇空间极化与缺乏整体功能组织的双重作用下,省域城镇体系的空间布局表现为各自独立、分化不显著、网络联系强度较低的松散布局状态。一级城市武汉区域组织功能的"缺失",二级中心城市生产服务功能发育不足,使武汉与襄阳、宜昌、荆州等二级城市难以形成密切的经济联系和物资信息交流,限制了武汉在省内的区域辐射力。

3. 城镇化发展重数量轻质量

从理论上讲,衡量城市化水平应该包括数量和质量两个方面,但至今尚无公认的能全面反映城镇化水平的复合指标和测试方法,因而一般仍多采用城镇人口占总人口比重的大小来衡量城镇化水平的高低。如此一来,就很容易出现盲目追求数量而忽视质量的情况。[1] 近几年是我省市镇发展最兴旺的时期,同时各地也出现了一些设市建镇热的情况,主要表现在重视数量,忽视质量,城市综合经济实力普遍较弱;重视设市,忽视建设,中小城市这方面的问题尤为突出。改革开放初、中期,国家宏观调控不太严,加上解放后几十年的积累,设市出现了搞"批发"的火热景象,我省高峰时的1986年设6个市,一年设市数量相当于改革开放前几十年的设市总和。

据统计,截止2011年底,我省全省城镇817个,其中省辖市12个,县级市24个,县城41个(含神农架林区),建制镇740个。中小城市643万人,县城320万人,建制镇739万人。城镇人口总量为2622万人。其中,50万人以上的特大城市和大城市人口为811万人,占31%;中小城市人口为664万人,占25%;县城人口为360万人,占14%;建制镇人口为787万人,占30%。然而大体而言,我省小城镇布局分散、规模狭小、运行质量较差,小城镇的服务功能弱,但管理成本却很高。

一些城市仅有城市的虚名,或者说还是"准城市"状态,明显存在着"小城区、大农村"的特征,在30个新增城市中有18个的城市化水平低于全省的平均值,有的城市化率不足15%。设镇方面的问题也比较突出,国家设镇标准本来就偏低,各地更是热情高涨,导致我省目前镇比乡多。一些市镇本来先天不足,设立后又不重视建设,因此素质很低。[2] 在740个现有建制镇中,最小的镇城镇人口仅千余人,平均规模为7000人。与城市的情况

[1] 赵长勇. 湖北农村小城镇发展研究[D]. 武汉:华中农业大学经济管理学院,2004.

[2] 赵长勇. 湖北农村小城镇发展研究[D]. 武汉:华中农业大学经济管理学院,2004.

相似，全省建制镇大多为“小镇区、大农村”，其城镇化水平低于全省的平均值。

县级小城镇体系层次不分明，城镇发展受到现有行政区划某些限制，行政区划束缚了中心城镇的发展壮大。地方财政资金缺乏，带来了小城镇基础设施落后。我省的县域城镇犹如一群“侏儒”，数量多而块头小，虽经大力扶助仍然难以“长大成人”。很多建制镇不是对自然形成的区域经济中心的理智选择，而是按照行政区划的均衡性通过行政手段“指腹为婚”的政治产物，甚至有的就是片面追求城镇化而简单采取“撤乡建镇”的政绩工程。由于基本不具备城镇化的客观条件和发展潜力，多年来我们投入了大量人力、物力、财力和精力所进行的小城镇建设，结果往往是低水平重复严重，公共基础设施差，服务功能不健全不完善，产业升级换代困难，提供就业门路狭窄，对农村人口转移缺乏吸引力。一旦行政区划发生调整，重新“洗牌”之后遭到弃守的多数城镇便从此“一蹶不振”，化为一座座“废城”。

4. 城乡资源配置不合理

一般而言，资源配置都是跟政治权力走的，政治权力集中造成了资源和利益的集中，然后跟着是人口的集中，大城市往往具有比中小城市更好的基础设施条件、更大的市场、更高的收入和更多的就业机会，因而具有不可抗拒的集聚功能和高度的竞争性、流动性、扩张性。[1] 人、财、物等生产要素不断向大城市集聚，必然导致城市规模越来越大，交通拥堵、人口膨胀、资源短缺、环境污染、生态恶化等方面的压力越来越大，各种“城市病”随之产生。事实上，我省也存在着人口和各种生产要素向大城市高度集聚的态势，其速度超过中小城市，更超过小城镇。长期以来，湖北省大中小城市的不均衡发展，导致了人口不断地向省会城市和二线城市襄樊、宜昌、荆州、黄石聚集，全省的土地、资本等社会资源也向一线城市高度集中，最终导致“武汉一城独大”。

武汉市之大、地位之突出令人震撼。当前，武汉市非农人口数是湖北省除武汉外11个地级市市辖区非农业人口之和，虽然武汉市人口仅占全省9%，但GDP占到全省的34.9%（5515亿元），GDP是11市市辖区之和的1.2倍，财政收入是1.6倍。“十一五”期间仅武汉累计投资3439亿元，占全省总投资的32%，贷款余额占全省的62%。我省城镇化水平较高的地

〔1〕 半月谈网．“城市黑洞”吞噬居民幸福“巨无霸”城市如何逆转[EB/OL].(2011－02－13)[2011－02－13] http://news.xinhuanet.com/politics/2011－02/13/c_121070980.htm.

区大多聚集在武汉周边地区以及“襄荆宜”高速公路和沪蓉高速为轴的地段的中心城市周围。而鄂西山区尤其是恩施地区、鄂东北大别山区城镇化水平明显偏低，平均在20%以下。

而且，几乎所有县城都远大于县域内非县城城镇。这种状况说明湖北省其它区域性中心城市的规模不大，实力不强尚不具备中心城市应有的综合型、多功能的职能难以带动所辖区域的发展，且内部层次较低，市场及服务体系不够健全。有的市尚不完全具备中心城市应有的综合型、多功能的职能，难以带动所辖区域的发展，有的甚至是“小马拉大车”。此外，城镇布局也存在一些问题，如：西部地区城市太少、现有城市实力太弱；宜黄高速公路武汉至荆州段为发达的江汉平原腹地，但没有一个名副其实的中等城市。数量众多的小城镇产业发展雷同实力均较弱，名副其实的中心镇尚不多见。

表1-7　2011年湖北省中小城镇建设政府成本[1]

类别	承接人口	政府每年所需成本	备　注
大城市（13个，进入综合成本45万元/人）	90万人	90 * 10000 * 45 = 405亿元年度投入：81亿元	一、成本项目 1. 城市基础设施：水、电、气、交通、通信、环保、园林及防灾减灾设施等。 2. 城镇用地：征地、人员安置与其他各类补偿、公路建设附加费、统筹金、耕地占用税和土地出让金等。 3. 城市公共服务：教育、体育、文化、娱乐、医疗卫生等服务设施的建设、运行和管理成本。 4. 社会保障投入成本：城镇职工养老、医疗、失业、工伤、计生等。 5. 政府廉租房建设：人均26m^2。 二、成本标准 参考四川、安徽等省有关城市成本核算标准，并结合我省具体情况。 三、以上投入项目除政府廉租房建设是一次性投入外（均摊到年度），其他均为年度动态性投入。
中小城市和县城（综合平均成本25万元/人）	130万人	130 * 10000 * 25 = 325亿元年度投入：65亿元	
中心镇和其他小城镇（综合平均成本10万元/人）	80万人	80 * 10000 * 10 = 80亿元年度投入：16亿元	

〔1〕 郝华勇．湖北城镇体系发育障碍及优化对策[J]．江汉大学学报（社会科学版），2012(1)：21.

另外，由于我省整体经济分布不均，小城镇过多过散，导致整体城市化水平偏低，由于城镇的发展水平高于农村，城镇居民的收入高于农民的收入，农村和中小城镇人们为了追求丰富多彩的城市生活，寻找个人发展的机会，让子女受到更好的教育，大量向大城镇和外省发达城市迁移，导致我省人口资源大量外流。据统计部门数据显示，2000 年以后我省人口外迁逐步加剧，净迁出县市从 48 个上升到 71 个，净流出人口从 2001 年的 298.68 万人增加至 2009 年的 421.88 万人，[1] 到 2010 年，全省农村人口迁出约 1000 万人（964 万），其中到外省的约 600 万，净流出趋势进一步显现，极大地影响了我省城镇化率的提高。

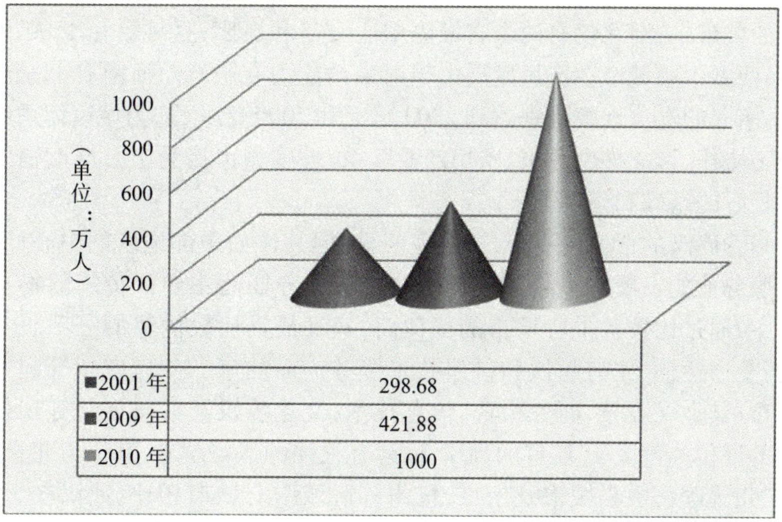

图 1-10　2001 年—2010 年湖北省净流出人口趋势图（单位：万人）

5. 城镇体系不健全

在湖北集聚型城镇体系结构是历史发展的结果，湖北省的城市首位度为 3.79，大于正常值 2。尽管湖北省在全国城市化总体水平中属于较高的地区，但湖北城市的布局与结构存在着一些问题。其一是城市分布没有形成明显的战略重点区域。近代以来，湖北城市基本上沿两条轴带展开，一条是长江，一条是汉水。全省 95% 的县级以上城市都分布在这两条轴带上。这种城市布局使湖北城市发展的重点不突出，特别是重要的城市分布

〔1〕 张通就湖北推进新型城镇化与网友在线交流[EB/OL].(2010 - 12 - 14)[2010 - 12 - 14] http://news.sina.com.cn/c/2010 - 12 - 14/180421640269.shtml.

较散,制约了城市密集带的形成。其二是城市等级结构不合理,没有形成特大、大、中、小城市的合理配置。在特大与大城市中间存在着断层。这种城镇体系不利于湖北城市化进程的协调发展。其三是湖北省平原地区和西部山区城镇布局松散,小城镇体系层次不分明。而中心市区周围又缺乏城市群的支撑,这种分散的城市布局模式遏制了湖北省经济发展,同时,也是导致是湖北省新型城镇化发展滞后的主要原因。

将湖北与河南两省地级市经济规模排序后对比,能直观地看出湖北城镇体系中存在首位城市武汉独大、二线城市发育不够、城镇体系组织断层等问题。这也是导致武汉城市圈与中部的中原城市群、长株潭城市群相比竞争力不高的重要原因。如表 1-2 所示,除省会外地市经济规模超过 1000 亿元的城市中,湖北仅有两个省域副中心宜昌和襄阳,且规模在 1500 亿元左右,两副中心城市在区域发展中辐射带动能力有限。而河南有 11 个,且洛阳、南阳的经济规模分别达到 2300 亿元和 2000 亿元,这为城镇体系中职能分工协作、形成梯度等级、密切产业联系、外围城市接受中心城市辐射提供了很好的基础和条件。

尽管武汉的首位度高、集聚效应明显,但其作为中部地区的中心城市,现代服务业的发展水平仍需提高。武汉的服务职能主要以传统的物资流通为主,通过比较各中心城市的区位商,武汉最具比较优势的三项服务职能为:交通运输、住宿餐饮和科研技术服务。而北京、上海、广州等国家中心城市,其金融服务、商务租赁、信息技术、文化传媒及科研创新等现代服务业的区位商都大于 1,有的高于 2,具有很强的区域优势。[1] 与北京、上海、广州等国家中心城市及南京、杭州等区域中心城市相比,武汉在金融、商务、信息等现代服务业上的区域竞争优势明显不足。

表 1-8　湖北省城市中心体系[2]

省域中心城市	武汉
副省域中心城市	襄阳、宜昌
区域性中心城市	荆州、黄石、十堰、孝感、鄂州、黄冈、荆门、随州、咸宁、恩施、天门、仙桃、潜江、麻城
县市域中心城镇	各县城关镇及省神龙架

〔1〕 参见各城市区位商根据《统计年鉴》和《全国统计年鉴》计算数据.

〔2〕 住房和城乡建设部课题组."十二五"中国城镇化发展战略研究报告[R]. 北京:中国建筑工业出版社,2011.

表 1-9　2011 年湖北与河南各地级市经济规模对比　（单位：亿元）

排序	湖北城市（GDP）	河南城市（GDP）
1	武汉 5565	郑州 4000
2	宜昌 1547	洛阳 2380
3	襄阳 1538	南阳 2065
4	黄冈 862	许昌 1362
5	荆州 837	平顶山 1320
6	孝感 801	焦作 1309
7	十堰 737	周口 1305
8	荆门 730	安阳 1292
9	黄石 690	新乡 1243
10	咸宁 520	商丘 1215
11	随州 402	信阳 1150

数据来源：2011 年湖北统计年鉴、2011 年河南统计年鉴。

三、构建适应人口流动的新型城镇空间布局

按照《关于加快推进新型城镇化的意见》中确定的目标，到 2015 年，我省城镇化水平要从现在的 46% 达到 52%。也就是说，每年必须完成 60 万农村人口向城镇居民的有效转移。如何实现呢？《意见》安排了三条平行的路径：一是特大城市和大城市由 6 个增至 14 个，吸纳 110 万人；二是中小城市由 40 个增至 50 个，吸纳 150 万人；三是 3 万人口以上的建制镇由 46 个增至 100 个，吸纳 100 万人。在省域城镇空间极化与缺乏整体功能组织的双重作用下，省域城镇体系的空间布局表现为各自独立、分化不显著、网络联系强度较低的松散布局状态。一级城市武汉区域组织功能的“缺失”，二级中心城市生产服务功能发育不足，使武汉与襄阳、宜昌、荆州等二级城市难以形成密切的经济联系和物资信息交流，限制了武汉在省内的区域辐射力。介此，本报告提出了湖北城镇体系结构优化的相关对策。

（一）政策引动，开放发展

之所以人口大量流动导致了湖北省人口净外迁加剧、湖北省内劳动力分布不均衡、农村用地规模低效、城镇空间布局体系分散以及农民工普遍“无安全感”等一系列的问题。主要是因为政策导向模糊，流动人口无法通

过确切的政府决策信息决定未来的流向与选择，导致了人口流动的任意性和盲目性。因此，必须统一政策导向，让流动人口能在城镇留下，强化人口发展规划和目标管理制度，适度控制城市人口规模。统一各项社会经济政策的导向，共同促进人口城镇化，引导人口合理分布。[1]根据城市人口和资源的规模大小，制定政策，分类管理流动人口。对不同规模的城市，采取不同的人口流动政策。如：对人口规模超大的城市（如：武汉），要考虑到资源枯竭的威胁和高成本管理，采取更为严格的准入制度。而对人口少而又具发展潜质的小城镇，则可以放开户籍。无可回避的是，严格的人口流动政策会遭遇自由、平等原则的拷问，但保证城市的可持续发展也是必须考量的重要目标。

（二）以人为本，高效发展

实现湖北省新型城镇化发展要把提高城镇化的速度和质量并重，首要的是解决农民工和农村人口市民化，即人的城镇化问题，这是城镇化最重要最本质的东西。提高城镇化的质量，一个关键问题是提高城市承载能力。硬件的市政建设，不能用农村的水平管理现代化的城市，要用现代化的水平管理现代化的城市。[2]城镇化的本质是人的城镇化。这就不仅要求改善人们的居住和生产环境，建立宜居、人性化的城镇，而且还要考虑满足居民的多样化需求，使其有充分选择的空间。[3]湖北城镇人口中还有部分农业人口并且从事农业生产。他们的生活生产方式、生活观念和享受城镇公共设施等，还停留在乡村范畴，没有达到真正意义的城市水平。同时，增加了城镇的基础设施和资源环境压力，也给社会治安、计划生育工作带来新的课题。这些都是在加快城镇化进程中必须高度关注的问题。因此，要实现湖北省城镇化的均衡发展，需做到：

一是以人为落脚点，推进农民工市民化。要提高湖北省城镇化的速度和质量，首要的是解决农民工和农村人口市民化，即人的城镇化问题，这是城镇化最重要最本质的东西。加快城镇化转型，提升城镇化的质量，重点和难点也在于解决湖北省当前 1100 万农民工的市民化问题，"让农民工成

---

〔1〕 薛刚凌. 引导人口理性有序流动[J]. 法制日报，2011(5)：26.

〔2〕 迟福林. 中改院"新型城镇化发展与转型"形势分析会观点综述[EB/OL]. (2012 - 10 - 01)[2012 - 10 - 26] http://www. snzg. net/article/2012/1006/article_30468. html.

〔3〕 中国(海南)改革发展研究院，甘露，马振涛. 推进新型城镇化需要体制机制创新[N]. 中国经济时报，2012 - 09 - 20(005).

为历史"关乎城镇化的实际进程。湖北省的城镇化到了需要作一盘棋来整体考虑的时候，两亿多农民工长期在城市打工，但没有解决户籍问题，没有解决社会保障和公共服务的问题，加上农村留守老人、留守儿童问题，这些问题不解决，将留下很大隐患。[1]

二是强化基本公共服务功能。加快社会事业发展，加强科技、教育、医疗卫生、文化体育、人口计生、社会福利等等基础性公共服务设施建设，建立综合性的服务平台，推动社会服务资源向基层和社区延伸。优化教育结构和布局，全面提升义务教育水平，大力发展职业教育，不断提升高等教育质量。健全城镇医疗卫生服务体系，加快建设以社区卫生服务为基础的医疗卫生服务网络，扩大社区卫生服务覆盖面。健全公共就业服务体系，加强基层劳动就业和社会保障服务设施建设，实施"阳光工程"等就业推进工程。完善社会保障体系，做好社会保险扩面征缴工作，实施养老保险省级统筹。大力实施各项文化惠民工程，不断满足城乡居民对丰富多彩文化生活的需求。建立完善社区计划生育服务体系，推进计划生育村(居)民自治，强化流动人口服务管理。

(三)体系构建，集群发展

一是以优化区域城市结构来增强带动力和辐射力。首先，武汉市要重点推进现代产业优化升级，圈内城市要重点围绕武汉龙头企业和优势特色产业做好配套和深加工，逐步扩大产业链和增加产业集群。争取到2015年，率先在湖北省和中部地区实现工业化、城镇化和基本现代化。其次，要重点培育两个省域副中心城市襄阳和宜昌作为增长极来促进城市发展。宜昌依托水能和自然资源优势发展成为以旅游、商贸、金融为核心的中心城市。襄阳应加快高新技术产业发展步伐，增强城市的区域服务功能和对周边地区的辐射影响作用。最后，加快全省三大城市群发展，提升优势产业的专业化程度，推进中心市区与城市圈相邻其它市区产业双向转移，将“总部”向中心城市集中，把产业向周边扩散，形成各具特色、优势互补的区域产业集群，从而增强三个城市群的带动力和辐射力。

二是突出“一主两副”，优化城镇空间布局。坚持以武汉为全省主中心城市，襄阳、宜昌为省域副中心城市的“一主两副”总体格局，按照“大小多少”、“三个层次”的城镇化发展思路，把武汉城市圈和“宜荆荆”、“襄十随”

---

[1]　中国(海南)改革发展研究院，甘露，马振涛. 推进新型城镇化需要体制机制创新[N]. 中国经济时报，2012-09-20(005).

城市群做大做强，把具有一定规模的中小城市（县城）、中心镇做多，逐步归并和减少村镇数量，缩小城乡人均住宅占地规模，形成以武汉城市圈为核心，以城市群和中小城市为支撑，以湖北长江经济带为纽带，具有区域竞争力的城镇空间布局结构。特大城市和大城市由6个增至15个左右，中小城市由40个增至50个左右，3万人口以上的建制镇由46个增至100个左右。[1]

三是以构建现代城镇体系来增强区域集聚力。努力构建大中小城市、中心镇和一般镇有机结合的城镇网络体。现阶段湖北省应当完善区域中心城镇功能，重点突出城市周边所在镇、交通干线两侧小城镇、边远地区重点镇等三个重点，以此构建现代城镇体系，增强区域集聚力。

第四，突出板块效应，支持城市圈和城市集群发展[2]。目前，全国范围内初步形成了城市群的布局。武汉城市圈建设是构建长江中游城市群的重要组成部分，应从全国城市群发展格局来谋划，在全国城市群发展中发挥更大作用。省委、省政府支持武汉、襄阳、宜昌三个城市跨越式发展，这既是立足于三市的基础地位，也是着眼于湖北城镇化长远发展的战略考虑。武汉要加快发展成为全国性的具有更强竞争力的特大城市，争取在全国城市中争先进位。发挥武汉中部地区中心城市的带动作用，推动武汉城市圈大力构建区域统筹规划体系、产业统筹布局体系、设施统筹建设体系和市场统筹共建体系，推进圈域一体化进程，努力形成功能互补的高端产业聚集区、布局合理的城市连绵区、改革开放的先行区、城乡统筹和“两型”社会建设示范区。[3]

最后，支持襄阳、宜昌两个省域副中心城市扩大规模，完善功能，增强区域辐射力和竞争力，发展成为区域核心城市；按照新型城镇化要求，优化城市群城镇布局，科学整合资源，走集群发展道路，提高综合实力，发挥其对鄂西北和鄂西南区域的辐射作用，带动区域发展。支持城市群现有设区中等城市依托中心城区，完善城市功能，打造优势产业，壮大经济实力，形成大城市规模。

（四）结构分明，协调发展

优化城镇空间布局，科学构建城镇体系。按照城乡统筹、合理布局、节

---

〔1〕 刘良谋，张学峰．新形势下推进湖北城镇化建设的思考与建议[EB/OL]．(2011-10-14)[2011-10-15] http://www.policy.net.cn/view.jsp?id=201110101926350019.

〔2〕 王智勇，黄亚平，张毅．湖北省城镇化发展的路径思考[J]．小城镇建设，2010(5):15.

〔3〕 刘良谋，张学峰．新形势下推进湖北城镇化建设的思考与建议[EB/OL]．(2011-10-14)[2011-10-15] http://www.policy.net.cn/view.jsp?id=201110101926350019.

约用地、完善功能、优化城镇空间布局的原则，坚持“三个层次”的城镇化发展思路。一是壮大完善区域性中心城市——特大城市、大城市；二是积极发展中小城市，未来湖北省城镇化发展的突破口也许在县城（县级市）；三是择优培育重点镇。逐步归并和减少村镇数量，缩小城乡人均非生产性占地规模，形成以武汉城市圈为核心，以城市群和中心城市为支撑，以长江经济带为纽带，具有区域竞争力的城镇空间格局。[1]

一是推进农村新型社区和中心村建设。编制和实施县域村镇体系规划，充分利用土地整理、建材下乡、农村环境整治、农村危房改造等政策，以中心村为重点，以新型农村社区为抓手，搞好村庄建设和农村住房建设，促进土地节约、资源共享，提高农村的基础设施和公共服务水平。从今年起，在小城镇和农村地区，每年建成200个左右的农村新社区或中心村，2015年要实现市郊和建制镇周边村庄农村新社区建设全覆盖，全省建成1000个示范宜居村庄，节约村庄住宅建设用地100平方千米。

二是大力培育中心镇和特色镇。到2015年，为实现转移360万以上的农村人口进入城镇的目标，必须大力发展中心镇、特色镇和县城。其中大城市吸纳100万人以上（占28%左右），中小城市和县城吸纳150万人以上（占42%左右），中心镇和其他小城镇吸纳110万人以上（占30%左右）。现在，很多人都主张大力发展小城镇，包括重点打造所谓的“中心镇”和“特色镇”，认为小城镇数量多、密度大、投资省，见效快，方便农民就近“洗脚上岸”。但这里有四个问题：一是小城镇布局分散、规模狭小、运行质量差、服务功能弱、管理成本高的劣势也非常明显，看起来投资省和见效快，实际上是低水平重复建设，资源浪费更大；二是“中心镇”和“特色镇”本该是由交通枢纽、产业链接、物流配置、服务健全等生产要素聚集而成的经济增长极，数量自然很少，往往超越既定的行政区划。但现在谁是“中心镇”和“特色镇”？很大程度上不依市场机制考评而靠行政手段认定。上级政府往往采取按县域平均分配的办法，“一碗水端平”，结果仍旧可能“摊大饼”；三是包括所谓“中心镇”和“特色镇”在内的多数小城镇缺乏产业支撑力，能够提供稳定就业的机会非常少，很难达到有效转移非农业人口100万人的规划目标；四是不利于土地集约使用的原则。根据全国第一次农业普查数据显示，中部地区建制镇人均占地512.5平方米，等于国家关于建制镇人均占地标准100平方米的5倍，高于同期地级以上城市人均占地的8.31倍。我也

---

〔1〕 王智勇，黄亚平，张毅．湖北省城镇化发展的路径思考[J]．小城镇建设，2010(5)：15.

对监利的朱河、洪湖的瞿家湾、咸安的双溪、京山县宋河镇等四个省级重点镇进行过抽样调查，人均城镇工矿用地为460平方米，远远超出省国土资源厅规定的104平方米的约束性标准。[1] 这种状况与国家越来越严格的用地法规明显相悖，肯定难以可持续发展。

三是大力发展县城，使之成为承载全省城镇化人口聚集的基本单元。根据湖北的具体情况，应该把农村城镇化的主战场放在县域的城关镇即县城。这也有四个条件：一是县城为县域社会的政治、经济、文化、教育中心，生产力诸要素的聚集度较高，基础设施较全，服务功能较好，工商业经济比较活跃，相对容易创造就业机会；二是于绝大多数农民群众来讲，进入大中城市的“门槛”高，给人“望洋兴叹”和茫然无助之感，但在县城生活不仅能够享受现代化的物质文明，而且还因地缘、亲缘、血缘的关系能让人产生一种亲切感与安全感。浓烈厚重的乡音与约定俗成的文化之中，也比较容易构建稳定和谐的社会关系；三是经济成本相对较低。县城有效转移一个农民的综合投入约为15～20万元，比、仅为大城市的三分之一或四分之一。倘若各级政府都伸手帮上一把，这个问题应不难解决。而且，县城的土地集约程度明显高于一般城镇，也比较容易实施“生态优先、低碳发展，资源节约、环境友好”的政策措施；四是改革开放以来，随着县域经济的迅速发展，县城的规模经营和边际效益正在呈现广阔的开拓空间。如果在未来的10年间即到2020年，我们能够让县城的人口规模平均达到30万人的话，则62个县城的总人口将达到1890万，比现在净增加1000万人。仅此一项，全省的城镇化率便可提升15个百分点。所以，把农村城镇化的着力点和主战场定位在县城，应该是实事求是的正确选择。

（五）分解板块，网格发展

改革开放以来，东部地区是我省城镇化推进的重点地区，总体看来，湖北省城镇化格局呈现出东、中、西部板块式格局。未来，受资源环境和城市综合承载能力的制约，我省东部地区城镇化增速会放慢，城市群内人口比重需要重新调配：一些经济较好的大城市面临着人口疏散（如：武汉）；一些中小城市人口增长速度将不断提高（如：宜昌、襄阳）。在新一轮的湖北省城市化发展过程中，我省中西部地区在内需主导型经济的推动下，城镇化步伐会加快。“十二五”期间，城镇人口向城市群、重点地区集中，进一步加

[1] 宋亚平．小城镇建设内在动力来自哪？该如何布局？[EB/OL]．(2006－06－09)[2012－10－14] http://theory.people.com.cn/GB/49154/49156/4454420.html.

大我省城镇网格状格局形态的发展布局。

首先，网络化治理可以有效应对湖北省地方化、差异化现实，避免“一刀切”模式带来的负面影响。随着湖北省社会、政治和经济变化过程的相互依赖性、偶然性和不确定性的凸现，治理过程已经不局限在政府的正式结构之中。在地区社会发展的非均衡性与差异性前提下，发挥我省地方政府在治理中的积极性与主动性、促进多元化，尊重地方治理主体的自主性，同样是网络化治理的核心理念。

其次，网络化的城镇空间治理布局，要求城市公共服务做到一视同仁。创新“服务人口”概念，将城市公共资源和服务延伸至居住半年以上的暂住人口，在职业培训、子女教育、医疗养老、居住交通等方面提供同质同样同价的市民待遇，这是城市公共服务观念的大转身，是城市理性的回归，也是城市化发展的必然要求。网络化治理强调党委、政府、社会组织、公众作为社会治理的多元主体（其中，网络化治理的核心主体是政府，参与主体是社会组织与公众）；网络化治理主张通过价值共识形成合作机制，通过公众组织化形成信任机制；通过利益共享形成协调机制，通过公共文化建设培养公众的公共精神与公民意识，从而实现“党委领导、政府负责、社会协同、公众参与”的社会管理新格局。也就是说，通过网络化治理，真正使农村的社会管理达到“纵到底、横到边”，在纵向上使政府形成克服层级结构“碎片化”的权力线，在横向上形成克服社会参与、区域合作不足的行动线，以“善治”为追求目标，即在价值层面上追求公共利益最大化、在工具层面上追求有限资源的最优配置[1]。

（六）产城互动，一体发展

湖北在城镇化进程中实现产业结构与空间结构的匹配，需要落实主体功能区战略，统筹考虑区域城镇化的推进程度和动力机制。在优化开发区域今后的方向是转变外延式城镇化为内涵式城镇化，强调经济发展方式转型、自主创新能力培育、地域文化特色塑造等内涵品质的提升。重点开发地区今后的方向是充实基础设施，改善投资创业环境，促进产业集群发展，壮大经济规模，依托产业集群和城市圈承接优化开发区域的产业转移，承接限制开发区域和禁止开发区域的人口转移，成为一定区域范围内经济发展和人口集聚的重要载体。[1] 限制开发地区今后应控制大规模扩张，坚持保护优先、适度开发、点状发展、因地制宜发展资源环境可承载的特色产

---

〔1〕 杨梅．论湖北“十二五”城镇化发展模式[J]．荆楚理工学院学报，2011，10：17.

业，加强生态修复和环境保护，引导超载人口逐步有序转移，逐步成为重要生态功能区。[1] 禁止开发地区应禁止工业化城镇化开发、严格控制人为因素对自然生态的干扰与破坏，以提供优质的生态产品来服务区域及全国发展的需要。而要想更好的使产业结构与空间结构相匹配，构建城镇带动型城镇：

首先，须构建“全域规划”的引导观。主题功能区规划对我省国土空间开发的一种战略性、前瞻性、基础性的谋划。2010 年，湖北省发改委应国家要求，根据各地区资源环境承载能力、现有开发密度和发展潜力，统筹考虑未来人口分布、经济布局、国土利用和城镇化格局，组织开展了湖北省主体功能区规划。湖北省城镇化建设应按照区域主体功能定位，调整完善区域政策，规范空间开发秩序，形成合理的空间开发结构。[2]

其次，以构建现代城镇体系为主线，增强区域集聚力。我省小城镇数量已经不少，今后应集中力量发展重点小城镇。宜在各县（市）选择 1 ~ 2 个现状基础好、区位条件优越、有发展前途的建制镇作据点式发展。目前重点是发展 100 个中心镇和 25 个重点省际边界口子镇。努力构建大中小城市、中心镇和一般镇有机结合的城镇网络体。现阶段湖北省应当完善区域中心城镇功能，重点突出城市周边所在镇、交通干线两侧小城镇、边远地区重点镇等三个重点，以此构建现代城镇体系，增强区域集聚力。

最后，应以优化区域城市结构为核心，增强带动力和辐射力。《规划纲要》指出我省应进一步优化城镇空间布局，到 2015 年，全省城镇化水平达到 52% 以上。其中，特大城市与大城市由 6 个增加至 15 个左右，中小城市由 40 个增加至 50 个左右，3 万人口的建制镇由 46 个增加至 100 个左右。实现 300 万以上的农村人口转移进入城镇，其中大城市吸纳 90 万人以上，中小城市和县城吸纳 130 万人以上，中心镇和其他小城镇吸纳 80 万人以上。而要实现湖北省城镇化的均衡发展，首先要重点培育襄阳和宜昌作为增长极来促进城市发展。宜昌依托水能和自然资源优势发展成为以旅游、商贸、金融为核心的中心城市。襄阳应加快高新技术产业发展步伐，增强城市的区域服务功能和对周边地区的辐射影响作用。其次，加快全省三大城市群发展，提升优势产业的专业化程度，推进中心市区与城市圈相邻其

---

〔1〕 殷洁．区域经济法论纲[D]．上海：华东政法大学经济学院，2008.

〔2〕 曾菊新，马婧婧．湖北特色城镇化建设构想及路径选择[EB/OL]．(2011 - 04 - 06) [2012 - 10 - 16] http://www.hbzfhcxjst.gov.cn/Web/Article/2011/04/06/1104227480.aspx? ArticleID = 80345837 - 33ae - 4ae5 - aa22 - 145be7d34017.

它市区产业双向转移，将“总部”向中心城市集中，把产业向周边扩散，形成各具特色、优势互补的区域产业集群，从而增强三个城市群的带动力和辐射力。

综上所述，我们认为，湖北省的城镇化道路，应该是多元化、非均衡、逐级递推、综合发展。单纯强调发展大中城市或者发展小城镇都是片面的，脱离客观实际的。因此，湖北省的城镇化应当选择大中城市和小城镇协调发展的道路，在农村城镇化的过程中，逐渐形成规模不大、类型不同、功能各异的区域性城镇网络，促进人口的城镇化，使地区经济效益得到最大发挥，并使城乡经济协调发展。

第二章
湖北省“三化同步”协调发展及其政策支持[1]

一、“三化同步”协调发展战略的缘起与意义

“三化同步”即新型工业化、新型城镇化与农业现代化协调发展。“三化同步”是辩证的统一体，三者在新的历史阶段各自具有新的特点和密切的内在联系。新型城镇化是引领，新型工业化是经济支撑，农业现代化是基础和保障，三者相互促进，互为支撑，不可分割。湖北省作为中部崛起战略的核心地带和关键力量，推行“三化同步”协调发展战略意义重大，对湖北省顺利完成“十二五”规划起着至关重要的作用。

（一）“三化同步”协调发展战略的缘起与重要意义

新型工业化、新型城镇化、农业现代化协调发展的战略目标是在2011年国务院制定关于支持河南省加快建设中原经济区的指导意见之后，河南省省长郭庚茂在河南省委经济工作会议上首先提出的。2012年3月7日，李克强副总理参加十一届全国人大五次会议湖北代表团审议时勉励湖北武汉走出一条工业化、城镇化、农业现代化协调发展的新路子。2012年4月2日，李克强副总理参加在海南省博鳌亚洲论坛时向世界强调了中国的“三化”同步协调发展新路，表示协调推进工业化、城镇化和农业现代化，实行“三化同步”并举，是中国现代化的必由路径，也是转方式、调结构、扩内需的战略举措，可助推中国在“十二五”期间乃至更长时期保持经济适度较快增长，不断提高发展的质量和效益。湖北省作为工业大省和农业大省，解决好“三化同步”协调发展问题具有一定的典型性和代表性。同时作为国家中部崛起战略的核心地带和中坚力量，湖北省委省政府认识到，要有针对性的根据省情，努力走出工业化、城镇化、农业现代化协调发展的新路子，发挥“三化同步”对扩内需、调结构、转方式的综合效应。

在中央“中部崛起”总体战略指引下，湖北提出要建设全国重要的先进

---

〔1〕 报告执笔：李雯雯，华中师范大学政治学研究院硕士生；杨桓，华中师范大学政治学研究院博士生，中国农村综合改革协同创新研究中心研究人员。

制造业基地、高新技术产业基地、优质农产品生产加工基地、现代物流基地和综合交通运输枢纽的"四基地一枢纽"发展思路，在转变发展方式、自主创新、"两型社会"建设等方面取得领先地位。实现这一系列发展目标的关键是走出一条科学的、符合社会和历史发展规律的"三化同步"道路，实现湖北工业、农业、城镇化间的协调发展、实现各个社会阶层和谐共融。

由于湖北省特殊的地址位置和经济社会发展状况，推动"三化同步"协调发展具有全局性的典型示范意义。这是因为，湖北的产业结构、经济发展水平、经济发展阶段性与全国总体格局具有高度的相似性，湖北人均经济总量规模、工业化程度、三次产业贡献率、城镇化与农业现代化的层次与全国平均水平基本接近。从全国和湖北的城镇化率来看，根据国家统计局权威数据，2011 年，我国整体城镇化率达到 51.27%，同年，湖北省城镇化率首次过半，达到 51.83%，比全国平均水平只高出 0.56 个百分点；另外，从三大产业对经济的贡献率来看：

表 2-1　三次产业贡献率比较〔1〕

年份	国内生产总值	第一产业		第二产业				第三产业	
		湖北省	全国平均	湖北省	全国平均	湖北省	全国平均	湖北省	全国平均
2005	100	6.5	5.6	53.5	51.1	48.8	43.4	40.0	43.3
2006	100	6.3	4.8	52.4	50.0	46.6	42.4	41.3	45.2
2007	100	4.9	3.0	50.9	50.7	41.8	44.0	44.2	46.3
2008	100	6.2	5.7	56.0	49.3	49.2	43.4	37.8	45.0
2009	100	5.1	4.5	57.9	51.9	47.0	40.0	37.0	43.6
2010	100	3.7	3.9	66.1	57.6	60.3	49.2	30.2	38.5

从上表可知，湖北各项数据都是在全国的"中位数"附近徘徊，从现代化意义上看，湖北省是全国的"缩影"。因此，相对于东部沿海省份和西部地区而言，湖北省"三化同步"协调发展道路与模式更具有全局意义和典型示范价值。如果将湖北形容成一只"九头鸟"，那么推进"三化同步"协调发展则是"九头鸟"展翅高飞的动力。湖北作为我国传统的农业大省，对农业现代化的重视程度直接决定了"九头鸟"根基是否稳固，是否能展翅高飞；工业发展的相对粗放对湖北省经济的可持续发展提出了挑战，新时期只有

〔1〕 资料来源：《2010 年中国统计年鉴》.

走一条新型工业化路子才能适应“三化同步”与时俱进的发展要求。

2011 年，湖北省城镇化率首次出现城乡人口逆转态势，标志着湖北省数千年来以农村人口为主的人口结构发生根本性变化。大量农民进城带来的一系列问题意味着新型城镇化建设已经迫在眉睫。通过近些年来湖北发展情况可以看出，湖北省现代农业化、新型工业化、新型城镇化在发展中应该各有侧重，但又是紧密联系的：工业不强，则中干；农业不兴，则根虚；城镇化落后，则骨软。只有“三化同步”协调发展，湖北省才能完善城乡统筹，推进工、农业大省向强省转型。

（二）湖北省实施“三化同步”协调发展战略的优势与条件

第一，湖北具有实现“三化同步”协调发展的客观条件。从各地发展经验来看，农业现代化往往是“三化同步”协调发展的短板。较好的农业自然资源禀赋是加快推进农业现代化的有力保障。湖北具有丰富的农业资源和推进农业现代化的自然条件。湖北农产品在油料、棉花、蔬菜等品种上具备生产优势，2010 年，湖北省农产品产量在中部地区概况如下：

表 2-2 中部地区主要农产品产量对比（2010 年）〔1〕

（单位：万吨）

地区	粮食	油料	棉花	糖料	蔬菜	水果
全国总计	54647.7	3230.1	596.1	12008.5	65099.4	21401.4
湖北	2315.8	311.8	47.2	32.4	3131.5	778.5
河南	5437.1	540.7	44.7	26.1	6624.3	2394.0
湖南	2847.5	195.3	22.7	76.6	3122.9	788.4
山西	1085.1	17.6	6.9	22.6	909.1	474.9
安徽	3080.5	227.6	31.6	22.4	2137.4	805.3
江西	1954.7	107.6	13.1	59.1	1115.3	468.4

2011 年，湖北省农产品产量再创新高，淡水产品产量位居全国第一，油料位居全国第三，棉花位居第四，水稻产量和生猪出栏位居第五。此外，随着农业技术的进步，特别是农业作为生物产业、生物质能产业地位的凸显，农业农村旅游、文化、生态内涵的发掘，湖北省农业综合资源优势和农业综

〔1〕 资料来源：《2011 年湖北统计年鉴节选》.

合开发优势开始显现。这些因素为农业现代化奠定了较好的基础，也为湖北省探索“三化同步”协调发展战略提供了客观条件。

第二，湖北省具有探索“三化同步”协调发展的物质基础。“三化同步”协调发展是后发国家现代化进程中的一个特定历史阶段，它要求工业化、城镇化和农业现代化各自达到一定的高度和水平。2011 年，湖北生产总值在全国的排序由 12 位上升至第 10 位，跨入第一方阵。作为工业大省，湖北工业化已经进入中后期加速推进阶段，正在向工业强省迈进，具有坚实的工业化基础。城镇化率超过 50%，已经形成以“一主两副”大城市为龙头、以市州中等城市为骨干、以县城为支撑的城市化布局，具有强大的城市化拉动力。作为农业大省，农业现代化也呈现加速发展势头。2011 年，湖北农业科技贡献率和机械化率超过 54%，高于全国平均水平，农民收入实现增长“八连快”，总额中部第一，增幅连续两年高于城镇居民收入水平，高于全国平均水平，城乡收入差距开始缩小。可见，湖北工业化、城镇化和农业现代化都呈现出强劲的上行势头，三者的交汇构成湖北在全国率先走出“三化同步”协调发展新路子的物质基础。

二、湖北省推动“三化同步”协调发展的实践与探索

“十一五”期间，湖北省坚定不移地走科学发展之路，推动新型城镇化、新型工业化和农业现代化协调发展，区域发展中的综合实力显著提升，全省经济发展进入快车道，为富强湖北打下了坚实的基础。

（一）以完善城镇布局引领“三化同步”协调发展

“三化同步”是有机整体，合理规划“三化同步”发展布局，是新时代集约发展、持续发展的客观要求。合理的城镇化布局对三农问题的逐步解决，对新型工业化发展都具有重要意义。城镇化在“三化同步”中发挥引领作用，农业现代化和新型工业化的发展最终要落脚在新型城镇化上。“十一五”以来，湖北省委省政府立足省情、立足实际，先后提出加快“武汉城市圈”、“鄂西生态文化旅游圈”、“长江经济带建设”的“两圈一带”发展战略，按照城乡统筹的要求，积极推进仙洪新农村示范区建设、鄂城乡一体化试点，实施“百镇千村”示范工程，努力探索出一条具有湖北特色的新型城镇化道路。2010 年，省委、省政府又研究出台了《关于加快推进新型城镇化的意见》，这个决定集中反映了省委省政府及全省人民群众对湖北省城镇化建设道路的新认识，也是当前和今后一个时期全省推进新型城镇化工作的指导方针。

从全省布局的大方向上来讲,湖北省围绕“两圈一带”战略,要做强武汉城市圈,“宜荆荆”、“襄十随”城市群和中心城市,以武鄂黄黄巨型都市区为龙头,以襄樊、宜昌、荆州为次级中心城市,以众多中、小城市(县城)为支撑、以若干重点镇及特色镇为补充的节点聚集的网络状城镇。在整体统筹战略指导下,各县市同时有针对性的作出规划和安排,不断调整新型城镇化布局。武汉市作为中部地区巨大的中心城市,对周边地区具有辐射带动作用。将全省作为一盘棋,推进区域一体化进程:统筹区域规划体系、统筹产业布局体系、统筹设施建设体系、统筹市场共建体系,力争在短时期内形成各种功能互相补充的高端产业聚集区、改革开放的先行区、布局合理的城市连绵区、城乡统筹和“两型”社会建设示范区,成为在全国范围内发展活力大、核心竞争力强的多功能城市圈。其次,“宜荆荆”、“襄十随”城市群要与鄂西生态文化旅游圈发展紧密衔接,完善城市功能,优化城镇布局。[1]科学整合资源,提高综合实力,发挥其对鄂西南和鄂西北地域的辐射作用,带动区域发展。

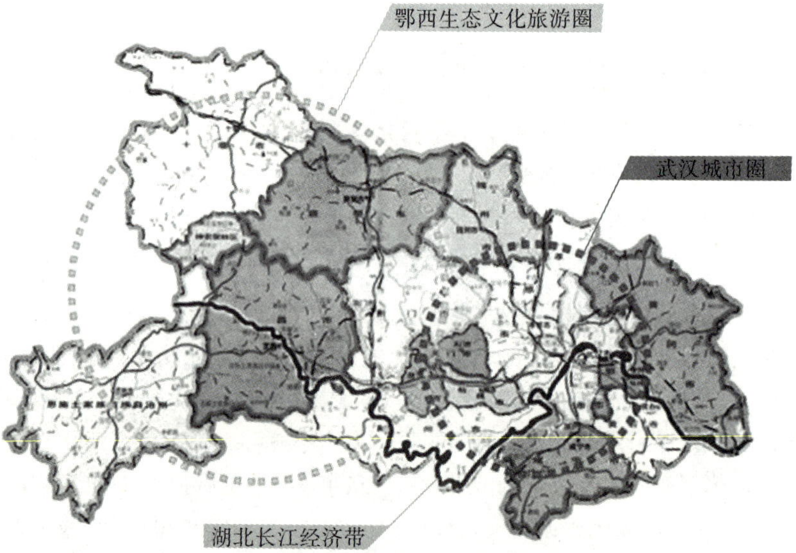

图 2-1　湖北空间结构布局

〔1〕 王智勇,黄亚平,张毅．湖北省城镇化发展的路径思考[J]．小城镇建设,2010(5):15.

从优化小城市，小城镇布局上来讲，培育现有的小城市，特别是交通干线上的小城市，使其发展成中等城市。小城镇发展的重点是县城和交通方便、区位优越的重点镇，逐步形成协调发展的城镇体系。

案例1　洪湖市峰口镇的城镇发展规划

在国家确定的湖北省经济发达镇经济体制改革的乡镇中，共确定了国家级试点镇2个和省级试点镇31个，荆州下辖的洪湖市峰口镇位列其中，峰口镇区位优势明显，距离中心城市武汉只有1小时左右，交通便利。峰口镇请省城市规划设计研究院的专家对本镇的发展做出了规划设计方案，整个规划统筹了今后20年的发展目标，并将规划区划分为商业商贸、文化教育、生活居住、休闲度假、生态农业等10个功能产业区，让峰口镇真正成为试验区的“中心镇”、全省中心镇小城市化和新农村建设的典范。在峰口镇目前开发的区域内，对于周湾新区的规划和建设更为详细和具体。周湾新区的规划以西改，东扩，南迁，北延为方向，建立一心：镇区中心；三轴：峰瞿公路产业轴，建峰路商贸轴，仙洪公路办公生活轴；四片：西部产业片，北部生活居住片，南部行政办公片，东部物流居住生活片的详细规划。完善的城镇布局对未来中小城镇的发展具有指导性的意义。

（二）以加快基础设施建设促进“三化同步”发展

“三化同步”发展在客观上需要一系列基础设施配套建设作为支撑。基础设施配套设施建设又是新型城镇化的重要组成部分。在农村新型社区建设初期，城镇化中的基础设施建设的完善程度与新型工业化的发展要求、农民的生活要求还有一定的差距。为了解决这一问题，湖北省各县市先后加大对城镇化配套设施建设力度，为推进城镇化建设提供有力的支撑。襄阳市在2011年市县两级共投入80多亿元用于推动城镇化基础设施建设。通过大的投入建设，襄阳市城镇功能得到不断强化。单就城镇的污水处理一项，襄阳市加大了节能减排力度，2011年全部污水处理设备投入建设，市区污水处理程度已经达到87%。十堰市在基础设施建设上狠抓落实，各个县从农民迫切要求解决的问题入手，加大对水，路，气，田，林等基础设施建设的投入力度。目前在试验区已经投入了51360万元，积极开展水利设施，农村公路，安全饮水，土地整理和农村能源建设。农村基础设施的完善，明显改善了农民群众的生产生活条件。

在新型城镇化体系建设的大工程上，湖北各个县市都进行了大量的人力物力的投入。例如，2012年荆州新建通村公路548千米，新增农村安全饮水人口32.5万人，植树造林24.3万亩。完成水利投资10.4亿元，新增农田灌溉面积50万亩、除涝面积60万亩，更新改造涵闸泵站15座，除险加固中小型水库15座。城镇化建设过程中，荆州市农村生产生活条件进一步改善，为新型工业化，农业现代化建设营造了良好的软环境。

（三）以工业化生产理念大力推进农业现代化

湖北省是农业大省，丰富的农业资源，是发展农业现代化的一大优势。但在“三化同步”的过程中，农业始终处于“短板”的位置。先发展工业，再带动农业的思路显然已经不适应目前“三化同步”协调战略下社会的发展。为了改变这一状况，就要改变发展思路，以工业的理念塑造现代农业。湖北省以农业产业化示范区建设为突破口，“一肩挑两头”，将提升农业和发展涉农企业有机结合在一起，既促进工业发展，又带动农业升级，为工业发展和城镇化建设提供了契合点。基于这样的思路和认识，湖北省牢牢抓住“农产品加工业”这个纽带，拉动工业化与农业现代化同步前进。

第一，实施促进农产品加工业发展的“四个一批”工程。政府每年安排20亿元财政专项调度资金，支持重点龙头企业和县市加工园区建设。农产品加工业的高速发展，为城镇化和农业现代化注入了新的活力。龙头企业通过抓基地建设，推动了农业的规模化、专业化经营，推动了农业机械化的普及和农业先进科技的应用。2011年，全省农产品加工业主营收入达到6575亿元，增长54%。其中食品工业主营收入在九个千亿元产业中，居第二位。

案例2　“四个一批”，强农强省，初见成效

湖北省委省政府在“四个一批”建设中，为农业现代化营造了良好的发展大环境。首先，对农业产业化发展示范区提供财政支持。湖北省政府拿出10亿元的财政周转金，每个示范区5000万元，连续使用三年，用于基础设施建设和重点企业扶持。湖北省农业厅对示范区基础设施建设的贷款（额度1亿元），每年贴息三个点即300万元，连续贴息三年；对示范区内龙头企业建设原料基地通过农业板块基地项目给予重点倾斜。示范区所在地市级财政每年安排不少于100万元资金、县级财政每年安排不少于500万元以上的专项资金用于示范区龙头企业的发展。省、市、县三级重点农业产业化项目向示范区倾斜。第二，政府为示范区开辟政策上的“绿色通道”，一方面积极协调，争取农发行、农行、开发银行和省农信联社对示范区的建设加大支持力度；另一方面以省农业产业化信用担保公司为平台，对示范区内重点龙头企业贷款担保予以倾斜，尽可能满足重点龙头企业的贷款需求。

“四个一批”工程建设在湖北省委省政府的大力支持下，初见经济成效。农业首批确定的20个省级农业产业化示范园区，入驻企业930家，新增209家；正在实施的项目342个，投资总额279.1亿元。2010年上半年，入驻企业完成农产品加工业产值586.1亿元，实现销售收入549.9亿元，占全省规模以上龙头企业销售收入的30.6%；实现利润39.3亿元，连结基地规模1453.6万亩、家禽1亿只、生猪980万头，带动农户347.28万户。

第二，以“农产品加工”为抓手，打造现代化农业园区。以工业的思路发展农业，为解决“三化同步”协调的难点和重点提供了经验借鉴。大胆地将农业纳入工业体系中，实现了由传统农业向包括加工、贸易在内的大农业的转变。编制了《全省优势农产品产业带和特色农产品基地基地建设规划》，计划用3到5年时间，在湖北农村分区建设优质稻米、双低油菜、水产品等九大优势农产品产业带和魔芋、中药材等9个特色农产品基地。

2011年，湖北省成功启动了农副产品深加工专项计划，推出了45个具有湖北特色的重要农副产品深加工项目。据估算，这个计划的实施最终将使湖北省的农副产品深加工年产值增加近100个亿。湖北省还把发展和壮大农业产业化龙头企业作为用新型工业化理念经营和发展农业的重要途径，引进河南双汇集团在宜昌投资1.16亿兴办肉品加工企业，年屠宰加工生猪100万头，带动周边市县养猪业的发展；引进浙江丰岛集团，投资1.2亿在宜都市兴建食品加工园，开展柑桔系列产品加工，拓展了柑桔外贸市场。还引进了北京飘飘、中粮集团、福建超大、浙江宋城、台湾长享、上海望春花等，累计引进资金10多亿元，新建大、中型农产品加工龙头企业10多家。同时，他们还通过改制重组激活了一批龙头企业。

目前，湖北省已经有14家国家级重点龙头企业，84家省级龙头企业，2300多家县级以上龙头企业。湖北省按照现代工业的市场机制，兴建了一大批农产品批发交易市场，用市场引导农业生产发展。

表2-3　湖北省农业产业化省级重点龙头企业名单〔1〕

序号	企业名称	行业分类	所在地	主营产品
1	武汉小蜜蜂食品有限公司	特色产品	武汉市/江夏区	蜂蜜藠头
2	武汉市桂子米业有限公司	粮食加工	武汉市/江夏区	大米

〔1〕 资料来源：省农业产业化领导小组《关于公布湖北省农业产业化省级重点龙头企业名单的通知》（鄂农产字〔2009〕2号）.

续表

序号	企业名称	行业分类	所在地	主营产品
3	武汉中粮肉食品有限公司	畜牧加工	武汉市/江夏区	冷鲜肉
4	湖北金林原种畜牧有限公司	畜牧加工	武汉市/江夏区	生猪
5	武汉灵星禽业集团有限公司	畜牧加工	武汉市/江夏区	鲜鸡蛋
6	武汉市江夏区金龙畜禽有限责任公司	畜牧加工	武汉市/江夏区	种猪、仔猪、牲猪
7	武汉银河生态农业有限公司	畜牧加工	武汉市/江夏区	牲猪
8	武汉多福科技农庄股份有限公司	水产品加工	武汉市/江夏区	水产养殖
9	武汉统一企业食品有限公司	粮食加工	武汉市/东西湖区	方便面
10	武汉佳宝糖业有限公司	粮食加工	武汉市/东西湖区	麦芽糖浆
11	武汉通威饲料有限公司	粮食加工	武汉市/东西湖区	鱼料、畜禽料
12	湖北白牡丹面业有限公司	粮食加工	武汉市/东西湖区	特精粉、特制粉
13	武汉东方神韵纺织有限公司	棉纺加工	武汉市/东西湖区	沙发布，装饰布，窗纱
14	益海嘉里（武汉）粮油工业有限公司	油料加工	武汉市/东西湖区	食用植物油
15	武汉飘飘食品集团有限公司	畜牧加工	武汉市/东西湖区	鲜冻鸭产品、肉制品
16	蒙牛（武汉）友芝友乳业有限公司	畜牧加工	武汉市/东西湖区	乳制品

续表

序号	企业名称	行业分类	所在地	主营产品
17	武汉光明乳品有限公司	畜牧加工	武汉市/东西湖区	酸奶
18	武汉回盛生物科技有限公司	其他	武汉市/东西湖区	万特肺灵、附优特乐、绿益态
19	武汉天升康源科技有限公司	其他	武汉市/东西湖区	生猪

(四)重点建设若干示范县区和试验平台

“三化同步”相互促进、协调发展的关键在于以工业化促进农业现代化，以工业化带动城镇化。涉农企业的发展在其中发挥了重要作用。湖北省在探索“三化同步”发展中积极扶持有条件，有基础的地区树立城镇化、工业化和农业现代化相结合的典型，从中汲取经验加以推广，如荆州市监利县以龙头企业带动农产品加工、产业化基地和中心镇建设，实现“三化”统一的“福娃模式”；荆门钟祥市石牌镇以企带村，村企共建，发展循环休闲农业的“彭墩模式”；孝感龙岗以龙头企业引领土地经营机制和农业生产方式创新的“龙岗模式”，都是在“三化同步”示范县区建设中树立的典范。

案例3　福娃品牌　农企双赢

湖北福娃集团福娃食品有限公司是湖北省第一批财政投资参股企业，实施财政投资参股经营后，湖北福娃食品有限公司不断实行制度创新，规范企业管理，抢抓奥运机遇，着力打造强势品牌，生产经营一年一个新台阶。

一是增强了企业经营实力。通过财政投资参股经营，湖北福娃食品有限公司2006年，企业实现销售10643万元，实现净利润501.57万元，净资产收益率达6.14%。按照财政投资参股经营协议，企业共向财政分红107.33万元，实现了国有资产的保值增值和国家农业综合开发滚动开发经营机制的良性循环。

二是促进了农业增效和农民增收。湖北福娃食品有限公司充分利用国家财政投资参股经营的大好时机，建立原料基地，发展订单农业，形成了“公司+基地+农户”的农业产业化模式，近两年，分别与农户签订优质稻产销订单35万亩，实行优质优价，基地80000多农户克服了生产的盲目性，产品有了稳定的销售渠道，每年增加收入近5000万元。农户从订单中得到实惠，企业也靠订单建立了稳固的原料基地，实现了企农“双赢”目标。

三是推动了企业制度与管理创新。通过制度与管理机制的创新，极大地调动了企业管理层和广大员工的主人翁精神，企业的效益比财政投资参股前增长了40%。

同时，“三化同步”协调发展是一个系统工程，需要从多方面进行探索。湖北从自身实际出发，以“三化同步”为核心，围绕不同的主题，形成了八个层次的新农村建设格局。包括仙洪试验区、鄂州等市县的城乡一体化试点、一红一绿两个试验区、七个贫困山区扶贫奔小康试点县、竹房城镇带[1]、荆门“中国农谷”等。目前，这些试验平台已经涵盖全省38%的农村区域，试点内涵涵盖新农村建设、城乡一体化发展、山区贫困县整体脱贫奔小康、集中连片贫困地区扶贫开发、小城镇带动农村建设、传统农区复兴等多个层面，试点地域覆盖山区、湖区、平原农区、传统农区、少数民族地区和革命老区等不同区域，构筑了湖北探索“三化同步”协调发展新路子的丰富多样的实践平台。

表2-4　湖北“三化”协调实践平台概况

平台名称	地点	地貌	面积占全省百分比	备注
仙洪试验区	仙桃、洪湖、监利	江汉平原腹地		集革命老区、水网湖区、粮食主产区于一体
大别山革命老区经济社会发展试验区	大别山	山区	8.37%	合称为：一红一绿试验区
武陵山少数民族经济社会发展试验区	武陵山	山区	17.21%	

〔1〕 竹房城镇带是指以305省道为主轴，东起房县县城，西至竹溪县蒋家堰镇关垭173千米沿线，呈带状分布的城镇群。十堰市将打造竹房百千米一线串珠城镇群，共涉及竹山、竹溪、房县3个县城和18个乡镇。《十堰市竹房城镇带建设总体规划》初步定于2010年10月中旬完成。

续表

平台名称	地点	地貌	面积占全省百分比	备注
“中国农谷”	荆门	江汉平原腹地	6.5%	“湖北战略，荆州打造”
竹房城镇带	竹山、竹溪、房县	山区、平原	13.8%	
七个贫困山区扶贫奔小康试点县	保康、五峰、丹江口、大悟、英山、铜山、鹤峰			
鄂州城乡一体化试点	鄂州	平原、山地	8%	身兼两型社会建设综合配套改革试验区

案例4　完善“中国农谷”，荆门东宝打造“三化”协调试验区

作为全省“一元多层次”战略体系——“中国农谷”建设主体功能区的重要组成部分，荆门市东宝区结合自身特点，统筹城北工业圈、城市商业圈、山区生态圈“三圈”发展，提出了打造全省“三化”协调发展试验区的战略目标。形成突出工业主导地位，以工带农的发展思路，为我们的新型城镇化和城乡一体化，提供一条发展的路径。

2012年，荆门东宝制定《东宝工业园建设大会战方案》，建设工业园区的决心在东宝区已经深入人心，大家形成这样一个共识：欠发达地区就欠在工业不强，东宝要转变发展方式，加快经济腾飞，就必须又好又快地发展工业。进一步把坚持工业主导地位不动摇，突出工业园建设摆到了全区工作的核心地位，力争五年内园区的产业规模突破1000亿元。除了着力开展工业园区建设，做大做强工业之外，东宝区注重农业现代化和新型城镇化齐头并进的发展，把城郊统筹发展摆在了突出位置。东宝区着眼本区实际，明确了新农村建设必须以经济发展为中心，首要任务是发展农业产业化。目前东宝区的农业现代化已取得明显成绩，优质柑桔板块面积达到8.4万亩，速生林面积12万亩，万头养猪场有5个。许多产品已成品牌规模效应，成为农村经济新的经济增长点，和农村社会发展的重要支柱，并吸引了一大批外出的劳动力返乡就业、创业。

案例5　湖北仙洪试验区——全国新农村建设的样板工程

仙洪试验区融现代农业发展、基础设施建设、村庄环境整治与体制机制改革创新等诸多工作于一体。现代农业方面。湖北省委省政府在2009—2012年之内安排39个农业建设项目，投资总额5.35亿元。交通建设方面，加大试验区主骨架公路建设力度，加快仙洪公路、峰观公路的升级改造，完成省道、县道上10座危桥及农村公路上75座危桥改造，率先实现公路现代化。高产农田建设方面，在试验区建成30万亩高标准农田，规划总投资4.5亿元。卫生血防方面，加大血吸虫病防治，重点围绕控制传染源、控制钉螺、健康教育和血防能力建设等四个方面，狠抓试验区卫生建设。村镇建设方面，组织实施乡村清洁工程，突出抓好给排水管网改造、工业和生活污水处理、生活垃圾集中收集和无害化处理等。商贸发展方面，围绕试验区现代农业、商贸流通发展等方面，规划安排53个支持项目，投资8.5亿元。

三、湖北"三化同步"协调发展中面临的障碍与难题

"十一五"期间，湖北省坚定不移地走科学发展之路，在区域发展中的综合实力显著提升，全省经济发展进入快车道。然而，湖北"三化同步"协调发展也存在一些普遍的阶段性问题：城镇化滞后于工业化、农业现代化滞后于工业化和城镇化。湖北省在新型工业化的发展上，属于传统工业"重化型"、"内需型"、"制造型"，短期内结构调整难度很大；在农业现代化道路上，湖北作为农业大省，农业科技转化为生产力比率仍需进一步提高，现代农业的发展在规模和层次上亟待提高；在推进新型城镇化建设上，面临城镇空间布局不够合理，城镇结构不够优化，大城市数量偏少、中等城市质量不高、小城镇数量过多等问题。面对一系列错综复杂的矛盾和问题，要推进"三化同步"协调发展，就必须既把握住"三化"之间的内在联系，又遵循各自的演进路径和规律。

（一）城镇化水平不高制约了新型工业化的发展

1. 城镇化规模与空间布局不尽合理

湖北城镇布局不尽合理，不利于产业聚集区的建设和发展。无论是从湖北省全局来看，还是从地方乡镇发展来看，都存在城镇规模差异过大、布局不合理，统筹规划不完善的情况，不能为各地产业聚集区的发展提供适宜的空间布局。相比于全国城市发展情况，2011年度城市科学发展指数综合排名前10位的城市依次为：深圳、上海、北京、广州、宁波、佛山、厦门、青

岛、鄂尔多斯、杭州。武汉作为全国特大城市之一,科学发展指数综合排名靠后,说明城镇化规模与空间布局问题制约了武汉的发展。湖北省城镇东密西疏的特点十分明显,城镇主要沿交通干线或长江汉水沿岸集聚,东部城镇数量多密度高规模大,西部城镇数量少密度低规模小。从城镇梯次结构来看,省会武汉一城独大,一枝独秀,其他二级城市规模较小,辐射带动能力有限,在12个地级及以上城市中,人口超过100万的城市仅有5个,数量有限。

县域城镇化发展是新型城镇化发展的重点,湖北省县城以下城镇人口总数占全省比重为30%,“过渡带”、“蓄水池”的作用发挥不够。这种梯次结构,不利于实现大型产业聚集区的分布,容易在“一枝独秀”的武汉形成产业聚集的“洼地效益”。在全省范围内,不利于同等规模的产业聚集区的合作和发展。在荆州市调查过程中,政府工作人员指出荆门在城镇化发展过程中,城市之间、城镇之间、城乡之间、乡村之间的经济发展,产业结构,基础设施建设、土地资源利用等方面并没有一个全面的,统一的规划指导和调控机制。在这种情况下,产业聚集区无规划的自发性发展造成的重复建设和资源浪费等问题值得关注。

表2-5　全国和中部地区地级及以上城市数[1]

地区	地级及以上城市	按城市市辖区总人口分组					
		400万以上	200～400万	100～200万	50～100万	20～50万	20万以下
全国	287	14	28	82	110	51	2
东北[1]	34	2	2	5	21	3	1
华北[2]	22	2	2	5	8	5	
华东[3]	51	3	11	20	12	5	
华南[4]	37	3	2	13	12	7	
西部[5]	62	3	4	14	21	19	1
中部	81	1	7	25	36	12	
山西	11		1	1	7	2	
安徽	17		2	6	7	2	
江西	11		1	2	6	2	
河南	17		1	8	6	2	
湖北	12	1	1	3	6	1	
湖南	13		1	5	4	3	

〔1〕　资料来源:中国国际统计局,中国三星经济研究院计算.

2. 城镇化发展速度远落后于工业化的发展

湖北城镇化在规模和质量上都还存在一些亟待解决的问题，主要表现在城镇化发展速度相对偏低，滞后于工业化的发展。从近期统计数据中横向比较，湖北省在中部地区尽管城镇化比率处于高位，但其发展速度非常缓慢，属于慢速城镇化地区，远远落后于湖北省高速发展的第二产业，城镇化水平不能为湖北加速发展的工业化提供充足的人力保障。

表 2-6　2000—2008 年我国中部省份城镇化率的变化对比[1]

省份	2008 年人均 GDP(美元)	城镇化率(%)				2001—2008 提高幅度		
		2000	排名	2008	排名	提高幅度	年均提高幅度	排名
山西	2937	34.91	15	45.11	16	10.20	1.275	10
安徽	2086	27.81	23	40.50	23	12.69	1.586	6
湖北	2860	40.22	12	45.20	15	4.98	0.623	27
湖南	2523	29.75	21	42.15	18	12.40	1.550	8
河南	2821	23.2	30	36.03	27	12.83	1.604	4
江西	2128	27.67	24	41.36	21	13.69	1.711	3

湖北省小城市和小城镇规模效益比较差，难以发挥城镇化过程中的集聚效益和拉动作用。总体而言，湖北城镇化与工业化的协调发展到了逆水行舟、不进则退、慢进亦退的关键时刻了。

另外，由于城镇化水平不高，城市吸纳农村富余劳动力的能力有限，导致大量富余劳动力外流至其他省份，使得劳动力对于工业生产的贡献率增长缓慢。众所周知，工业化发展所需大量劳动力的来源在广大农村，本省城镇化进展缓慢造成农民异地城镇化严重，更多的劳动者通过跨省跨地区迁移寻求更高的收入。

从上表中可以看出，劳动投入对湖北省工业产出增长的贡献率相比于资本贡献率而言，始终保持低态势，数值上始终低于 20%，总体而言，劳动投入对湖北工业增长的作用一直较小。2004 年以来，随着中部崛起战略的提出和实施，中部地区劳动者收入水平与沿海地区不断缩小，就业条件的不断优化，第二产业和第三产业对劳动力的吸引力大大增强，从业人数逐渐上升，劳动投入对工业产出的贡献率有所提高，但是相比于资本贡献率

〔1〕 资料来源:《2010 城市蓝皮书 · 中国城市发展报告》.

和技术贡献率而言还有足够的提升空间。

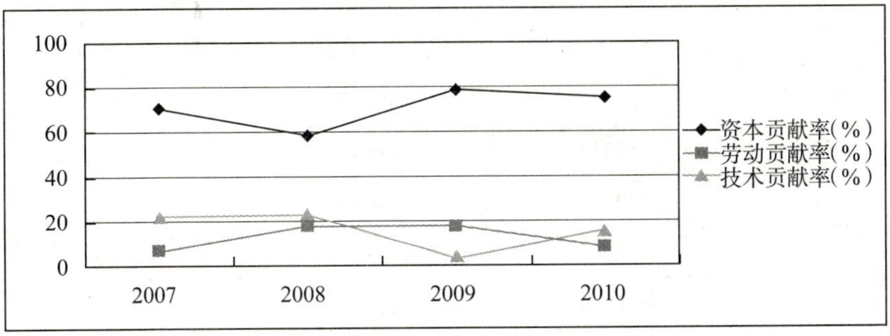

图 2-2　资本、劳动、技术对湖北工业产出的贡献率〔1〕

3. 城乡二元结构导致工业发展动力不足

由于过去户籍制度人为地将公民制度性分为“农村”和“城市”两大板块,由此所造成的“城乡二元结构”已成为当下湖北乃至我国城市化经济和社会转型发展的一个严重障碍,造成工业化动力严重不足。在调研中发现,湖北省各个县市依旧面临城乡二元结构难以化解的问题,其中表现最为突出的就是城乡居民收入水平差异仍然较大,农民被迫进城又无处安身,不能成为工业化稳定的劳动力资源。

表 2-7　中国 2010 年各地区城乡居民收入水平统计〔2〕

（单位:元/人）

地区	农村居民家庭人均纯收入(2010)	城镇居民家庭人均可支配收入	城乡居民收入水平对比(农村居民 =1)
全国总计	5919	19109. 4	3. 23
山西	4736. 3	15647. 7	3. 3
安徽	5285. 2	15788. 2	2. 99
湖北	5832. 3	16058. 4	2. 75

〔1〕 刘天权. 湖北省工业经济增长因素及贡献率的实证分析[J/OL].［2012 －10 －10］ http://wenku. baidu. com/view/206e6ac38bd63186bcebbcb4. html

〔2〕 资料来源:高校财经数据库、2011 中国农村统计年鉴(包含 2010 年数据)、中国农村统计年鉴 2011、中国 2010 年各地区城乡居民收入水平统计.

续表

地区	农村居民家庭人均纯收入(2010)	城镇居民家庭人均可支配收入	城乡居民收入水平对比(农村居民=1)
湖南	5622	16565.7	2.95
河南	5523.7	15930.3	2.88
江西	5788.6	15481.1	2.67
北京	13262.3	29072.9	2.19
江苏	9118.2	22944.3	2.52
浙江	11302.6	27359	2.42

从上表中可知,湖北省2010城乡居民收入相比于全国平均收入,不在第一方阵发展之列,尽管在中部六省中城乡居民收入差距排名第二,但与北京、江苏、浙江等发达省份相比较,无论从收入对比还是城乡差距而言,都有比较大的差距,二元体制表现的仍然较为明显。

尽管近年来的改革使城乡二元体制松动,但离真正实现城乡待遇一致,农民居民生活、地位无差别,实现真正的内涵意义上公民自由迁移等还有很大一段距离。湖北省劳动和社会保障厅数据显示,改革开放30年来,湖北有1500万农村劳动力向城镇转移就业,通过农转非、教育转移等方式,其中500万人完全实现市民化,仍有1000万是农民工。这1000万农民工中,有700万在省外打工,在本省打工的农民工有300万人。由于湖北还没有实现真正意义上的自由迁徙和平等待遇,与日渐壮大的农民工队伍相伴而生的,却是劳动报酬低,拖欠工资现象普遍、劳动时间长,体能透支严重、劳动条件差,伤亡事故时有发生、社会保障弱,生存压力日渐增大等严重的社会问题,很多农民工宁愿在家种地而不愿意外出打工,由此出现的农民工"用工荒"严重的阻碍了新型工业化发展动力。据湖北省劳动保障厅调查测算,全省企业常年缺工约40万人,全省经济开发区缺工率约为38%。"民工荒"蔓延速度之快,更加表明二元体制下的"平等"不是真正意义上的平等。新型工业化需要大量稳定的、高素质的劳动力资源,二元体制下的城镇化无法为其提供良好的支撑。

在国际标准中,城镇化率是作为工业化程度发展的标准之一,一般工业化初期为37%以上,工业化国家则达到65%以上。通常发达国家城镇化比率要高于工业化比率。如下图:

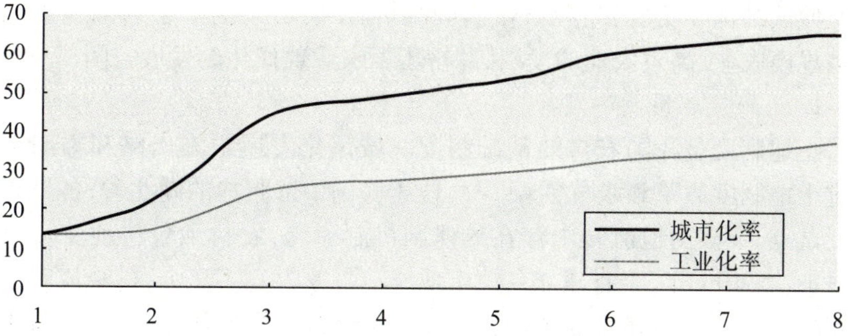

图 2-3　城镇化率与工业化率比较世界发展模型

但我国工业化与城镇化发展则相反，作为全国中位数的湖北省，工业化与城镇化发展的不均衡从下图中可以推断：

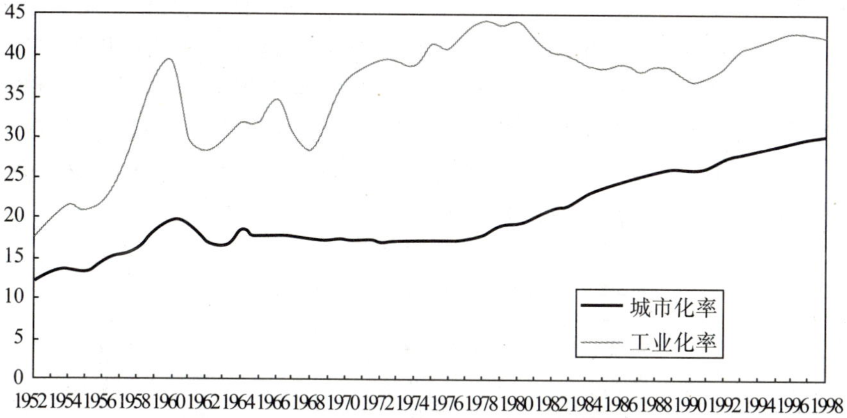

图 2-4　我国城镇化率与工业化率比较发展模型〔1〕

因此，可以看出，湖北省在城镇化道路上目前依然停留在体制不顺，质量不好，管理不力的阶段，总体看来城镇化的水平偏低，没有为新型工业化的发展提供强有力的支撑和保障。

（二）城镇化进程对农业发展形成严峻挑战

城镇化进程是农村人口不断向城镇转移、第二、三产业不断向城镇聚集的过程，也是使城镇数量增加、城镇规模扩大的历史过程。城镇化同时

〔1〕　城镇化率为市镇全部常住人口占总人口比重，工业化率为工业增加值占GDP 比重，资料来源：国家统计局.

也是城镇结构和功能转变的过程。城镇化发展带来的一系列问题影响了新型规模农业、高效农业的发展，并挤压了农业现代化的发展空间。

1. 土地流转机制不顺畅

土地制度是我国农村的基础制度。城镇化发展根本出路和方向在于推进土地制度改革和政策创新[1]。位于我国中部腹地的湖北省，各地积极开展试点，突破土地流转中存在的体制机制障碍，农村承包耕地流转进程明显加快，2011 年，全省建立乡镇土地流转服务中心 429 个，村级流转服务站 6820 个，43 个县市设立了农村土地承包经营纠纷仲裁委员会，农村土地规模经营面积达耕地面积的 10%。在土地流转进程中，虽然国家和地方都出台了相关的政策，但是由于各种原因，作用和效果往往并不理想。究其原因，一是未能有效保护流转土地的农民切身利益，农民流转土地的收入，既未以市场手段作价，也未按供需关系适时调整，导致流出方与流入方收入差距越来越大。二是一些地区违背农民意愿，强制或者变相强制农民流转土地，以各种名义变相征占农村土地，农民利益遭到了不同程度的侵害。三是在土地流转过程中，农村土地承包经营方案不规范、土地征用补偿及分配不公平、农村机动地的公开和管理情况不民主等[2]，阻碍了农民顺利城镇化的步伐，成为规模农业的发展的障碍之一，致使农民的土地经营自主权和合法承包权益受到侵害。

表 2-8　2008 年湖北省土地规模经营总体情况[3]

	50 以上规模经营面积（亩）	占农用地总面积比重（%）	50 亩以上规模经营户数（户）	占总农户比重（%）
武汉市	138000	5. 20		
黄石市	156000	4. 00	2502	0. 79
十堰市	61300	4. 00	609	0. 10
荆州市	132000	1. 90	1848	1. 80
宜昌市	67800	1. 48		

〔1〕 张晓玲，詹运洲，蔡玉梅、左玉强．土地制度与政策：城市发展的重要助推器——对中国城市化发展实践的观察与思考[J]. 城市规划学刊，2011（11）：25.

〔2〕 李慧．八类侵害农民土地权益问题将被治理[N]. 光明日报，2007 - 8 - 28(4).

〔3〕 资料来源：湖北省委农办、《湖北省土地规模经营情况调查报告》.

续表

	50以上规模经营面积(亩)	占农用地总面积比重(%)	50亩以上规模经营户数(户)	占总农户比重(%)
襄樊市	75946	1.29	21458	2.39
鄂州市	91500	15.00		
荆门市	29556	0.90		
孝感市	132000	3.60	1366	0.14
黄冈市	118377	4.80	756	0.09
咸宁市	102706	4.60	828	0.17
恩施州	66551	1.81	267	0.03
随州市	43543	1.50		
仙桃市	52248	3.85	573	0.15
天门市	89844	5.90	1026	3.30
潜江市	62049	6.20	1222	0.80

例如，在调查中课题组了解到襄阳市在土地流转方面存在社会化服务缺位、土地资源效率配置不高、土地流转手续不规范、土地纠纷调处体系不完善等问题，影响了土地产出的效益。襄阳市政府在工作报告中指出，目前大多数土地仲裁机构虚设。襄阳全市10个县区中，目前还没有实质性的开展农村土地纠纷仲裁工作。另外，土地流转中部分政策在实际执行中，存在很大困难。如《物权法》规定，耕地等集体所有的土地所有权不许抵押。不完善的土地流转制度造成多数农民把土地作为获取收入的主要来源和生活保障，对土地流转心有余悸，不愿轻易转让土地使用权，满足于守土经营的现状。有意愿有条件承包土地发展规模农业的村民则有资金无土地，造成大量资源和人力浪费。

在土地流转中，法律法规的不完善也给了土地转让者、承包者、以及金融机构很大的压力和负担，造成劳动力流动困难。不完善不固定的土地政策使得农民对土地流转始终心存担忧，担心土地承包政策不知道何时会改变，担心变化不定的政策损害自身权益，担心自己将土地流转之后在城市里也无法立足，因此很多农民宁可始终以粗放的方式经营土地，甚至不惜撂荒弃耕，也不愿将土地流转出去。例如，长期以来，在广大农村，无论是耕地，还是宅基地及其上的房屋，这些农民最大的资本，均不能作为贷款抵押。而这项政策的实施很多农户都无法理解。

案例6 天门土地流转走到“十字路口”[1]

湖北天门,2009年6月,曾在全国率先试点农村土地经营权抵押贷款。农田通过土地流转实现规模经营,并以集中的土地经营权作为抵押申请贷款。试点两年来,该市共实现规模以上土地流转近10万亩,发放抵押贷款1000多万元。但是诸多问题也随之产生,土地经营权抵押缺乏法律基础、缺乏土地评估机构等中介组织等难题考验着这场走在现行政策前面的改革。是进是退,这项改革走到了十字路口。

两年前,倪小贤告别当蔬菜小贩的日子,依靠自己多年的积蓄,再加上向天门市信用社申请的100万元贷款建起了蔬菜大棚。“以前我不敢想象一个农民能够向信用社贷到100万元,2009年我们市里开始试点农村土地经营权抵押,我是第一批申请贷款的人。”两年来,倪小贤的蔬菜大棚经营顺利,但是这项引人瞩目的土地经营权融资抵押试点并不顺利,虽然尚未出现违约的风险,但是改革发起者们越来越感到改革之难,改革的勇气和决心正经受着空前的考验。人民银行天门市支行副行长陈奇荣说:“农户以土地经营权抵押申请的贷款在上级银行部门的审批中压根儿无法通过,所以只能在天门市各支行进行各种“通融”,“一旦银行监管部门进行检查,我们的这种操作方式也是违规的,因为发放贷款最重要环节之一就是抵押,如果抵押本身不符合规定,这笔贷款的发放就存在问题。”

湖北省天门市尝试解决这一问题的方法是以农民的土地经营权作为抵押,事实上,以经营权作抵押获得银行贷款这一改革,在现实操作中并没有带来合法性,实质性的制度设计也因为相关法律问题而不得不止步。除了法律上风险性的考虑,土地流转最核心的问题就是土地价值的评估,专业土地评估机构的缺失,有资质的评估师的匮乏使得合理、权威的土地评估显得异常艰难。

总之,近年来,随着农村经济的发展,农民外出务工经商的需求日益增加,加上一批农民专业合作社和种植大户已初具规模,使得土地流转有了市场和时机,但土地流转行为不规范、流转机制不完善、流转规模不足、流转进展不平衡等问题,阻碍农村劳动力的流出,导致城镇化的步伐放缓,现代农业、高效农业建设受到影响。

---

[1] 赵端. 天门土地流转走到十字路口[EB/OL]. (2011-11-22)[2012-10-11] http://www.changjiangtimes.com/2011/11/360169.htm.

2. 城镇化挤占农业和农村发展空间

探索一条符合客观规律的,符合湖北省省情的城镇化道路将带来湖北省经济增长的下一轮动力,但在湖北省各地经济发展状况不均衡的情况下,“一刀切”的城市化道路不仅不会拉动农村经济发展,反而挤占了农业和农村发展空间。部分以外延扩张为动力的城镇化发展,带来周边农村环境污染、资源的不合理利用等问题,挤占了农村资源。从长远看,以牺牲农村的城镇发展繁荣必然造成乡村的逐渐边缘化。课题组在调研中发现,“撤县建区、镇改街道”等做法在湖北省比较普遍,这种做法以行政手段简单推进,忽略了城镇化本身的发展规律,过分追求占地广人口,将导致有限的土地资源被浪费,也不利于城市空间与产业空间的优化。同时,城市得到越来越多的发展资源,乡村的资源却在被严重挤占,其结果是城乡之间愈发不平衡。

案例7 湖北应城市黄滩镇环境污染严重

污染问题是黄滩镇的一个"老大难",这个镇因污染严重,农民上访过,镇干部也向上级有关部门反映过。据黄滩镇一份调查材料反映,黄滩镇地处老县河下游,老县河在黄滩境内长达12千米,穿过艾堤、干河、刘垸等13个村。上世纪80年代,老县河受到湖北省盐矿、孝感地区盐矿等几家大型盐矿工业废水的严重污染,同时也受到应城城区生活污水的污染。现在,老县河仍是一条排污的废弃河,河道里氯化物含量很高。据应城市环保局副局长王国平介绍,应城城区常住人口和流动人员共有10多万人,每天有3万吨左右的生活废水进入老县河,老县河的水含有各种各样的污染物质,给黄滩镇造成了较大环境压力。黄滩周围的生活污水直接排入长达7千米的幸福港,污水满溢,幸福港已成了一条臭水港,它从艾堤村穿过,也给艾堤村造成严重污染。

由于污染影响,全镇在老县河两岸现有1.95万亩耕地、1400亩鱼池不能正常经营,8500名镇村居民出现饮水困难。一些耕地只好弃耕,部分鱼池只好闲置,两岸13个村村民只得靠打井来提取饮用水,现已打井7000口。

3.“空心村”与“难点村”问题依然严峻

随着城镇化不断推进,部分地区缺乏合理规划,对农民没有合理的引导,农业现代化建设项目没有合理的跟进,农民“挪窝”不“腾笼”,有些村子成了人去村空、名副其实的“空心村”。乡村青壮年劳动力的流失,农户家庭,农村面貌无人问津,造成“难点村”的存在。“空心村”与“难点村”现象破坏了农村的景观布局，还使道路网络、给排水系统等基础设施难以按规划实施。老房无人居住，空弃猪舍、围墙等无人清理，不仅存有安全隐患，危害人身和财产安全，而且也是卫生防疫的死角，成为老鼠、苍蝇、蚊虫的滋生地，极易造成疾病传播。

案例8 “空心村”与“难点村”的无奈[1]

地处大别山区的湖北罗田县统计，全县村级负债最高时达8000万元。湖北省洪湖市汊河镇双河村党支部书记吕新华说，全村800多名劳动力，常年在外打工的有400多人。多年举债交税费，村集体累计负债已达202万元，一年光利息就18万元。现在村里青壮年劳力走光、集体资产卖光，农民家底收光，成了名副其实的“空心村”。人走了，田荒了，上级部门下达的大额税费任务仍要如期完成。无奈之下，举债交税、贷款交费成为大部分“空心村”的无奈选择。

湖北省公安县章田寺乡干部焦虑地说，由于农业精壮劳力大都外出务工，在选配村组干部时常常感到后继乏人，今后如果没有妥善对策，建设强有力的村级组织将成为一句空话。这个乡长新村不到1000人，外出务工农民近300人，都是16岁至35岁的有一定文化程度的青年。全村25名党员，40岁以下的只有2名，大部分有知识、有能力的年轻人不愿留在农村当干部。

湖北省罗田县地坪村支书肖新健说，由于缺乏青壮年劳力，村里开展防汛、抗灾等公益性生产活动时，力不从心。现在农村土地、山林、鱼塘等生产都处于半闲置状态，农民打工挣的钱，大多用于盖房、子女上学，生产性投资很少。长此下去，不利于农村经济持续发展。地坪村农民肖春明说，我们也想在农村发展，但受资金、技术、环境、人才制约，很难成气候。

“空心村”与“难点村”的存在不仅仅加剧人才外流，环境恶化，而且造成了大量的资源浪费。据调研得出的数据显示，单就湖北全省而言，没有得到充分开发利用的草山草坡就有7000多万亩；湖北全省农作物秸秆的利用率不足10%，每年生产的2800万吨农作物秸秆被浪费或者焚烧；全省范围内闲置的可养殖水面有200多万亩；有待改造的中低产田达到3000万亩。这些资源在农村长期处于闲置或半闲置状态，无疑是一种极大的浪

---

〔1〕 张军．江军等地农工大量外出“空心村”现象趋向严重[EB/OL].(2003－06－24)[2012－10－13] http://news.xinhuanet.com/newscenter/2003－06/24/content_934185.htm.

费，无形中给湖北省造成了潜在的经济损失，单就粮食加工转化一项，全省就有1000亿元的增值潜力。针对湖北省存在的“空心村”与“难点村”现象，制定切实可行的措施，引导资金流向，以优惠的政策吸引人才和技术向农村转移，培养适合农村未来发展中坚力量是目前最迫在眉睫的大事。

（三）新型工业化的带动效应未能有效发挥

根据十六大精神，新型工业化道路就是以工业化带动信息化，以信息化促进工业化，走一条科技含量高，经济效益好，资源消耗低，环境污染少，人力资源优势得到充分发挥的新型工业化道路，在新的历史时期实现工业的跨越式发展。从发达国家的经验来看，新型工业化应该在自身发展的同时加强对城镇化和农业现代化的带动和支持作用。然而，由于规划不善等各种原因，湖北省的新型工业化发展未能发挥应有的带动效应。

1. 产业结构不合理导致异地城镇化现象严重

在新型工业化的发展上，湖北省传统工业属于“重化型”、“内需型”、“制造型”，产业带动作用有限，异地城镇化趋势明显。轻重工业之比基本上在30∶70左右波动，制造业增加值占全省规模以上工业近80%，短期内结构调整难度较大。在湖北省2010年三大产业对于经济的产业拉动率[1]中，第一产业对经济的拉动率占地区生产总值的3.3%，第二产业占66%，第三产业占30%，农业对经济增长贡献明显不足，同时湖北与全国发达省份相比较，工业能源消耗指标比较高，属于相对粗放的工业发展形式。

表2-9　各地区能源消耗指标（2009）[2]

地区	单位地区生产总值能耗（等价值）（吨标准煤/万元）	单位地区生产总值电耗（等价值）（千瓦小时/万元）	单位工业增加值能耗（规模以上，当量值）（吨标准煤/万元）
湖北	1.230	1018.5	2.35
湖南	1.202	911.0	1.57
江西	0.880	922.5	1.67
安徽	1.017	1088.8	2.10
河南	1.156	1218.4	2.71

〔1〕产业拉动率指GDP增长速度与各产业贡献率之乘积.

〔2〕资料来源:《2011年湖北省统计年鉴》.

续表

地区	单位地区生产总值能耗（等价值）（吨标准煤/万元）	单位地区生产总值电耗（等价值）（千瓦小时/万元）	单位工业增加值能耗（规模以上，当量值）（吨标准煤/万元）
山西	2.364	1921.9	4.55
北京	0.606	681.9	0.91
天津	0.836	782.9	0.91

湖北省属于非劳动密集型产业的省份，随着技术改造力度加大，劳动生产率逐步提升，形成吸纳就业能力偏弱的现状，以高新技术产业为代表的劳动密集型产业相对发展不足。偏重型工业的长期存在为新型工业化转型带来了困难的同时又使湖北这个劳务大省向劳务输出大省转变，大量城镇化建设中第二第三产业需要的人才和青壮年劳动力外流，就业人口大量外迁，造成“异地城镇化”局面，削弱了城镇化最重要的人才动力。据统计部门数据显示，2000 年以后湖北省人口外迁逐步加剧，净迁出县市从 48 个上升到 71 个，净流出人口从 2001 年的 298.68 万人增加至 2009 年的 421.88 万人。第六次全国人口普查中，湖北省流动人口有 830 万，其中流向省外的有 790 万，占全省总人口的 14.65%。湖北省净流出人口 452 万，仅次于四川省，是居第二位的净流出人口大省。

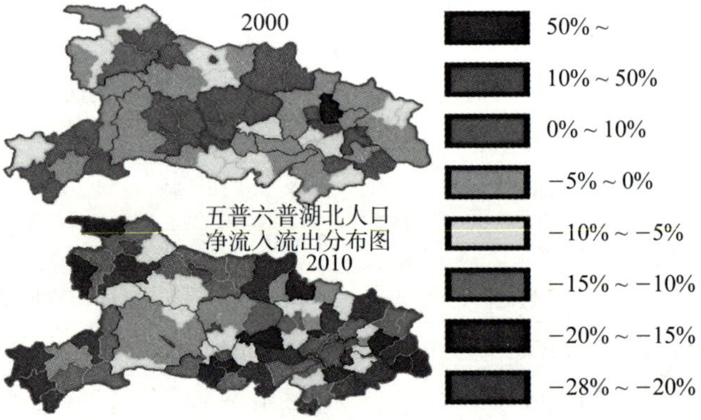

图 2-5　五普六普湖北人口流入流出示意图

2. 工业化未能有效带动农业现代化

作为农业大省，农业资源是湖北省在“三化同步”协调中必须重视的基础和关键。然而,目前湖北省农产品相关产业的发展没有突出湖北农业大省的特色。农业机械化是农业现代化的重要标志。随着传统农业向现代农业转变,农民对农机作业的需求越来越迫切。2010 年统计数据显示,湖北省主要农作物耕种综合机械化水平达到 56%,2011 年,达到 57.8%,比 2010 年增长 1.8 个百分点。总体而言,湖北农业机械化为主的生产方式取代了人畜力为主到的生产方式,实现了农业种植的历史性转变。然而,目前湖北省农机化发展总体水平不高,涉农器械设备等工业产品生产能力较弱,导致一些关键环节机械化发展缓慢,如水稻机械育插秧水平不到 19%,油菜机收、机播水平仅为 11.8% 和 5.6%。和马铃薯播种、收获、油菜移栽、秸秆还田等环节的装备尚处于研发试验示范阶段,畜牧水产养殖业、林果业、设施农业、农产品初加工等机械化虽然取得一定发展,但与实际需求仍不相适应。湖北省农业机械市场和相关农业设备市场发展迟缓是制约农业机械化和农业现代化的主要因素之一。在规模农业中,湖北省也未能利用工业生产的理念,将农产品进行产业化加工生产。

除此之外,尚未完全消除的诸多体制性障碍依旧阻碍着“三化同步”协调发展的进程,以行政命令为动力的城镇化、农业现代化和工业化模糊了城与乡的有形界限,但二元体制下泾渭分明的土地制度、户籍管理方式、产业发展政策、行政管理体制等不仅制约城镇化和工业化的发展,也制约了农业和农村本身的发展。

四、实现湖北省“三化同步”协调发展的路径选择

推进新型工业化、新型城镇化和农业现代化协调发展,是湖北省实现科学发展、跨越式发展的必经之路。走好“三化同步”协调科学发展路子,必须充分发挥新型城镇化的引领作用、新型工业化的主导作用、新型农业现代化的基础作用。未来 5 年,湖北省将积极推进“三化”协调发展,以湖北省自身的特色为依托,促进全省综合经济实力再上新台阶。

(一)构建农业现代化为基础、城镇化、工业化协调推进的发展格局

构建农业现代化为基础、城镇化、工业化协调推进的发展格局是湖北省实现中部崛起战略的必经之路。要实现“三化同步”协调发展,就要准确把握现代化建设的客观规律、准确把握湖北省情和实际经济社会发展的新变化,坚持以新型城镇化为引领,破解人往哪里去、钱从哪里来的难题;坚持新型工业化为动力,有效体现现代科学效能,平衡社会和谐的着力点;坚持新型农业化为基础,保障社会稳定与和谐。平衡好这三者的发展,不断

探索着新的发展路径，努力走出一条“三化”协调发展的路子。

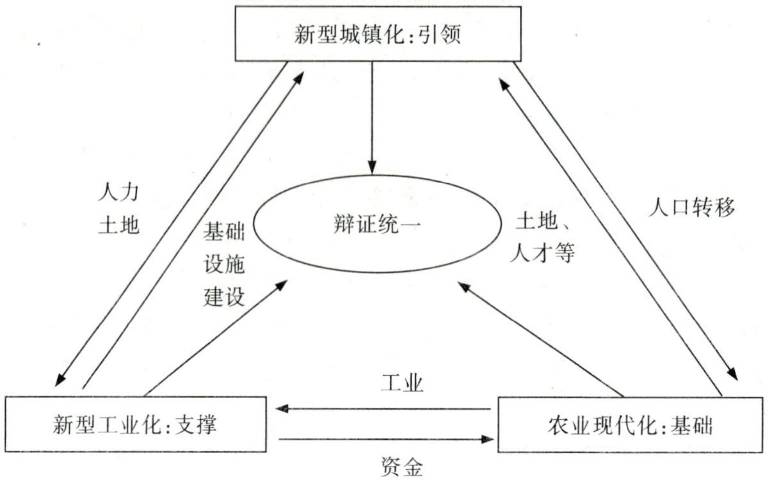

图 2-6 “三化同步”协调之间的关系示意图

（二）落实“以工哺农”政策，以新型工业化助推农业现代化发展

湖北省“十二五”规划纲要中指出，“坚持工业反哺农业、城市支持农村和多予少取放活的方针，建立健全以工促农、以城带乡的长效机制，使城乡居民平等参与现代化进程、共享改革发展成果。”[1]湖北省目前已经进入工业发展的中后期阶段，落实“以工哺农”不是要降低工业化和城市化的速度，而是要调整国民经济格局，在进一步促进工业化发展的基础上，使农业由弱质产业变为强质产业，实现工业和农业的平行发展。以工哺农要以“哺”字为中心，首先在政策上反哺。要制定科学化的工业反哺农业的政策，并使这些政策法律化，以保证工业反哺农业在法制的框架下进行。第二实行资金反哺。通过省委省政府出台的反哺政策，形成农业发展所需要的稳定资金来源。第三实施技术反哺。建立适应湖北省农业现代化的科研、技术开发、教育及技术推广体系，科技研发体系和农技推广服务体系。

1. 转变工业发展方式，提高工业自身实力

目前，湖北企业粗放型的增长方式尚未根本改变，企业发展对能源资源和要素投入依赖性大。技术装备较为落后，企业自主创新能力不强，企业对技术创新不够重视，研发费用长期投入不足。科研成果转化为现实生

[1] 资料来源：《湖北省”十二五”规划纲要》.

产力的水平不高，全省工业新产品产值率仅为10%，低于全国平均水平，具有比较优势的科教资源还没有变成企业的竞争优势。因此，湖北省应充分利用科教大省的资源优势，完善技术创新和高新技术建设平台。在宏观战略上，坚持比较优势导向和创新优势导向相结合；在创新路径上，坚持体制创新与对外开放结合，着力培育高新技术产业发展的新动力；在区域布局上，突出集中突破，集成互动战略。产业发展策略上，一是突出汽车、石化、冶金等支柱产业对高新技术产业发展的牵引作用，围绕这些支柱产业，以重大产品配套等形式，走“卫星群落”式高技术产业发展之路。二是发挥创新优势，不断延伸特色产业链，培育特色高技术产业集群；在发展重点上，高度关注生物技术的最新进展，优先发展光电子信息产业和生物医药产业。第三，坚持以“水”兴带，着力构建以水资源为支撑的现代产业体系。优先发展涉水产业。建设各城市功能定位与分工明确的产业园区，构建沿江区域间产业发展的良性互动机制。[1] 第四，要创立涉农高新技术产业园区，支持特色农业园区建设，以高新科技引领农产品加工科技园、生态农业科技园建设。

2. 加强新型工业化对农业现代化发展的助推作用

以新型工业化助推农业现代化有两方面的内涵。一是将工业化理念运用到农业生产当中来，将农业规模化、标准化，最终实现产业化；二是将涉农产业与农业现代化结合起来，在科学规划的前提下进行重点支持。目前，全省农业总体上依旧以家庭生产方式为主体，新型农业具有示范带头作用但没有形成规模效应，“三化同步”发展要求农业现代化以现代工业理念引领发展，以坚持市场导向为核心，以培育特色农业产业、农产品为关键，以提高农产品加工增值，延长农业产业链为重点，以工业化的生产组织方式为手段，充分发挥各类市场主体的积极性，合力推进农村的工业化、规模化、现代化。对农业实行产业化经营，工厂化生产，市场化营销、项目化运作、社会化服务。要充分利用好湖北农业龙头企业发展优势，鼓励龙头企业发展势头，要抓好龙头企业培训和农产品基地建设，促进农村合作经济组织发展，完善市场环境建设，农村基础设施建设，招商引资等工作。

（三）创造城镇化与新型工业化的良性互动局面

2010年11月30日，湖北省委九届九次全会通过《关于制定湖北省经济和社会发展第十二个五年规划的建议》中提出，“大力推进城镇化”。要

---

〔1〕 资料来源：《湖北省”十二五”规划纲要》.

“坚持走新型城镇化道路，协调推进新型城镇化和新型工业化”。[1] 工业化与城镇化犹如同胞兄弟，同生同长或相互依存，共同发展。工业化是城镇化的内在动力，城镇化是工业化的空间载体。正确处理工业化与城镇化的辩证关系，以新型工业化引领城镇化水平提升、以新型城镇化支撑工业优化升级，实现工业化、城镇化有机结合良性互动，是湖北省加快发展、跨越提升的必然选择。

1. 城镇化的发展要充分考虑到新型工业化的需要

湖北省新型工业化的发展呈加速发展趋势。工业化的发展需要城镇化提供劳动力资源和空间载体。湖北省要解决目前城镇化存在的问题，就必须考虑到新型工业化发展中的人力、布局、基础设施建设等需要，走出一条具有湖北省特色的城镇化道路。重点要解决以下几个问题，第一是解决城镇化进程中众多富余农业劳动力的转移和就业问题，变人口包袱为人力资本，城镇化产业规划要把就业优先原则放在首位。实行“四个统一”和“六个推进”：统一的劳动力市场，统一的就业政策，构建统一的大培训格局，建立统一和适合农民工特点的社会保障制度。推进决策机制建立，成立专门决策研究机构，加强协调配合和联动，完善多部门联动机制；推进制度创新，深化户籍制度改革和就业管理体制创新；推进圈内劳动力资源的综合开发利用；推进实施农民工素质进城计划；推进城乡一体化的职业培训；推进建立健全维护农民工权益保障机制。通过一系列政策措施，解决湖北省人口外流，农民不敢进城，不能进城，进不了城等问题，为工业化发展提供更多更专业的人力资源，促进城镇化良性发展。第二是防止和解决大城市病。目前湖北省已经出现了武汉“一城独大”的局面，因此必须在加速城镇化过程中坚决防止城市基础设施跟不上而城市人口机械性增加过快，从而造成道路不畅、交通堵塞等大城市病。这就要求务必做好规划，加强基础设施建设，完善城市功能，扩大城市容量，积极开拓就业渠道，使城市公用设施、教育、服务、生产和环境相协调，实现可持续发展，为工业现代化提供完善良好的软环境。

2. 新型工业化的发展要顺应城镇化发展格局

新型工业化的发展过程同时伴随着城镇化水平由低层次向高层次的演进发展过程，二者之间存在着相伴相生的内在关系。新的城镇化发展格局是环境良好、布局完善、结构合理的城镇化。湖北新型工业化发展要积

---

〔1〕 资料来源：《湖北省城镇化与城镇发展战略规划（2010—2030）（征求群众意见稿）》.

极顺应城镇化发展格局，首先要走一条“高密度、高效率、节约型、现代化”的新型工业化发展道路。要优化土地利用结构，大力开展治污减排，发展生态工业，对环境污染企业实习“一票否决”制度。为城镇化发展营造良好的人文环境，为城镇居民生活和农民进城创造良好的生活环境。第二，要继续调整产业结构，走适合新型城镇化的升级之路。湖北省有人口众多，城镇化率偏低的实际省情，坚持优化产业结构、升级产业发展模式，转变工业发展方式，从粗放型向集约型转变。产业结构的升级与城镇化发展的质量密切相关，逐渐发展的集约型产业结构为农业人口的就地城镇化提供了契机，为城镇化过程中人口向城镇转移提供了更多更优质的就业岗位。

（四）构建新型城镇化与农业现代化的和谐互动局面

2010年10月，中共中央十七届五中全会在《关于制定国民经济和社会发展第十二个五年规划建议》中提出，“统筹城乡发展，加快发展现代农业，加强农村基础设施和公共服务”。[1] 当前，应当努力构建新型城镇化与农业现代化的和谐互动局面。

1. 以市场为导向发展现代农业

新型城镇化成功与否，农村的发展和农民的富裕是重要标志。农村的发展和湖北要充分利用农业优势资源，利用市场大力发展以外向型为主导的现代农业。立足于统筹利用国际国内两个市场、两种资源，以市场为导向，以企业为主体，以区域特色农业和出口基地建设为基础，进一步增强农业参与国际竞争的主动性，进一步扩大农业的对外开放度。要加强出口农产品专业基地建设，大力培植食用菌、蔬菜、茶叶、水产品等特色明显、集中连片、与国际标准接轨的优势特色农产品出口生产基地。要推进出口食用农产品质量安全示范区建设，全面推行标准化生产，强化农业投入品的监管，建立出口农产口基地备案制度，引导和促进企业不断提高备案基地管理水平和产品质量保证能力。

2. 以新型城镇化推进农业现代化的发展

需要紧紧抓住城镇化这个战略引擎，为农业现代化开辟一条新道路。首先需要深化户籍改革，出台相应制度有效平衡城乡利益，进一步破除旧的户籍壁垒。湖北省城镇化突破50%，但仍然存在大量的农民工成为城镇人口而不是城镇居民，“伪城镇化”现象仍然普遍。第二，不断完善土地承包经营权流转机制。新型城镇化、农业现代化都与土地承包经营权有着密

[1] 资料来源：《关于制定国民经济和社会发展第十二个五年规划建议》.

不可分的关系。因此设计土地承包经营权要从大局出发，从利于城镇化与农业现代化两个方面来统筹，在设计制度的过程中，兼顾进城农民与种田农民的利益。第三，探索出一条可持续发展的城镇化道路。城镇化的最终目的不是达到某指标，而是真正使农民过上城镇化的现代生活，从教育、就业、住房、医疗等方面充分满足农民要求，让农民完成人口和生产力从乡村到城镇的角色转变，真正实现进得来、留得住、过得好，在城镇中安居乐业。第四，充分利用本地区的资源发展适合自己的产业，防止滥上项目、盲目投资、浪费资源、贻误城镇化时机与农业现代化进程。

3. 以农业产业化助推新型城镇化建设

农业产业化是发展农业现代化的主要路径，也能为城镇化的发展提供一定物质基础。在新型城镇化发展过程中，利用农业产业化带动农业和农村经济发展，为农村的就地城镇化提供物质力量，进而助推新型城镇化的发展。当前，应从以下几点着手：第一，解决初级农产品进入市场的被动局面，建设农产品进入市场的信息平台，完成以初级农产品为主导向以加工产品为主导的过渡。第二，优化农村产业结构。湖北省地形复杂地貌多样，因地制宜发展特色农产品，从以家庭为单位生产走向产业化生产。第三，要充分优化配置自然资源和经济资源，促进具有区域特色的主导产业形成，进而加快基础设施建设，在有条件的地区实现农民就地城镇化。

综上所述，协调推进新型工业化、新型城镇化和农业现代化同步发展，是湖北科学发展、跨越式发展的必由之路。要认真贯彻落实省第十次党代会精神，明确新型城镇化引领与新型工业化主导、新型农业现代化基础的定位；要解放思想，提高认识，提升新型工业化水平，夯实新型农业现代化根基。要深入实施“三化同步”协调发展的总体战略，推进“三化同步”协调发展走在全国前列，促进全省综合实力再上新台阶。

第三章
湖北城乡一体化发展及其政策选择[1]

城乡一体化是我国现代化和城市化发展的一个新阶段,也就是把工业与农业、城市与乡村、城镇居民与农村居民作为一个整体,统筹谋划、综合研究,通过体制改革和政策调整,促进城乡在规划建设、产业发展、市场信息、政策措施、生态环境保护和社会事业发展等方面的一体化,改变长期形成的城乡二元经济结构,实现城乡在政策上的平等、产业发展上的互补、国民待遇上的一致,让农民享受到与城镇居民同样的文明和实惠,使整个城乡经济社会全面、协调、可持续发展。

一、湖北城乡一体化发展的现实意义

在城乡存在巨大差别、城市先发展、农村滞后的宏观背景下,坚持城乡一体化发展实质上是将发展的着力点由城市向农村倾斜。统筹城乡一体化发展渗透着区域统筹发展的理念,旨在通过改革促进公平、通过统筹缩小差距,打破城乡分割的二元结构,它代表的是今后城乡关系的新走向。要实现湖北省"跨越式发展",城乡一体化的全面推进显得尤为重要。

第一,推进湖北城乡一体化是缩小城乡差距,解决三农问题的有利措施。目前湖北人均耕地仅为0.96亩,比全国平均水平低20%,农村人均耕地也只有1.43亩,比全国平均水平低18%,农村居民人均经营性耕地面积也低于中部和全国的平均水平,同时农业生产的自然环境比较脆弱。2010年,湖北省有964万外出务工人员,占全部乡村从业人员的42.6%,其中有592.16万在省外打工,占62.4%。没有外出务工的农村人口中,第一产业从业人员为995.79万人,按平均耕种10亩计算(日本人均耕种25亩,荷兰55亩),还有约665万人可转移到非农产业,可见农村劳动力仍然处于绝对过剩的状态,这就必然导致农业生产仍然沿着"过密化"的路径发展。在人多地少,资源紧缺的条件下,"过密化"的农业发展和小农经济的农业生产

〔1〕 报告执笔:夏露露,华中师范大学政治学研究院硕士生.

是不可能带动农村和农民走向富裕的，农村劳动力的绝对过剩同样也造成了人力资源的巨大浪费，因此，通过城镇化发展和城乡一体化建设，让更多的农村剩余劳动力转移出来进入第二、第三产业就业，是推动湖北农村持续发展、提高湖北农业生产力水平、带动湖北农民走向富裕、缩小城乡发展差距的必由之路。

第二，推进湖北城乡一体化是扩大内需和实现城乡经济协调发展的关键所在。推进湖北省城乡一体化，加速了城乡之间的资金、人才、土地等生产要素充分流动，促成了城乡产业发展合理布局。2011 年全省农民人均消费支出为 5653 元，城镇居民人均消费支出 15935 元，城市人均消费接近于农村的 3 倍。城镇居民人平年可支配收入从 2005 年的 8786 元升至 2011 年 18374 元，而农村居民人平年可支配收入则只是从 2005 年的 3099 元提高至 6898 元。这不仅表明当前湖北的城乡发展和收入差距非常大，而且也说明农民的消费机会要远弱于城市居民。在 2009 年全省社会消费品零售总额构成中，市和县占 79.5%，县以下占 20.5%，表明城市消费占全社会消费的大头。有研究表明，在现有消费水平下，城市人口每增加 1 个百分点，全国居民消费总需求将增加 1.2 个百分点，直接拉动国内生产总值增长 0.4 个百分点。综合起来看，城乡一体化推动人口和生产活动聚集，持续激发和释放新的投资需求和消费需求，将为经济平稳较快发展提供强大的持久动力。

第三，推进湖北城乡一体化是促进社会公平正义，构建和谐社会的重要手段。客观来讲，要从传统的乡土社会向现代社会过渡，营造社会的公平正义，使城乡居民拥有平等的发展机会、公共服务和社会福利，就必须推行城乡一体化道路，彻底打破城乡的二元经济结构的束缚，保证城乡基本公共服务的均等化。全面建设小康社会，构建和谐社会，不能用非常高的城市居民收入和农民低收入、非常多的城市居民发展机会和农村贫乏的发展机会以及非常完善的城市服务和农村的低水平服务的平均数来显示小康水平，而应该使城市和农村协调发展，使农民享受到同城市居民平等的待遇，为构建和谐社会铺平道路。

总之，推进湖北城乡一体化是确保城乡经济社会全面进步和维护社会稳定的必要举措。城乡一体化的持续发展使得城乡经济发展更趋平衡，居民收入差距日渐缩小，特别是城乡的进一步融合带动了农民发财致富的积极性，提供了农村闲置劳动力的集散地，也成为了农村部分矛盾得以消解的一条重要途径。同时，城乡一体化的社会保障和就业体系的建立，也为改善广大农民的生活质量和生产生活条件带来了可能，从而可以更好地保障城乡社会稳定，为发展经济奠定坚实的社会基础。

二、湖北城乡一体化发展的阶段性特征

（一）城乡经济社会融合程度不断提高

随着农村经济的飞速发展，传统农村相对封闭的社会状态被打破，农村地区的开放性、流动性和异质性逐步增强，城乡流动融合程度不断提高，特别是在劳动力的双向流动方面。党的十六届三中全会《决定》指出："农村富余劳动力在城乡之间的双向流动，是增加农民收入和推进城镇化的重要途径"。大规模的农村富余劳动力双向流动发生在改革开放以后。据国家统计局分析，过去十年，湖北省净迁出人口470万，净迁出人口规模仅少于四川省，居全国第2位；人口总数减少5%，减少幅度仅低于重庆市，居全国第2位。截至2010年6月底，湖北省有964万外出务工人员，比2009年增加了57.44万，其中省外务工592.16万，比2009年增加33.45万，省内县外务工370.31万，另有县内乡外务工人员127万，是典型的异地不完全城镇化，各县都有大量人口外迁。一般来说，人口迁移主要迁往城镇地区。统计数据显示，当前武汉市务工的新生代农民工大约100万人，已超过武汉市常住人口的十分之一。

作为中国农民走上城市化道路的现实选择，城乡双向流动就业是其必行之举。就湖北省而言，它有着三个显著的特点。第一，流动更具有自主自愿性。对于城市居民来说，自愿前往农村开发其蕴藏的无限商机，依靠与城市截然不同的资源禀赋，开厂或者实现农产品的再加工，从而获得收益，得益于市场经济内在的竞争机制。而对于农民来讲，抓住进城务工的机遇，用双手创造财富，提高自己的收入和生活质量，并不是任何单位或者第三方的强迫所致，而都是遵循自主自愿的原则。这也充分反映了在改革开放30多年来，我国居民对于市场竞争机制较强的适应性。第二，农民仍然保留土地关系。对于农民而言，土地不仅仅是基本的生产要素，维系着祖祖辈辈对乡土的情结，更重要的是提供了农民生活最基本的保障。进城务工农民在辞退工作或者失业、暂时找不到工作的情况下，通常会选择回到自己的家乡，通过务农维持生计。因而流动就业的农民仍然保留自己的土地关系，是城乡双向流动就业机制得以存在的重要基础。通过调查，对于当前的农村土地流转政策，有高达50.61%的农村青年认为土地流转政策非常好，农民能够真正受益，还有35.13%的青年认可这种想法，给予肯定。第三，资本技术交流更为频繁。在城乡双向流动过程中，特别是城市

对于农村的流入,包括进程务工农民工的回流以及在农村创业的城市人口会给农村注入新鲜的血液。他们不仅带来了城市里先进的科学技术,而且还大大改善了乡村面貌。这些回流至农村的农民通过自己的技术来为乡镇企业、农业的产业化做出贡献,加速了农村的工业化,使得城乡边界更加淡化,农民分化的步伐也逐渐加快。

湖北省城乡一体化的发展带来的城乡更紧密的双向流动对于社会经济的发展做出了突出的贡献。首先,它在一定程度上打破了城乡二元体制。多年来往返于城乡之间的农民工们现身说法了双向流动的合理性。它不仅有利于农村剩余劳动力的有效转移,而且促进了城乡的要素互动。其次,培植了更加市场化的就业机制。城乡双向流动的就业机制促使政府思考现行的就业体制,会更加注重市场的基础性配置作用,从而为建立健全大学生就业和城市下岗工人等再就业的新机制打好基础。再次,推动了我省农村经营体制的创新。我国实行以家庭承包经营为基础的双层经营体制,它极大地调动了农民的积极性,加速了农业生产力的发展。但是,在农业现代化日益推进的过程中,农户适度规模经营与分散经营的矛盾也不可避免地暴露出来。农民双向流动就业必然带来人口的流动和转移,那些在城市里已经有了固定职业或常年在外务工的农民,其承包地就要转包出去。于是,一些地方的土地开始流动起来。随着双向流动就业的发展,将逐渐有更多的农民流向城镇,农村土地制度也将在实践中不断创新和完善。[1]

(二)城乡产业结构不断优化

1. 农村改革取得成效,农业得到较快发展

我省农业在与基本省情发展水平相适应的具有中国特色的社会主义农村经济体制下,取得了重大的成绩。我省的粮食生产不断提高,农产品供应日益丰富,农民收入大幅提升,农业财政投入逐年增加,基础设施得到改善,农业生产率不断提高,农村农业得到较快发展,农副产品及食品加工业发展迅速。2011 年我省农业完成增加值 2569. 30 亿元,同比增长 4. 4%,第一、二、三产业结构比从 2010 年的 3. 7 : 66. 1 : 30. 2 发展为13. 1 : 50. 1 : 36. 8,第一产业农业的比值稳步上升。同时,2011 年我省农村居民家庭人均纯收入达到 6897. 92 元,同比增长 18. 3%,消费价格总水平上涨 5. 8%。[2]

〔1〕 蔡玲. 双向流动就业:走向城乡融合的小康之路[J]. 党政干部论坛,2004(3):18 - 19.

〔2〕 数据参考省统计局、国家统计局 2011 年统计数字.

表 3-1　湖北省人均占有主要农产品产量(2001—2011 年)

(单位:千克/人)

年份	粮食	棉花	油料	猪、牛、羊肉	水产品
2001	358	6.3	46.8	48.3	40.5
2002	342	5.4	41	49.4	45.4
2003	316	6.5	45.5	51.4	47.8
2004	349	6.6	52.3	54.1	50.2
2005	361	6.2	48.7	56.8	52.8
2006	365	7.4	46.2	42	46.7
2007	360	9.2	42	42.5	49.1
2008	390	9	49.7	49.8	54.9
2009	404	8.4	54.9	53.5	59.1
2010	405	8.2	54.5	54.6	61.7
2011	416	9.2	53.1	55.2	62.1

资料来源:根据湖北省统计年鉴 2012 的数据绘制。

2. 农村工业化取得进展,城乡工业结构趋于优化

在推动农村农业改革的同时,我省农民积极从事工商业等非农产业活动和发展乡镇企业。自 20 世纪 80 年代中期开始,我省的乡镇企业异军突起,促进了农村经济从传统的农业单一结构逐渐走向多元化。乡镇企业的发展,促使农村的闲置劳动力大批转移,在加快我省农业现代化、城镇化和工业化的进程当中扮演着重要的角色。与此同时,我省采取多项措施来优化工业结构,通过颁发和出台一系列文件和政策,调节工业结构中的产业结构和轻重比例,限制重工业,鼓励轻工业,使得我省工业结构整体更趋向于合理。

湖北城乡一体化的先行者,鄂州市大力推进特色优势产业发展,加快形成互融互补的城乡一体化产业发展格局。一是着力推进优势工业和高新技术产业集群式发展,打造全省新型工业化示范区。2009 年,全市续建和新开工的亿元以上项目达 80 个,共完成投资 135 亿元,同比增长 77.0%;工业完成投资 141 亿元,同比增长 51.6%;高新技术产业实现产值 83.5 亿元,同比增长 25.1%。冶金、能源、建材、模具材料、纺织服装五大产业集群形成规模。二是着力发展现代农业,打造“武汉城市圈”都市型农业

示范区。加快农业结构战略性调整，进一步壮大水产、畜牧、蔬菜、林果四大特色支柱产业。大力推进农业产业化经营，培育龙头企业，初步形成了粮食加工、水产品加工、畜牧加工等多条产业链。水产品加工在全省保持领先地位，大中型水产品加工企业发展总数达276家，转化水产品总量达50.02%。三是着力发展生产和生活类服务业，打造全省现代服务业发展示范区。重点支持现代物流业、旅游业、金融保险业、信息服务业等现代服务业发展。加快建设三江港区、主城区和花湖工贸新城三大物流基地。围绕“一都两湖”，打造三国吴都文化游、梁子湖休闲度假游、红莲湖运动健身游。如今，现代服务业已成为鄂州经济快速增长点。四是着力推进节能减排，打造省级循环经济示范区。优化能源结构，提高环境保护标准，减少污染物排放和能源消耗。建立多部门联动的减排工作机制，实行环境准入制度。2009年，实施了葛店开发区和梁子岛污水处理、鄂州电厂脱硫、鄂钢烧结脱硫等一批节能减排重点工程，全面完成省政府下达的9个专项整治任务，淘汰小水泥、小炼铁等落后产能136.6万吨。

3. 城乡服务业发展迅速，经济进一步协调

随着国民经济的不断蓬勃发展，农业和工业的不断增长和优化，我省的城乡服务业也得到了迅速发展，尤其是20世纪90年代以来，在一系列加快发展服务业的政策措施出台之后，我省的生产性服务业、消费性服务业以及公共服务业迅猛发展。这不仅满足了广大人民群众日益增长的物质文化需要，而且极大地带动了需求的增长，对推动我省经济发展具有重要作用，通过发展城乡服务业，我省的城乡差距逐步缩小，城乡关系有了明显改善，城乡经济得到了协调发展。[1]

比如鄂州市积极发展信息服务、现代物流、房地产、金融保险、国际贸易、中介服务、广告会展、文化体育、休闲娱乐、工农业服务等现代服务业，积极发展连锁经营、特许经营、物流配送、代理制、电子商务等组织形式和服务方式。运用现代经营理念和经营方式改造提升传统商业、养老服务、社区服务、餐饮、交通运输等就业潜力大的服务行业，提高服务质量和档次，努力扩大服务业就业容量，提高对农村劳动力的吸纳力。把旅游业作为第三产业重要的增长点来抓，充分发挥旅游业对第三产业的综合拉动和对农村劳动力的转移吸纳作用。切实维护了“全国优秀旅游城市”形象，努力提升了旅游服务品质和水平。同时重点开发建设了三国吴都历史文化

[1] 刘洁．我国城乡产业结构调整问题研究[D]．上海：华东师范大学商学院经济系，2011.

旅游区、梁子湖生态旅游度假区、红莲湖休闲健身旅游区和中心城旅游景区。

（三）基本公共服务日趋均等化

基本公共服务范围，一般包括保障基本民生需求的教育、就业、社会保障、医疗卫生、计划生育、住房保障、文化体育等领域的公共服务，广义上还包括与人民生活环境紧密关联的交通、通信、公用设施、环境保护等领域的公共服务，以及保障安全需要的公共安全、消费安全和国防安全等领域的公共服务。基本公共服务均等化，指全体公民都能公平可及地获得大致均等的基本公共服务，其核心是机会均等，而不是简单的平均化和无差异化。[1] 湖北省城乡一体化的进程大幅促进了基本公共服务均等化。城乡一体化通过在城乡之间优化资金、技术、劳动力、资源等生产要素的合理配置，互相合作，相互补充，以城带乡，以乡促城，实现城乡资源优化配置及城乡经济社会的持续协调发展，这些促进城乡一体化的过程对于基本公共服务均等化都发挥着巨大的作用。近年来，湖北省城乡免费义务教育全面实施，公共教育体系日趋完备。实施积极就业政策，初步建立起面向全体劳动者的公共就业服务体系。社会保险制度逐步由城镇向农村、由职工向居民扩展，保障水平逐步提高，城乡社会救助体系和社会福利体系基本形成。医药卫生体制改革深入推进，免费基本公共卫生服务项目全面实施，城乡基层医疗卫生服务体系逐步健全。基本实现县县有文化馆图书馆、乡乡有综合文化站，广播电视全面覆盖20户以上已通电自然村，公共博物馆、纪念馆、美术馆、公共图书馆、文化馆、科技馆等公共文化设施逐步向社会免费开放。

例如宜昌宜都市坚持城乡公共服务均等化，不断缩小城乡之间的差距。近三年，该市累计投入4.37亿元，加快山区学校基础设施建设，实现城乡学校师资力量、城乡教师工资待遇、教师收入与公务员收入“三个一样”；累计投入3500万元，加快乡级卫生院和村级卫生室建设，137家村卫生室全部达到甲级村卫生室标准；累计投入2000万元，加强文化体育硬件设施和农村文化站、农家书屋、文化中心户等建设，形成市、乡、村、文化中心户四级文化服务网络；大力开发政策性扶持岗位和社区就业岗位，累计新增就业人员3万人，组织农村劳动力转移就业13万人，被纳入全省统筹城乡

---

〔1〕 国家基本公共服务体系“十二五”规划.（2012年5月6日国务院常务会议通过）.

就业试点县市。

(四)基础设施建设水平日益提高

1. 道路交通

近年来,湖北省道路交通事业发展速度迅速,建设里程数逐年提高,路面状况进一步得到改善。2011 年底,全省公路总里程数达到 212746 千米,其中:高速公路 4007 千米,一级公路 2391.5 千米,二级公路 16852.2 千米,三、四级公路则为 173197.7 千米,乡镇畅通率达到 92.32%,公路密度为 114.6 千米/百平方千米,等级公路所占比例已达到 92.3%,行政村通沥青水泥路率达到 96%,行政村通达率达到 98.61%。[1] 根据最新数据统计,自从通车里程统计范围将村道里程数纳入其中之后,湖北省的村道里程数从 2006 年的 94831 千米增加到 2011 年的 189236 千米。[2]

表 3-2 湖北省公路通车里程统计(2002—2009 年) (单位:千米)

年度指标		2002 年	2003 年	2004 年	2005 年	2006 年	2007 年	2008 年	2009 年
合计		86098	87813	89673	91131	181791	183780	188366	197196
按技术等级分	高速	943	1074	1352	1649	1747	2365	2719	3283
	一级	822	876	973	1093	1278	1371	1566	1725
	二级	11105	12268	14201	15225	15560	15732	16043	16261
	三级	10104	10620	10891	11229	11893	11875	11788	11870
	四级	44316	45076	45340	46880	105349	115809	121550	135695
	等外公路	18808	17899	16916	15055	45964	36628	34701	28362
按行政等级分	国道	4538	4502	4469	4477	4477	4477	5885	6116
	省道	9330	10720	11060	11447	11545	12147	11030	11374
	县道	15855	15145	15582	16023	17321	17459	17503	20050
	乡道	54801	55868	56984	57606	52053	51989	51991	54264
	专用公路	1574	1578	1578	1578	1564	1476	1460	789
	村道					94831	96232	100497	104603

资料来源:根据湖北省交通厅的数据绘制。

---

〔1〕 根据《湖北统计年鉴 2012》相关数据统计.

〔2〕 方堃,李杨,黄智娟. 湖北省城乡基本公共服务均等化现状及对策研究——以基础设施建设为例[J]. 襄樊学院学报,2011(1):5-6.

2. 通讯设施

统计显示，我省在通讯基础设施建设方面取得重大发展。2009 年湖北省通信建设投资共计 125. 6 亿元，同比增长 20. 19% 。全年完成了 678 个自然村通电话的任务，通信服务能力得到明显提高。[1] 从整体上看湖北省城乡通讯基础设施建设发展态势趋好，但农村地区却依然面临着电话线路普及程度还不高，电话线路铺设和维修的提供也仍然以政府主导为主的尴尬局面。统计表明我省的电话普及率从 2005 年的每百人 44 部仅仅增长到每百人 74 部，增长速度不快，农村通讯基础设施供给也仍然不足，与城市还存在相当大的差距。[2]

表 3-3　湖北省电信业务量统计（2005—2009 年）

项目	单位	2005	2006	2007	2008	2009
电信业务总量		1740000	4282000	5500000	678	7978900
城市电话用户	万户	900	935	864	777. 1	
乡村电话用户	万户	336	389	414. 9	401. 6	
移动电话用户	万户	1401	1683	1940. 60	252870	3136. 90
电话普及率	部/百人	44	50		65. 1	74
移动电话普及率	部/百人	23. 3			44. 3	

资料来源：根据湖北省统计局相关数据计算得到表中数据。

3. 电力设施

湖北省电力供应保障主要由省电力公司承担，近三年湖北电力公司供电能力提升较快，如表 3-4 所示，全省全社会用电量从 2007 年的 989. 23 亿千瓦时上升到 1135. 13 亿千瓦时。就湖北省城乡居民生活用电这方面来看，农村与城市用电量虽然还有一定差距，但差距在逐渐缩小。

4. 水利设施

湖北省近些年来在水利基础设施方面取得重大进展。全省恢复和新增灌溉总面积数达 33. 47 万公顷，新增加保守旱涝面积 12 万公顷。同时，各类水利工程开工数为 20 余万处，土石方累计完成达 4. 1 亿立方米，机械

〔1〕 根据《湖北统计年鉴 2010》相关数据统计 .

〔2〕 方堃，李杨，黄智娟 . 湖北省城乡基本公共服务均等化现状及对策研究——以基础设施建设为例[J]. 襄樊学院学报，2011(1)：6 – 8.

台班共投入 285 万个。[1] 这些举措都有力地推动了我省农田水利事业的迅速发展。

表 3-4 湖北省全社会用电量构成情况

类别	单位	2007 年	2008 年	2009 年
全社会用电量	亿千瓦时	989.23	1058.53	1135.13
第一产业用电量	亿千瓦时	17.91	18.14	18.84
第二产业用电量	亿千瓦时	737.02	781.09	809.27
第三产业用电量	亿千瓦时	93.46	98.71	127.29
城乡居民生活用电	亿千瓦时	140.84	160.59	179.02
其中:城市	亿千瓦时	98.21	110.82	124.77
乡村	亿千瓦时	42.63	49.77	54.25
人均用电量	亿千瓦时	1629.71	1738.14	1984.49
人均生活用电	亿千瓦时	232.02	263.69	312.97

资料来源:根据湖北统计年鉴 2009—2010 年相关数据整理得出表中数据。

(五)整体城镇化平明显提升

1. 城镇数量不断增加,城镇体系初步形成并逐步完善

我省的城镇化起步较晚,但发展较快。人口城镇化是城镇化的重要标志。2011 年,全省城镇率为 51.82%,比 1990 年的 28.52% 提高了 33.3 个百分点。截至 2011 年,湖北省有设市城市共计 36 个,紧跟广东、山东、江苏、河南四个城市其后,位于全国第五。城市密度是国家平均水平的 2.6 倍,为 1.8 个/万 km^2;建制镇数量为 734 个,密度为 42.8 个/万 km^2,是国家平均数字的 2.1 倍。我省整体城镇化水平以“五普”口径和非农业人口口径统计分别为 41% 和 28%;按照实际居住人口口径统计的话,则达到近 35%;同全国相比较,后两种统计口径均高于国家平均水平的 2 个百分点,用“五普”口径则高于全国平均水平约 4 个百分点。在全省 36 个城市中,特大城市 1 个,大城市 20 个,中等城市 10 个,小城镇 41 个,初步形成了以武汉为中心,襄阳、宜昌、荆州、黄石为次中心,大、中、小城市、重点镇,一般建制镇五个等级的城镇体系,为城镇整体优势的发挥、区域经济的协调发展起到了重要的作用。

---

[1] 根据《湖北统计年鉴 2010》相关数据统计.

2. 城镇承载能力明显增强，居民生活水平大幅度提高

对于湖北省整个国民经济生活和社会发展而言，12 个地级市发挥着重要的作用，是起着领导和组织作用的城市群体，特别是武汉、襄阳、宜昌、荆州、十堰、黄石等几个中心城市，更是对全省经济的发展、改革的创新，发挥着综合集聚功能和极大的辐射作用，推动着湖北省的城镇化进程向更高水平发展。

而在小城镇的发展方面，湖北的城镇化可以分为三个阶段。一是起步初始阶段。该阶段也可以说是城镇数量急剧增加，农民变为居民，农业社会转向工业社会，农村变为城镇的一个过程。二是快速发展阶段。该阶段的城镇表现出发展速度快，区域辐射能力强，城市功能较完善等显著特征，是居民变为市民，城镇转向城市的一个过程。同时以乡镇企业的迅速发展为契机，以小城镇基础建设为重点，通过完善城镇功能吸引大批乡镇企业向小镇聚集，走上集中连片的集约化经营发展之路。三是全面推进阶段。该阶段主要是以农民造城运动为契机，向小城镇大规模的转移农村富余劳动人口，通过引民建镇推动农村走上乡村城市化、城乡一体化的道路。

通过不断的发展，2009 年湖北城镇人口约 2631.2 万人，比 1978 年增加 1940.97 万人，增长 2.8 倍。2009 年全省城镇居民人均可支配收入达到 14367 元，比 1978 年增长 58.6 倍；城镇居民人均消费水平达 12080 元，比全省平均水平高出 4289 元，高 55.1%，比 1978 年高出 26.6 倍。2009 年城镇居民人均住房面积达 32.29 平方米，比 1980 年增加 27.7 平方米，增长5.4 倍。

三、湖北城乡一体化发展面临的困难

（一）城乡二元户籍制度的障碍

城乡户籍等级制度造成城乡居民在政治权利上以及生活中的不平等。我国现行的“农业人口”和“非农业人口”分别管理以及行政审批的户籍制度，把人口与土地、人口与地方组织的关系固定化，严重的阻碍了流动人口尤其是进城农民身份平等的实现，使他们既无法在城市中行使政治权利参与公共决策，又不能享受同等的公共服务与社会福利，这样不仅造成他们无法融入城市社会，更容易导致社会问题频发、群体冲突发生。多年沿袭的城乡二元社会结构使农村与城市长期分离，农民和市民在政治身份、社会地位、公共资源、发展机会等方面的不平等被逐步强化甚至固化，从而导致城市与农村之间、市民与农民之间出现了裂痕甚至对立。由于进城务工的农民既非纯粹的农民，又非正式的城市居民，这种“生活上已经是市民，

身份上仍然是农民"的二元身份构成不仅让这些进城农民在身份、意识上形成尴尬、产生落差,使他们在城市中没有归属感,无法融入当地社区,更由于这种身份差异使他们无法与市民享受同等的公共服务获取和社会福利享有,这更造成他们缺乏生活资源和发展机会,从而将他们推到城市的边缘境地和弱势地位。由于生活资料的匮乏和社会地位的边缘化,导致绝大部分进城农民在他们工作、生活的城市没有认同感与安全感,这不仅让他们缺乏对所处社区的责任心和信任度,且更容易在他们心中滋生起其强烈的挫折感和被剥夺感,从而增大了不同阶层中矛盾冲突的产生甚至群体事件发生的可能性。在2009年对武汉市新生代农民工得调查中,他们在内心里也没有把自己当成是武汉人,即使是他们的经济条件和社会条件都已达到城里人的水平,但是,他们依然希望回到家乡所在的县或者镇,还有许多人不知道如何定位自己。2011年在对全省进城务工的调查中,仅有11%的进城务工青年感到公平正义在现阶段得到了体现,32%的受调查者认为"受到城市不公正待遇"。尤其是在户籍障碍、子女入学门槛高、享受不到社保、福利等方面,进城务工青年中近30%的人觉得这是他们融入城市的主要障碍。

(二)城乡公共服务之间的差距

1. 社会保障方面的差异

经过多年的发展,我国城市社会保障制度已基本成型,进入发展完善时期。根据国家劳动与社会保障部提供的数据,截止到2011年底,我国参加基本养老保险的城市居民人数已达28391.3万人,医疗保险人数达25227.1万人,参加失业保险的人数达14317.1万人。相应的各大中小城市的救济制度,各项优抚工作及最低保障制度也都顺利展开。但是相比之下,农村社会保障体系则显得活力不够,后劲不足。当前我国农村的社会保障体系仅仅包含农会合作医疗、农村社会合作医疗以及农村社会养老保险,而且农民参保比例也很低[1]。中国科学院最新完成的《2012中国可持续发展战略报告》提出,中国发展中的人口压力依然巨大,按2010年标准贫困人口仍有2688万,而按2011年提高后的贫困标准(农村居民家庭人均纯收入2300元人民币/年),中国还有1.28亿的贫困人口[2],而其中将近

---

〔1〕 参见2012年国务院政府工作报告.

〔2〕 中科院报告:中国还有1.28亿贫困人口、中国新闻网[EB/OL].(2012-3-12)[2012-09-12] http://www.chinanews.com/gn/2012/03-12/3737442.shtml.

90%为农村人口。农村的救济方式当中,传统的救济方式仍占主导地位。调查资料显示,全国农村居民中得到某种程度的医疗保障的人口占12.68%,其中享受部分公费医疗的人群只占1.16%,更多的是农民或集体承担缴费责任的商业性医疗保险和农村合作医疗,而87%的农民是完全自费医疗。”[1]这不仅意味着农民所获得的生活资源和发展机会要远小于城市居民,更表明了在社会财富的分配上,农民处在极为弱势的地位,成为经济发展和社会进步的牺牲者,尤其是对那部分长期在城市工作为城市的快速发展做出贡献却因户籍等问题无法享受城市快速发展成果的进城农民而言,他们是城镇化进程的最大利益受损者,并且没有获得最基本的补偿。

就湖北省而言,农村社会保障体系建设工作开始于2005年。截止到2011年底,共有1684.3万人参加了新型农村社会养老保险。但是,总体上看,农村的社会保障体系并没有真正的建成,主要表现在以下三个方面:一是农村居民所能享受的只有最低生活保障制度,而且政府的救济也仅限于低保人员;二是农村保障能力弱、水平低、类别少、突击性强,没有形成稳定的长效机制,很容易使得农村保障流于表面而实效性低;三是对于失地或者被征地农民的保障制度没有建立起来。就湖北省而言,仅有赤壁市出台被征地农民的养老保险暂行办法,以及大冶市出台的被征地农民生活保障试行办法。由此可见,有效的农村社会保障体系亟需构建。[2]

2. 医疗卫生方面的差异

湖北省近年来大力推行新型农村合作医疗,加快城市社区卫生服务,启动城乡贫困群众大病医疗救助,在一定程度上缓解了民众“看病难、看病贵”的困难。湖北省自2003年启动试点工作以来,新型农村合作医疗的制度框架基本结构形成,管理机制逐步完善,保障水平明显提高,初步形成了医疗机构、合作医疗经办机构、财政部门和商业银行四方相互制约的监督机制。

中国社科院经济所收入分配课题组2012所做的一份调查报告显示:因为种种原因,城乡公共医疗资源差距非常之大。占全国人口近70%的农村却仅仅占有不到全国公共医疗资源总量的30%。农村每千人中平均拥有2.80张病床,城市的平均数字则为6.24张;农村每千人口只拥有3.16名

---

〔1〕 杨建亮．城乡基本公共服务均等化实现机制问题研究[D]．南宁:广西民族大学管理学院,2008.

〔2〕 高萍,余琦璐．缩小湖北城乡公共服务差距的思路与重点[J]．湖北社会科学,2008(8):60－61.

卫生技术人员，城市则是农村的两倍多，6.93 名；相比于城市人口医疗保险 42.09% 的高比例，农村人口医疗保险覆盖率只有 9.58%。从湖北省城乡每千人拥有医疗机构床位数来看，在 2011 年，城市每千人拥有床位数为 6.05 张，远高于农村每千人拥有床位数 2.52 张，二者的水平差距很大。与全国平均水平相比，2011 年湖北省无论城市还是农村，每千人拥有床位数都低于全国平均水平。

由于国家投入有限，筹资额度不大，一个农民的平均筹资水平差不多仅占一个城市居民的 1/10 ~ 1/20，而医药的报销比例也只占到我省平均水平的 30%。[1] 对于患病群众，特别是农村患者而言，虽然有了一定的途径进行医疗报销，但是昂贵的医疗费用以及并不是太高的报销比例还是给广大农民带来了沉重的经济负担。另外，农村卫生服务基础网络体系比较薄弱。由于村卫生室的可支配经费极度有限，因而医疗设备简陋，医疗卫生人员技术落后，服务广大患者的能力不强等众多问题依然存在。

3. 公共基础设施方面的差异

就公共服务的城乡差异中的诸方面来看，公共基础设施方面的差异我们可以很显著的感受得到。在城市我们能够享受到便利快捷的交通、设施齐全的公共娱乐场所、舒心细致的服务、藏书量丰富的公共图书馆等等，相比之下，农村所能使用的公共基础设施则非常有限。由于城乡的不同特征，我们不可能要求城市与乡村在公共基础服务的完全平等，但现实生活中农村落后的农田水利设施、相对单一的娱乐文化活动、泥泞难走的山路等等还是显示出了与城市巨大的差距。

在公共基础设施的资金来源渠道上，我国城市的基础设施包括供电、供水、道路等的建设都是由财政直接拨款，而农村的基础设施主要依赖于广大农民的资金自筹。据财政部统计数据显示，2010 年国家对乡村基础设施建设共计投入 330 亿元，但是同期的城市公共基础设施建设则投入了 2 万亿元左右。尽管我国已经逐渐意识到农村基础设施建设的重要性，这些年也加大了对农村的资金投入，但是城乡的差距仍然很大。以自来水为例，2011 年城市的自来水普及率为 97%，而农村的自来水普及率仅为 75.6%，当前仍有数以亿计的农民对于能够喝上干净的自来水都是奢望。[2] 从湖北省来看，城市人口用水普及率远远高于农村，但在 2006 年以

---

〔1〕 新型农村合作医疗制度建设的实践与思考[EB/OL]、湖北省人民政府政研网(2009-12-16)[2012-09-20] http://www.hbzyw.gov.cn/News.aspx? id=5730.

〔2〕 数据参考《湖北统计年鉴 2010》.

前低于全国平均城市水平；湖北省农村人口用水普及率也低于全国平均农村人口用水普及率。从整体上看，湖北省城乡用水普及率的差距要高于全国城乡用水普及率的差距；从趋势上看，湖北城市用水普及率在2006年以后赶上了全国城市平均水平，而湖北农村用水普及率却一直低于全国农村平均水平，这说明湖北省农村用水基础设施发展非常落后，这与人口仅占少数部分的城市公共基础设施的投资形成强烈的对比。[1] 这同我国多年来一直实行的向城市倾斜的财政政策是紧密相关的，近年来财政资源在城乡之间的分配更是如此，这种政策对公共服务的各个方面都有影响，但在基础设施方面更明显。

4. 城乡义务教育方面的差异

长期以来的二元结构导致了城乡义务教育的不公平和明显差异。首先，城乡二元经济结构影响义务教育的发展。经济发展的水平直接影响到当地政府对教育的投入。由于农村地区的经济发展相对落后，导致教育经费长期投入不足，因而城乡义务教育办学条件差距日趋加大。其次，由于教育对经济的依附关系，城乡二元经济结构也逐步渗透到教育领域，形成了教育制度层面上的城乡分离，进而衍生出了二元教育结构。[2]

在农村义务教育经费保障机制改革后，农民子女上学难、上学贵的问题基本上得到解决，农村义务教育以政府投入为主的经费保障机制和以县为主的管理体制基本形成。但从整体上来看，城乡义务教育差距还是很大，其中最主要的原因就是农村义务教育保障经费过低，特别是中小学生人均公用经费仍然过低。2007年—2008年，湖北省29个贫困县市中小学生均公用经费可达到的最低水平为：农村小学230元、农村初中330元，县镇小学245元、县镇初中345元；其他县市中小学生均公用经费可达到的最低水平为：农村小学215元、农村初中315元，县镇小学245元、县镇初中345元。上述水平与国家确定的小学每生每年300元、初中500元的标准有较大差距。[3] 我们在调查湖北省城乡小学教育差异的过程中发现，城市的小学里都有一到两个高标准的操场，而农村的小学基本上都没有标准操场；在图书馆资源方面，城区的学校都会有自己独立的图书室，藏书丰富更

---

〔1〕 翟子斌．完善农村基本公共服务体系．河北经贸大学课程论文．

〔2〕 陈敏，叶芃．城乡义务教育差异比较研究[J]．湖北第二师范学院学报，2008(5)：89－90.

〔3〕 高萍，余琦璐．缩小湖北城乡公共服务差距的思路与重点[J]．湖北社会科学，2008(8)：60－61.

新也快,部分条件好的学校还有电子阅览室,但是农村的学校则很少甚至没有图书室,学生很难在学校看到课外书籍。[1]

从城乡家庭教育事业投入来看,2004—2009年,城市家庭文教类投入与农村文教类投入比值均超过1.5,最高为2.25(2008年)。长期以来,湖北教育经费投入明显偏向城镇,农村学校的师生比和教育经费投入与城镇相比差距较大。城市教育发展很快,教育条件很好,而广大的农村教育条件较差,农民子女受教育程度一直较低。

(三)流动农民权益保障不力

近年来,党中央、国务院高度重视农民工问题,制定了一系列保障农民工权益和改善农民工就业环境的政策措施,各地区、各部门按照党中央、国务院的部署做了大量工作,进行了一些有益的探索。湖北省委省政府及相关部门在解决农民工问题上做出了很大的努力。但总的来看,城乡一体化过程中的农民外出就业和权益保障等方面仍然面临着很多问题,现实中侵犯农民工权益的事件不断发生,尤其拖欠农民工资、歧视进城务工、损害农民工正当权利等问题尤为突出。

1. 劳动力市场欠规范,合法权益屡遭侵犯

一项对于进城务工青年生存和发展的调查报告显示,在外出务工的青年农民工中,有40%未签订劳动合同,另有55%的人被拖欠过工资,而且有11%的人被经常拖欠。一位在武汉市汉阳区进城务工的工地保安在问及农民工劳动权益的侵犯有哪些的时候,他回答到,主要表现为劳动合同签订不公平、参加社会保险的比例以及工资收入水平仍然较低,工伤、职业病和劳动争议经常发生。尤其是部分行业、部分地区,对于体力劳动者来说,主要表现在一是拖欠农民工工资;二是不签订劳动合同;三是劳动条件差。

2. 基本公共服务需求欠满足,供给不完善

建立在户籍制度基础上的城市公共服务制度使新生代农民工在享受政府提供的公共服务时处于“边缘人”的状态。受到城乡二元分割体制的长期影响,生活在城市的居民,天然地具有社会资源与竞争方面的优势,形成一种身份优势意识和市民性格,许多有偏见的市民将农民工视作“外来人”,认为他们没有权利享受城市的优越条件,从而出现了市民及城市管理者对农民工群体的种种排挤和歧视。2007年省团委对青年农民工的调查

---

〔1〕 姜欢,张亭亭. 湖北城乡义务教育现状及财政政策研究[J]. 湖北经济学院学报,2008(8):19-21.

显示，在青年农民工对政府公共服务的需求上，28.4%的青年农民工认为创造公平发展环境是其对政府的最大期望，19.2%的青年农民工要求政府加强技能培训，而要求提供维权服务的占16.2%。其他三项位列其后的需求分别是："大力发展经济"（占9.6%），"加强文化科技教育"（占8.1%）和"其他需求"（占8.1%）。

3. 制度保障欠健全，维权行动举步维艰

据统计，青年农民工在受到不公正待遇后，得到很好解决的不到50%，其中得到完全解决的只有8.4%，有26.3%的青年农民工认为自己在遇到不公正待遇后，没有得到任何程度的解决。2008年2月，湖北省十堰丹江口市丁家营镇的杨广群和几位同乡一起，到北京市朝阳区一建筑工地项目部做日薪90元的木工。由一个老乡带班，工资由这位老乡代发，期间没有签订劳动合同，也没有办理各项社会保险手续。2008年3月的一天，杨广群在工作过程中手被重物砸伤，后送至一家卫生室做了简单的包扎。在进一步检查治疗的要求被带班的老乡拒绝之后，工地的项目管理人员对此事也未给予重视，只是要求杨广群回家休养，待伤好后继续上班。杨广群就从北京回到老家，因伤痛难忍遂到十堰市太和医院进行检查治疗，发现手指骨折，需要进一步治疗，且需要长时间休养。杨广群将此事电话告知带班人员后，带班人员未予答复。杨广群只有自己掏钱治疗，并按医嘱进行休养。2008年3月底，杨广群听说十堰市团委在湖北平长律师事务所创办有进城务工青年法律援助中心，可对进城务工青年提供法律援助，就赶到湖北平长律师事务所求助。经过事务所律师的调查取证，并与用人单位和劳动保障局漫长的艰难交涉，最终用人单位向杨广群支付20000元赔偿款。

4. 政治权利欠保证，民主参与机会少

在关于进城务工青年的调查中显示，进城务工青年中仅有12.7%的人是中共党员，非党员中约70%的人希望加入党组织，可见青年农民希望拥有一定的政治参与机会，以争取有一定的发言权，更好地发展自己。但是由于本身流动性强的特点及各种因素的制约，农民工的政治权利得不到有效实现。大多情况下，他们既无法参与本村村民自治，也不能参加城市社区选举，而且在用工单位也不能行使民主权利。按照法律规定，劳务派遣工在用工单位没有作为职工代表参与职工代表会资格，因此农民工不能参与企业的职工大会，导致基本的政治权利没能得到充分的保障。

（四）城乡和区域市场分割

长久的二元体制人为地造成城乡市场分割，阻碍了生产要素自由流动。在二元经济结构的框架下,城乡之间的经济生产要素被阻断,总体经济结构失衡、产品单一,城市工业生机不够,农村农业生产率水平不高,主要表现为:第一,城乡间劳动力流动受阻。城市人口在相对优惠的福利待遇下不愿到农村就业,农村人口到城市就业受到严格限制,甚至被断绝;第二,技术交流困难。城市和农村的长期二元式发展,阻断了二者之间的产业交叉,使得城市相对先进的生产技术缺乏合理的方式和手段向农村渗透和传播,导致了农村的机械设备长期处于落后不足的状态;第三,物资交换的多重障碍。城乡之间的物资交换包括农产品、工业品等等基本上都是通过国家相关部门在政府的引导作用下进行的。这种状况一直持续到上世纪 90 年代初期。城乡二元结构加剧了国有资源配置的不合理程度,造成资源浪费和经济效益下降。长期以来,国有资源以超低价格供给着城市,资金和人才都是倾斜式的支持城市和国有企业,这样的直接后果就是导致了农民的生活落后、农村资源的相对紧缺、人地资源矛盾突出,农业生产效率低下,同时,城市企业,尤其是国有企业经济效益低下,缺乏竞争机制,造成资源和资金的大量浪费。

(五)城乡社会管理格局失衡

我省经济不断走向振兴的同时,社会管理并未同步发展,相反,却逐渐形成了城乡二元的社会管理格局。此格局长期存在不利于经济社会的长期发展,对此应有清醒的认识并不断改善社会管理格局。当前管理格局失衡主要体现在重城市管理,轻农村管理,具体表现在以下几个方面。

1. 各级政府对城乡社会管理制度供给存在显著差异

政府在城市社会管理过程中提供了大量的制度供给,有的制度是根本性的,如户籍制度、供给制度等,这些制度促进了城市社会的繁荣与快速发展,但对小农经济的农村社会管理提供的制度存在严重的不公平问题。建国以来,户籍制度将农民牢牢限制在土地上,在 20 世纪 80 年代前,政府通过粮食等农产品统购统销制度为城市发展从农村社会抽取了大量的资源,农村成为中国现代化财富积累的源泉。广大农民为中国城市工业化做出了历史性的贡献和牺牲。城乡分治的模式使城乡社会管理形成了二元模式。20 世纪 80 年代后,由于向市场经济体制转轨,客观上要求劳动力自由流动,因此户籍制度逐渐松动,但制度限制依然存在,农民进入城市打工仍不能受市民待遇,这部分人实际上游离于二元社会管理格局之外。

2. 国家和各地方政府在城乡社会管理中的人力、物力、财力资源配给上存在显著差异

政府为维持城市社会的生活秩序与社会稳定投入了数额巨大的人力、物力、财力,城市社会的公共服务体系因此在根本上好于农村,尽管仍然感到不健全,但与农村相比是天壤之别。相比之下,农村由于政府在人力、物力、财力上的投入严重不足,农村的公共服务体系相当薄弱,特别是偏远地区,公共服务非常缺乏,农村出现的各种各样的社会问题很多都不能在早期得到处理,如许多农村出现各种治安问题,因警力不足,或距派出所较远等因素而长期得不到解决,农民利益受损时只有认倒霉,或自行解决,从而引发新的社会问题。宜昌市秭归县茅坪镇建东村的傅姓村民在一项调查中,就对于农村的管理机构消费包括去派出所办事成本高明确表示了极大的不满。

3. 制度设计缺陷和政府公共行政的伦理缺失深度影响农村社会稳定

制度设计本身的缺陷会直接影响到广大农民的合法权益得不到切实保障,在2010年全国人大对选举法修改之前,人大代表的名额分配一直都是城乡居民四比一的不平等比例,这也就意味着城乡居民同票不同值,这在一定程度上,会诱发农民的不满情绪,甚至恶化成为影响社会安定的因素。同时,公共行政的公共性决定了它的公正性和正义性,只有在行政管理过程中自觉地奉行该种伦理选择才能树立政府以人为本和公平正义的形象,才能维护好社会的稳定。在土地制度备受关注的当前,我们仍然能够看到因制度设计缺陷以及公共行政伦理缺失所造成的严重后果。一是政府对农村集体土地的征用、补偿制度设计显失公平,引发农民的强烈不满。二是某些政府在农村集体土地利用上表现出与民争利,损害农民利益,严重破坏了党和政府的形象,导致政府对农村问题的控制能力弱化。三是政府不负责任的行为损害政府形象,影响农村稳定。地方政府为了经济增长,往往以牺牲农村的环境和农民的健康为代价,在农村环境污染事件、危机事件发生时,对农民要求解决问题的诉求往往重视不够,或者敷衍塞责,行动迟缓,进而导致问题升级,群体性事件产生,严重影响了人民对政府的信任。

四、推进城乡一体化发展的政策选择

(一)构建城乡一体化的居住制度

现行的城乡二元户籍制度,实际上是在一纸户口本上维系着许多不公

平的因素。计划经济时代形成的以户口登记为依据,城乡分割的劳动就业、社会保障、计划生育、退伍安置、公务员录用等行政管理制度,给户籍管理附加了过多不合理的社会管理功能,并造成许多的社会不公平现象。[1]比如,依据司法解释的相关规定,在交通事故之后的人身损害赔偿中,由于受害人的户籍身份不同,即使是在同一起事故中受到同样的伤害,农村居民所能得到的赔偿金额往往与城镇居民相差几倍。曾经有报道指出,2006年的一起交通事故中,农村户口的赵先生家属比城镇户口的金某家属拿到的死亡赔偿金足足差了24万。这种“同命不同价”的惨剧固然发人深省,引人痛心,但究其根源,还是在于城乡二元户籍制度的不完善。如果不能从根本上解决分割的城乡二元服务体制,户籍制度改革也将寸步难行。[2]

城乡居民机会不均等,特别是长期分割的二元体制使得广大进城务工的农民没有平等的享受到“国民待遇”,这是实现城乡协调的基本公共服务均等化以及深化户籍制度改革面临的最主要挑战。针对此情况,党的十六届五中全会通过了《中共中央关于制定国民经济和社会发展第十一个五年规划的建议》,规划中重点强调,统筹城乡经济社会发展,必须推进户籍制度改革。深入推进户籍制度改革,就是按照目前的国际标准,建立起以身份证管理为主、全国统一的一元户籍制度。作为一项基础性改革,它能够为城乡基本公共服务均等化提供制度的保障,从而更好地推动城乡一体化发展。比如鄂州市在对城乡居民统一登记为“湖北居民”户口的基础上,进一步放宽户口迁移落户政策,最大限度地降低户口迁移条件,取消对农村劳动力进城落户的指标限制,取消申报、迁移户口的各种不合理的前置限制条件,积极探索城镇人口迁移农村落户的管理办法,统一按公民经常居住地登记户口,以合法固定住所、稳定的生活来源和职业作为户口准迁的基本要求。鄂州市率先积极探索,将户口办理程序进一步简化,实行“一站式”服务,即将户口审批统一到各区分局户政大厅直接办理。同时,率先改革了暂住证制度,由先前的对流动人口实现暂住证管理逐步过渡到居住证管理,这样既保证了领取居住证的流动人口与当地居民同样的履行相应的公民义务,又保证了他们能够享有平等的权利和待遇。[3]

---

〔1〕 迟福林. 城乡基本公共服务均等化与城乡一体化[J]. 东南学术,2009(6):6-8.

〔2〕 黄慧蕙. 城乡一体化视域中的基本公共服务均等化研究——基于江苏吴江市的实践[D]. 苏州:苏州大学管理学院,2009.

〔3〕 黄建雄. 城乡统筹发展中的基本公共服务一体化——以湖北省鄂州市的探索为个案[J]. 社会主义研究,2009(5):60-65.

（二）建立均等化的公共服务体系

公共服务是公共资源配置中的主要内容及国民利益分配格局的重要组成部分，均衡、公平的使用分配制度有助于缩小城乡在公共服务供给上的差距，实现普遍的“国民待遇”，建成“普惠制”的公共服务供给体制。而我国当前仍是偏向城市公共服务分配状况，由建国初重工业优先发展的经济发展战略演化成的城市优先发展、城市居民优先享受、城市资源优先配置的经济发展战略，至今未有太大改观。“十二五”规划中在创新公共服务供给方式中提出：“改革基本公共服务提供方式，引入竞争机制，扩大购买服务，实现提供主体和提供方式多元化。推进非基本公共服务市场化改革，放宽市场准入，鼓励社会资本以多种方式参与，增强多层次供给能力，满足群众多样化需求。”[1]

因此，政府应该改变偏向城市的分配格局，建立一种“普惠制”的公共服务供给体制。偏向城市的分配格局必然造成城乡公共服务供给上的差异，要实现城乡公共产品的均等化供给，必须对于当前不合理的城乡分配格局进行调整，积极建立以工促农、以城带乡的长效分配机制。完善政府管理社会事务的职能，加强诸如社会保障、公平分配、社会福利、社会秩序、社会救济等方面的社会管理职能。同时，进一步完善投融资体制，对农村加大相应的财政投入。[2] 由于计划经济时代财政过渡倾向于工业、倾向于城市，为了弥补农业、农村的巨大牺牲，应该建立城市反哺农村，工业反哺农业的长效反哺机制，公共服务供给不但要均等化，而且要在一定的时间范围内适度的倾斜于农村。[3]

（三）破除阻碍人口资源流动的制度障碍

第一，完善城乡户籍政策。打破“二元制”户口管理体制，实行户籍“一元化”管理体制。实行户口迁移条件准入制，以法制化、证件化、信息化为主要手段，逐步取消户口的附加功能，建立与社会主义市场经济体制相适应的新型户籍管理制度。

第二，完善农村土地政策。在全面落实各项惠农政策，稳定土地承包

---

〔1〕 敬海新．加强社会建设 建立健全基本公共服务体系[J]．前沿，2011(19)：127－131.

〔2〕 杨美英，齐晓安．统筹城乡公共产品供给制度创新问题探析[J]．经济纵横，2007(4)：6－8.

〔3〕 龚翅鹏．当代中国进程中的基本公共服务均等化问题研究[D]．南京：南京大学政治系，2011.

经营制度的前提下,着眼于集约化经营、最大化收益,支持农民按照“依法、自愿、有偿”的原则,通过转包、转让、入股、合作、租赁、互换等方式流转土地承包经营权。[1] 探索制定以宅基地换住房、以土地经营权换保障的政策,促进农民向城镇集中和非农产业转移、土地向经营大户集中。

第三,完善城乡就业和社会保障政策。统筹城乡就业,建立城乡一体的人力资源市场和公平竞争的就业制度;加大对农民培训和教育的力度,大力开展多渠道、多层次、多形式的农民职业技术教育和培训。把城镇就业与农村劳动力就业转移,纳入统一的就业规划和管理,建立完善城乡统一的就业政策。按照大统筹、全覆盖、上水平的思路,进一步制定和完善保障制度,使各项保障规范化、全员化、趋同化,加快城乡社会保障并轨。完善城镇社会保障制度,实施农村养老保险和被征地农民社会保障制度,加快建立以最低生活保障为基本框架的农村社会保障体系,实现与城镇社会保障制度的无缝对接。

第四,建立城乡一体的土地使用和管理制度。重视土地的长期规划,提高土地利用效率,实行集约和节约用地,对新增建设用地进行严格的控制。同时,要适时推进土地征用制度和农村土地经营流转制度的改革,加大市场在土地承包经营权中的调配作用,对依法、自愿、有偿的土地承包经营权流转机制进行因地制宜的创新,探索各种形式的适度规模经营,推进农业的产业化经营和市场化管理。[2] 对失地和征地农民进行依法补偿,建立健全土地征用的赔偿原则和政策,切实地保护好、维护好广大农民的利益。

第五,加大三农投入。要建立财政支农资金增长机制,确保财政支农支出的增长幅度高于政府财政经常性收入的增长幅度。力争 3 年内各级财政农业投入要占经常性财政收入的比重达到 10% 以上,进一步制定和完善财政扶持农业发展的相关配套制度和标准,引入市场化竞争机制,规范多元化投入机制。要改革和完善农村税收制度、财政转移支付制度,加大向农业、农村的倾斜力度。调整财政支农支出结构,扩大财政支农的覆盖面。创新农业农村投入机制,建立以项目为载体的涉农资金整合机制,把财政支农的重点从支持生产性项目,转向重点支持农业基本建设、农村基础设施建设和社会事业发展,进一步建立支农资金奖补机制。

---

[1] 顾益康,绍峰. 全面推进城乡一体化改革[J]. 中国农村经济,2003(1):20-25.

[2] 程淑红. 县域城乡一体化规划研究——以皋兰县为例[D]. 兰州:兰州大学资源环境学院,2010.

第六,创新农村金融服务。按照“公共服务均等化”和“存量适度调整、增量重点倾斜”的原则,适时将投资向农村转移,财力向农村倾斜,进一步优化财政支出结构。通过完善农业保险机制和农村贷款担保机制,支持农产品行业协会和农民专业合作社来发展农业小额信贷担保服务。积极探索市场经济条件下农业保险的路子,争取先在农业种养大户、特色农业生产基地中试行。着手培育小额贷款组织,引导农民开展信用互助合作,鼓励非公有制经济业主买断或合资、合作开发建设农村基础设施;通过国家、集体、社会、个人等多种途径拓宽城乡建设投资筹融资渠道,为城乡一体化建设提供投资保障。同时,深化农村信用社改革,建立农村信用贷款制度,不断扩大农村信用贷款的覆盖面。各商业银行可以积极探索和创新多种适合“三农”的信贷方式,对具有产业优势的农业龙头企业进行重点扶持。[1]

第七,保障进城农民享受同等政治权利。在完善城乡户籍管理的基础上,实现由“户籍管理模式”向“居民管理模式”的转变,使进城农民真正成为城市的一个有机组成部分,为农民工参与政治生活开辟途径。可以通过在人大、政协增加农民工代表、委员名额,扩大进城农民政治参与的途径。其它省市做了一些有益的探索,比如深圳将全市350名人大代表中的10名留给了外来务工人员,浙江省义乌市增加了12个农民工代表名额,适当保障了外来民工的选举权和被选举权,同时鼓励农民工参与社区自治。在农民工比较集中的社区建立农民工自治组织,工、青、妇等社群组织可以明确向农民工群体覆盖,培养农民工的主人翁意识。这样既有利于表达和保护农民工的权益,又方便政府对农民工的管理。[2]

(四)消除城乡市场流通的壁垒

由于城乡市场体系并不完善、市场机制作用还十分有限,同时市场监控制度、商业信用制度、信息披露制度等还不完善,我省在构建城乡市场体系一体化的过程暴露出一些问题。首先,商贸流通业规模化和组织化程度不高。当前,我省一些地方商贸流通业的组织化、规模化水平偏低,整体运行效率和质量难尽人意。从商贸流通组织化的主要标志——连锁经营看,

---

〔1〕 程淑红.县域城乡一体化规划研究——以皋兰县为例[D].兰州:兰州大学,2010.

〔2〕《切实解决农民工政治权利和社会保障问题,确保农民工享受“国民待遇”》,《中国人民政治协商会议温岭市委员会》,http://wlzx.gov.cn/show.asp? id=3053.2006-5-29.

连锁经营在零售市场的份额低、连锁企业规模偏小等问题较为突出。其次,商贸流通业的现代化水平较低。以农资销售网络为例,农资配送企业分散,缺乏统一规划,未形成统一的物流配送网络,物资流通成本高、效率低,由此造成的坑农、害农现象时有发生。同时,商品市场体系缺乏资金投入和长期规划,导致一些地区的大型商业网点建设结构失衡、功能雷同、比例失调,与此同时,现代配送中心、物流中心、批发交易中心和仓储建设等发展也比较缓慢。[1] 针对这一情况,我们要大力推进城乡市场体系一体化。

第一,完善城乡市场体系。湖北各地区要充分与大武汉的各类市场进行对接,加快城乡流通现代化建设步伐,重点建设贯通城乡的农产品流通体系。比如,鄂州就可以做大做强蟠龙农产品物流中心,加快建设一批设施先进、功能完善、交易规范的鲜活农产品二级批发市场。形成以物流中心为核心,以二级批发市场为辐射点,以集贸市场、连锁超市、便利店、单体零售经营门店为基础,布局合理、辐射力强的城乡农产品流通体系。大力培育和发展物流配送、便民超市等新型流通业态,推进零售业城乡连锁化。

第二,培育城乡流通主体。鼓励各市大中型商贸流通企业到农村发展综合性服务网点,建设和改造农资农家店。引导和鼓励农民发展各类农产品流通合作组织、协会,发展运销大户和农民经纪人队伍。积极培育一批主业突出、具有市场竞争力的龙头企业。鼓励具有竞争优势的龙头企业通过参股、控股、承包、兼并、收购、托管和特许经营等方式,实现规模扩张,做大做强。

第三,加强城乡市场对接。整合城乡各种信息资源,建设农产品信息网络中心,使之成为内联千家万户,外接国内、国际市场的信息平台,引导农产品进超市。制定相关政策,建设绿色通道,引导支持龙头企业、农民专业合作组织等直接向城市超市、社区菜市场和便利店配送农产品。

第四,加速城乡要素流动。培育发展多种形式的农村金融组织,扩大农民融资渠道。积极培育和发展直接为"三农"服务的农村信贷担保组织,探索以农民的承包土地经营权作为抵押物向金融组织贷款的具体办法。引导人才、技术流向农村。积极运用激励政策与市场机制,引导武汉涉农高校、农业科研院所和本市农业技术人才开展农业项目合作,实验推广新品种、新技术,培养农村实用人才。支持农村土地市场建设,鼓励农民灵活

---

[1] 赵萍. 中国流通服务业影响力实证研究[J]. 商业经济与管理,2007(8):16-19.

运用承包土地经营权建立土地合作社，促进集体土地使用权合理流转，提高土地利用效益。

第五，促进农业资本自由流动。我国农村集体产权制度还不完善，特别是产权交易市场很不发达，这极大地制约了社会资本规范有效的参与现代农业建设和新农村建设。要鼓励各地整合同类的交易资源，成立地区性的农村产权交易机构，以农村土地承包经营权流转服务中心或者农村集体三资服务中心为依托，建立健全农村土地承包经营权流转和农村集体资产发包、出租和村级公共资源配置和交易，促使农业资本在市场上自由流动，促进农村资本与社会资本结合，进一步解放和发展农村生产力。[1]

（五）其他相关配套制度和政策

第一，建立健全公共财政机制。要想改变我国现行的二元经济结构，增加农民收入，改善农民生活水平，发展农村经济，这很大程度上有赖于公共财政的积极引导和大力支持。目前我省进入统筹城乡发展的关键时期，而资金的不足在很大程度上限制了其发展，成为制约统筹城乡发展的瓶颈。要解决这个难题，就需要我们理顺各级财政关系，加大对农村事务的投入力度，保证资金适时向农村转移，财力及时向农村倾斜。多管齐下，齐头并进，调整和优化财政支出结构，大力支持农业产业化经营、农村各项基础设施建设和各项社会事业发展，促进基本公共服务均等化，逐步建立起与经济发展相适应的城乡一体的公共财政体制。实施将教育、文化、卫生等部门当年新增财力主要部分用于农村的政策。

第二，健全社会保障制度。我们要坚持城乡整合、统一筹划的观念，积极探索，分阶段、分层次、分类别、有步骤地建立与农村实情相适应的社会保障制度。一是建立和完善新型农民养老保险制度。在“广覆盖、多层次、保基本、可持续”基础上，结合实际，全面推行农民养老保险，可对农村独生子女适当予以优先优待，逐步提高农民养老保险水平。二是完善覆盖城乡居民的基本医疗保障制度。提高新型农村合作医疗的补助标准和水平，逐步缩小与城镇居民基本医疗保险的保障差距。完善城镇居民基本医疗保险制度和城镇职工基本医疗保险制度，扩大覆盖面，逐步提高保障水平。三是推进城乡社会保险制度全面接轨。探索建立农民工综合社会保险、农民养老保险、城镇居民社会保险、城镇职工社会保险的衔接机制，推进城乡

〔1〕 全国首届农村产权交易研讨会[EB/OL].(2011－11－08)[2011－10－13]http://seminar.bjraee.com/.

社会保险制度全面接轨。四是完善城乡一体的社会救助体系。立足现行社会保障制度,通过财政补助、社会捐助和民政部门使用的彩票公益金等多渠道筹集资金,保障地震中受灾的孤儿、孤老、孤残的基本生活。同时,构建全社会参与的志愿服务体系,鼓励社会力量和个人捐赠、资助和参与社会救助事业,切实保障困难群体在“吃、穿、住、行、医、学”等方面的最基本需求。[1]

第三,加强城乡就业统一管理。按照“劳动者自主择业、市场调节就业、政府促进就业”的就业方针,城乡劳动力双向流动主要靠市场调节,政府需要做的就是为劳动力充分流动创造良好的市场环境,扫除制度性障碍,创造公平竞争的环境,提供良好的社会保障,让城乡劳动者可以自由选择流动,平等享有社会保障,平等受到就业帮扶,稳定就业,安定生活。我们可以通过以下三个措施来加强城乡就业统一管理。一是建立健全城乡一体的公共就业服务体系。坚持统一规划,合理布局,培育和完善统一开放、竞争有序的人力资源市场,逐步从单一的职业介绍服务向多层次、多元化的就业服务转变,整合公共就业服务资源,推进就业服务制度化、专业化和社会化。二是建立城乡一体的就业服务制度。扩大就业和失业登记管理范围,将城镇劳动者、转移到非农产业就业的农村劳动者、非农产业就业的外地劳动者、自愿放弃农村经济组织成员身份或流转土地的农村劳动者纳入到就业和失业登记管理范围之中,建立农村和城镇人员就业和失业统计制度。三是健全完善城乡一体化职业技能培训制度。以提高劳动者就业能力和创业能力为目标,加快健全完善职业培训体系,大力发展覆盖城乡的职业培训网络,不断加快高技能人才培养和技能劳动者队伍建设,提高就业层次。[2]

第四,统筹城乡公共服务体系建设。统筹城乡发展,推进城乡一体化,要加强公共服务体系建设。优化公共财政支出结构,加大各级政府对基层公共服务的投入,加快文化体制改革的步伐,增加对群众性文化项目的资金扶持,使城乡居民享有基本均等的发展机会和公共服务;引导城市社会管理向农村的延伸,将新增财力向文化、教育、卫生等社会事业倾斜,加快完善农村社区卫生服务体系,重视教育投入,统筹配置城乡公共卫生和健

---

〔1〕 成都市统筹城乡综合配套改革试验总体方案. 四川省人民政府,2009-05-22.

〔2〕 深化户籍制度改革,健全城乡一体的社会保障体系[EB/OL]. (2010-11-11)[2012-10-20] http://www.chengdu.gov.cn/GovInfoOpens2/detail_allpurpose.jsp?id=pYhtd5k8kZIXCT04UTF8.

康资源;此外,要强化乡镇政府提供社会事业服务的责任,变乡镇政府的行政管理职能为社会事业管理职能,以文明村镇和文明家庭建设为载体,广泛开展文明村镇创建活动,倡导健康文明的生活方式,丰富农民的精神文化生活。[1]

第五,推动城乡社区建设。胡锦涛同志在省部级主要领导干部社会管理及其创新专题研讨班开班仪式上的讲话中强调,要"强化城乡社区自治和服务功能,健全新型社区管理和服务体制"。[2] "十二五"规划纲要也明确提出,"全面开展城市社区建设,积极推进农村社区建设,健全新型社区管理和服务体制,把社区建设成为管理有序、服务完善、文明祥和的社会生活共同体。"[3]推动城乡社区建设,一方面,可以完善城镇功能,更多的吸收农村富余劳动力,从而带动农村发展;另一方面,可以把城镇的基础设施和服务功能及时向农村延伸,发挥城镇对农村的辐射、带动作用,进一步加快城乡一体化进程;同时,还能进一步促进城乡融合以及公共服务的均等化。

---

〔1〕 丁开杰. 论城乡社会管理一体化的实现途径[J]. 四川行政学院学报,2009(5):21－24.

〔2〕 李梅. 从社区发展到社区营造——台湾社区建设研究[D]. 武汉:华中师范大学政治学研究院,2011.

〔3〕 李国平. 健全新型社区管理和服务体制推进基层社会管理创新[EB/OL]. (2011－04－29)[2012－10－20] http://theory.people.com.cn/GB/14519548.html.

第四章
湖北城镇化进程中农民工的城市融入与社会融合[1]

农民工是城市新增人口的主要来源,是推动我国工业化、城市化的重要力量。近年来,随着我国经济社会的快速发展,大量的农村剩余劳动力从农村中转移出来,进入城市,从事非农产业,其中青年农民工更是占到了这一群体的60%。据统计,2011 年湖北全省农村劳动力总人数为 2216.2 万,其中外出务工经商达 1163.6 万,占农村劳动力总数的 51%,与去年同期相比增加 38.6 万,增幅 3.6%。省内就业达 550 万,占经商务工人数的 47%,比上年同期增加 45 万;外省务工人员达 613.6 万,占外出务工人数 53%。农村劳动力外出务工创收达 1556.3 亿元,人均年收入 1.54 万元,人均月收入达 1283 元,两项均比上年增长 33%;返乡创业人数达 5.08 万,创办微型企业 1.39 万家,带动就业 16.7 万人。[2] 毋庸置疑,作为湖北省城市建设的主力军,广大农民工群体对湖北省经济的发展起到了巨大的推动作用。然而作为城市中的弱势群体,他们的城市融入和社会融合状况却不容乐观。

一、当前湖北省农民工城市融入与社会融合的现状

生产与生活、社会身份与公民待遇、社会交往及心理认同是农民工城市融入与社会融合的三个重要维度,这三个维度是相互联系且依次呈递进关系的。其中,生产与生活融入是基础,农民工只有在衣食住行都得到基本保障的前提下才能迈出融入城市与社会的第一步;社会身份与公民待遇层面主要反映的是社会对农民工的身份认同和福利支持;社会交往层面的

---

〔1〕 报告执笔:陈思霖,华中师范大学政治学研究院硕士生.

〔2〕 黄艳. 湖北去年输出农民工超 1100 万 创收 1556 亿元[EB/OL]. (2012 - 02 - 12)[2012 - 08 - 03] http://finance.people.com.cn/GB/70846/17089053.html.

融入是指农民工在城市中的生活方式、社会交往和人际关系现状，它能在某种程度上反映农民工的城市融入程度；心理层面的适应反映的是农民工对城市化生活方式的认同程度，只有在心理上适应了，才能说明城市化对农民工的人格的塑造和影响得以完成，才能说农村人真正转化成城市人。

（一）生产与生活融入度

日常生产和生活是农民工的生存基础，来城市打工的农民工只有解决了吃饭、住宿等维持生存的最基本生活需要，才能有资本和勇气在这个城市继续生活。

1. 职业分布

近几年来，我省外出务工人数相对较多并有逐年递增趋势。从职业分布上来看，农民工进城主要是以打工为生，从事商业或者创业的人比较少，从事纯体力劳动，以及主要分布在低端的制造业、建筑业和服务业。其主要呈现出以下特征：

第一，职业性质：以纯体力劳动为主。由于绝大部分农村劳动力的素质偏低、技能单一，而就业市场对劳动力的需求正向高素质、高技能人才快速转变，农民工外出就业的机会逐渐减少，大部分只能从事劳动技能低、劳动强度大、危险性高的行业，如制造业、建筑业、服务业、住宿餐饮、零售批发行业等等。据调查统计，从事此类行业的农村劳动力占外出劳力的70%以上，他们的足迹遍布武汉的各个角落，纯体力劳动者已经构成了武汉一些行业产业工人的支柱群体。这也是全国绝大部分地区农民工生存状态的共同点之一。

第二，行业领域：以低端制造业、建筑业和服务业为主。我省外出务工人员的学历普遍较低，因受文化水平的制约，其整体素质较低，导致大批既缺文化又缺技能的劳动力只能从事一些简单劳动或低技能性的职业，从事的行业主要集中在制造业、建筑业、居民服务业及其他产业。据调查，农村外出务工人员大多分布在电子厂、玩具厂、衣帽厂、鞋厂、家俬厂、油漆厂、玻璃厂等从事手工业，还有一部分从事建筑业、厨师、推销员、保安和其他第三产业，行业相对集中。外出从业人员中从事第一产业的50.07万人，占5.2%；从事第二产业的544.26万人，占56.6%；从事第三产业的367.17万人，占38.2%。随着经济结构调整、工业化推进和城镇化提速，已有超过三分之一的农村劳动力转移到非农产业，这标志着我国工人队伍构成发生了历史性变化，不过，庞大的农民工主要从事低端重体力劳动行业，与城镇居民从业性质及从业领域存在明显的差距。

案例1　孝感农村劳动力转移概况[1]

湖北省孝感市2009年上半年农村劳动力累计转移就业113.39万人。按性别划分:男性63.63万人,占56.12%,女性49.76万人,占43.88%。按就业年龄划分:16～25周岁35.78万人,占31.55%;26周岁以上77.61万人,占68.45%。按文化程度划分:初中及以下89.84万人,占79.24%;高中和中专20.41万人,占17.99%;大专及以上3.14万人,占2.77%。农村劳动力转移就业行业分布:建筑业44.50万人,占39.24%;电子通讯及软件业11.86万人,占10.46%;机械制造业9.14万人,占8.06%;纺织业7.94万人,占7.0%;服装业10.94万人,占9.65%;其他行业29.01万人,占25.59%。农村劳动力转移就业按地域分布:东北26.88万人,占23.7%;江浙20.88万人,占18.41%;西北8.67万人,占7.64%;西南10.52万人,占9.28%;武汉城市圈25.84万人,占22.79%;其它城市20.60万人,占18.18%。

2. 收支状况

虽然在城市化发展推动下,大量的农民已经从农村转出,但是他们在城市的经济状况却不容乐观。虽然,在国家政策的有力保障下,近几年农民工的经济收入有所增加,但是,从总体上来看与自身的付出不成正比,很多人的工资只够维持基本的开支需求。

第一,收入有所增加,但与恶劣的工作环境与高劳动强度不对称。随着我国经济的迅速发展,农民工的报酬也有了明显调高,但是,受传统的城乡二元结构的影响,劳动力市场也出现城乡二元分化的格局。由于农民工受教育水平低、文化程度低、综合素质较差、现代性不强等,大多只能从事体力劳动,相对城市居民而言,工作不稳定、就业无保障、工作时间长、强度大、劳动报酬低。根据农业部农研中心的调查数据,2003年至2006年我国农民工的月平均工资为:781元、802元、855元、953元。[2] 而据湖北省团委2010年对湖北青年农民工收入状况的调查显示,收入在1000元至2000元之间的占总人数的59.7%,2000元至3000元之间的为24.8%,收入水平总体有所增加,但是工资水平仍然不高。同时,劳动环境较差,加班现象

〔1〕 孝感市农村劳动力转移就业情况调查报告[EB/OL].(2009-10-13)[1012-09-02] http://www.hb12333.com/hbwzweb/html/xxgk/dybg/16690.shtml.

〔2〕 张路雄.加速解决农民工问题是扩大内需的最有效手段[J].社会科学论坛,2010(7):5.

严重。以武汉市硚口区长丰街一带为例，5 年间，有近 6000 家服装作坊入驻，近 10 万打工者聚集，服装制造业每天的平均工作时间在 12 个小时以上，工作环境、待遇和劳动强度得不到有效的监管，农民工工资的增长是以加倍的血汗付出为代价的。从调查对象每天的工作时间看，有 62.9% 的人每天工作 8 至 10 小时，还有 18.8% 的人每天工作 10 小时以上，只有 18.3% 的人每天工作时间在 8 小时以下，可见外出务工人员的劳动强度普遍较大。另外，约 50% 的超过 8 小时工作时间的人拿不到加班费，他们的付出并没有得到相应的回报。

案例 2　武汉市硚口区长丰街商业繁荣的背后

据报道，武汉市硚口区长丰街一带在 5 年间有近 6000 家服装作坊入驻，近 10 万打工者聚集。商户自发性地搬迁过来，农民工多在个人作坊打工，服装制造业每天的平均工作时间在 12 个小时以上，工作环境、待遇和劳动强度得不到有效的监管。

第二，消费成本增加，消费结构日趋多元化。据国家统计局调查数据显示，2004 年农民工月均生活消费支出为 286 元，主要用于食品、衣着和交通通讯。2006 年农民工月均生活消费支出为 463 元，主要用于食品、住宿和交通通讯。[1] 近年来，随着物价水平的提高，农民工需要支出的内容越来越多。据 2009 年对武汉市新生代农民工的消费结构调查显示，随着经济社会的不断发展，农民工的消费结构也日趋多元化。此次调查进一步显示，进城务工青年中，有 36.4% 的人每月生活费用的开支在 300 到 600 元，而 600 到 1000 元的占 28.7%，其中选择“吃饭开支”、“房租水电费用”、“日用品开支”、“子女教育费用”为主要支出方向的人居多，分别占 60.3%、33.8%、37.7% 和 30.1%。朋友交往花费和通讯费用也是主要的支出项，分别占人数的 24.6% 和 21.9%。由此可见大部分农民工主要支出还是集中于日常生活消费，对于精神文化的消费开支很少，子女教育费用成为支出的大头。

第三，近半数青年农民工收支基本持平。虽然农民工工资得到了一定程度的提升，但是由于物价水平飞快上涨，相比较而言，农民工的实际收入相对较低。2011 年我省农村劳动力外出务工人员人均年收入 1.54 万元，人均月收入达 1283 元。其中，东部沿海地区务工人员月均收入高于全省平

---

〔1〕 张路雄. 加速解决农民工问题是扩大内需的最有效手段[J]. 社会科学论坛，2010(7):6.

均水平，一般在2000元以上，比上年增加200多元；在本地务工人员月均收入一般也在1600元，比上年增加200元。[1] 而同年我省居民消费价格总指数(CPI)为105.8，价格水平上涨5.8%，其中：城市上涨5.5%，农村上涨6.3%。[2] 农民工群体虽务工总收入增加，但物价指数也大幅上涨。近年来，随着消费观念的转变和物价上涨，我省农民工的日常开销不断加大，基本处于收支平衡状态。本次调查中，很多农民工收入除了各种开支以外，所剩无几。另据武汉市共青团委对新生代农民工的调查统计，如图1所示，有近一半的打工者月剩余工资不足600元。与城市工人相比，农民工整体收入水平仍然偏低，与恶劣的工作环境和高劳动强度不对称；另消费支出受收入影响，农民工消费水平相对普通市民较低，仅仅处于收支平衡状态。

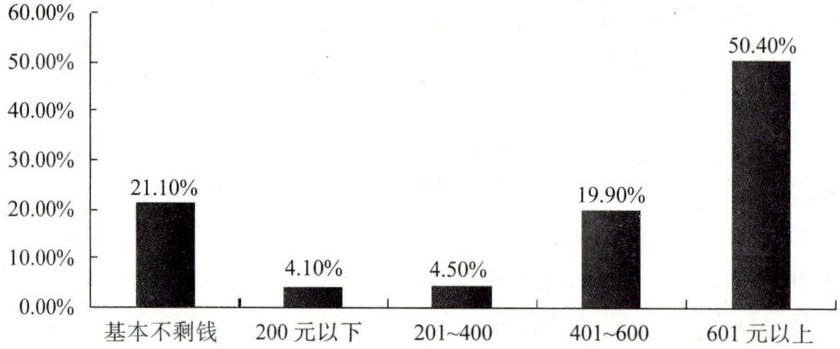

图4-1 新生代农民工每月收入节余情况

声音1 鄂州市华容区胡林镇新安村进城务工青年谢梅林[3]

问：您现在工作情况怎么样了？

答：我去年回钢铁公司上班，通过上网查的用工信息，经过考试上的岗。通过几个月的培训后从事质检工作，工资从刚去时的五百元钱，第二月加到六百，现在到了一千五。据了解，他告诉我们厂子里，环境很差，强

---

〔1〕 2011年湖北省节后农民外出务工人数稳步增长 农民增收基础进一步增强[EB/OL].(2011-06-26)[2012-09-03] http://tj.100xuexi.com/ExtendItem/OTDetail.aspx? id=7B5A2B2E-A916-44EB-856A-18FAE32BEAF5.

〔2〕 数据来源于.湖北省2011年国民经济和社会发展统计公报.

〔3〕 本报告所涉及的所有访谈个案类材料均来自共青团湖北省委与华中师范大学政治学研究院于2011年4~5月对湖北全省17个市、99个县级单位进行的联合实地调查。在此表示感谢！

度大，工资低，一班十二个小时，住宿条件伙食差，吃饭自己出钱，一个月大概要花上二三百元钱，每个月都存不上钱。

3. 生活环境

2010年温家宝总理在北京考察工作时强调，要像对待自己的孩子一样对待年轻农民工，让他们逐步融入城市生活。不过，从湖北现实看，农民工群体的生活环境却并不容乐观。

第一，居住条件较差，多数租住居无定所。农民工进城并在城市定居是城镇化的重要体现。特别是对于青年农民工而言，他们普遍渴望在城市能有安身之处，但是城市房价高不可攀，2011年武汉市新房均价7862.3833元/平方米[1]，而农民工自身的收入又十分有限，致使大部分青年农民工只能"望房兴叹"。据2007年团湖北省委的调查结果显示，在住房质量方面，将近五成的农民工不能与城市居民拥有同等的建筑面积，只有30.2%的农民工明确表示对自己的居住条件比较满意。2011年4月份团省委的调查再次显示，外出务工青年的居住状况依然并不理想。如图4-2所示，超过60%的人是集体住宿或与人合租，只有10%的调查对象"自己买房住"。在对农民工"融入城市的主要障碍"的调查中，有54%的青年农民工认为在城市买不起房子是主要的问题所在。可见青年农民工十分渴望通过自身的奋斗，在城市中能有一个自己的安身之所。

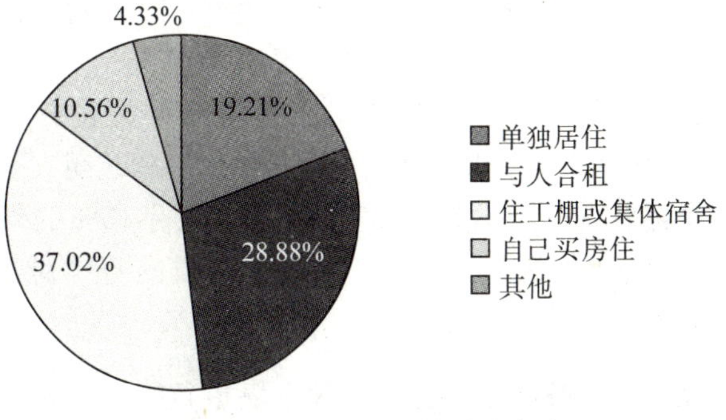

图4-2　您进城务工的居住方式

声音2　鄂州市梁子湖区东沟镇徐山村进城务工青年徐金胜

问：您在城里怎样住宿？

〔1〕 2011全国房价排行榜[EB/OL].(2011-09-14)[2012-09-04] http://www.stats-hb.gov.cn/wzlm/xxgk/tjbhb/12256.htm.

答:说起来不怕你笑话,一般就在工地,用雨布搭棚子,睡的是木板,夏天热蚊虫多,冬天冷风又大。

声音3　对东风汽车公司进城务工青年的抽样调查

问:目前工作中,对工作和生活的总体感觉如何?最让你焦虑的是什么?

答:对工作和生活总体感觉一般,稍有点不太满意。感觉购房压力很大,房子贵买不起。

第二,劳动环境差,健康状况不容乐观。绝大多数外出务工人员日常工作繁重,大多数从事苦、脏、累、险的工作,现实中他们在吃、穿、住等方面都处于相对窘迫的境地,而且是工伤事故和职业病的高发群体,面对生活和工作的各种压力,身体健康状况不容乐观。更有甚者,一些地方片面追求经济增长指标忽视劳动安全和劳动保护工作,一些企业以牺牲农民工的身体健康甚至生命安全为代价来换取利润增长,加之农民工缺乏基本安全生产知识和劳动保护技能,以至安全生产事故频频发生。据2005年武汉10家医院为1.2万在汉农民工提供的免费身体体检结果显示,有超过40%的农民工存在着不同程度的健康问题,其健康状况不容乐观。其中,乙肝患者和病毒携带者占17%;患心血管疾病的农民工占10%;患胆、肾结石、高血压、痔疮等疾病的农民工占11%,而且参加了医疗保险的农民工仅占3%。[1] 男性中,患肝胆结石、囊肿较多;女性中,妇科病阳性率达34%。工作时间较长、劳动强度高是不少农民工患肌肉劳损、骨质增生等疾病的主要原因;饮食卫生条件差、工作环境粉尘污染严重与农民工易患呼吸系统疾病、消化系统疾病有着密切的联系。而2010年湖北团省委的调查再次验证了农民工身体状况并不理想,调查结果显示只有10%的外出务工人员表示自己的身体越来越好,有23%的人表示自己的身体越来越差,还有28%的人不太清楚自己的身体状况。

案例3　各种压力之下身体不堪重负的打工者

武忠良是荆门市磷矿镇利河村的农民,他和全家5口人目前在北京的生活靠他在一家企业打工维持。由于文凭低,只能干体力活,加上父亲年事以高,妻子刚生过孩子需要照顾,因此,在各种"不省心"的事情的压力之下,近来身体大不如前,甚至有放弃打工的念头。

---

〔1〕 农民工免费体检1.2万人有四成患病[EB/OL].(2005-12-07)[2012-09-05] http://www.cnhan.com/gb/content/2005-12/07/content_544747.htm.

案例4　9·13 武汉建筑工地电梯坠落事故

2012 年9 月 13 日下午，湖北省武汉东湖风景区东湖景园环建楼建筑工地内，一台施工的升降机在升至距离地面约 100 米高度的楼顶时发生坠落，梯内 19 名作业工人随笼坠下，全部当场死亡，其中有 4 对夫妻遇难。事故电梯核载 12 人，实载 19 人；电梯有效期限是 2012 年 6 月 23 号，案发时已经超过有效期将近三个月。同时事故现场一位杨姓粉刷工人表示工地现场安全不到位，工人经常违规自开升降机，甚至有人曝螺栓找不到螺母……

（二）社会身份与公民待遇融入度

1. 社会保障现状

近年来，党中央、国务院高度重视农民工问题，制定了一系列保障农民工权益和改善农民工就业环境的政策措施，各地区、各部门按照党中央、国务院的部署做了大量工作，进行了一些有益的探索。湖北省委省政府及相关部门在解决农民工问题上也作做出了很大努力。但总得来看，农民工外出就业和权益保障等方面仍然面临很多问题，各项公民权利及公民待遇很难得到有力保障。

第一，保障力度有所提高，权益保障有所进展。近年来，湖北省制定了一系列保障农民工切身利益和改善农民工就业环境的政策措施，充分发挥各个职能部门的优势，积极维护农民工的权益。一是提升社会保险参保率。据统计，2006 年湖北省在企业工作的农民工中，工伤、医疗、养老、失业、生育保险的参保率分别只有 33%、14%、25%、18%、11%。而如图 4-3 所示，2010 年进城务工青年中参加了养老保险和医疗保险的均达到 40% 以上，参加工伤保险的也到达了 33.9%，但是仍有 28% 的人没有参加基本保险。

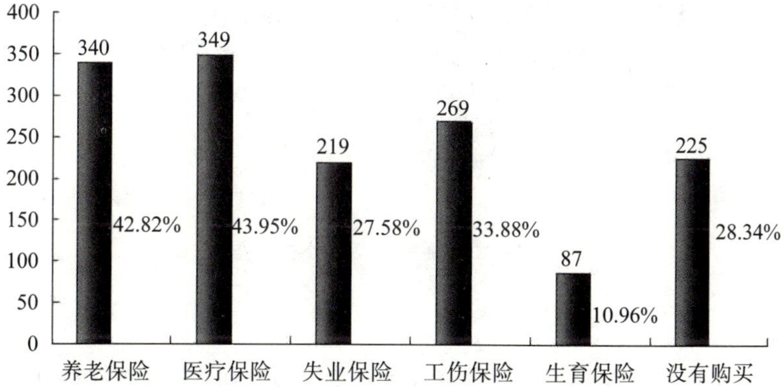

图 4-3　您所在单位给您购买了以下哪些保险（多选）

二是为广大农民工提供免费咨询、培训等,促进农民工就业。由于农民工大多数受教育水平低、文化程度低、技术差等,在外出务工时不会受到用人单位特别的青睐。再加上近年来由于受全球金融危机的影响,其就业形势严峻。为此,全省各级就业服务机构普遍在劳动力市场开设了农民工服务窗口,免费提供求职登记、培训、职业介绍、政策咨询等服务。调查显示,超过65%的进城务人员参加过职业技能培训,33.5%的人还接受过免费的就业咨询及职业培训。据统计,2011年我省组织农村劳动力就业培训47.85万人,其中组织创业培训5.2万人,带动就业岗位16.3万个,发放培训补贴9221.93万元。[1]

案例5　湖北省开展"为农民工送岗位"的专项行动

2009年,湖北省开展"为农民工送岗位"的专项行动,省政府从省级就业专项资金中安排1.8亿元,对15万农民工给予免费培训。以武汉市为例,武汉市政府为提高农民工综合素质和就业创业能力,在全市开展职业技能素质培养、法律素质培养等系列主题活动,制订实施农民工技能就业创业规划和年度计划,引导农民工参加职业技能培训,至2009年底,先后有8万名农民工参加了免费技能培训。

三是不断提升农民工的公共服务水平。广大农民进城最大的苦恼之一便是无法获得与城市居民同等的公共服务待遇,其公民身份与公民权利无法得到有效保障。不过近几年来,湖北省外出务工人员已经开始获得相应的基本公共服务。由图4-4可以看出,有近30%的农民工获得过免费的

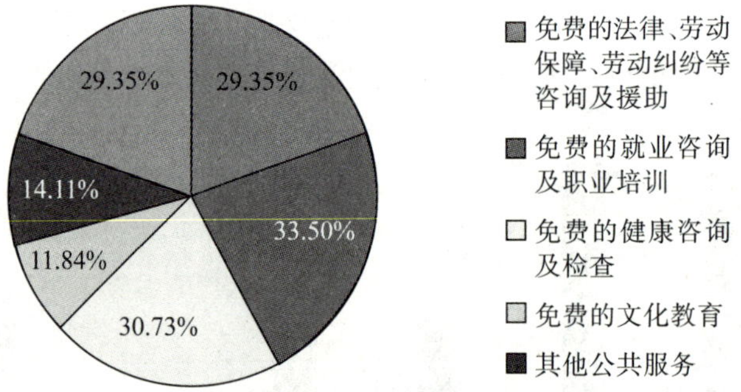

图4-4　您接受过哪些公共服务

〔1〕 2011年湖北省农村劳动力培训47.85万人[EB/OL].(2012-02-07)[2012-09-06] http://www.hb.hrss.gov.cn/hbwzweb/html/xwzx/xwdt/stfb/55176.shtml.

法律、劳动保障、劳动纠纷等咨询和援助，有超过33%的农民工受到过免费的就业咨询和职业培训，超过30%的农民工接受到了免费的文化教育。这些都在一定程度上显示了我省农民工在基本权益保障方面的取得的进步。

四是政府相关部门大力开展农民工维权行动。维护农民工的权益直接关系到社会的公平正义、和谐稳定，他们的权益遭受侵害的状态若得不到及时改变，其社会后果将十分严重。针对社会上越来越多的各类侵犯农民工权益的事件，政府各部门十分重视，制定相关法律并成立维权组织，如"湖北省进城务工青年法律援助中心"，以做到"标本兼治"。对那些被拖欠过工资的进城务工青年的调查显示，有25%的人选择了"寻求政府帮助"，可见政府以实际行动打击侵害农民工权益的不法行为，逐渐加大侵权惩治力度，已成为农民工维权的重要渠道之一。

第二，劳动力市场仍不规范，合法权益屡遭侵犯。在经济体制转型时期，城乡二元体制依然客观存在，政府部门管理体制不顺畅、相关法律法规不健全、劳动力市场不规范、农民工文化素质较低、维权能力弱等诸多历史和现实原因，致使农民工权益经常受到侵害。2010年省团委调查结果显示，在外出务工的农民工中，有40%未签订劳动合同，另有55%的人被拖欠过工资，而且有11%的人被经常拖欠。农村外出务工人员是城市中的重要利益群体，同时不可否认他们也是权益保障缺失的弱势群体。无论是在湖北省还是在全国，现实中的侵犯农民工权益的事件不断发生，尤其是拖欠农民工工资的行为，更不能容忍的是对农民工的人身危害和精神折磨，以及对农民的歧视。例如新疆"包身工"事件以及媒体屡次曝光的农民工因公患"尘肺病"而得不到救治的事件等等，这足以引起我们足够重视和警惕。虽然近年来政府多次立法促进农民工权益得到进一步的保障和落实，但是应当清醒地认识到，对保障农民工权益这项工作做的依然不够。2010年感动中国人物——湖北省的"信义兄弟"孙水林、孙东林兄终弟及的守诺事迹之所以引起如此强烈反响，其从侧面反映出整个社会对农民工基本权利缺乏尊重和保障的尴尬现实，这不仅不利于城市经济的可持续发展，也不利于社会的和谐稳定。

声音4　武汉市汉阳区一进城务工人员(工地保安)

问：在你这几年风雨的打工历程中，你觉得农民工劳动权益的侵犯都有哪些？

答：在我这几年打工经历和经验来看我们权益突出问题，主要表现为劳动合同签订不公平、参加社会保险的比例以及工资收入水平仍然较低，工伤、职业病和劳动争议经常发生。尤其是部分行业、部分地区对我们这样苦工说：一是拖欠农民工工资；二是不签订劳动合同；三是劳动条件差。

案例6　信义兄弟：新年不欠旧年账　今生不欠来生债

湖北孙水林兄弟俩每年都会在年前给农民工结清工钱。2009年底哥哥孙水林为赶在年前给农民工结清工钱，在返乡途中遭遇车祸，一家五口全部遇难。弟弟孙东林为了完成哥哥的遗愿，在大年三十前一天，将工钱送到了农民工的手中，兄弟俩的诚信之举深深打动了全中国的人。孙东林20年来坚守“新年不欠旧年账，今生不欠来生债”，这兄弟俩被人们称为“信义兄弟”。孙氏兄弟“接力还薪”不仅体现了做人的良知与品格，更反映了我们当前最需要的东西：社会信义。

案例7　湖北百余农民工在陕讨薪遭殴打　9人重伤

2010年7月，在陕西省西安市发生了一起震惊全国的湖北省百余农民工讨薪未果遭围殴的恶性事件，这引发了各级政府和社会对农民工权益保障的关注和忧虑。根据荆楚网提供的消息，7月21日，位于西安市临潼区新丰镇召安村的118名湖北籍农民工在连续数天讨薪未果后，遭到300多名手持木棒的人围困殴打，30多位农民工被打伤，9人重伤。事情过去8天，他们除却医疗费，生活已无着落，无奈向家乡媒体荆楚网求助。这118名工人主要来自湖北，4月15日在包工头的带领下，赴西安承接包头至西安铁路联络线西安市临潼区新丰段的桥涵工程。据称，该工程隶属于中铁电气化局西安铁路工程公司下面的包西项目部，建设方与项目部并未签订合同。6月29日工程完工后，项目部没有按事先的承诺结清工程款，118名农民工的工资也没了保障……

第三，基本公共服务供求不平衡。城乡户籍制度的限制，使广大农民工群体在政府公共服务供给群体中处于“边缘人”状态。受到城乡二元分割体制的长期影响，生活在城市的居民，天然地具有社会资源与竞争方面的优势，形成一种身份优势意识和市民性格，农民工被视为“外来人”，政策及制度制定都对农民工群体形成了严重的排挤和歧视。在青年农民工对政府公共服务的需求上，28.4%的青年农民工认为创造公平发展环境是其对政府的最大期望，19.2%的青年农民工要求政府加强技能培训，而要求提供维权服务的占16.2%。其他三项位列其后的需求分别是：“大力发展经济”（占9.6%），“加强文化科技教育”（占8.1%）和“其他需求”（占8.1%）。与广大农民工切身利益相关联的保障性住房、随迁子女教育和社会保障等基本公共需求很难得到满足，这也是影响他们在城市长期稳定就业和生活的现实性、紧迫性问题。在硚口区调研过程中，有好几位农民工朋友都曾提到他们的子女的教育问题，很是担心。长丰街道刘大姐坦言："留在老家无人看管，带在身边又缺少好的教育资源，稍微好一点的学校都要收取高额且名目繁多的费用，我们无法承受。"在市政集团东沙工地调研时，有农民工明确提出希望政府关心和解决他们的住房问题。其他公共服务和设施也存在户口制约的因素。例如武汉市投放的公共自行车，就把非城市户籍人口排除在外。调查显示，有近30%的农民工在城市地区没有享受到任何公共服务，另外虽然省委省政府对农民工的工伤保险及医疗保障等方面做了大量的工作，但实际收益并不明显，除此之外，还存在很多保障缺失，如关于农民工子女教育问题，居住条件差问题及不能享受家庭生活等问题。

声音5　十堰市一进城务工青年"最希望政府做的事情"

问：在就业方面您希望政府和单位给您做些什么事情？

答：希望政府能够成立专门的农民工服务的一个机构，切实解决实际问题，希望单位提供基本的医疗、失业保障等。

第四，制度建设不完善，维权行动举步维艰。随着法律意识的提高，很多农民工对维权服务的需求也越来越强烈。但是，由于正处于经济体制转型时期，政府部门管理体制不顺畅、相关法律法规不健全、劳动力市场不规范、农民工文化素质较低、维权能力弱等诸多历史和现实的原因，湖北省农民工权益受到侵害的问题仍然比较突出，当前农民工的权维权渠道还不够畅通。据统计，农民工在受到不公正待遇后，得到很好解决的不到50%，其中得到完全解决的只有8.4%，有26.3%的农民工认为自己在遇到不公正待遇后，没有得到任何程度的解决，农民工的维权行动异常艰难。

典型人物1　建筑工人杨广群的维权之路

2008年2月，杨广群和几位湖北省丹江口市丁家营镇的同乡一起，到北京市朝阳区一建筑工地项目部工作，具体工种是木工，日薪90元。由丁家营镇的一个老乡带班，工资由这位老乡代发。没有签订劳动合同，也没有办理各项社会保险手续。2008年3月的一天，杨广群在工作过程中手被重物砸伤，工友们将他送到一家卫生室做了简单的包扎。杨广群要求进一步检查治疗，但被带班的老乡拒绝，工地的项目管理人员对此事也未给予重视，带班的老乡要求杨广群回家休养，待伤好后继续上班，杨广群就从北京回到老家,因伤痛难忍遂到十堰市太和医院进行检查治疗,发现手指骨折,需要进一步治疗,且需要长时间休养。杨广群将此事电话告知带班人员后,带班人员未予答复。广群只有自己掏钱治疗,并按医嘱进行休养。2008年3月底,杨广群听说十堰市团委在湖北平长律师事务所创办有进城务工青年法律援助中心,可对进城务工青年提供法律援助,就赶到湖北平长律师事务所求助。经过事务所律师的调查取证,并与用人单位和劳动保障局交涉,最终用人单位向杨广群支付20000元赔偿款。

2. 政治、文化及社会权利

农民工在融入城市的过程中,其政治参与和政治权力的实现程度,其文化生活的丰富程度等等,在一定程度上也反映了农民工的城市融入水平。由于农民工本身流动性强的特点及各种因素的制约,农民工政治参与机会较少,政治权利不能有效实现。大多情况下,他们不能参加城市社区选举,也不能在用工单位也不能行使民主权力,甚至由于各种因素也无法参与本村村民自治。

第一,政治参与机会较少,民主权利无法得到有效保障。与上一代农民工相比,进城务工青年更加渴望融入城市,更渴望拥有自己的"话语权"。然而,在我国现行法律法规中,户籍所在地是确定公民权利所在地的依据,因此不具备城市户口的农民工,不能参加居住城市社区的选举。尽管按照法律规定,农村选民在城市工作一定的年限后,其选民资格应为工作所在地的城市登记,参与居住城市的社区选举与被选举,但现实中,农民工却无奈地扮演着局外人的角色。同时,由于城市居民对农民工的排斥现象非常严重,农民工不能享有城市居民同等待遇,无法对关系切身利益的公共事业发言,从而成为了城市社会的边缘人。在调研中,有很多农民工都表达了对自己不能参与城市社区选举的不满情绪。另外,受利益的驱使,很多用工单位把利益最大化作为企业追求的唯一目标,管理方式简单粗暴,不尊重农民工的人格尊严,农民工不能参与企业的职工大会,当农民工的民主权利遭受侵害时,不能通过组织的力量抵御侵权行为。在调研中,一名曾在广东打工的青年就向我们讲述了他在用工单位因迟到几分钟而遭保安毒打的经历,但因为无处说理,只能独自忍受委屈。在城市中,由于各种因素,农民工的政治权力得不到实现,而在广大的农村——他们的户籍所在地,绝大多数农民工由于打工地点离家较远,村民自治权利也无法得到有效保障。2001年有关学者对武汉市农民工政治参与状况的问卷调查,在收回的753份有效问卷中,农民工参加村委会选举的只占19.3%。由此可见,作为公民最基本的选举权和被选举权,由于农民工面临的特殊情况,无论在城市还是农村均得不到实现。

第二，娱乐活动较少，精神文化生活匮乏。农民工对精神文化生活的追求与现实所赋予他们的机会之间存在很大差距。由于劳动时间长，工作强度大，闲暇时间少，绝大多数农民工基本上是处于工作、吃饭、睡觉这种原始的生活状态，他们的业余生活非常单调、乏味。省团委2007年调查显示，在可能的休息日活动安排中，农民工经常选择的是看电视、会朋友、聊天、睡觉、打电话、逛街等形式简单、内容平常的休闲活动，而对逛公园、听音乐会、钓鱼、去咖啡厅（酒吧）等具有现代城市公共生活特征的活动则只能是望洋兴叹。当前，看电视、读书看报、体育运动依然是农民工业余生活中的主要休闲活动。此外，超过50%的青年农民工在业余时间经常上网，这说明随着社会经济水平及科学技术的发展，青年农民工的业余娱乐生活也在悄然发生着变化。然而不可否认的是，相较城市青年，进城务工的青年农民工的精神文化生活明显匮乏。当前，只有29.6%的农民工对目前的精神文化生活较满意，44.7%的农民工偶尔有一些文化娱乐活动，38.5%的人表示消费高是他们缺乏精神文化生活的主要原因，还有31.2%的人认为没有时间进行文化娱乐活动。打牌、睡觉、逛街、听广播是他们主要的娱乐项目，娱乐水平低，基本上是自娱自乐，无力消费城市化娱乐活动，大多数农民工对于业余生活满意度评价相当低。

声音6　应城市三合镇徐墩村哈尔滨务工青年徐贵民

问：工作之余，工友们会聚在一起，热闹一下吗？

答：这样的情况很少，因为在东北，一般3点多钟天就亮了，那时我们也要开工了，一直工作到晚上10点，累都累垮了，哪有功夫玩啊？洗洗，就睡觉了。

案例8　中建三局混凝土公司汉口站进城务工青年精神生活状况

大多数农村青年在生活上很茫然，有22.00%的青年在闲暇的时候没有参加任何娱乐活动，63.60%的青年表示偶尔会有一些文化娱乐启动，只有14.20%的青年表示在闲暇的时候文化活动很多，过得很充实。调查发现，该站青年的有一定的闲暇时间，但对闲暇时间的安排利用不尽合理。

（三）社会交往及心理认同度

1. 社会交往及价值认同

随着越来越多的农民工涌入城市，新生代农民工逐渐取代老一代农民工成为了农民工群体的主流，由于年龄、受教育程度及个人经历的不同，相较第一代农民工，新生代农民工有着更高的生活期待和更理性的思维方式，他们向往美好的生活，但是制度障碍及心理隔阂却使他们难以融入到城市生活中。

第一，农民工社会交往现状。根据马斯洛需求层次理论，人都有与人交往的需求，而且这种需求是在满足生理需求、安全需求之后的一种更高层次的需求。农民工的社会交往，是他们从农村走入城市，在基本的生存条件得到满足之后，适应城市生活的一种积极的表现。不过，现实中农民工的社会交往存在着很多问题。首先，社交圈子较小，以血缘、地缘、业缘等初级关系网络为主。多数农民工进城前长期生活在农村地区，其交往对象往往局限于亲戚、朋友、老乡等熟人社会，表现为内部成员之间有着强烈的相互认同感，而对群体之外的陌生人，例如“城里人”则局促不安，深怀畏惧警惕之心。团省委07年的调查显示，农民工的交往对象主要是亲友、老乡、工友和房东，与城里人相处的不太好。认为与城里人“不太好相处”和“很不好相处”这两项中，打零工和建筑业从业者的比例高达了29.4%和29%，其他从业者超过20%的人也认可这一观点。而当前，在未婚的进城务工青年当中，有25.7%的未婚进城务工青年认为“社交圈子太窄”是婚恋的最大障碍。另外，随着信息技术的进步，网络已经成为青年农民工社会交往的最常用模式。调查显示，有41.6%的人选择“网络”作为自己务工期间社会交往的主要方式。可见，现代城市生活的快节奏，使农民工在现实生活中与他人的来往越来越少。同时，面对陌生的城市、激烈的市场竞争及不公正的待遇，农民工将乡村传统社会结构在城市进行复制，本能地依托乡村社会原有的血缘、地缘关系，来帮助他们在城市中生存下去。因此农民工的社会交往基本是基于血缘、地缘关系建立的初级关系网络。

案例9　对湖北省几家汽车制造企业农民工的调查

东方汽车零部件公司“三进三访三促”活动访谈调查报告显示，进城务工人员空闲时间的娱乐以上网为主，网络也成了务工人员了解社会的主要渠道。对神龙汽车公司的进城务工青年的访谈调查显示，随着网络科技的普及，上网成了这些年轻人广泛认可的释放压力的途径。在工作之余，他们的大部分时间都是在网上度过的。利用网络，他们获取大量的信息资源；利用网络，朋友之间相互问候，相互交流感情；利用网络，利用微博、博客等宣泄自己压抑的情绪。

其次,心灵精神沟通较少,交流方式和途径狭窄。朋友圈、情感网络、信息网络是农民工融入城市生活的“助推器”和“润滑剂”,这些社会支持网络在现实中还有待完善。现实中,由于社会经济地位的差异,致使广大农民工与市民缺少情感互动,这就大大阻碍了他们对城市的认同与归属,降低了城市生活方式和思想观念对他们的影响,不利于其融入城市社会。团省委07年调查,武汉市大部分农民工的朋友在6个以内,还有一小部分认为自己在城市里没有朋友,而朋友在他们的工作、生活和人际交往中发挥着很大作用,这显然对他们的发展很不利。另外,农民工遇到心理问题,选择“闷在心里”的高达79.9%,这对他们疏导自己在事业方面的负面情绪会产生不良影响。据2010年省团委调查显示,56%的进城务工青年通过“电视手机网络”获取社会信息,通过正式的“单位组织学习”只有12.7%。可见,农民工的交流方式和途径还是十分狭窄的,现实中应当提供他们更广阔的交流平台,促进他们与城市社会的共融。

典型人物2　发展中的彷徨——一个年轻经理的心声

向恒是武汉某家酒店的大堂经理,对于目前从事的工作还比较满意。虽然来自农村,但他十分渴望融入这个城市之中。然而由于工作的特殊性,他平常基本上没有太多休闲的时间,有时间的话会上上网、看看书和报纸之类,只有这样才能更多的了解到一些资讯,希望能跟上这个社会的步伐,使自己能更好的融入这个城市。不过他越来越感觉到,虽然现在大家的生活水平提高了,但是个人素质的提高还不明显,现在的“汉骂”还是经常能听见。现在创建文明城市,他觉得每个人的素质都应该不断提高,无论是城市原有的居民还是农民工,都应该为这个贡献。

声音7　东风德纳车桥襄樊工厂来自随州的务工青年陶振民

问:你平时爱看书吗?

答:看一些杂志。

问:看来你是比较关注工厂形势的,你一般通过什么渠道了解工厂动态?

答:每个班组有“工厂动态”,半月一次,我有时候看看。平时听其他师傅们聊一些东西,还有,工厂门口有橱窗,可以看。

问:工厂内部网你平时看得到吗?

答:知道有网络,但我们几乎看不到。

另外,网络在青年农民工的社会交往中产生了巨大的影响。2011年湖北团省委的调查显示,网络成为青年农民工社会交往的最常用工具,利用网络进行社会交往的人占53.3%,远远超过通过老乡会(28.9%),单位组织的活动(13.3%),以及社区及相关组织开展的活动(4.4%)来进行社会交往的人数。由此可以看出,随着网络和媒体方式的发展,新生代农民工的交往方式悄然发生着变化。此外网络交往方式的流行也反映了现实生活中,青年农民工的社会交往需求没有得到有效的回应。因此,政府、社会和用人单位应共同努力,建立有利于农民工社会交往的有效机制,为新生代农民工在城市中的健康交往提供保障。

第二,农民工对社会主流价值认同现状。由于农民工既非完全意义上的农民又非正式的城市居民,这种尴尬的"二元"身份及由此产生的社会资源分配不均,使得农民工的生活状态常常处于边缘境地。物质和精神上的边缘化,极易滋生其强烈的不公平感。据2011年湖北团省委对我省国有企业农村进城务工青年生存发展状况调查显示,虽然在物质和精神上被边缘化,但绝大多数农民工对社会主流价值倾向认同,对社会中存在的诚信缺失与贫富分化问题持理性态度。他们能客观评价社会诚信。如图4-5所示,有68.75%的人认为大多数人都是讲诚信的,16.67%的人认为现在人们普遍不讲诚信,10.42%的人认为有人监督就讲诚信,否则就不讲。同时,他们能理性看待社会贫富差距。据2010年省团委的调查,36.73%的人认为这是发展中不可避免的现象,但会随着社会发展而得以解决,22.45%的人认为各国都有,还有40.82%的人认为贫者越贫,富者越富是必然发生的,不可能解决好。对于造成贫富差距的原因,如表4-1所示,个人能力差异(37.0%)排在第一位,制度不合理(28.3%)排在第二位,而机会不平等(17.4%)、竞争不公平(15.2%)与腐败(13.0%)排在第三、四、五位。这表明农民工把贫富差距更多的归因于自身能力差异,而将政策、腐败、非公平竞争等外部因素放于次要地位。

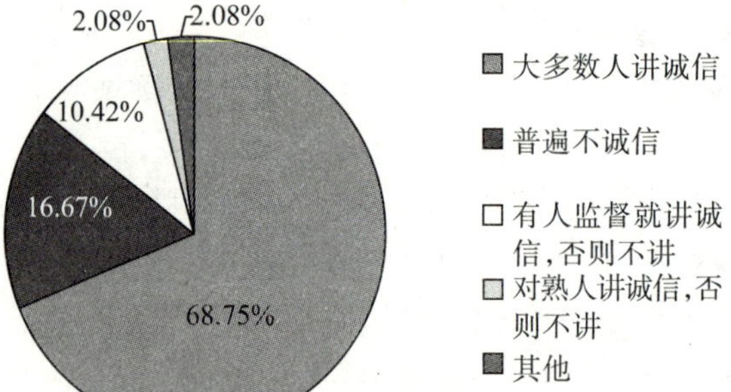

图4-5 如何看待诚信问题

表4-1　如何看待贫困差距

		响应		个案百分比
		N	百分比	
如何看待贫富差距	制度不合理	42	20.6%	28.3%
	腐败	24	11.8%	13.0%
	竞争不公平	28	13.7%	15.2%
	个人能力有差异	77	37.7%	37.0%
	机会不平等	33	16.2%	17.4%
总计		204	100.0%	110.9%

案例10　关于外出务工青年对当前一些社会现象看法的访谈
——对向阳县瑞源纺织厂农村务工青年谢莹的访谈实录

问:现在,社会上有的人很有钱、有的人比较穷。您对这种差距怎么看?

答:社会的发展就是一部分先富起来,在帮助另外一部分一起富裕,现在贫富差距的加大,应该多多关心、帮助弱势群体,达到共同富裕。

问:这些年来,各地发生了一些集体上访事件和群体性事件,您是什么看法?

答:主要是改革、发展引起了一些利益冲突,矛盾很难解决。

问:我国每年都要召开全国人民代表大会,讨论决定国家大事,您对人民代表大会制度怎么看?

答:好,因为他符合中国实际,既能体现民主。但需要对人大代表的选举更加严格化。

问:这些年我国的改革开放取得了很大的成就,但也出现了不少问题,您的态度是?

答:虽然出现了问题,但总体是好的,改革开放让国家有了很大的发展,改善了人民的生活。

2. 社会排斥及心理归属

城市化不仅表现在农民工生产与生活上的融合、政治上获得公民身份并享受公民待遇,更是农民生活方式、社会发展的同步城市化。这就需要在社会流动中逐步缩小社会差距、减少社会排斥,形成认同性的社会价值观及心理认同。不过,从这个层面上来看,形势不容乐观。

第一,歧视和排斥现象严重,城市归属感不强。在大量农民流入城镇的现实背景下,城市对农民工的偏见及排斥是普遍存在的。在城市居民眼里,农民工是“野蛮的人”、“没有素质的人”,称他们为“打工仔”、“打工妹”、“乡下人”、“乡巴佬”,在思想观念和行为中,城市居民都表现出对农民工的排斥和歧视现象。从农民工角度来看,他们虽然常年累月在城市打拼,但是大多数对城市没有一定的心理归属,认为其“根”在农村。2009 年对武汉市新生代农民工的调查显示,表示“经常关心城市发展”的新生代农民工仅占 13.3%;新生代农民工的交往对象重点集中于工友和亲人(如图 4-6 所示);仅有 34.5% 的进城务工青年未来打算“攒钱在城市买房居住”,而有 26.5% 的人打算“挣足够钱回农村养老”,29% 的人打算“回农村创业”,还有 16.5% 的人打算“走一步看一步,无固定想法”。

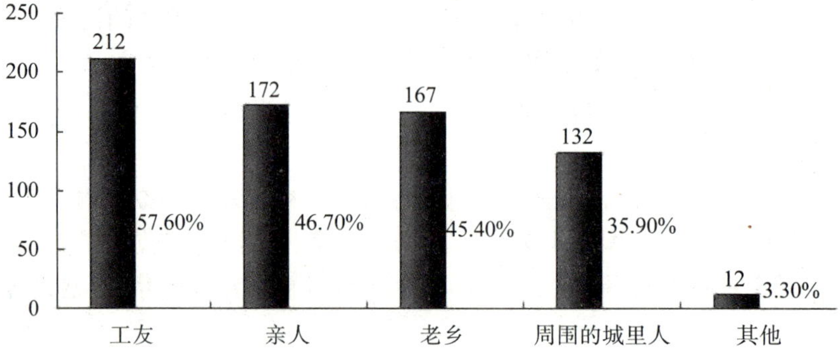

图 4-6　新生代农民工的交往对象

案例 11　农民工扔烟头跪求免罚款　城管局称执法无问题

2012 年 8 月 24 日清晨,武昌大东门公交车站发生令人唏嘘一幕:一名农民工扔烟头,被市容监督员捉现行。“按规定,要罚款 50 元”农民工捡起烟头,好说歹说,希望“下不为例”,但执法人员仍要秉公执法,情急之下,该农民工双膝下跪求情。该场景被一名网友拍照,事后上传至网上,一时引起波澜。当晚,武昌区城管局紧急介入调查,称执法本身并无问题。

第二,整体生活满意度较低,缺乏幸福感。进城务工人员一般处于生活条件差,劳动报酬低,劳动时间长强度大,工作环境差,找工作难,社会地位低,受歧视程度加剧,合法权益得不到保障的生存现状。根据团省委 07 年的调查,绝大部分农民工对居住条件、经济收入和工作环境不满意(如表 4-2 所示)。当前调查显示,务工人员在外最大的烦恼是“亲人不在身边,感到寂寞”和“工作机会少，压力大”，分别达到被调查对象的47%和48%。无论是与城市居民的物质文化水平相比，还是与本群体的“先富者”相比，农民工都呈现出较大的心理落差，容易产生自卑感，有32%的人感觉“受到城市不公正待遇”，29%的人认为“工资福利低，时常被拖欠”，还有40%的人认为“工作生活环境差”。另外，还有近50%的人认为城市中存在“人情冷漠”的问题。

表4-2 不同职业群体的城市生活满意度比较

生活满意度	态度	职业										
		建筑（%）	制造（%）	餐饮（%）	教育（%）	家政（%）	医护（%）	商品服务（%）	个体工商（%）	文艺体育（%）	零散用工（%）	其他（%）
居住条件	满意	32.6	40.0	27.9	36.4	28.6	33.3	42.7	33.3	15.4	13.1	27.7
	不满意	67.4	60.0	72.1	63.6	71.4	66.7	57.3	66.7	84.6	86.9	72.3
合计		100%	100%	100%	100%	100%	100%	100%	100%	100%	100%	100%
经济收入	满意	26.1	32.0	16.5	36.4	14.3	33.3	24.0	31.1	0	6.1	16.8
	不满意	73.9	68.0	83.5	63.6	85.7	66.7	76.0	68.9	100	93.9	83.2
合计		100%	100%	100%	100%	100%	100%	100%	100%	100%	100%	100%
工作环境	满意	22.9	30.0	26.8	45.5	33.3	33.3	24.3	34.7	84.6	12.2	26.1
	不满意	77.1	70.0	73.2	54.5	66.7	66.7	75.7	65.3	15.4	87.8	73.9
合计		100%	100%	100%	100%	100%	100%	100%	100%	100%	100%	100%

声音8 鄂州市梁子湖区东沟镇徐山村进城务工青年徐金胜

问：您在城市务工有哪些烦恼？

答：经常不被尊重，机会比城里人要少得多了，生活环境太差、心理不平衡。

第三，追求物质财富，渴求爱情事业圆满。随着我国城市化进程的加快，越来越多的农民工将长期、甚至永久性在城市就业和居住，从农村人转变为城市人。特别是大部分新生代农民工对未来充满信心，希望赚取更多金钱的同时，渴望婚姻圆满，家庭幸福，事业有成。调查中，各个职业群体的青年农民工中，“家庭幸福”和“个人财富的增加”是他们的最大愿望。我们的调查结果显示，有41%的调查对象把“爱情和事业兼得”作为人生最重要的目标,其次有31%的人选择“美满的婚姻家庭”,仅有不到9%的人选择“金钱和物质财富”。同时,更多的人对“有学习和发展机会”的工作岗位最感兴趣,并渴望在技能方面有学习和提高的机会。当然这需要他们付出很大努力才能实现,但他们大多“任劳任怨”而不懈追求。在对“如何看待旭日阳刚成名”的调查中,选择“如果自己努力,都有可能”的人居多,占42%,可见,大部分进城务工青年人有着积极的人生价值观。

声音9　应城市三合镇徐墩村哈尔滨务工青年徐贵民

问:您为什么要这么辛苦的工作呢?

答:我是个闲不住的人,更何况两个孩子一个读高中,一个读小学,以后需要用钱的地方还多着呢,不勤劳可不行啊。

问:的确很辛苦,那您有抱怨吗?

答:累是累点,但是出一分力,赚一分钱,我觉得这是理所当然的。

问:现在还有什么心愿吗?

答:没什么大心愿,就希望自己多赚点钱,孩子读书进步,家人身体健康,早日赚足钱回到老家与家人一起过日子。

第四,城乡二元体制“挡道”,难以融入城市社会。当前,虽然城乡社会从封闭走向开放,在社会流动中大量农民流入城市。然而,二元体制的存在,却使他们和城市居民之间无形中存在着一堵墙,致使广大农民工很难融入到当地城市生活中。在09年对武汉市新生代农民工的调查显示,他们内心深处并没有把自己当成是武汉人,即使是他们的经济条件和社会条件都已达到城市居民的水平,他们也依然希望回到家乡所在的县或者镇,还有许多人不知道如何定位自己。在对新生代农民工个体当前自我定位的调查中,将自己定位在社会中层以下的民工比例达69%,而自我定位在社会中上层及以上的则只有2.2%(如图4-7所示)。2011年在对全省进城务工人员的调查中,仅有11%的进城务工人员感到公平正义在现阶段得到了体现,32%的受调查者认为“受到城市不公正待遇”,尤其体现在户籍障碍、子女入学门槛高与享受不到社保、福利等方面,有近30%的人觉得这是他们融入城市的主要障碍。

二、制约农民工城市融入与社会融合的制度与社会因素

(一)制度因素

1. 城乡二元户籍制度障碍

1958年1月9日,新中国第一部户籍管理制度《中华人民共和国户口

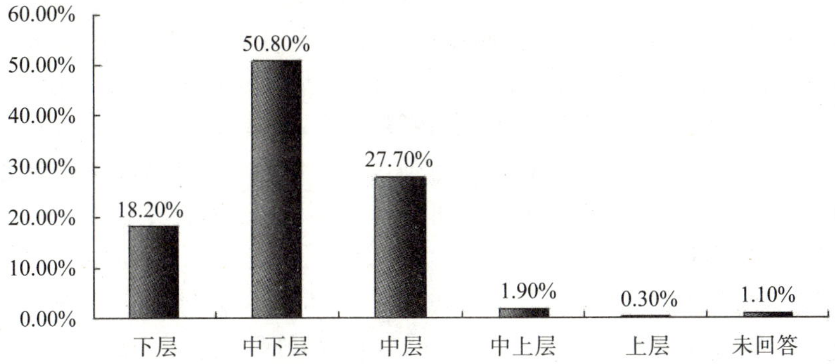

图 4-7　新生代农民工的自我定位

登记条例》颁布，户籍制度由此建立。户籍制度的形成有其深刻的政治、经济和历史原因，它与关系民众生存发展利益的劳动就业制度、医疗保障制度、教育制度等有着密切的内在联系。其整体利益向城市人口倾斜的体制正是造成城乡社会分割、阻碍社会流动的重要原因。改革开放以来，尽管国家对人口流动的限制逐步放宽，农民有了进城务工、就业的自由，但城乡二元分割的户籍制度还没有发生根本性的变化，其依然将我国人口分为农村人口和城镇人口，同时户籍与就业、教育、社会保障紧密相联。拥有城市户口，不仅能够直接享受到优越的城市基础设施、良好的城市环境，而且还享有医疗、教育、就业、社会保障等多方面的社会福利，户籍与附着其上的各项利益并没有进行实质上的分离，户籍不仅仅承担着社会管理功能，仍然承担着传统计划经济时代的资源配置功能。由于二元户籍制度的限制，在社会流动中，广大农民工虽然生活和工作在城市，但他们却不能与城市居民享受同等待遇，无形之中削弱了农民工融入城市的基础。城乡分治的二元社会结构俨然已成为农民工融入城市的最大障碍，它不仅是造就农民工特殊身份的根源，更是阻碍农民工顺利融入城市生活的主流、继续社会化的根源，从而也成为近年来各省市改革的重点。[1]

城乡二元户籍制度使城镇居民与外来农民工之间的劳动关系不对等、职业地位差别明显，同工不同酬的现象尤为普遍。很多城市的劳动就业部门和企业提高外来人口的学历、职业资格等就业门槛，优先选择和保障本地居民就业。例如杭州市 2012 年 6 月颁布《杭州市流动人口服务管理条例》，要求外来流动人口必须具有高中以上文化程度才能申领《浙江省居住

〔1〕 张乐．农民工社会融入问题研究[D]．天津：南开大学政府管理学院，2007.

证》而被指“变相歧视”。李强1996年以来的社会声望地位调查显示，在城市社会分层体系的全部100种职业排位中，农民工排在第92位（经商者）和94位（打工者），而且排在最后十位的职业，都是与农民工相关的职业。[1] 虽然现行外来务工就业相关政策逐步放宽，但还没有从根本上改变对农民工就业的限制，许多就业岗位强调必须拥有当地户籍，或者当地户籍优先考虑录用，研究生以上学历可不受户籍限制，这事实上已经把文化素质弱势群体排斥在外。同时，农民工群体在就业过程中还面临着诸多障碍，农民进城务工经商要办理名目繁多的就业证卡，如居住证（暂住证）、务工证、婚育证、健康证等等，任何一个证卡的缺失都可能剥夺他们在城市工作和生活的权利。[2] 而且，这些证件的频繁更换，使得农民工不得不缴纳各类繁多的行政费用，不得不付出一定的金钱、时间、精力成本。

2. 社会保障制度缺失

我国社会保障制度是在计划经济的背景下建立起来的，城乡二元体制使得社会保障制度也呈现出二元特征。改革开放前，城市居民通过单位制获得医疗、养老、失业、工伤各类社会保险，在农村的农民依靠家庭保障和生产社集体经济制度为基础的集体保障，以及集体经济资助的合作医疗，然而与城镇居民享受的社会保障在项目、内容和水平上，是无法相提并论的。1978年农村实行联产承包责任制以后，传统的集体核算制度被彻底打破，农民成为独立自主的经营单位，其享受的集体经济保障也由此丧失，陷入了不得不依靠单一的传统家庭保障的困境。[3] 我国上世纪末开始推行社会保障制度改革，时至今日，各项改革依然受制于户籍制度对城乡的分隔，入城农民工的社会保障不仅覆盖面小，而且往往享受不到与城市居民同等的待遇。

除此之外，现行的社会保险制度与农民工实际的工作状况也不相适应。我国社保部门在2009年2月开始公开征求意见的《农民工参加基本养老保险办法》与《城镇企业职工基本养老保险关系转移暂行办法》，尽管也已开始倾向于建立统一的社会保障制度，但实质操作上，城镇职工与农

---

〔1〕 李强．中国的户籍分层与农民工的社会地位[J]．中国党政干部论坛，2002(8)：17.

〔2〕 刘堃．青年农民工的社区融入研究——以天津市塘沽区为例[D]．天津：南开大学周恩来政府管理学院，2010.

〔3〕 陶勇．二元经济结构下的中国农民社会保障制度透视[C]．财经研究，2002(11)：50.

民工的缴费比率是不同的。其中《农民工参加基本养老保险办法》提出将农民工纳入城镇职工基本养老保险体系，但是降低农民工及其所在企业的缴费标准，即单位缴纳比率为12%，农民工个人缴费比率在4%—8%，由所在单位从本人工资中代扣代缴，并全部计入其本人基本养老保险个人账户。而城镇职工基本养老保险通常的缴费标准是单位缴纳20%，个人缴纳8%。在《养老保险关系转移暂行办法》中建立了基本的养老保险关系的异地转移制度，但缺乏地区利益协调机制，地区间的利益平衡问题并未得到解决．尽管在制度政策的设计上，基本养老保险个人帐户的基金是能够转移的，但统筹基金中的资金不能转移。由于转入地社会保险基金要承担参保人在统筹基金中的社会保险权益支付的责任，出于自身利益的考虑，各地都不愿意接受转入，同样道理，它们也不愿意将已经进入本地社会保险的资金带走，社会保险关系的转移在此受阻。社保基金在不同区域的转移困难，这种相对固化的制度无法顾及农民工这一群体的流动性，带来了一系列的矛盾问题，农民工离开原就业地只能选择“退保”，而退保则意味着社会保险权益的部分丧失。可以说，绝大多数的农民工依然游离于现行的社会保障制度之外。[1]

关注1　大病医保新政落地　报销比例不低于50%

2012年08月30日，《关于开展城乡居民大病保险工作的指导意见》（下称《意见》）由国家发展和改革委员会、卫生部、财政部、人力资源和社会保障部、民政部、保险监督管理委员会共同发布。《意见》要求，大病保险保障水平以力争避免城乡居民发生家庭灾难性医疗支出为目标，合理确定大病保险补偿政策，实际支付比例不低于50%。保障对象是城镇居民医保、新农合的参保人，同时不再额外增加群众个人缴费负担。《意见》明确，城乡居民大病保险采取向商业保险机构购买大病保险的方式。对于城乡居民大病保险的筹资机制，将从城镇居民医保基金、新农合基金中划出一定比例或额度作为大病保险资金。国务院医改办公室主任孙志刚昨日表示，这有助于促进健康保险业发展，推动构建多层次医疗保障体系。

3. 农民工子女教育障碍

农民工子女的教育问题主要涉及在城市入幼、入托、择校等方面，不但有户籍限制，而且费用门槛较高，客观上将农民工子女拒之门外，因此绝大

---

〔1〕 杨悠悠．农民工融入当地社区的社会和制度壁垒——来自杭州地区农民工的实证调查［D］．杭州：浙江大学公共管理学院，2010.

多数农民工子女难以享受到城市优质的教育资源。例如,城市某些优质(重点)小学和初高中,往往以必须拥有本片区户籍为理由拒收无当地户籍的农民工子女,致使大部分农民工子女不得不集中就读质量较差的中小学校。再如,有些城市认可农民工子女与城市居民享有同等上学权利,但要求农民工子女必须回原籍参加中考或者高考。这些都是对农民工子女平等受教育权的歧视,使得学龄段农民工子女辍学比率升高。2009 年全国统一取消义务教育阶段的借读费后,但在教育资源有限的情况下,农民工子女实质上仍然无法享受到与城市居民子女对等的教育权利,高昂的择校费用将大部分低收入的农民工子女限制在教育资源有限、师资较为落后的农民工子弟学校,这些学校与本地其他学校的师资、教学配套硬件设施的差异依然显著。还有一些师资较好的学校,以各种理由变相拒收农民工子女入学,例如河南郑州某小学以基础太差为由拒收农民工子女,后又提出进行智商检测,过关方能入学。这种智商检验入学的方式是对农民工子女受教育权的严重歧视。

关注 2　国务院要求各地出台异地高考具体办法

2012 年 9 月 1 日,新京报讯发表《随迁子女异地高考方案年底前出台——净流入数量较大省份适当增加高校招生计划,保障当地高考录取比例不受到影响》,内容称,依照国务院办公厅转发的文件,各省、自治区、直辖市有关随迁子女升学考试的方案原则上应在 2012 年年底前出台,北京、上海等人口流入比较集中的地区则要进一步摸清底数,掌握非本地户籍人口流动和随迁子女就学等情况,抓紧建立健全进程务工人员管理制度,制定出台有关随迁子女升学考试方案。这里的随迁子女升学考试方案包括中考和高考方案。

4. 政治制度参与障碍

如前所述,由于农民工本身流动性强的特点及各种因素的制约,其政治参与机会较少,政治权利不能得到有效实现。比如在典型的政治选举活动中,大多数情况下,他们没有参与城市社区选举的资格,也不能在用工单位行使民主权力,甚至由于各种因素也无法参与到本村村民自治。造成农民工政治参与障碍的一个重要因素是城乡分割的户籍制度,在二元户籍制度下,农民工享受不到城市本地居民所拥有的政治表达权利和一系列属于城市人的福利,他们的角色更多的是“外来打工者”、“农村人”。同理,农民工在城市企业中,由于自身技能和文化素质的缺陷,他们更多的承担着最低层的脏累差工作,而且多数扮演的是一类“临时工”的角色,农民工没有

“话语权”,管理者往往无视农民工的尊严和生存权利,工资都要一再拖欠,更不用说是参与到决策层面的选举。再者,世代赖以生存的土地是联结着农民工在城市立足与乡村情感的最后一道绳索,但这种联系在乡村贫富差距加大和传统乡村文化遭到现代文明不断冲击的情形下,愈发脆弱。农民工由于长年在外务工,在农村土地征占和拆迁、各种补贴收入的分配上,他们甚至被视为“局外人”,尤其是有利益冲突的情况下,乡邻情感更偏向长年在农村居住的本土居民。长期的外流及不在乡村,使他们缺少参与当地公共生活的制度渠道。

(二)社会因素

1. 文化排斥

从传统社会向现代社会的转型过程中,城市化进程逐渐消融传统,农民工从农村走向城市,不仅仅是地理位置的迁徙,更是传统文化向现代文化的迁移。因此,城市化也可以看作是农民传统生活方式向现代生活方式的转变。当农民工面对生疏的城市环境和陌生的规范与文化,需要重新适应与融入城市而得以再次社会化。城市和乡村的区别,不仅仅局限于显性的现代化基础设施——高楼大厦、交通工具等等,还表现在隐性的价值观念与生活方式的诸多对立上。农民工需要应对城市中结构复杂的科层组织和工作机构,需要适应新的制度规范,扮演新的社会角色,以及与城市中生活着的数量庞大的人群打交道,而这极有可能意味着对他们过去生活方式的最彻底的颠覆。[1] 另外,农民工群体对城市生活的适应要受到多种因素的影响,其中包括城镇居民对农民工的歧视与文化排斥现象。根植于传统的城乡二元户籍政策,被固化了的“市民”与“农民”概念将人口中的绝大多数“农民”屏蔽在了分享城市社会资源的身份之外。而城市居民则通过其城市户籍与单位身份等享受到了城市的公共资源和基础设施,获得了更多的社会福利。城乡居民身份与待遇的这种差异性造就了部分城市居民作为“城市人”、“单位人”的身份优越感,这种扭曲的优越心理伴随着媒体及其他社会群体对农民工的“污名化”舆论导向,而进一步强化了“晕轮效应”,使得城市居民对农民工群体普遍存在着一定的偏见而刻意疏离。另外,伴随农民工大量涌入城市,分享城市劳动力就业岗位,在一定程度上冲击了当地居民的就业状况,激起了当地居民对农民工群体本能的敌视与排

---

〔1〕 杨悠悠. 农民工融入当地社区的社会和制度壁垒——来自杭州地区农民工的实证调查[D]. 杭州:浙江大学公共管理学院,2010.

斥情绪,通常表现为言语上的侮辱和态度上的歧视,这也影响到了农民工对城市生活的归属感和认同感。

2. 社会网络构建困难

当农民工从乡村走向城市,他们从空间上已经脱离了原有的乡村关系网络,而需要在城市中经历社会关系网络的再次重构,这种重构不单单包括生存环境的重新适应,更重要的是人际关系的重构和心灵上对城市的归属感与认同。但在实际生活的社会网络构建中,农民工与城市居民之间存在着有形或无形的网络隔离与相互排斥。农民工成为了所谓的城市的"陌生人"与潜在的流浪者,他们本就不属于这个城市,到最后流入城市工作与生活,即便暂时成为被添加进入的个体,他们始终都保持着一种若即若离的姿势。而乡村依然是他们神圣的"心灵归属",土地依旧是他们养老和生存的牵挂,这在老一辈农民工身上体现的尤为明显。社会网络作为一种不同于市场亦不同于政府的资源配置方式,在促进农民工生存适应与社会融入方面发挥着极其重要的作用,良性的社会网络能有效促进农民工的城市融入与社会融合。但绝大多数农民工在城市还是主要依赖于血缘、地缘和业缘初级关系网络,他们虽然生活在城市,甚至数年长久居住与工作,但他们并没有真正的融入到城市,没有真正建立起以城市为纽带的生活圈。城市居民与农民工之间普遍存在着的相互排斥,使得二者的身份与价值认同也并不一致,其文化、价值观念与情感归属相差甚远。城市居民对农民工普遍的偏见与歧视心态,农民工对城市居民的不信任和回避心理,以及大部分农民工进入的非正规就业渠道,都在不同程度上削弱了农民工与城市居民的互动机会,并阻隔了他们建立正式的城市社交网络,从而影响到农民工在城市生活的融入与社会融合。

三、促进城镇化进程中农民工城市融入与社会融合的政策建议

作为"三化"建设的主力军,农民工群体的权益保障与社会融入能否有效实现,关系到湖北省经济快速、持续健康发展的大局,关系到科学发展观的落实与和谐社会的构建。在深入推进湖北城镇化进程中,促进农民工的城市融入与社会融合是一个长期的系统工程,需要建立一个保障农民工权益、推动农民工群体融入城市的长效机制。

(一)破除阻隔农民工城市融入与社会融合的制度障碍

改变城乡二元结构绝不等于就是在形式上改变户口性质,而是在内容上改变二元结构的差别,如改变和户籍制度与之关联的二元就业市场、二

元社会保障制度、教育制度等等。具体来说,应从以下几个方面入手。

第一,有步骤有层次地建立城乡一体化的户籍管理制度及城乡公民待遇。从湖北现实来看,全部推进户籍改革也是不现实的,不过,可以采取有步骤有层次地推进模式。近期来看,应对在中小城镇实现稳定就业创业而又放弃农村责任地的农民工取消准入门槛;对在大、中城市实现稳定就业创业且具备中、高技能水平的农民工放宽准入门槛;在稳定就业前提下,农民工有条件进行投资或购买不低于城市人均住房面积的住房,或单位提供相应面积廉租公寓的准许转入城镇户口;农民工与城市居民建立法定婚姻关系准予落户。[1] 对于以上几类农民工进入城市,要在保障城市居民户籍制度的同时,保障其相应的公民待遇,保障与城市居民拥有相同的权利及待遇。对于其他类型的城市居民,也应逐步在权利与待遇上缩小与城市居民之间的差距。

第二,构建统一的就业制度。就业制度是关系广大农民工在城市生存发展的经济基础,也是农民工融入城市的关键所在,以往的城乡有别的就业制度往往变相掠夺了农民工同等的就业机会,造成了城乡居民之间的经济差距。在未来改革中,一方面要加快城市部门劳动就业制度改革,取消不合理的就业限制及就业门槛,加大对进程农民工的就业培训及就业指导,建立城乡统一、开放的劳动力市场。另一方面规范劳动关系,完善劳动合同、工资支付、劳动保护的监管制度,切实以法律为基础保障农民工的基本就业发展权益。此外,还要提供针对农民工的就业信息渠道、就业指导服务和职业技能培训等。

第三,深化农民工的社会保障及权益保障制度。可尝试在大中城市里建立“以劳代赈”制度,使那些暂时失业的农民工能够通过政府或社会提供“公共劳动”,解决他们的基本温饱问题。另外,继续将农民工纳入失业保险体系,使他们在失业后的过渡期获得基本生活保障。同时,扩大城镇公共社会救助覆盖范围,使农民工失业后遇到特殊困难能及时获得帮助。多管齐下,发动社会各界力量保障农民工合法权益。有关部门要通过平时的劳动执法监察、处理劳动争议案件等机会有针对性地对有关用人单位、企业主进行法制教育,督促用人单位转变管理方式和理念。各种新闻媒体要积极宣传报道农民工维权的典型案件,通过一案一例生动形象的宣传,做好农民工的普法工作,引导其通过法律的途径解决纠纷,拿起法律的武器

---

〔1〕 湖北总公会. 关于推进全省农民工融入城镇社会的建议[J]. 世纪行,2010(2):28.

维护自己的合法权益。同时,发挥工会的作用,引导农民工通过工会保护自己的合法权益。另外,相关部门要加大针对进城务工人员权益保障的法律法规,将进城务工人员权益保障、企业工资支付、违法超时加班处罚等写入法律,切实依法保障农民工的权利。

第四,破除教育制度阻隔。《国务院关于基础教育改革与发展的决定》明确指出,"要重视解决流动儿童少年接受义务教育的问题,以流入地区政府管理为主,以全日制公办中小学为主,采取多种形式,依法保障流动儿童少年接受义务教育的权利。"应高度重视农民工的子女教育问题,它本身所体现出的是公平与正义问题,也关系到城市地区的社会稳定问题。应逐步破除城市教育资源封闭排外的现象,允许农民工子女到公办学校上学,改革学校分设、农民工子女及城市居民子女教育分立的现象,另外,真正使城乡教育资源能够流动起来。

(二)构建农民工城市融入与社会融合的社会支持系统

在新的历史时期,农民工的城市融入与社会融合问题,不仅仅是一个政治问题,也是一个社会发展问题,因此,应形成全面的社会支持系统。

第一,发挥多元社会力量的服务功能。现在乃至今后相对一段时期内,实现农村劳动力人口转移就业是促进农民工城市融入与社会融合的重要基础。从现实来看,之所以广大农民工很难融入到城市生活中,其重要原因之一在于他们没有稳定的生活来源,因此难以扎根城市地区,而仅仅依靠政府的力量也是非常有限的。在市场经济发展中,随着各种社会组织的蓬勃兴起与发展,他们在促进农民就业、提升农民各项技能方面越来越发挥着重要作用。因此,应进一步培育规范各类社会中介服务组织,发挥他们在为农民工群体提供相关法律援助、劳务信息和就业指导等一系列的就业跟踪服务上的作用,帮助农民工解决工作和生活上所遇到的各种实际困难,如劳资纠纷、劳动争议、突发事件处理等等。另外,农村劳动力素质与转移的速度和层次成正比例关系,随着市场经济的发展和增长方式的转变,社会各方面对劳动力素质的要求越来越高,各级政府和劳动教育培训机构要加大农村劳动力的培训力度,应鼓励各种直接教育机构的兴起与发展,积极发挥职业教育、电视教育、函授教育等多样化的继续教育优势,通过多种形式的教育和培训,鼓励和帮助农民学习掌握新技能,提高劳动力的素质,提升人力资本含量。

第二,建立不同级政府之间的纵向与横向合作机制。从现实来看,农民工各种问题的产生,其原因之一还在于农民工所在地的政府无力对其进行管理与服务，而流入地的政府又不承担相应的管理与服务责任，造成了各级政府之间的管理与服务空缺，致使农民工在流入地的生活发展中受到冷落，权利及利益都无法受到相应保障。因此，在未来城镇化发展中，各级政府要形成统筹协调发展的战略目标，统筹规划，协调布局，建立统一高效的协调管理体制，加强农民工输出地与输入地政府间的衔接与协作，提高转移的组织化和有序化、及协调的管理化与服务化程度。在制度允许的范围内，在区域之间打破制度束缚，促进城乡居民在城乡之间、城市与城市之间、农村与农村之间的自由流动，在自由流动中能在不同的地区都能够享受到相应的权利及待遇。

第三，改变传统管理理念，培养城市市民共融意识。长期受到城乡二元分割体制的影响，生活在城市的居民，天然地具有社会资源与竞争方面的优势，形成一种身份优势意识和市民性格，许多有偏见的市民将农民工视作"外来人"，认为他们没有权利享受城市的优越条件，从而出现了市民及城市管理者对农民工群体的种种排挤和歧视。在现代社会发展中，政府主体首先要转变管理理念，将外来农民工作为城市居民不可或缺的一员，在服务中促进管理。积极培育多元居民社会融合的开放社会意识，引导社会对农民工的接纳。作为基层城市社区工作者应积极开展不同性质成员参与的公共活动，增进不同群体之间的沟通交流和互动，以消除制度体制、职业身份、文化价值和社会交往等所内涵的歧视与排斥，促进多元主体在社会交往和心理沟通中实现社会融合。

（三）为农民工进入城镇和融入社会提供财政支持

积极促进农民工融入城市社会生活，离不开相应的社会成本，其中财政成本是其中的重要成本之一，农民工的生活、居住及其他各项利益的满足都与公共财政密切地联系在一起。

第一，加大财政投入，切实改善农民工居住条件。从现实调查来看，广大农民工的生活条件及生活环境总体较为恶劣，不公平的待遇使他们成为二等公民，进而不愿意留在城市，也无法扎根城市。因此，促进农民工的城市融入，首要的问题之一在于解决农民的住房问题。具体来看，一是可以通过加大农民工廉租公寓建设力度，可采取政府供地、减免税费、企业出资的办法解决；二是允许使用农民工较多的企业面向农民工，比照经济适用房政策兴建集资房；三是政府在制定卫星城镇发展规划时，可根据农民工需要，在城乡结合部开辟一定的地带，用于建造农民工经济适用房，让农民工有个相对稳定的住所；四是在推进农村土地流转的同时，着手研究农宅的市场化问题，解决农民工因农宅闲置而又无力在城镇安家问题。[1]

第二，实行财政倾斜，提升农民工的公民待遇。作为一个国家的国民，理所当然应该享受到同等的公民待遇，然而我国长期实行的二元体制使农民成为事实上的二等公民，由此所产生的矛盾随着城乡社会封闭分割的打破日益显现出来，城乡社会的不和谐、社会难以融入从根本上体现出利益矛盾及权益的不平等性。公平、公正是实现社会和谐及促进社会融合的重要基础。从我省当前来看，应该实行倾斜性的公共财政投入计划，以公共财政向农民、城市农民工的倾斜缩小城乡居民之间的差距，恢复农民、农民工的公民身份，使他们与城市居民拥有相同的权利及待遇，这是促进农民工融入城市社会及促进整个城乡社会融合的关键所在。

第三，投入专项资金，加大对农民工的培训支持。从当前来看，广大农民进城务工主要集中在低端、重体力劳动行业，其主要原因在于广大农民工缺少相关专业技术，而与农民相比，城市居民在就业方面更能够获得国家及政府的支持，从而处于优势地位。因此，缩小农民工与城市居民之间的差距，其重要途径之一在于提升农民工的就业技能及就业能力，这也是发挥农民工推动城市经济发展作用的重要基础。从当前来看，仅仅依靠企业提供就业培训能力有限，企业所提供的培训主要针对在企业务工的农民工进行的，其主要目标是提升农民工技术能力，促进企业盈利，对农民工群体的就业技能培训还需要发挥政府的主导作用，需要加强政府的专项财政支持力度，夯实新形势下农民工城市就业的重要基础。

---

〔1〕 湖北总公会．关于推进全省农民工融入城镇社会的建议［J］．世纪行，2010(2)：28.

第五章
湖北省城镇化与区域一体化发展研究[1]

目前,中国城镇化进入了一个新的阶段。一方面城镇化发展推动城乡及区域一体化的发展;另一方面,城乡及区域一体化的对城镇化的发展有更高的要求。在新时期新阶段,如何进一步推进城镇化及区域一体化的发展,优化城镇空间布局,完善城市体系,增强城镇之间的联系,构建城乡一体和区域一体协调发展的新机制,是当前必须研究的问题。

一、湖北城镇化发展中区域一体化的三层格局

近些年来,湖北省委、省政府一直把推进城镇化作为全省经济社会发展的大事来抓,取得了明显的成效,城镇化水平保持了稳步提高的发展态势。1982 年我省城镇化率为 17.68%,低于全国平均水平 3.45 个百分点;1990 年上升至 28.52%,高于全国平均水平 2.11 个百分点;2000 年达到 40.47%,高于全国平均水平 4.25 个百分点;2011 年我省仍高出全国的平均水平 0.56 个百分点,达到 51.83%。经过近三十年的发展,我省城镇化率由 1982 年的 17.68% 上升到了 2011 年的 51.83%,近三十年间增长了 30 多个百分点。

(一)"一主两副三角"的层级结构明显

随着城镇化和区域一体化的发展,湖北城镇化与区域一体化呈现出明显的"一主两副三角"层级结构。

1. 从武汉市到"武汉城镇圈"和"武汉城镇群"

武汉是中部龙头城市,长期以来一直是湖北的政治、经济、文化中心,一直是全省的主中心城市。湖北全省现有城镇 816 个,其中省辖市 12 个,县级市 24 个(含 3 个直管市),县城 40 个,建制镇 740 个,城镇人口 2762 万,城镇数量在全国位居前列。在城市圈内部,武汉市是首位城市,其经济

---

〔1〕 报告执笔:夏宁波,华中师范大学政治学研究院硕士生;罗峰,华中农业大学社会学系讲师.

社会发展水平以及人口规模更居湖北省之首。

武汉作为全国特大中心城市之一,也是全省经济社会发展的龙头。为了提高武汉市综合竞争力,更好地发挥对全省的辐射带动作用,早在上世纪90年代初,湖北就制定了城市布局和发展的"一特五大"战略:即重点发展特大城市武汉,并将当时的中等城市荆沙(今荆州)、黄石、襄樊(现襄阳)、宜昌、十堰5市发展为大城市。进入新世纪以后,逐步提出"一主两副"战略布局,并正式成为《湖北省城镇体系规划》(2003年8月国务院批准)的重要内容。据此,湖北在全省实施新的城镇发展和区域发展战略。"一主两副"战略是湖北的中心城市发展战略,即通过"一主两副"三个中心城市的建设,实现湖北经济社会发展的重点突破,多点支撑,进而实现以点带面,带动"两圈一带"战略的推进,带动全省经济社会跨越式发展,促进中部崛起战略实施。在"一主两副"城市发展战略中,武汉城市圈建设是建设的重点和龙头。2007年12月14日,国务院批准武汉城市圈与长株潭城市群一道成为全国资源节约型和环境友好型社会建设综合配套改革试验区。通过近一年的试验,武汉城市圈于2008年9月得到正式批准设立。从此,武汉城市圈建设成为国家战略,由包括武汉及其周边100千米范围以内的8个城市(黄石、黄冈、鄂州、孝感、咸宁、仙桃、天门、潜江)构成的区域经济联合体(简称"1+8")。该城市圈域占全省33%的土地、51.6%的人口以及六成以上的GDP总量,其城市密集度较高,经济基础较好,环境及自然条件优越,是湖北省乃至长江中游最大的城市圈域[1]。

"一主两副"战略是湖北加快推进城镇化,实现跨越式发展的重大举措。按照省委、省政府的部署,"十二五"末期,湖北发展的区域构成是三个三分之一,即武汉主中心占经济总量三分之一,两个副中心占三分之一,其他区域占三分之一。经过几年的建设,武汉、襄阳、宜昌三市经济社会发展都取得了长足进步,经济实力明显增强,城市功能逐步完善。迄今,武汉经济各项指标的总量在湖北省排名均居首位,其绝对值约占全省总量三分之一。2012年上半年GDP总量超过3700亿元,增长11.9%,占全省近四成;工业增加值和固定资产投资占全省30%;零售总额占全省38%;财政收入接近全省一半;外商投资额超过全省一半。

2."两幅"(宜昌市、襄樊市)"一带"(长江经济带)的发展

在加快武汉建设的同时,湖北省也力求改变一城独大唱"独角戏"的局

〔1〕 孔繁荣.武汉城市圈建设应从国内外汲取的经验、教训和启示[J].湖北第二师范学院学报,2010(1):86.

图 5-1　“武汉城市圈”示意图

面，加快其他城市的均衡发展。2003 年 9 月，省委、省政府《关于加强城镇建设工作的决定》明确指出：“加快省域副中心城市襄阳和宜昌的发展”，要求“襄阳和宜昌市要充分发挥区位交通和周边城镇相对密集、人口与产业较为集中的优势，优化和整合资源，做好大都市区发展规划，实现区域内城镇合理分工和基础设施共建共享，形成强有力的群体效应，更好地发挥其对省域西北部地域和西南部地域的辐射带动作用”。2005 年 12 月，省委八届九次全会将省域副中心城市发展纳入全省“十一五规划”建议。2006 年 1 月，湖北省第十届人民代表大会第四次会议通过《湖北省经济和社会发展第十一个五年规划纲要》继续明确两个省域副中心城市的定位，并提出“支持襄阳、宜昌两个省域副中心城市加强铁路、公路、航运和城市基础设施建设，提升城市综合竞争力和辐射带动力”。2007 年 6 月，省第九次党代会进一步确立襄阳和宜昌作为省域副中心城市的地位，明确提出支持省域副中心城市加快发展，进一步增强襄阳、宜昌两个省域副中心城市的经济实力，完善城市功能。2007 年 8 月，中共中央政治局委员、时任省委书记俞正声，时任省委副书记、省长罗清泉到襄阳、宜昌就加快省域副中心城市建设进行调研。从战略和全局的高度，将省域副中心城市建设摆在与武汉城市圈建设同等重要的位置，重点扶持，全力支持。2008 年 1 月，时任省委副书记、代省长李鸿忠在襄阳调研时指出，省域副中心城市要进一步增强加快发展的紧迫感，尽快壮大自身经济实力，提升带动辐射能力，为把我省建成促进中部崛起的重要战略支点作出更大贡献。同年 5 月，时任省委书记罗清泉，时任省委副书记、省长李鸿忠到宜昌调研，要求增强机遇意识和战略意识，增强责任感和紧迫感，坚持“好”字优先、好中求快、统筹城乡、协调发展，加快建设省域副中心城市。2009 年 1 月，时任省委书记罗清泉在省“两会”上指出，省委、省政府提出继续重视和加强襄阳、宜昌两个省域副中心城市的建设和发展，是根据统筹全省区域协调发展的要求，从城市整体布局作出的战略决策。希望宜昌、襄阳在新一轮发展中，真正形成“副中心”，当好“二传手”，再上新台阶，走在中部地区同类城市的前列。2010 年 11 月，时任省委书记罗清泉率省直有关部门负责人在宜昌调研，要求以科学发展为主题，以加快转变经济发展方式为主线，抓住“十二五”这个具有决定性意义的重要战略机遇期，把宜昌建成具有较强竞争力、辐射力、创新力的省域副中心城市，努力建成经济发达、文化繁荣、环境优美、社会和谐、人民安居乐业的特大城市。当月，时任省委副书记、省长李鸿忠在宜昌参加市委常委民主生活会强调，要进一步解放思想、抢抓机遇，突出科学发展主题，突出发展第一要务，决战“十二五”，把宜昌真正建成省域副中心城市，建成宜荆荆城市圈雏形。2011 年 2 月，省委书记李鸿忠参加省“两会”襄阳、宜昌代表团讨论时强调，襄阳要借助全省跨越式发展的强劲东风，乘势而上，进一步建设好、发展好省域副中心，在全省跨越式发展中敢于争先迈大步。宜昌要树立更加高远的目标，在省域副中心城市建设方面迈出更大步伐，使省域副中心的地位更加凸显，初步实现由大城市向特大城市的迈进，建设成为长江中上游区域性中心城市和交通物流中心。时任省委副书记、代省长王国生在所作的省政府工作报告中提出，湖北将按照“一主两副”的总体格局，以武汉为全省主中心城市，襄阳、宜昌为省域副中心城市，把武汉城市圈和“宜荆荆”、“襄十随”城市群做大做强。将支持襄阳、宜昌扩大规模，完善功能、增强区域辐射力和竞争力，发展成为城市群的核心城市[1]。

襄阳市是省域副中心城市、鄂西北地区核心增长极。加快推进襄阳市跨越式发展，是完善省域副中心城市功能、增强城市综合竞争力的迫切需要，是发挥襄阳市辐射带动作用、提升鄂西北地区总体发展水平的重要途径，是强化支点支撑、促进全省协调发展的战略举措。全省上下要把加快推进襄阳市跨越式发展，作为调整全省经济布局的重要突破口、实施“两圈一带”战略的重要举措和推动全省实现跨越式发展的重要载体，全力予以推进。

着力建设产业襄阳、都市襄阳、文化襄阳和绿色襄阳，巩固和加强省域副中心城市、“襄十随”城市群中心城市、鄂西北区域中心城市、汉江流域核心城市的地位，努力建成鄂豫陕渝毗邻地区的区域性中心城市。到 2015

〔1〕 “一主两副”城市发展战略的推进历程：为荆楚崛起打造战略支点[N]. 三峡日报，2011 - 04 - 08(7).

年，在优化结构、提高效益、降低消耗、保护环境、改善民生的基础上，地区生产总值占全省比重提高3个百分点左右，在全国同类城市中前进2～3位；经济结构明显优化，城市功能显著提升，新型城镇化加速推进，城区面积达到200平方千米，城市人口达到200万人，县域经济加快发展，有2～3个县（市）进入中部百强县（市）行列，“襄十随”城市群建设迈出实质性步伐。到2020年，地区生产总值占全省比重再提高3个百分点左右，区域一体化发展格局基本形成，圆满实现全面建设小康社会的目标任务。2012年上半年，宜昌、襄阳两个省域副中心城市的国内生产总值分别增长13.2%、13.5%，增速在全省居前，动力强劲，成为湖北经济新的火车头。其工业增加值分别为19.5%、19.6%，分居全省第四、第五位；固定资产投资分别增长38%、29.2%，明显高于全省平均水平；财政收入均过百亿元，增长均超过30%，是除武汉外全省仅有的上半年财政收入过百亿元的地区。

3.“中三角”战略与中部跨域城市集群的发展

2012年2月，湖北、湖南、江西三省签署合作协议，确立构建以武汉、长沙、南昌为核心，涵盖武汉城市圈、长株潭城市群和环鄱阳湖区域30个城市的长江中游最大城市集群——中三角，其国土面积21.78万平方千米，人口总量9000多万，经济总量2.8万亿元。“中三角”的提出和区域合作将推进长株潭城市群、武汉城市圈、环鄱阳湖城市群等中部经济发展地区实现跨区域整合，打造真正意义上的中国“第四极”。

“中三角”战略的实施，将极大地推动中部三省之间的区域合作，也将推动长江中游城市集群的形成和发展，极大地改变长江中游城市格局，对区域经济、社会和城镇化产生重大影响。尤其是“中三角”的合作要求打破三大城市圈之间的行政分割，将城镇布局从行政体制中解放出来，按照经济和社会自然走向合理配置。要求“中三角”在制订发展规划，加强生态保护、环境友好、产业合作、城镇发展、社会民生等方面的合作。随着武广高铁、昌九城际铁路的通车和杭长高铁即将运营，未来几年，武汉、长沙和南昌3个中心城市之间将形成“一个半小时同城圈”。人口、经济和社会的流动将不断加快，不断加深各个地区之间的融合和一体化。这也要求中部各省市立足“中三角”一体化重新布局和规划区域的产业结构和城镇体系，最大限度地发挥各自的优势，推进区域发展。

从宏观上看，从“一主两副”、“两圈一带”到“中三角”战略，湖北省城镇化及区域一体化发展呈现出以武汉为龙头、两圈一带为重点、中三角为基础的三层结构格局。湖北城市化也在不同层面展开，极大地促进了区域一体化的发展。

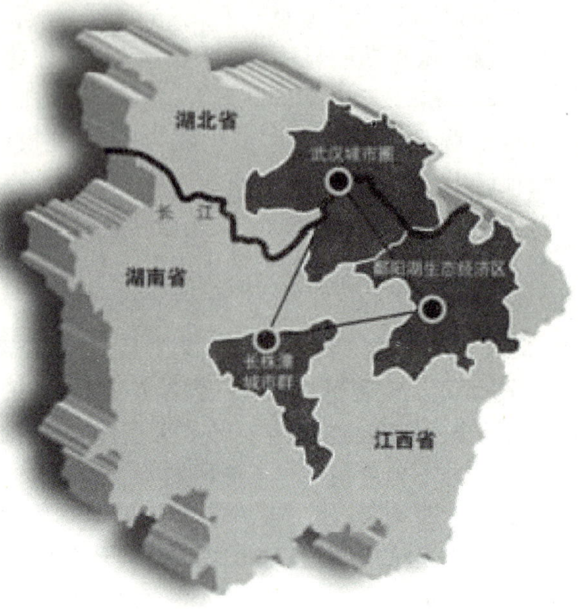

图 5-2 “中三角”示意图

(二)“两圈一带”已成为核心战略支点

2008 年 12 月,湖北省委、省政府作出“两圈一带”战略决策,即在继续推进武汉城市圈、鄂西生态文化旅游圈建设的同时,加快湖北长江经济带新一轮开放开发。“两圈一带”是一个覆盖全省的整体战略,是构建重要战略支点的核心战略,已受到党和国家领导人的高度肯定。特别是武汉城市圈属国家战略,其“两型”社会建设在全国起着示范作用。

以“两圈一带”来夯实战略支点是有逻辑支持的,战略支点主要取决于两大方面:一是武汉,武汉作为龙头城市,是支点中的支点;二是短板的补齐,湖北地区当中,恩施、黄冈、十堰等地比较落后,很难想象省内发展不平衡能够有强大的支撑作用。可以说,“两圈一带”是湖北特色振兴之路的快速通道,同时促进湖北发展实现了由“重点突破”向“多点支撑、协调共进”的转移,从“点、线”向“圈、面”层次的飞跃,形成了湖北科学发展跨越式发展的新格局,为构建促进中部地区崛起重要战略支点提供稳固支撑。

经过几年的整体推进,已取得初步成效,交通设施、产业结构、社会事业资源及金融等一体化建设呈现新的局面。为使得区域协调发展,武汉城

图 5-3　“两圈一带”示意图

市圈九市产业集聚集群、错位发展。现有 150 家企业在武汉设立总部或区域总部。武汉、孝感、黄冈、潜江、咸宁等市在汽车、化工、纺织等多个产业上进行有序流动与转移。目前,湖北正逐步形成“铁、水、公、空”一体化交通网络,“两圈一带”骨架公路网络初具规模,“圈圈互动、圈带相连”的高速公路骨架网络基本形成。

自实施鄂西圈以来,“十一五”后两年,鄂西圈域生产总值年均增速达到 15.08%,高于前三年平均增速 2.8 个百分点,与全省平均发展水平差距进一步缩小。2011 年上半年,圈域生产总值 3453.06 亿元,同比增长 14.8%。现今,19 家金融机构入驻或签约在武汉建设金融后台服务中心,20 家金融机构正在汉选址、洽谈,规模仅次于北京、上海。2010 年武汉市金融业增加值达 380 亿元,在中国金融中心指数综合竞争力中排全国第 9 位。武汉区域金融中心初具雏形。为促进“两圈一带”社会事业资源共建共享,公共服务均等化进程,在教育、卫生、旅游等领域将继续深化地市联动,对口帮扶举措。未来湖北将以省部共建为契机,借助国际合作,进一步推动“两圈一带”建设。

2012 年,湖北省把“两圈一带”战略作为一个整体来部署,作为一个系统来推动,促进两圈互动、圈带融合。一手抓重大规划、项目、政策的推进落实,一手抓体制机制创新。进一步落实武汉城市圈改革试验促进条例,加快圈域“五个一体化”(基础设施建设一体化、产业发展和布局一体化、城乡建设一体化、区域市场一体化、生态发展和环境保护一体化）进程，深化部省合作共建，抓好重大基础设施和产业项目建设，努力实现武汉城市圈“两型”社会建设新突破。建设“十二大工程”和“十大景区”，打造“一江两山”品牌，以旅游业发展为引擎，全面推动鄂西生态文化旅游圈建设。扎实抓好武汉新港、鄂东组合港、三峡枢纽港、荆州港等主要港口和沿江其他重要港口的配套建设，建设长江沿线综合交通运输体系，加快发展临港产业，推进湖北长江经济带新一轮开放开发。加快汉江流域水利现代化建设和综合开发，提高汉江流域在区域发展中的综合竞争力。加快江汉平原等湖北中部地区的振兴崛起。充分发挥各市加快发展的积极性，努力在全省形成“多点支撑、多点突破”的增长格局，2012 年新增 2 ~3 个生产总值过千亿元城市[1]。

三大区域版块具有不同的定位。武汉城市圈定位于两型社会建设和体制机制创新，鄂西生态文化旅游圈定位于生态文明建设和区域协调发展，长江经济带定位于新型流域经济带和横向布局。三大板块具有互动的关系，两圈是动力，一带是对两圈的集成与整合。通过“两圈一带”的互动，形成全省各个区域的资源共享，优势互补，错位发展，整体联动，形成以武汉为龙头，两副为支撑，长江经济带为主轴，两圈双轮驱动的省域总体发展格局[2]。

（三）区域一体化发展逐渐走向区域融合

随着市场化改革逐渐深化，城市经济的繁荣及城市化的推进，以武汉为中心向外辐射扩散的区域融合趋势逐渐显现，其不仅表明武汉城镇化进程在范围上不断拓展，中心城区开始向外延展，而且意味着武汉经济社会在更大范围内逐渐趋向区域融合[3]。

1. 产业及市场趋于一体化

一个地区经济发展起始于产业集聚，“大城市产业集聚形成后，集群的产业可能因土地价格上升、劳动力成本的提高等原因，促使产业集群向周边地区扩散，带动周边地区产业集群的发展。周边地区的产业集群发展

〔1〕“两圈一带”——构建重要战略支点的核心战略[J]. 领导决策信息，2012(25)：18.

〔2〕赵凌云. 推进“两圈一带”总体战略 引领湖北科学发展[J]. 学习月刊，2009(15)：34.

〔3〕罗峰. 区域一体化进程中的政府与治理——对武汉城市圈的实证研究[M]. 北京：中国社会出版社，2012：49.

后,其城市化也迅速上升。随着周边地区的城市化水平提高,在一些相距不远的城市中,相同的产业结构把城市联系起来,形成都市圈。都市圈形成后又促进产业集群的发展”[1]。

从武汉城市圈来看,武汉市是华中地区最具实力的特大型城市,拥有较高水平的产业结构,主要包括附加值较高的制造业、高新技术产业、高端消费市场以及服务产业。武汉的产业结构水平和拓展能力直接决定着武汉队周边地市的辐射带动能力以及经济社会融合的水平。从当前来看,武汉高端产业正在加快升级步伐,一般制造业主要是劳动与土地密集型的产业正在向外转移,武汉城市圈内其余 8 地市成为最先的接纳者。武汉与周边地市形成了新的分工协作模式——“前店后厂”,许多企业的总部和研发中心安在武汉,而生产基地置于周边地市。这样,从产业结构的地理分布状况来看,形成了以武汉为中心的集聚——扩散模式,其后果是以武汉为中心的区域间联系日间紧密。这种分工模式源于武汉与周边地区的经济发展水平以及各自的特点,一方面武汉作为中心城市,在交通运输、人才聚散、市场需求、产业扩散等方面都具较强的辐射带动能力与明显优势;另一方面,周边地市与武汉在产业结构、产业层次、消费市场等多方面的差距,使之形成了能够依托武汉并具有自身特点、产业层次与市场链条相配套的产业结构与市场体系。于是,武汉与周边地区在产业与市场协作方面具备了条件,并初步显现出了区域化的趋势[2]。

随着以武汉为中心的区域市场迅速融合,区域市场一体化也逐渐成为各地发展的共识与迫切需求。中共湖北省委于 2002 年年初作出了“依托全省发展武汉,发展武汉带动全省,尤其是带动武汉周边城市发展”的重要决策,提出构建武汉城市圈的战略设想。随后,在省、市政府的推动下,武汉城市圈区域市场一体化步伐明显加快。“武汉大型商贸企业在周边城市已发展 18 个大型百货、超市连锁网点,其中 2004 年新开店 5 个。中百便民超市在黄石市建立了分公司,拟以黄石为中心,建立鄂东便民超市网络。武汉大型餐饮企业分别在黄石、鄂州、孝感设立 7 个大型餐饮店。依托连锁经营,武汉工业品加速向周边销售,周边以农副产品为主的商品也快速进入武汉超市。武汉市商业企业在市外连锁经营的销售额已从 2000 年的

---

〔1〕 李廉水,Roger R. Stough. 都市圈发展——理论演化·国际经验·中国特色[M]. 北京:科学出版社,2006:55.

〔2〕 罗峰. 区域一体化进程中的政府与治理——对武汉城市圈的实证研究[D]. 武汉:华中师范大学政治学研究院,2009.

1.32亿发展到2004年的10亿元,增长近8倍,平均年递增50%。预计汉产工业品在周边城市的销售额2005年比2004年增长1倍,周边商品在武汉销售2005年比2004年增长3.8倍。目前,城市圈各市对市场一体化表现出了高度关注和重视,各方面的工作也在加快推进。如周边各城市都有引进武汉大型商贸龙头企业的计划,同时与武汉联合进一步加大周边特色产品特别是农副产品进入武汉超市的力度。金融一体化的进程也已启动,目前在城市圈内已基本形成九个城市'同城清算'的体系。人才劳动力市场的一体化建设已经起步,由省人事厅牵头,各城市人事部门协商,形成了《推进武汉城市圈人才一体化建设的若干意见》。城市圈内科学技术的交流与合作正在加快推进,各城市科技部门达成了合作框架。[1]"

2. 人口流动及社会趋于一体化

"创业阶段集聚的产业大多属于劳动密集型的制造业,这必然会吸纳部分劳动力,劳动力有了组织性就会受到组织的约束,和相对于闲散时期的劳动力相比,其素质就会提高。当地居民素质提高,社会环境就会得到改善,这样就会有更多的企业收入,更多的劳动力也会得到进一步改善"[2]。当武汉集散劳动力的能力不断加强,加快了人员流动、信息及思想的传播,从而推动社会一体化进程。

由于全市经济稳步增长和就业再就业工作力度不断加大,有效缓解了劳动力资源与就业的矛盾。2011年全市城镇新增就业人数15.34万人,下岗职工实现再就业4.01万人,帮扶困难群体再就业2.57万人,农村外出务工人员68.90万人。登记失业人员数10.46万人,城镇登记失业率3.94%[3]。与之相适应,湖北省劳动和社会保障厅会同有关部门解除试验区内户籍制度和人口迁移政策上的限制,改善农民工进城环境;统一圈内城乡就业政策,清理和取消各种针对农民工进城就业的歧视性规定和不合理限制,逐步实行城乡劳动者平等就业制度;探索医疗制度改革、进城务工人员参保办法、失地农民的养老保险办法等,力争建立起政策统一、标准对应、涵盖圈内所有城乡劳动者的社会保险制度,从而让劳动力在城市圈内能够自由流动。根据黄石市农村剩余劳动力状况和企业用工需求,黄石市

[1] 梁亚莉.武汉城市圈总体规划:区域市场一体化建设[EB/OL].(2006-3-17)[2012-09-10] http://www.hubeidrc.gov.cn/2006/3-17/17134194855.html.

[2] 李廉水,Roger R. Stough. 都市圈发展——理论演化·国际经验·中国特色[M].北京:科学出版社,2006:55.

[3] 数据来源于武汉市统计局.

融入武汉城市圈每年需完成农村劳动力培训转移1.5万人,其中向武汉用工企业输送培训学员0.5万人,本地企业0.6万人,对外培训转移0.4万人[1]。

武汉城市圈内劳动力的流动,促进了中心城市信息、思想及生活方式等方面的扩散和传播,促进了区域社会一体化。“一方面,集聚的区域性能形成劳动力供给充足的市场,企业在长期雇佣管理和技术人员的同时,可以根据自身生产的需要,及时调整工作的数量,减少工资成本和工人劳动保障方面的费用。另一方面,劳动力在区域内企业间自由流动,企业内部劳动力变换率也高,劳动力快速流动对其自身素质要求加大,也促进了信息、思想的扩散和传播”[2]。

3. 各地市政府之间的合作日益紧密

早在2001年,武汉与协作区城市在工业、农业、商贸、科教、旅游、金融、交通等领域的合作全面推进,呈现良好的发展态势。2月至3月,中共武汉市委副书记韩忠学、殷增涛率武汉市党政代表团先后到黄冈、黄石、鄂州、咸宁进行了学习考察,与黄冈、黄石签订了全面加强经济技术合作的协议。在咸宁召开了第二届武汉咸宁区域经济协作洽谈会,与咸宁市签订了11个合作项目,金额达1.18亿元。5月,咸宁、武汉两市在汉共同主办了咸宁农副土特产品展销会,签定销售合同5.23亿元,洽谈项目80个,涉及金额10.29亿元。此外,鄂州、孝感、潜江等地党政代表团也来汉考察,就加强双边联合协作达成新的共识。高层互访和经贸活动,进一步形成了以武汉为中心、鄂东各市共同参与的新一轮联合协作的新格局,促进鄂东城市群经济社会的发展。5月上旬,时任中共武汉市委书记罗清泉、市长王守海率武汉市党政代表团赴十堰学习考察,重点考察了东风汽车公司和两地的一批协作项目;两市政府签署了全面加强经济技术合作的协议,商定按照政府引导、市场运作、企业参与的合作思路,着眼长远、立足当前,研究制定合作规划,全方位推进科教、商贸、工业、旅游、资源开发5个方面的合作。考察期间,武汉市江汉区与十堰市茅箭区签订了缔结友好城区协议,武汉经济技术开发区与十堰市白浪高新技术开发区签订了缔结友好开发区协议,武汉市经协委与十堰市郧西县签订了加强两地互利合作的协议;两市还签订了共同推进招商引资工作、蔬菜生产技术合作、蔬菜产销合作等协议。8

---

〔1〕 武汉城市圈建立就业互通机制[N]. 黄石日报,2008-11-15(13).

〔2〕 李廉水,Roger R. Stough. 都市圈发展——理论演化·国际经验·中国特色[M]. 北京:科学出版社,2006:57.

月，十堰市来汉举办特色产品、旅游资源展销暨招商项目推介会，与武汉市企业签定了30多个合作协议和意向，内容涉及商贸、旅游和工业等多个行业[1]。武汉与周边地市间的频繁往来，既是对区域产业与市场一体化的适应，同时也是对产业与市场一体化的一种推动，表明社会经济在区域化不断扩展的进程中，包括政府在内的各种主体已经融入到这种一体化进程之中。

武汉城市圈战略实施后，武汉市与周边地市政府在基础设施建设一体化、产业布局一体化、区域市场一体化、城乡建设一体化以及生态建设与环境保护建设一体化等方面，开展了广泛的合作。以市场一体化为例，武汉城市圈建设启动以来，各城市工商部门迅速行动，在消除区域市场壁垒上进行了一系列联合行动，制定了推进城市圈市场一体化的市场管理的有关制度和工作部署。如2004年签订了《武汉城市圈工商行政管理合作协议》、制定了武汉城市圈市场主体准入一体化、依法维权一体化、企业信用一体化、监管执法一体化、信息共享、二部交流等各项工作方案，并建立了工商管理合作组织框架。这些对于进一步破除区域性市场壁垒，推进城市圈市场一体化具有明显的促进作用[2]。不仅如此，在湖北省政府的推动与协调下，湖北省及圈内各地市政府成立武汉城市圈领导小组、建立圈内各地市职能部门联系会议机制、召开省推进武汉城市圈领导小组（扩大）会议等多种形式，从而为武汉城市圈各地市政府在更广泛、更深层次上的合作创建了平台，这一标志着武汉城市圈区域公共管理一体化初步形成[3]。

二、湖北省城镇化与区域一体化的发展程中的问题

“一主两副”、“两圈一带”及“中三角”战略的实施，有力地推进了区域城镇化和一体化的发展，但当前仍存在着产业分工不合理、城镇体系构建不合理、地方保护主义、行政分割、制度障碍、城市短期利益与长远利益的难以协调等诸多问题。

（一）城镇化总体水平偏低，城镇化发展速度滞后

目前，我省的城镇化发展水平不仅远落后于发达地区，低于全国平均

---

〔1〕 武汉市志办．武汉年鉴2002年·武汉综述·对外开放[EB/OL].（2003-03-04）[2012-09-15] http://www.whfz.gov.cn/shownews.asp? id=42950.

〔2〕 梁亚莉．武汉城市圈总体规划：区域市场一体化建设[EB/OL].（2006-03-17）[2012-09-16] http://www.hubeidrc.gov.cn/2006/3-17/17134194855.html.

〔3〕 罗峰．区域一体化进程中的政府与治理——对武汉城市圈的实证研究[D].武汉：华中师范大学政治学研究院，2009.

水平，城镇化增长速度也低于中部其他省份。

1982 年我省城镇化率为 17.68%，低于全国平均水平 3.45 个百分点；1990 年上升至 28.52%，高于全国平均水平 2.11 个百分点；2000 年达到 40.47%，依然高于全国平均水平 4.25 个百分点；2009 年我省城镇化率为 45.80%，低于全国平均水平 0.79 个百分点。2000 年以来发展速度有所下降，到 2011 年才再次超过了全国城镇化平均水平。1990—2000 年我省城镇化率一直高于全国平均水平。2000 年以来发展速度有所下降，2009 年排名较 2000 年下降两位，较 1990 年下降 3 位。与湖北历史以来在全国的应有地位极不相称。

从中部六省横向比较来看，虽然 2011 年湖北城镇化率在中部地区各省份中排名第一（如表 5-1），但是 2000 年以来湖北城镇化速度就开始低于全国平均水平，从 2001—2009 年年均增幅为 0.61 个百分点，低于全国平均水平 0.47 个百分点，是中部六省中增幅最低的，低于湖南的 1.74，江西的 1.72，安徽的 1.71，河南的 1.58，山西的 1.20。由于增长速度偏低，城镇化水平的差距正在迅速缩小，在中部六省的领先地位遭遇了严重挑战。

表 5-1　中部地区省份城镇化率

	2009 年	2010 年	2011 年	2011 年排序
安徽	42.1%	43%	44.8%	5
山西	46.0%	48.05%	49.68%	2
河南	37.7%	40%	40.6%	6
江西	43.2%	44.06%	45.7%	3
湖北	45.8%	47%	51.83%	1
湖南	43.2%	43.3%	45.1%	4
中部地区（总量或平均值）	43.0%	44.24%	46.285%	
全国	46.6%	49.68%	51.27%	

资料来源：各省公布的城镇化率官方网站。

（二）城市间交通一体化没有形成

虽然武汉至周边城市已逐步形成放射状的路网结构，但这些都是以武汉为中心向外发散的高速路，离整个城市圈交通真正形成经纬交织、纵横交错、互联互通的“蛛网”结构还有一定差距。城市之间的快速路只有连线成网，互联互通，才能发挥最大效益，武汉城市圈大交通网才能最终形成。

从目前武汉城市圈的路网结构看，尽管近几年“1 + 8”城市高速公路建设进展很快,但由于城市间路网结构的不完善,“走回头路”的问题仍不时困扰着各个城市。比如,从武汉出发到咸宁,走高速很快,但如果要从咸宁再转道去鄂州、黄石等地,几乎每往一个方向都得先原路返回武汉。武汉城市圈周边城市之间的道路,直达路少,“断头路”多,8 个城市之间远未形成互为联通的交通网。有关数据表明,武汉城市圈中四级以下公路占路网的比例,远高于“长三角”和“珠三角”,且路网密度低于 36%。“长三角”目前已基本建成完备的高速路网系统,地区级以上城市间已实现 2 小时通达,中小城市 1 小时通达。完善的路网使得该地区城市规模普遍扩大,城市间基本首尾相连。“长三角”所具备的,正是武汉城市圈所欠缺的[1]。此外,在“十二五”期间武汉将巩固和提升全国综合交通枢纽地位,建立 1000 千米范围内城市以航空和铁路为主的交通运输格局。为促进“武汉 1 +8 城市圈”发展,基本建成市域高速公路网和重点城市间城际轨道交通,打造城市圈内 2 小时高速公路和 1 小时城际铁路交通格局。

要想达到这样的目标以下问题急需解决:一是不同行政区域、地区间政策差异,如何打通。尽管同在一个“圈”内,但小区域的发展仍存在明显的不平衡,地方保护或地区封锁多少还是存在;二是投入问题,资金从哪里来。交通基础设施都投资巨大,单靠政府是无法完全解决。如何整合有效的资金,并通过有效的渠道吸引其流入;在跨区域的大型交通项目上,如何确定投资主体,都是需要仔细设计和考虑的问题;三是法律法规问题。武汉城市圈的一体化,需要建立一个法律的支持系统,以对既成事实的确认,对现实利益进行的调整。譬如交通规费,之前以车籍来决定规费缴纳地,今后在城市圈内,能否实行“交费一卡通”,实行统一的标准和程序,以加快区域间物资和信息的流动[2]。

(三)产业分工及布局存在利益障碍

武汉城市圈产业一体化虽然取得了积极进展,但与长三角、珠三角等城市圈比较,产业一体化层次相对较低,产业的梯度发展格局与一体化布局框架尚未形成。武汉城市圈工业集中度高但缺乏竞争力,其中一个重要原因是产业关联度低,主导产业表面上是集群,然而内在关联不紧密,上下

---

〔1〕 武汉环形高速“半小时交通圈”拴紧 8 个卫星城市[EB/OL].(2012 - 08 - 26)[2012 - 09 - 20] http://www.chinadaily.com.cn/hqgj/jryw/2012 - 08 - 26/content_6825759.html.

〔2〕 武汉城市圈交通一体化:破除障碍的前行[EB/OL].(2008 - 03 - 12)[2012 - 09 - 20] http://www.chinahighway.com/news/2008/238255.php.

游产业配套和协作关系不协调,产业产品链条短[1]。从中心城市与周边城市的关系看,圈域产业主要聚集于武汉市,圈域产业分工和空间开发的重点与优先区域不明确,缺乏统一协调和整体联动,影响了武汉市产业的对外扩散和辐射作用发挥,特别是除武汉市外的8个城市之间的产业发展缺乏交流与合作,没有明显的分工与协作关系,产业的梯度发展格局与一体化布局框架尚未形成[2]。宜荆荆城市群区域经济发展效益低,区域内各城市之间产业同构现象明显,经济增长方式仍以粗放型为主。同时三地之间各自为政,其区域经济资源也没能实现节约与共享;生产要素的优化配置以及经济规模的效应业未能体现。

1. 政策不够完善,管理体制落后

自武汉城市圈正式建立以来,相关部门陆续出台了五个专项规划和六个配套支持政策,使得武汉城市圈"两型社会"建设进展有序,成效显著,但涉及到区域内体制机制改革和进入全面实施阶段后,仅仅靠上述配套政策难以全面落实改革目标和任务,城市圈发展推力明显不足。六个配套政策主要涉及到金融、财税、人才、投资、土地和环保等相关方面,而对于行政体制、科技创新、民生建设等方面政策较少涉及,而且配套政策之间协调力度不够,缺乏关联性;另外,六个配套政策主要是从宏观上指导,具体可操作的指导意见和实施细则仍有待完善。

与此同时由于地方短期利益的驱动以及"行政区经济"发展模式的影响,城市圈内市场化程度不高。各城市的生产要素市场建设凸显出各自为政、画地为牢的特征。区域性统一大市场尚未建立,直接影响着圈域内资源要素的优化配置。在市场准入、质量技术标准、行政事业收费等方面,各城市均不同程度地存在着地方保护倾向,形形色色的市场封锁与市场壁垒依然存在,严重制约着圈域内资源要素的合理流动。值得注意的是目前金融组织体系构建不够完善,导致资金大多流向核心城市,从而阻碍了产业的升级、产业规模的扩大以及产业的转移;再加之圈内统一的人才市场建设正处于起步阶段,在职业培训、劳务协作等方面还不够成熟,并且在社会保障、保障城市圈内居民平等就业权利等方面也不完善,从而影响了城市圈经济社会的发展。

---

〔1〕 中共湖北省委政策研究室课题组[J]. 推进武汉城市圈产业一体化的研究报告[J]. 决策与信息,2007(2):43.

〔2〕 朱文华,李旭峰. 武汉城市圈两型社会建设面临的挑战与应对策略[J]. 特区经济,2008(10):192.

2. 各地的竞争大于合作

宜荆荆城市群整体经济效益较低,各城市之间的经济关联度也不高,目前城市间的关系仍然是竞争大于合作。三地在产业分工与合作,大型基础设施建设等方面的规划实施责任的主体不明确、推进的措施不强硬、实施难以得到有效的监督以及利益的分割等因素,从而使各城市陷入了恶性竞争的漩涡。特别是某些地方官员为了个人政绩盲目的争投资、上项目,导致了经济资源未能得到有效的利用。同时各地还通过设置地方保护主义和壁垒等手段,阻碍其他地区的资源参与到本区发展,这样的后果是严重破坏了三地之间展开经济合作的基础,最终影响到城市群的整体发展和竞争水平的整体提升。

3. 区域经济发展方式多以粗放型为主

由近年来武汉城市圈的产业结构比重可知,圈内产业结构呈现“二三一”型,即以冶金、机械、汽车、化工等资源型、初加工型工业作为武汉及周边城市经济增长的支柱产业,而第三产业的 GDP 贡献率仍有很大的进步空间。进一步分析轻重工业的比重可知,以 2011 年数据为例,重工业占本省工业总产值的 73%,而轻工业仅占 27%,工业结构明显偏重。GDP 增长所依赖的产业大多具有于高投入、高能耗、高污染、低效益的特点,使得在利用地区资源优势发展的同时,造成严重的环境污染、资源枯竭等问题〔1〕,并且制约了区域经济的发展,使区域经济的竞争力得不到有效的提升,影响了城市圈的协调发展。

4. 城市群产业同质化问题突出,协调度较低

一个城市群要想立足于市场,群内各主要城市之间必须在产业上建立起结构性的分工与合作关系。这既是城市群能否健康发展的关键,也是难点。在产业发展上盲目重复建设,势必就造成资源的浪费和不合理利用,导致本身有限的资源无法优势互补得到集中发展。从表 5-2 可以看出,宜荆荆城市群内三城市的支柱产业都有一定的相似性,各城市大都以装备制造、化工、建材、机电等为主发展。相反地,各城市的优势产业则并不明显,产业间的关联作用受到了制约,并进一步制约了宜荆荆城市群的产业整体协调发展〔2〕。

〔1〕 郑晓燕,杨慧彬,王亚玲. 武汉城市圈产业结构调整低碳化策略研究[J]. 现代经济信息,2012(5):330.

〔2〕 彭迎迎. 湖北宜荆荆城市群区域协调发展研究[D]. 武汉:华中师范大学城市与环境科学学院,2011.

表 5-2　宜荆荆城市群各城市产业发展

	主要支柱产业
宜昌市	装备制造、化工、食品医药、新能源、高新技术、电力
荆州市	装备制造、化工、纺织业、汽车零部件
荆门市	石油化工、磷化、食品医药、建材、机电、

(四)区域一体化的制度缺失

区域经济一体化是在一系列的制度框架内形成的,制度本身对区域经济一体化产生深远的影响,各种利益关系在重新梳理和磨合;各种经济制度也处于不断变迁过程中,而制度的缺失必然会对一体化进程产生负面影响;或者因没有健全的制度而无法推进一体化;或者因不规范的制度而导致一体化进程的变异。影响区域一体化进程的制度因素既有正式制度,也有非正式制度。

1. 各城市追逐各自利益,协调机制弱化

要使各要素能够自由流动,只有提供具有竞争力的商务运行成本与效率优势,才能不断吸引投资者。地方政府应当提供符合国际惯例的商务法律、政府条例和司法程序,降低征税成本,提高服务质量,提供良好的公共基础设施,通过建立有序的地区协调机制降低交易成本与建立可靠的市场竞争秩序。显然,武汉城市圈内此类机制还未健全,致使要素不能自由流动,区域经济运行和一体化进程受制于地方政府的本位利益,地方政府为保护本地企业,会以政府行为介入市场竞争,阻止资源流出、限制外地商品进入本地市场,从而阻碍统一市场体系的形成和市场在资源配置中基础性作用的有效发挥,地区之间的协调无法正常有序地展开。

2. 经济协调组织体系尚未完善

城市圈一体化进程受地方政府行政区划及由此造成的地方本位主义利益严重制约,在地方政府行政主导和干预下,难以形成适应经济网络化需要的统一的市场规则。没有统一市场规则的强力支撑,将无法有效约束微观市场主体的经济行为,也无法约束和协调政府基于地方本为利益的干预市场的行为,无法限制由地方政府主导的盲目重复建设的冲动,更无法保障市场主体的充分、公平、高效的市场竞争,实现区域范围内的资源有效配置。目前城市圈内的经济协调基本上停留在非制度化阶段,一些区域性组织的协调仅表现为地区领导人之间的一种承诺,缺乏法律效力和刚性约束,难免出现很大的局限性。个别城市之间的合作有别于区域一体化,此类合作领域局限在个别城市之间，仍然缺乏对整个区域的统筹规划。更为关键的是，在地方政府职能没有真正转变到位的情况下，任何政府之间的协调仍然摆脱不了行政干预的色彩，其干预的效率也值得怀疑。

3. 公共服务受行政区划的阻碍

武汉城市圈内各城市客观存在的政策规定、执法标准、投资环境的差异，还没有得到及时有效的统一规范。如武汉周边城市都在反映的进入武汉市的交通规费收取、电信一网通、市场准入、户口迁移、居民就业、子女入学、金融税收以及社会保障等方面存在的“内外有别”，客观上为推进城市圈建设形成了一堵“围墙”。连同周边城市自身在政策上的不一致性，这样，就不可避免地出现城市圈大小圈互套、圈与圈互隔的局面[1]。

（五）城镇体系空间布局不尽合理

虽然武汉长期以来是整个华中地区的经济中心，是湖北省的增长极，湖北和武汉城市圈需要武汉的龙头带动作用，但是武汉市“一城独大”的现状依然明显。而由于宜荆荆城市群城市结构自身的不足，使得该城市群缺乏首位城市，大中小城镇合理的空间布局还远未形成。以及宜昌市和襄樊市这两个省域副中心城市的区域辐射力不够，从而也导致了湖北省城镇化空间布局的不均衡性。

1. 武汉“一城独大”，城镇体系出现“断层”

全省现有城镇中，如果按照特大城市、大城市、中等城市、小城市（含建制镇）人口规模分级，全省各级城镇人口所占的比重分别为20%、13%、16.5%、50.5%，为典型的“两头大、中间小”的城镇规模结构。如果将全省36个设市城市按200万人以上、100～200万人、50～100万人、20～50万人、20万以下规模进行分类，则各类城市数量为1－0－4－14－17，全省缺少100～200万人口的城市，而50～100万人的荆州、襄樊、黄石、宜昌4个城市也都是1990年以后才开始逐步达到这类人口规模的[2]。反观武汉城市圈，武汉市的人口规模是第二位城市的6倍多，城市首位度为3.79，大于正常值2。武汉市非农人口数是湖北省除武汉外11个地级市市辖区非农业人口之和，然而与我国东部沿海地区比较，我省二级城市的规模偏小，除武汉之外，市区非农人口超过100万的城市几乎没有（襄樊90万、宜昌70

---

〔1〕 沈金华，杜涛．武汉城市圈交通一体化：现状、思路、对策［J］．长江论坛，2007(6)：20.

〔2〕 夏春萍．湖北省统筹城乡经济发展研究［D］．武汉：华中农业大学经济管理学院，2005.

万)，城市体系断层明显，缺乏中等规模城市的衔接配套。武汉对周边城市资源的吸呐远大于二者的互补性。而东部省份江苏有5个，山东有4个，广东有5个。县城以下城镇人口总数占全省城镇人口比重为30%[1]，“过渡带”、“蓄水池”的作用发挥不够。这种梯次结构，不利于实现大中小城市协调发展，不利于市县乡(镇)齐头并进。

2. 城镇分布东密西疏，城镇空间布局不尽合理

我省城镇化水平较高的地区大多聚集在武汉周边地区以及“襄荆宜”高速公路和沪蓉高速为轴的地段的中心城市周围。全省36个城市中，沿长江11个，汉江6个，沿铁道29个，铁道水路兼临的17个。如果以丹江口—远安—宜昌—宜都一线分界，将省域划分成鄂东、鄂西，可发现东、西部城镇化差异较大，局部地区发展拖后，影响着全省城镇化进程。

西部地区地形崎岖，交通不便，人口分散，经济发展水平相对低下，城镇数量少。鄂西面积占全省的40.8%，而设市城市的数量不足20%，建制镇数量也仅占23%，城市人口占全省城市总人口的10%左右，建制镇人口也仅占16%；而东部地区以平原为主，交通便利，人口密集，经济发展水平较高。与鄂西相比，鄂东不仅城镇数量多、密度高、规模大，而且还出现了武汉—鄂州(黄冈)—黄石城市连绵区(雏形)。在武汉附近100千米(直线距离)的范围内，设市城市达13个之多，城镇人口占全省城镇总人口的36%[2]。城镇化空间布局区域差距过大，是地区之间工业化、现代化非均衡发展的表现，也给全省地区之间经济社会协调发展造成困难。

3. 城镇发展质量不高，内聚力和辐射力不强

虽然湖北城镇数量多，城镇化水平也比较高，但是，在快速的城镇化过程中，一些城市急剧扩张，城镇建设中“摊大饼”现象仍然存在，土地资源被大量占用，城镇人口承载量比较低。除武汉市以外，其他市城镇人口均未达到100万。县城规模一般在10万人左右，建制镇城镇人口平均不到1万人。最小的镇城镇人口仅千余人，平均规模为7000人。几乎所有县城都远大于县域内非县城城镇。规模效益较差的小城市和小城镇比重超过40%。2004年，湖北有全国“千强镇”3个，而2008年没有一个建制镇进入“千强镇”名单。十多年前，湖北的宋埠镇经济实力可以抵上河南的整个新县，而近年来，发展条件相似的新县经济水平已远远赶超宋埠镇。这表明湖北省

---

〔1〕 联合课题组．新形势下推进湖北城镇化建设的思考与建议[J]．政策，2011(10)：17.

〔2〕 赵长勇．湖北农村小城镇发展研究[D]．武汉：华中农业大学经济管理学院，2004.

其它区域性中心城市的规模不大,实力不强尚不具备中心城市应有的综合型、多功能的职能难以带动所辖区域的发展。

我省工业长期以来处于偏重型,大部分属于非劳动密集型产业,随着技术改造力度加大,劳动生产率逐步提升,这就形成吸纳就业能力偏弱的现状。以高新技术产业为代表的劳动密集型产业相对发展不足,农产品加工业优势不优,县域经济实力,公共服务设施建设滞后,薪酬水平不高等问题直接影响到城镇人口的聚集。特别是县城对农村劳动力的吸引力,对小城镇的带动能力十分有限,农业富余劳动力大量外流。在城镇基础设施建设上投入普遍较少,小城镇建设品质差,集聚效应难以形成。2006 年,在湖北 747 个建制镇中,只有 43.1% 的镇有影剧院,有体育场馆镇仅占 16.9% ,有公园的仅占 11.4% 。小城镇近年来发展处于停滞状态。

(六)生态环境保护脆弱

城市群区域的生态环境保护水平相对较低,区域内环境综合整治困难越来越大。随着经济的快速发展,生态环境治理与保护也得到城市群内各城市的关注和重视。然而,需要我们清醒的认识到区域内生态环境仍然很脆弱、治理难度依然很大、环境容量也很有限。

1. 环境污染严重,生态环境整治难度大

武汉城市圈当前面临人口稠密、资源相对贫乏、生态比较脆弱、环境容量有限等诸多问题。城市圈除长江、汉江干流尚富余少量化学需氧量(COD)容量外,绝大部分河流和湖泊的水环境容量已经基本告罄,“优于水而忧于水”的矛盾较为突出。比如,以武汉市湖泊为例,武汉市主城区原有主要湖泊 35 个,现已有 8 个被完全占用,不复存在了。一些重点区域如硚口、青山、蔡甸等重金属排放企业污染问题持续存在,进一步加剧了水质环境恶化、土壤污染和大气污染等环境问题[1]。

同时宜荆荆城市群是我省重要的重化工业基地,人口密度大,区域污染的排放总量比较大,尤其是宜昌长期面临着三峡库区综合治理的影响,以及对工业污水和生活污水的处理能力的有限性,致使大部分城市工业和生活废水依然直接排入江河湖泊中。区域内有长江和汉江两大河流,区域内水资源丰富,但也面临着水资源保护的压力,形势不容乐观。在城市空气质量方面,城市群区域内宜昌、荆门由于大量发展重化工业,空气污染问

〔1〕 朱玲琳,张葆珺. 武汉城市圈新型城市化发展模式问题研究[J]. 江汉论坛,2011(5):29.

题长期比较严重,目前整个区域已经由单一性的污染物发展到生产和消费多重复合型污染。不光是区域性的河流湖泊受到不同程度的污染,各城市内部之间的湖泊与河流污染现象也比较突出。例如,荆门的竹皮河、荆州的护城河、荆沙河等城市河流以及洪湖的污染问题长期存在,区域性湖泊污染综合整治难度加大,缺乏统一协调的措施和计划,区域内污染治理的综合效果不明显[1]。

2. 区域经济利益和生态利益之间的矛盾

以 GDP 增长率考核地方政府政绩向来备受诟病,但是武汉城市圈内依然存在诸如片面追求 GDP 指标,盲目扩大投资和引进外资,对高能耗、高污染企业视而不见,重复投资等现象。另外,城市圈在环境监督方面缺乏有效的民众参与监督;同时在考核的重压之下也致使部分领导干部只顾眼前利益,而不顾地区发展的后劲和长远利益。

宜荆荆城市群内也同样存在经济利益与生态利益的矛盾。首先,三地之间缺乏有效的沟通,没有清晰的认识到区域的生态环境保护是一个不可分割的整体,而行政界限的分割导致各行政区只在自己区内作为,对于区域间的污染却置之不理;更没有意识到这个整体性将影响到三地的生存问题和长期发展。其次,城市群内各地方政府在区域的生态环境保护开发和综合治理方面,缺乏有效的合作机制或制度;区域性一体化的法律法规也未能得到相应的配备。第三,宜荆荆城市群集中分布着重化工、食品加工、纺织服装等高污染和高排放量的的产业;同时,长期以来各城市对生态环境的投入不足,区域性的生态保护体制机制更是欠缺,这势必加剧生态环境的进一步恶化。

三、进一步完善和创新湖北区域一体化发展的机制

新时期新阶段我省城镇化建设要深入贯彻科学发展观,全面落实党的十七大、十七届三中、四中、五中全会精神和中央关于促进中部崛起发展战略,坚持新型工业化、农业现代化、新型城镇化协调推进,按照构建促进中部崛起重要战略支点的要求,加快推进湖北省新型城镇化和区域一体化发展,充分发挥城市圈的功能,建设"资源节约型"和"环境友好型"的两型社会,应在形成利益互动协调机制的基础上,开创更为规范、更为紧密的长期

---

〔1〕 彭迎迎. 湖北宜荆荆城市群区域协调发展研究[D]. 武汉:华中师范大学城市与环境科学学院,2011.

合作局面，构建城市圈的区域经济发展新模式。

(一)区域内产业融合机制创新

工业化和产业化是城镇化的先导和基础。我省是人口大省，也是农业大省，承担着国家粮食安全和三峡工程库区、南水北调水源区生态安全的政治责任，“七山二水一分田”，可开发土地资源非常有限。资源能源、生态承载、环境制约等是我省经济社会发展中亟待解决的问题，缺煤、少油、乏气成为制约我省可持续发展的瓶颈。所以我们必须加速转变经济发展方式，调整优化产业结构，走一条“高密度、高效率、节约型、现代化”的发展道路。为了促进产业结构的调整以及区域产业的融合，要大力创新区域间的产业融合机制。

1. 产业布局的分工与融合机制

单个地区和城市总是以自己的资源和发展水平在行政管辖区范围内进行产业布局，难以从整个武汉城市圈的角度进行综合考虑，而这种政策影响下的产业安排有时不能符合最佳区位的要求。产业布局的融合，能从整体角度进行产业安排，在武汉城市圈范围内追求经济效益最大化，并容易与武汉城市圈以外其它地区的产业安排进行有效协调。武汉城市圈的产业融合，应以武汉为龙头进行总体布局：以武汉东湖新技术开发区为龙头和主要辐射极，建设包括武汉经济技术开发区、葛店、鄂州、黄州、黄石的高技术产业带；以武钢为龙头，建设包括鄂州、黄石、大冶、阳新在内的冶金建材产业带；以武汉经济技术开发区为龙头和辐射极，建设环武汉汽车零部件产业带；以东湖新技术开发区、武汉经济技术开发区和武汉吴家山海峡两岸科技园为龙头，建设环城市圈工业设备及电器、电子元器件产业带；以武汉为龙头，建设包括仙桃、潜江、黄石、鄂州、黄冈、孝感、天门、咸宁的环武汉纺织服装产业带；以武汉为龙头，在城市圈西侧建设包括孝感、潜江、天门在内以盐化工为主的化工产业带，在城市圈东侧建设包括鄂州、黄石、黄冈在内的石油化工、医药、精细化工产业带；建设环武汉市的农副产品加工产业带。

宜荆荆城市群区域经济争取健康持续发展，必须处理好各生产要素的分工、互补以及避免产业同构。产业之间的转移要合理布局科学规划，这是三地合作和协调发展的重点。三个城市要充分发挥自己的比较优势，逐步优化各城市不太合理的产业结构，努力加强和完善三个城市之间的协调与合作，在形成自身发展的产业发展特点的同时，也要逐步同城市群内部其他区域进行产业协调配套发展。要推动工业化和信息化的发展，以信息化带动工业化。发展高新技术产业、战略性新兴产业等，优先扩大发展第三产业尤其是服务业在产业结构中的比重。

2. 建立区域合作共赢的发展机制

各城市之间要实现互惠互利的区域发展一体化战略方针和政策，首先不能仅仅依靠政策的扶持，还要树立“共赢”的发展理念，并且在竞争中合作、在合作中谋求“共赢”。其次，要打破行政分割界限，强化各城市之间政策的衔接性，逐步统一规划、统一法律法规、统一行动准则，构建各城市内部的行政服务和政策支持的共享通道，促进区域内人流、物流，信息流的自由合理流动和配置。第三，加大对经济欠发达地区的开发和扶持力度，促进城市群区域的全面协调可持续发展。第四，根据区域内部经济发展的实际情况，积极协调区域内部的产业分工，充分发挥产业政策的调节功能，加大区域内具有影响力的产业基地建设。引导生产要素向条件较好的区域、优势产业、优势企业集中。推动产业之间的融合，促进产业间的互补和产业链的壮大延伸，发挥集聚效应。逐步形成主体功能定位清晰、发展方向明确、开发合理有序、经济发展和人口资源环境相协调的城市群区域协调发展格局。

3. 形成区域性市场一体化运行机制

针对目前存在的市场分割的现实情况，必须建立区域市场开放机制。要扩大对内对外开放，进一步打破行业垄断和地区封锁，促进商品和各种要素的自由流动和有序竞争，同时要加快要素市场的培育和发展，为试验区市场一体化建设奠定基石。完善武汉城市圈市场一体化的支撑平台，加强区域合作，协调共建区域交通网络、信息网络，完善支撑市场一体化的物流平台和电子商务平台。积极发展专业化的市场中介服务机构和各类行业协会等自律性组织[1]。应加快推进武汉城市圈新型工业化和新型城镇化，在建设统一市场的目标下，逐步消除在城乡资本、人才与劳动力、商品、土地等市场形成过程中的管理体制、运行机制、信息交流等方面的障碍。特别是在土地市场方面，要把现行强制性的行政征用行为转变为交易性的市场购买行为，发挥市场的基础性作用，实现城乡市场的统一[2]。武汉城市圈要加快实施“大通关”，深化口岸管理体制改革，建立监管有效、服务优良、管理科学、全国一流的口岸管理体制；深化外商投资审批体制改革，建

〔1〕 彭开虎．中国区域经济利益协调机制研究［D］．武汉：中国地质大学经济学院，2007.

〔2〕 秦尊文．构建武汉城市圈试验区运行与保障机制［J］．学习与实践，2008（7）：15.

立一体化的招商引资机制；加快整合城市圈利用国内外资源，积极引导资金向功能区域和重点产业聚集；加快建设武汉出口加工区、保税物流中心，逐步形成我国中部的第一个“境内关外”自由贸易区；推进区域市场一体化发展，力争把武汉城市圈建成我国中部对外开放的重要门户。在市场开放机制的建设方面，政府的作用十分重要。对政府而言，要开放首先要敢于放开，要放开一切能放开的领域、行业、地域，放开一切不利于发展的捆绑、约束、政策、习惯、文化，放开一切资源为投资者、创业者所用、共享，实现“双赢”和“多赢”，真正做到不求所有，但求所在。要把武汉城市圈两型社会建设综合配套改革试验区放在湖北、中部、全国、全球来看，放在湖北、放在中部、放在全国、放在世界的大格局中正确定位，谋划发展，以更开阔的视野来利用国际国内两种资源、两个市场，为湖北发展服务。

（二）区域公共设施和服务机制创新

城市是经济的中心，也是生活的中心。因此必须大力加强城市公共服务设施建设，完善公共服务体制。其中，交通设施是区域内最基本的基础设施。经济一体化首先需要基础设施一体化。要加快建设快速、便捷、高效的综合运输网络。武汉城市圈基础设施一体化主要包括打造综合运输体系、加强信息基础实施和能源的建设。具体而言：首先，以建立新型综合运输体系为目标，加快武汉城市圈内外公路、铁路、水路、航空等基础设施建设，提升“九省通衢”的区位优势。以高速化和网络化为标准，加快武汉绕城公路、武汉至襄樊高速公路、随州至岳阳高速公路、阳逻长江公路大桥和洪湖新滩东荆河公路大桥、荆岳长江公路大桥、黄石长江二桥等重大项目以及武汉高速出口公路建设，形成以武汉市为中心、以京珠、沪蓉国道主干线和西部开发公路通道银（川）武（汉）线为主轴、连接武汉周边城市、通达周边省会城市的高速公路主骨架，同时抓好国省道、县乡公路改扩建和乡村公路建设。以将武汉建设成为全国第四大铁路路网中心为目标，加快武汉天兴洲公铁两用长江大桥和武九、汉丹铁路扩能提速工程等项目建设，争取国家尽早建成京广铁路客运专线和沪汉蓉快速铁路，进一步提高武汉在全国铁路网中的枢纽地位。加快城市道路和轻轨建设步伐，使轻轨逐步向孝感、鄂州等地延伸。抓好武汉公路主枢纽客货运站场建设和武汉天河机场、武汉港区、黄石港区改扩建，建设好汉江航道整治工程[1]。同时

〔1〕 省发展和改革委员会关于加快推进武汉城市圈建设的若干意见[EB/OL].(2004－04－0)[2012－09－30] http://china.findlaw.cn/fagui/p_2/117948.html.

加快推进区域管道网络建设,完善能源供应体系。坚持公交优先战略,大力发展公共交通,加强各运输方式的衔接配套,注重组合效率和整体优势的发挥,做好城际交通与城市内部交通的有机协调,形成一体化、低碳的综合交通体系。

要加快宜荆荆三地发展,交通运输等基础设施是基础。没有交通运输的统一,就谈不上城市群的建设。因此三市要加快推进以基础设施项目为重点的一体化建设步伐,构建布局合理、设施先进、畅通便捷、城乡共享的基础设施网络,促进区域同城化发展,为加强经济区内部经济联系和扩大对内对外开放奠定坚实基础。其具体路径如下:一是要加快城际交通网络建设,全力打造内外畅通、快速便捷的现代化交通枢纽。加快建设城际高速铁路、高速公路、318 国道改造等城际交通干线,争取长荆、荆沙铁路电气化改造提速,构建一小时交通网。按照公交一体化的要求,共同设计城际客运方案,合理分配车隔和布局站点,切实提高运营效率。发挥长江、汉江水运优势,打造综合性港口,推进沿江公路,过境铁路,跨江通道建设,加快建设水公铁联运、江海直达的长江中游综合交通枢纽。抓好三峡国际机场扩建项目,完善铁路、公路、航空、水运等多种运输方式组成的立体交通网,实现通达快捷化。建立统一的收费机制和投资方收益分享机制,打造城市快速环线;二是要加快建设现代物流业。三市交通区位条件、现实发展基础有利于物流业做大做强,宜昌市建设的三峡现代物流中心,主要辐射重庆、西南;荆门市打造鄂中商品集散地和危化品物流中心,东接武汉、北接豫陕,南与荆州、西与宜昌相连,起到承上启下、承东启西的作用;荆州市以农产品、商贸为特点的江汉平原商贸物流枢纽城市,主要打通湘西、云贵桂通道。三个城市不同的物流定位,有利于三市分工合作、错位发展,着力共同打造区域性物流中心;三是要加强三地信息网络建设,仿照武汉城市圈建设的模式,首先要统一三地电话、邮政区号,减少三地信息通讯的障碍和成本,使之真正成为一个统一体。然后再谋划其它领域的统一协调,按照经济共同体的要求进行统一规划、安排[1]。在这种思想的指导下,宜荆荆城市群将实现交通,通讯、物流的有效对接,从而促进湖北区域一体化发展。

(三)区域经济利益协调机制创新

城市圈建设的实质就是圈内各城市政府通过协调相互间的利益和立

〔1〕 荆门对接宜荆荆城市群发展问题研究[EB/OL].(2011－07－05)[2012－09－30] http://www.jcxsw.cn/read.asp? id＝2753.

场,畅通城市间经济资源的流通媒介,加快城市圈经济的一体化进程,提高相互间及其圈内圈外集聚、扩散经济资源的规模与层次[1]。武汉城市圈9个城市中仅武汉市一城独大,与周边城市落差明显,虽然这种情况在短期内不可能一蹴而就,但从目前的情形看,武汉已对圈内的其他城市产生了明显的带动作用。武汉长期以来是整个华中地区的经济中心,是湖北省的增长极。无论是从中部崛起的需要还是从市场规律来看,都不可能限制武汉的发展。而既要保证武汉的龙头作用,又要实现城市圈内的均衡发展,关键在于促进武汉城市圈的一体化。

1. 探索区域经济利益协调机制

某些地方政府从区域经济利益出发,可能会出现损害其它区域利益甚至总体利益的情况,因此在不违背总体利益和不损害其它区域利益的前提下,建立一种区域经济协调发展的利益协调机制,促进各区域合作,发展区域经济。对此需要从以下几个方面来做起:首先是建立受损地区利益的补偿机制。由于各地政府的首要目的是追求区域利益最大化和增进人民福利,在市场经济条件下,对产业既得利益受损的地区,除要有中央相关补偿政策外,还应该建立受益地区对受损地区的利益补偿机制,通过多种途径对参与区域分工而蒙受损失的一方或因缺乏自我发展能力而处于缓慢增长状态的落后区域,在资金、技术、人才和政策上给予相应的支持。武汉是全省发展的龙头,武汉城市圈是全省经济的核心区域,宜昌、襄樊是省域副中心城市,长江经济带是湖北经济布局的主轴。我们在统筹谋划发展的同时,仍然要集中有限资源优先支持重点区域,通过重点推进带动全省发展。同时要充分调动各方面的积极性,要加强区域合作,充分发挥大武汉的龙头作用,认真做好长江经济带、鄂西生态文化旅游圈与武汉城市圈对接的文章,支持和鼓励鄂西生态文化旅游圈发挥后发优势,开发特色资源,发展“两型”产业,科学开发,有效保护,加快建立生态补偿机制,对其经济给予扶持和政策的酌情照顾;其次是建立损害区域整体利益的约束机制。在各区域政府实现区域联动发展的愿望越来越强烈的趋势下,不仅国家要对抑制市场开放、政策无序优惠、放任污染扩散等恶劣行为制定严厉的制裁制度,而且应建立同级政府或同一组织成员间区域整体利益最大化原则下的“权、责、利”对等关系的相关法规。应以宪法、法律和行政法规为依据,紧密结合我省实际,及时制定地方性法规和行政规章制度,突出抓好能够促

[1] 赵伟. 中心城市功能与武汉城市圈发展[J]. 武汉大学学报(哲学社会科学版),2005(3):304.

进全省宏观经济管理、可持续发展、对外开放、社会保障等方面的法规、规章的制定。建设资源节约型、环境友好型社会,坚持资源开发与节约并举,把节约放在首位,依法保护和开发水、土地、矿产等资源,大力发展循环经济,实现资源永续利用,促进人与自然和谐发展[1]。

2. 创建区域协调发展组织领导机制

借鉴长三角模式和长株潭模式突破城市行政区管理体制界限,创设如下协调组织:第一,创设区域性的协调领导小组。省长任组长,分管经济工作的副省长为副组长,区域内各城市市长和省自有关部门负责人为成员。协调领导小组的职能定位为议事决策机构,职责定位为就有关区域协同建设的重大问题进行研究、协调、规划,并制定相关政策。第二,创设区域性的协调领导小组办公室。领导小组办公室常设在省发改委,由省发改委主任兼任办公室主任、领导小组办公室的职能定位为常设办事机构,行使实施职责和监督职责。第三,创立区域内各城市市长联席会议。市长联席会议常务主席方为武汉市,联络处设在某核心城市,市长联席会议可定期或不定期举行,其职责定位为就关系共同利益发展问题进行沟通、协商。第四,创设区域性建设决策咨询委员会。成员由专家学者、企业家、省直有关部门和各城市有关部门领导组成、其职能定位为决策咨询机构,行使咨询职责,为区域建设问题提供经过科学论证的方案[2]。从而在领导重视、深化共识、强化措施、整体推进的思想指导下促进湖北省经济发展。

(四)区域生态环境保护机制创新

推进环境保护与生态建设一体化,需要运用自然和经济的规律和方法,政府只能在其中起推动作用,政府积极推动一体化,与运用市场经济的手段并不矛盾。当前生态环境一体化关键是要克服机制上、观念上的障碍。

1. 建立城市间生态合作、协调补偿机制

要通过区域环境合作机制的实施,加强协调,信息共享,相互支持,协

---

〔1〕 一带两圈"与湖北区域经济协调发展[EB/OL].(2010 - 10 - 20)[2012 - 10 - 02] http://www.hubei.gov.cn/zwgk/rdzt/mhwzzt/hbmhzt/lqyd/zjgd/201010/t20101021_125585.shtml.

〔2〕 卢现祥,张翼. 基于"两型社会"建设的武汉城市圈一体化机制创新研究[EB/OL].(2008 - 12 - 26)[2012 - 10 - 02] http://www.wto-znufe.com.cn/articleshow.asp? ContentId=3678.

调解决城市间的环境问题。目前,武汉城市圈具备率先树立和落实科学发展观、转变发展方式、带动跨行政边界联合治理和改善环境的条件,应先行一步加强合作。用量化的方式,寻求江河湖泊的上游城市对下游城市的环保补偿,让全区域的城市共同为环保"埋单"。尽快建立起长江三角洲上下游间的补偿政策,上游污染下游或污染物排放总量超过计划,上游必须给下游予以赔偿;上游治理了污染,保证了下游的水环境安全,下游必须给予上游生态补偿,以期达到优势互补,双赢、共赢促进发展。城市圈生态补偿机制是把经济手段运用到解决区域环境利益不公平问题的重要措施。生态补偿应建立在对生态环境和损害进行科学评估的基础上,根据收益和损害的性质、对象的不同,采取不同的补偿措施,比如上游对下游的污染补偿、下游对上游的环境资源的补偿、实物补偿、政策补偿、智力补偿、资金补偿等。

2. 构建城市圈环境科技合作与信息共享机制

建立城市圈内推动环境技术交流与合作的纽带,加强环境科技人员交流、合作开发和推广环保实用技术,共享环境科技成果,有利于提高解决区域环境问题的能力。建立圈内环境信息交流平台,实现区域的环境信息共享与交换,强化区域联动,通过建立区域环保信息发布会、环保信息网站、创办环保信息刊物等方式,发布环境质量信息、污染源信息、资源开发信息、建设项目信息以及环保违法情况等,实现环保信息共享,保障公众的环境知情权、监督权和决策权;建立圈内环保产业发展合作机制,在投融资、市场拓展、技术研发、资质互认、环保技术应用等方面开展广泛合作。

3. 建立生态环境安全的防范和预警机制

维护城市圈生态环境安全是圈内生态环境合作的主要目标之一。当前,威胁圈内生态环境安全的因素正在不断增加,制约生产的发展和生活质量的提高。为保障区域生态系统稳定性和生态安全,必须建立区域环境预警机制体系,加强环境预警预报能力和警情反应能力建设。尤其是对圈内环境敏感区、环境脆弱区以及重要的环境功能区和环境保护目标加强防范,防止发生重大环境污染和不可逆转的生态破坏。解决跨行政区域的环境污染问题需要各方合作共同解决。区域环境污染共同防治体系包括环境标准体系、环境质量监控体系、环保执法体系、环境污染治理技术系统、由企业等社会单元构成的污染治理体系、市政建设污染物处置系统,以及区域环保基础设施共建共享等。

总之,实现区域一体化是湖北省建设资源节约型、环境友好型社会的重要举措。加快体制机制创新，把武汉城市圈打造成为优势产业发展的集聚区、走新型城市化和工业化道路的先导区、创新示范区和中部地区的先锋城市圈，充分发挥其功能，是实现湖北省可持续发展、促进中部崛起的重要途径。

第六章
湖北省城镇化进程中的农村文化保护与开发[1]

自1998年党的十五届三中全会第一次提出“小城镇、大战略”，到党的十六大决议提出“繁荣农村经济、加快城镇化进程”，再到党的十七大进一步指出“走中国特色城镇化道路，促进大中小城市和小城镇协调发展”，党和政府的一系列决议已经将城镇化作为推进我国经济社会发展的重要发展战略。城镇化是我国农村全面建设小康社会的必经过程，也是我国现代文明的一个重要标志。城镇化是农村政治、经济、文化、社会的全面发展，文化是不可或缺的重要内容。

一、城镇化对农村文化和乡土文明产生巨大冲击

城镇化是指农村人口转化为城镇人口的过程。改革开放，特别是90年代中期以来，我国城镇化发展取得巨大成就。城镇化有力地吸引了生产要素向城镇聚集，促进产业结构的调整和资源的优化配置；转移大量的农村富余劳动力，缓解农村人地紧张的突出矛盾；有利于实施国家区域发展总体战略，统筹城乡区域协调发展，逐步缩小城乡区域差别[2]。城镇化一方面促进我国农村社会的深刻变革，另一方面，农村城镇化进程中也出现了许多亟待解决的问题。其中，农村文化保护与开发的缺失越来越受到社会关注。

（一）快速的城镇化对农村文化产生巨大的冲击

作为荆楚文化的发祥地，湖北省各族人民在长期历史发展过程中创造的民族民间文化，源远流长，丰富多彩。既有以炎帝神农文化、三国文化等为特色的历史文化；又有以辛亥首义和一批老区、苏区为代表的革命文化；既有以三峡、神农架等为亮点的山水文化，又有以巴土、江汉平原风情为特

---

〔1〕 报告执笔：孔叶，华中师范大学政治学研究院硕士生.

〔2〕 我国城镇化发展取得的成就[EB/OL].（2009－9－16）[2012－6－17] http://house.china.com.cn/bookview_77332.htm.

点的民族民俗文化[1]。作为中华文化的重要组成部分，荆楚文化发挥着承载中华民族精神与情感、维系国家统一、民族团结和联系世界的重要作用。

但是，随着湖北省工业化、城镇化和农业现代化三化建设的深入推进，湖北农业文明和农村文化正遭受到城市文化前所未有的冲击：城市文化中的一些价值观念消解农民长期以来形成的传统价值观；伴随市场经济深入农村而来的负面思想的影响，使农村社会面临着农民公共道德和精神家园的重建问题；古村、古镇正在被快速拓展的城市吞噬，最终成为历史的记忆；与现代生产生活方式相伴而来的是民间文艺、技艺被尘封于少有人问津的博物馆。因此，面对农村文化遭受的各种冲击和威胁，农业文明和农村文化如何传承和发展成为值得关注的问题。然而，城镇化发展急功近利，往往追求的是人口的城镇化，农村经济的非农化、农村社会的现代化、人居系统集中化，而忽视城镇社会、经济、文化等方面协调发展，在城镇化建设中重基础设施建设、经济发展，而忽视文化等软环境的建设。由此，面对当前城镇化对农村文化造成的不利影响，对农村文化进行保护和开发势在必行。

（二）农村文化和农业文明是中华文化的根基

农村凝聚着中华民族几千年的农耕文明，沉淀了丰富多彩的物质文化遗产和非物质文化遗产，农村文化遗产就是中华民族的根。文化遗产是祖先智慧的结晶，直观反映了人类社会发展的重要过程，具有历史、社会、科技、经济和审美价值，是社会发展不可或缺的物证。保护文化遗产就是保护人类文化的传承，培植社会文化的根基，维护文化的多样性和创造性，保护社会不断向前发展[2]。在农村城镇化的进程中，文化影响、凝聚、规范人们行为习惯的功能和振奋人们精神的作用是其他要素无法替代的，没有文化的积极引领，即便是一时经济上去了，最终也不能实现全面建设农村小康社会的奋斗目标[3]。

经济与文化日益融合是当今世界发展的重要趋势，文化的需求带动了经济社会发展，文化产业成为国民经济的重要组成部分。十七大报告关于

---

〔1〕　钟馨．“湖北文化走出去”战略对策研究[J]．理论月刊，2007(12)：75.

〔2〕　甘兰．文化遗产的保护与意义——访黄陂大余湾感[EB/OL]．(2007－4－21)[2012－6－17]　http://history.ccnu.edu.cn/html/c35/200704/321.html.

〔3〕　陈乃举．城镇化不能没文化[EB/OL]．(2012－01－14)[2012－06－20]　http://www.zhxf.cn/dkjt/dzbsj/show.jsp? urltype = news.NewsContentUrl&wbtreeid = 1427&wbnewsid = 44173.

“文化软实力”的提法成为讨论的焦点，国家更把文化产业的发展纳入“十二五”规划，文化在经济社会发展中的重要性日益凸显。我国广大农村地区蕴藏着丰富的文化遗产，农村传统文化是进行文化创造取之不尽的文化之源，重视对农村文化的保护与开发有助于挖掘农村优秀文化遗产，发挥农村文化资源优势，推动我国文化建设。湖北省作为荆楚文化的发源地，拥有丰富的文化资源，在城镇化进程中对农村文化进行保护与开发有助于保存荆楚文化魅力，发挥文化资源优势，提高文化对湖北省经济社会发展的推动力量。因此，在城镇化建设中，应重视农村文化的保护与开发。

（三）城镇的品质和品位取决于独有的文化

“所谓城市的品质，是一个城市的经济、政治、文化、教育、历史、地理、生态、传统以及市民的文明程度、思维方式、行为习惯和共同社会心理的总和。简而言之，就是一个城市的建设档次和魅力。[1]”城镇的品质受到诸如科学的城市规划、发展良好的经济、优雅的环境等要素的影响，但是，在这诸多要素中，文化的影响首当其冲。一个高品位、有魅力的现代化城市，必然有着浓厚的文化氛围，文化就是一个城市的气质、风骨和灵魂，是一个城市品位的主要标志，它广泛而深刻地影响着城市居民的精神生活，并成为民众为这个城市感到骄傲和自豪的源泉[2]。因此，以文化品位提升城市品质，塑造城市形象，展示城市品牌，推动城市发展，理应成为城市建设和管理的重中之重[3]。

文化的缺失，往往令一个城镇处于一种单调、乏味、浮躁的氛围之中。而随着社会的发展，城镇经营理念的逐步深化，人们深深的意识到，一个城镇要在未来的竞争中取胜，首先必须具备一种与众不同的核心价值，给人以独特的体验。城镇之间的竞争，实质上是城市特色的竞争。因此，针对当前城镇化发展普遍存在的忽视甚至破坏农村文化的现状，针对城镇化建设“重经济，轻文化”的问题，应该转变城镇发展理念，调整发展策略，重视城镇文化建设，提升城镇文化品质。作为文化资源大省，湖北省在城镇化建设中，更应该重视农村传统文化的发掘，根据各地文化特色，建设富有文

---

〔1〕 余大庆．突出城市文化品位 提升扬州城市品质[EB/OL].（2010－09－28）[2012－06－18] http://www.yzzx.gov.cn/article.asp? articleid＝12700.

〔2〕 郭彬．公共空间环境设计与文化品位的塑造——以城市中心区步行街文脉化环境法设计为例[D]．南京：东南大学艺术学院，2007.

〔3〕 余大庆．突出城市文化品位 提升扬州城市品质[EB/OL].（2010－09－28）[2012－06－18] http://www.yzzx.gov.cn/article.asp? articleid＝12700.

化魅力的城镇。

二、湖北省城镇化进程中的农村文化保护与开发

湖北作为楚文化的发源地，在历史发展的长河中创造了丰富多彩的农业文明，以农耕文明为主的农村文化可谓异彩纷呈。在城镇化进程中，湖北省各级政府逐步认识到农村传统文化的价值和意义，对农村文化进行保护与开发，做了许多卓有成效的工作。如重视传统文化资源的普查、记录；建立民间艺术家、传承人档案；为文化保护与开发提供财力保障；开展历史文化名城建设；对重点遗址区编制保护规划；开展丰富多彩的民族文化活动、乡镇文化节；制定民族文化保护条例。提出在城镇化建设中结合重点景区建设，以历史文化名镇、旅游名镇创建为契机，集中打造100个生态旅游特色镇，增强吸引力和服务功能，使其具有鲜明的人文和生态景观特色。同时，强调要加强城市历史文化遗产的保护，做好历史文化名城、名镇、名村及乡土建筑保护规划，重视历史文脉的传承、发展和展示，弘扬传统文化和地域文化特色，提升城镇文化内涵，彰显荆楚文化魅力，少数民族聚居区还要突出民族文化特色。总之，湖北省在农村文化的保护与开发方面取得了不错的成绩。

（一）湖北农村文化保护的方式及其进展

1. *建立农村物质和非物质文化遗产信息资源库*

了解现有文化资源是文化保护的前提和基础。为此，长期以来，湖北省注重对民族、民间和农村文化资源的调查工作。20世纪90年代开始，以恩施州为主的湖北民族地区十分重视民族特色文化资源的普查，搜集整理。包括搜集新的民间歌谣、民间故事、民间传说，了解主要民族文化事象的流存范围，搜集民间艺术大师的个人资料。进一步加强民族文化古籍整理工作。通过湖北省省、州、县（市）民族工作部门的努力，完成了《中国少数民族古籍总目提要·土家族卷》、《中国少数民族古籍总目提要·苗族侗族卷》、《中国少数民族古籍总目提要·回族卷》的登录、编写工作。为全省少数民族古籍的保护做了一项最基础性的工作。同时完成了《恩施土家族苗族自治州概况》、《五峰土家族自治县概况》、《长阳土家族自治县概况》的修订工作。近年来，通过文化普查、民间艺人寻访，分别建立民族文化资源信息库和非物质文化遗产传承人名录体系；从2007年开始，恩施州各级文化部门着手开展非物质文化遗产项目代表性传承人的认定与命名工作。截止2010年，全州共3人入选国家级非物质文化遗产项目代表性传承人名

录;29人入选省级非物质文化遗产项目代表性传承人名录;同时先后公布了4批州级“民间艺术大师”共40人,各县市也寻访和命名了38名“优秀民间艺术传人”[1]。截止2010年,宣恩县已成功申报国家级非物质文化遗产名录2项、省级6项、州级21项,同时公布为县级的有46项;有5人成为省级非物质文化遗产名录代表性人物,4人成为州级民间艺术大师,20人被确定为县级民间艺术大师[2]。在民族传统文化的保护中,宜昌市长阳土家族自治县在民间艺人的保护方面做了很多工作,近年来分别对以孙家香、田科菊、田玉成、覃好松等为代表的一批优秀民间文化传承人进行表彰,分别授予他们“优秀民间文化传承人”、“民族文化建设功臣”、“优秀文艺工作者”、“优秀民间艺人”的荣誉称号,并对优秀民间艺人提供生活补贴或保障。2006年,省委出台了《中共湖北省委、湖北省人民政府关于进一步加强民族工作加快少数民族和民族地区经济社会发展的若干意见》的文件,把保护和传承民族民间文化遗产放在突出位置。位于鄂西北的湖北省竹溪县是民间文化资源保护与传承的典型范例,竹溪县是“山二黄”、向坝民歌、竹溪皮影等非物质文化遗产传承地。多年来,该县坚持从建立健全机制入手,加大对非物质文化遗产人才的保护性开发力度,确保非物质文化遗产得到保护和传承。“十一五”期间,楚纪南故城遗址被纳入全国首批36处大遗址保护重点规划项目,荆州正式进入全国大遗址保护重点片区。随后,荆州大遗址保护提速升级。目前,荆州大遗址成功列入国家大遗址保护“十二五”重点项目,这极大的丰富了湖北省“鄂西生态文化旅游圈”战略的内涵和外延,促进湖北省民间文化遗产保护进入新的历史阶段。

2. 加强民族民间文物收藏及文化遗产博物馆建设

通过博物馆建设,保存对古老文化的记忆。恩施州博物馆和长阳等县级博物馆是湖北民族地区的老博物馆,以前主要收藏考古发掘的地下文物和地面文物资料。20世纪90年代后这些博物馆开始收藏一些民俗文物和民间文艺、民俗方面的图片。2000年后,建立了长阳资丘私人博物馆、三峡大学民俗文物陈列室、湖北民族学院民族文化陈列室。这些博物馆收藏了许多民俗文物,如雕花家具、服饰、刺绣、挑花、剪纸、竹编等作品,这些与民众相关的文物保存了民族民间文化的远古记忆。

---

〔1〕 保护也是一种开发——宣恩县非物质文化遗产保护的故事[EB/OL].(2010-12-04)[2012-07-03] http://www.enshi.cn/20101203/ca197761.htm.

〔2〕 保护也是一种开发——宣恩县非物质文化遗产保护的故事[EB/OL].(2010-12-04)[2012-07-03] http://www.enshi.cn/20101203/ca197761.htm.

表 6-1　湖北省民族民间文化遗产博物馆〔1〕

所在市、州	博物馆
武汉市	中南民族学院民族学博物馆、晴川阁管理处、江夏区博物馆、武汉博物馆、武汉市文物馆、湖北省博物馆、武汉市盘龙城遗址博物馆
黄石市	黄石市博物馆、阳新县博物馆
黄冈市	黄冈市博物馆、黄州区博物馆、东坡赤壁、罗田县博物馆、李时珍纪念馆、蕲春县博物馆、英山县博物馆、武穴市博物馆、浠水县博物馆
大冶市	大冶市博物馆、铜绿山古铜矿遗址博物馆
十堰市	十堰市博物馆、房县博物馆、郧阳博物馆、丹江口市博物馆、武当山文物珍品陈列馆
宜昌市	宜昌博物馆、黄陵庙、宜都市博物馆、枝江市博物馆、当阳市博物馆、长阳土家族自治县博物馆、屈原纪念馆、王昭君纪念馆
襄樊市	襄樊市博物馆、南漳县博物馆、谷城县博物馆、老河口市博物馆、枣阳市博物馆
宜城市	宜城市博物馆
鄂州市	鄂州市博物馆
荆门市	荆门市博物馆、钟祥市博物馆、明显陵、京山县博物馆
荆州市	沙市博物馆、荆州市博物馆、荆州市荆楚民俗博物馆、荆州区博物馆、石首市博物馆、松滋市博物馆、监利博物馆
孝感市	孝感市博物馆、孝南区博物馆、孝昌县博物馆、应城市博物馆、安陆市博物馆、安陆市李白纪念馆、云梦县博物馆、汉川市博物馆、大悟县博物馆
咸宁市	赤壁市博物馆、咸宁市博物馆、崇阳县博物馆、通山县博物馆、李自成陵墓、通城县博物馆
随州市	随州市博物馆、广水市博物馆
恩施州	恩施土家族苗族自治州博物馆、巴东县博物馆、鹤峰县博物馆、宣恩县博物馆
潜江市	潜江市博物馆
天门市	天门市博物馆
仙桃市	仙桃市博物馆
神农架林区	神农架林区自然博物馆

〔1〕　湖北省有多少博物馆[EB/OL].(2007－05－29)[2012－06－25] http://blog.sina.com.cn/s/blog_4c898056010008zs.html.

3. 加强古镇古村和民族村寨物质遗存和文化遗产的保护

古镇、古村是先辈创造的物质文化和非物质文化的载体,是浓缩了的传统文化精品。湖北省抓住国家历史文化名镇、名村评选的机遇,积极发掘、积极申报,到目前为止,湖北省已成功申报9个国家级历史文化名镇和5个国家级历史文化名村,具体情况见表6-2和表6-3。同时,湖北以历史文化名镇、名村创建为契机,提出集中打造100个生态文化旅游特色镇,增强名镇、名村的吸引力和服务功能,大力建设旅游名镇。2008年11月,《中共湖北省委湖北省人民政府关于建设鄂西生态文化旅游圈的决定》,标志着"鄂西生态文化旅游圈"建设正是开始,以此为建设平台,湖北加大对鄂西古镇、古村的发掘和保护力度。2009年以来,共投资1.8亿元,重点开展了40个民族村寨保护与发展试点工作,保护、改造、新建民居5000余户,投入近1亿元打造了20余个民族特色重点工程项目[1]。

表6-2 湖北省国家级历史文化名镇[2]

第一批	无
第二批	监利县周老嘴镇、红安县七里坪镇
第三批	洪湖市瞿家湾镇、监利县程集镇、郧西县上津镇
第四批	咸宁市汀泗桥镇、阳新县龙港镇、宜都市枝城镇
第五批	潜江市熊口镇

表6-3 湖北省国家级历史文化名村[3]

第一批	无
第二批	武汉市黄陂区木兰乡大余湾村
第三批	恩施市崔家坝镇滚龙坝村
第四批	宣恩县沙道沟镇两河口村
第五批	赤壁市赵李桥镇羊楼洞村、宣恩县椒园镇庆阳坝村

[1] 湖北省民族文化工作回眸[EB/OL].(2012-06-19)[2012-07-16] http://www.mzb.com.cn/html/Home/report/309715-1.htm.

[2] 中国历史文化名镇名村[EB/OL].(2012-05-29)[2012-07-16] http://baike.baidu.com/view/4801176.htm.

[3] 中国历史文化名镇名村[EB/OL].(2012-05-29)[2012-07-16] http://baike.baidu.com/view/4801176.htm.

4. 建立民族民间文化生态保护区实行区域性整体保护

建立文化生态保护村(区)是保护活态民族文化的普遍做法,在我国,民族文化生态保护村的工作是从云南开始的,之后贵州也启动了建立民族生态博物馆的工作。早在1993年,湖北省长阳县资丘镇文化站也上报了《建立一个土家族传统文化生态保护区》的报告,开展了民间艺术大赛、民间艺人普查工作,给民间艺人评职称、给民间老艺人发生活补贴等扎实有效的保护工作,为生态保护区建设积累了一些经验。

最近几年,湖北民族地区正式启动建立民族民间文化生态保护区工作。如长阳县在2004年制定《长阳土家族传统文化生态保护区总体规划》,该规划把长阳县分为文化生态保护次中心区、中心区和保护点,目前,长阳县已命名了6个民族民间生态文化保护区,计划到2015年,使长阳县土家族民间文化主要形态得到有效保护。2004年,恩施州也启动了民族民间文化生态保护区(村)工作,恩施自治州财政局、民宗委、文体局联合下发了《关于推荐恩施州民族民间文化生态保护区(村)名单的初步意见》和《关于实施民族民间文化保护生态工程的意见》两个文件。2005年,恩施自治州人民政府命名建始县长梁乡等20个乡(镇)村为恩施州民族民间文化生态保护区。在文化生态保护区建设方面,湖北省民族地区做了许多卓有成效的工作。

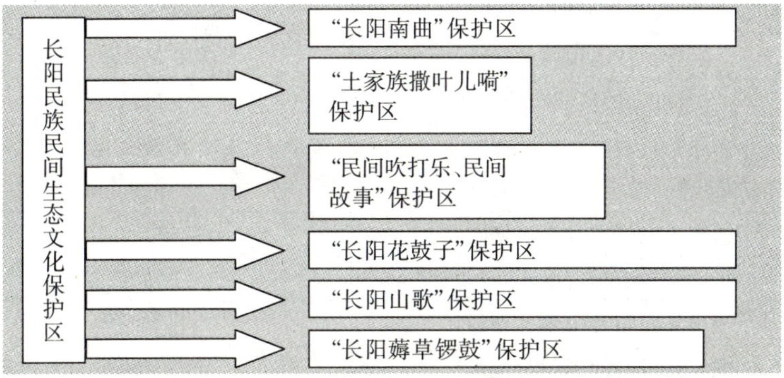

图6-1　长阳民族民间生态文化保[1]

〔1〕 资料来源:戴曾群．建立长阳文化生态保护区的策略[EB/OL].(2010-04-02)[2012-07-08] http://www.cy-tujia.com/uploadnews/127017622227130.php?news_id=1784.

5. 通过举办多种形式的文化活动传承和弘扬民族和民间文化

文化活动不仅是文化的表现形式,也是文化保护与传承的有效载体。为此,在挖掘、保护民族民间文化遗产过程中,湖北省及各县市都纷纷组织开展不同类型的文化活动。在民族地区举办了各种形式的文化艺术节和文艺汇演,继承和弘扬民族民间优秀传统文化。如,2006 年 10 月 29 日,湖北省民委联合省文化厅、省音乐家协会在恩施举办了首届湖北省民族地区民歌演唱大赛。恩施自治州民宗委和文体局也于 2006 年 9 月 14 日举办了恩施自治州第二届原生态民歌赛。长阳土家族自治县从 90 年代开始坚持开展各种民间艺术节和民间文艺汇演,从 1990 年开始举办每 5 年一届的农

表 6-4 恩施民族民间文化生态保护区

保护区	代表性文化遗产
建始县长梁乡	丝弦锣鼓
建始县三里乡老村村	黄四姐
鹤峰县走马镇白果村	柳子戏、花鼓灯
鹤峰县燕子乡清湖村	傩愿戏
利川市柏杨镇柏杨坝村	以《龙船调》为代表的山民歌
来凤县百福司镇舍米湖村	摆手舞
来凤县旧司乡板沙界村	地龙灯
来凤县旧司乡	三棒鼓演唱
宣恩县沙道镇两河村	彭家寨吊脚楼群落
宣恩县椒园镇庆阳村凉亭街	民居
宣恩县高罗乡小茅坡营村	苗族文化
宣恩县珠山镇双音湖村	十样锦耍耍
恩施市白杨坪乡洞下槽村	恩施《灯戏》
恩施市三岔乡	傩戏
咸丰县朝阳寺镇水井槽村	地盘子
咸丰县甲马池镇甲马池村	唢呐
咸丰县高乐山镇官坝村	苗寨民居
巴东县溪丘湾乡白羊坪村	堂戏、皮影戏
巴东县清太坪镇柘木水村	撒尔嗬
巴东县野三关镇	撒尔嗬

资料来源:州政府命名 20 个民族民间文化生态保护区[EB/OL].(2005 - 08 - 30)[2012 - 07 - 18] http://www.enshi.cn/20050705/ca26593.htm.

村文艺汇演，举办每4年一届的“夷水乡音”青年歌手大奖赛，举办每2年一届的全县中小学生汇演，由全县各乡镇轮流举办“农村乡镇文化节”。这些文化艺术节和表演对弘扬民族民间文化起了十分重要的作用。

6. 加强民族文化宣传和中小学民族文化传统的教育

为了让青少年一代了解本民族历史文化，增强民族文化认同感，湖北民族地区学校把民族民间文化纳入教学内容。如长阳县许多学校开设民族文化课，榔坪镇乐园乡从90年代初就开设了民间文化课，资丘镇资丘中学把南曲纳入教学内容，白沙坪小学开设撒尔嗬课程，长阳城区学校编写《清江清长阳长》课本进行教学。宜昌市五峰县湾潭镇民族中小学和湖北民族学院把民族传统体育纳入教学。恩施咸丰县大路坝民族小学请当地民间文化传人做兼职教师，坚持上民间文化课，来凤县百福小学开设土家语课，宣恩县小茅坡营坚持开设苗语课，建始县长梁小学把丝玄锣鼓纳入教学。宜都市潘湾土家族乡中学开设了土家文化课。目前，湖北民族地区的许多学校都在广泛地开展民族文化进校园、进课堂活动。民间文化进校园使青少年一代恢复了对民族文化的记忆，增强对民间文化的认同感。

7. 加强和完善农村文化资源保护的法规制度建设

近些年来，湖北加强了文化保护的立法工作。截止2008年，湖北省关于文化遗产的地方性法规有16项，地方政府规章3项，以及一些规范性文件。具体立法情况见表6-5：

表6-5　湖北文化遗产保护地方立法[1]

文件属性	名称	批准时间
地方性法规	《武汉市文物保护若干规定》	2007年11月14日
	《长阳土家族自治县民族民间传统文化保护例》	2006年3月31日
	《恩施土家族苗族自治州民族文化遗产保护条例》	2005年3月31日
	《湖北省旅游条例》	2005年5月1日
	《湖北省地质环境管理条例》	2001年8月1日
	《湖北省文化市场管理暂行条例》	2001年5月31日
	《湖北省宗教事务管理条例》	2001年4月1日

〔1〕 田圣斌，匡小明，周家富．关于湖北文化遗产保护地方立法现状和前景的思考[EB/OL]．(2010－07－05)[2012－07－10] http://www.hbzx.gov.cn/print.jsp?id=2010070522501800 50.

续表

文件属性	名称	批准时间
	《湖北省实施<中华人民共和国城市规划法>办法》	1998 年 7 月 31 日
	《湖北省神农架自然资源保护条例》	1998 年 1 月 1 日
	《湖北省环境保护条例》	1998 年 1 月 1 日
	《武汉市环境保护条例》	1997 年 12 月 3 日
	《武汉市文化市场管理办法》	1997 年 12 月 3 日
	《武汉市旅游管理条例》	1997 年 9 月 28 日
	《湖北省文物保护管理实施办法》	1993 年 9 月 20 日
	《武汉市文物保护实施办法》	1994 年 5 月 12 日
	《武汉市城市规划管理办法》	1991 年 5 月 30 日
地方政府规章	《荆州市关于切实保护历史文化遗产和风景名胜资源的通知》	2004 年 1 月 12 日
	《武汉市旧城风貌区和优秀历史建筑保护管理办法》	2003 年 2 月 27 日
	《湖北省武当山风景名胜区管理办法》	1998 年 7 月 22 日
规范性文件	《湖北省建设厅关于印发〈襄樊历史文化名城保护规划〉专家评审意见的通知》	2007 年 2 月 1 日
	《湖北省文化厅关于公布省级非物质文化遗产名录申报推荐项目的通知》	2006 年 10 月 19 日
	《武汉市人民政府关于公布我市第三批优秀历史建筑保护目录的通告》	2006 年 8 月 12 日
	《荆州历史文化名城保护暂行办法》	2001 年 1 月 29 日
	《武汉市人民政府关于加强文物工作的通知》	1999 年 7 月 8 日

一些地方也加强了立法保护工作。2003 年，恩施州政府提出建设文化大州的战略构想，制定《恩施土家族苗族自治州民族文化遗产保护条例》，出台《恩施州民族民间文化保护工程实施方案》，为文化保护提供了法制支持。

8. 加大农村传统文化保护的财政投入力度

物质文化遗产短时间内不可能产生经济效益，因此，物质文化遗产的保护需要政府、社会提供财力、资金保障。21 世纪以来，湖北省对文物事业的投入呈总体增长之势，其投入情况见图6-2：

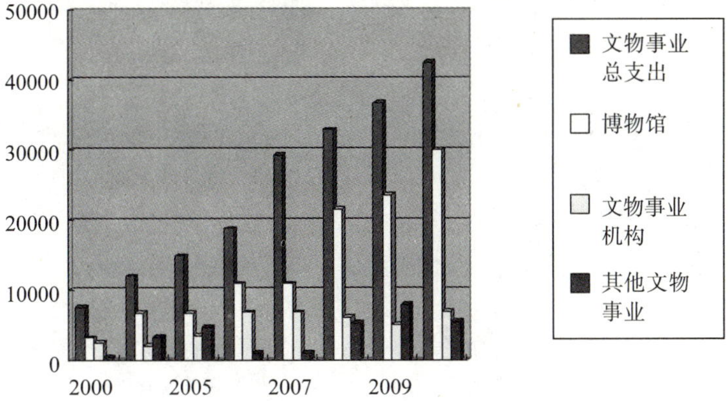

图6-2　湖北省文物事业经费投入(单位:万元)

数据来源:2011年湖北统计年鉴

在民间文化遗产的保护方面，宜昌市长阳土家族自治县和恩施州宣恩县是湖北省的典型，其中长阳县开创了非物质文化遗产保护的“长阳模式”。近年来，长阳县共投入财政资金100余万元，用于开展民族民间传统文化保护工作，具体从五个方面进行非物质文化遗产保护。即积极支持出台了全国首部县级“非遗”保护法规《长阳土家族自治县民族民间传统文化保护条例》；积极支持成立了长阳土家族自治县民族民间传统文化保护中心，保障人员经费、机构运转经费安排到位；积极支持申报国家非物质文化遗产保护名录；积极支持组织民间艺人登记，建立民间艺人档案，开展优秀民间艺人评选表彰活动，对高龄民间艺人发放生活困难补助；积极支持举办民间艺术大赛、民间艺术展演等大型民间艺术活动[1]。在农村传统文化保护方面，宣恩县也加大资金投入，做好经费保障。该县遵照《中共中央办公厅、国务院办公厅关于进一步加强农村文化建设的意见》精神，把农村文化保护纳入财政支出预算，同时鼓励社会资本参与农村文化保护，多举措促进非物质文化遗产的保护与传承。

(二)湖北农村文化开发的方式与成效

在对传统文化进行保护与继承的同时，需要对其进行开发和创新，从

〔1〕 长阳县财政支持非物质文化遗产保护工作受好评[EB/OL].(2010－05－31)[2012－07－08] http://www.221.232.128.78/walm/zwdt/qsczxwlb/yc/15541.htm.

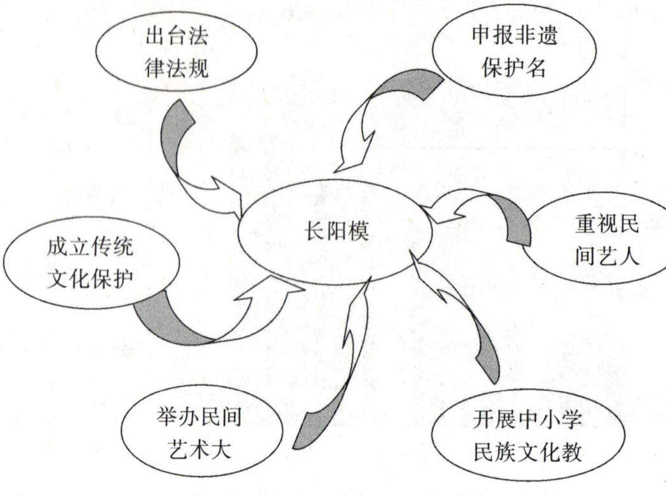

图 6-3　长阳非物质文化遗产模式

而赋予传统文化以新的内涵,使其具有生机与活力。近年来,随着国家对农村文化建设投入的增加,湖北省各个地方政府也加大了对农村文化资源的开发力度。

1. 调动社会资源参与农村及民族民间文化的开发

在开展民族民间文化开发过程中,湖北省部分地方通过调动和发挥社会资源,发挥各方面的积极性和创造性,通过召开座谈会、开展学术活动、调研采风、发布课题、项目招标等多种方式,把民间文化传人、文化人、专家学者、文艺创作者、企业老板等团结起来,发挥各自的才能和优势,为民族民间文化的保护、传承、创新献计出力。如,恩施州民委提出"确定课题,网络人才,支持研究"的工作思路,团结一大批文化人、学者参与民族文化遗产的收集、整理和研究。民族工作部门还主动征求对民族文化保护的意见和建议,为保护、传承、创新工作排忧解难,为民族文化保护和传承创造良好的社会环境,从而使民族工作部门真正成为"民族文化之家"。

在民间文化保护和开发方面,"三峡人家风景区"是一个成功的范例。"三峡人家风景区"凭借其美丽的自然风光和丰富多彩的民俗文化,获得亚太旅游联合会、国际度假联盟授予的"中国最具国际影响力旅游目的地"称号。三峡是巴文化与楚文化的交融汇聚之地,地域文化与民俗文化相映成辉,在景区开发过程中,三峡人家特别重视非物质文化遗产的保护和传承,致力于打造专业化的非物质文化遗产保护基地,确保文化脉络不至于因旅游开发和时代变迁而失传。

图 6-4　鄂西生态文化旅游圈

图 6-5　宜昌三峡人家风景区

“三峡人家风景区”的建设更是引进民间资本进行民间文化旅游资源开发的典范。三峡人家作为湖北鄂西生态文化旅游圈的核心示范区，由宜昌三峡环坝旅游发展集团投资兴建，致力于打造将自然山水、影视科技与地域传统文化完美结合，全国独树一帜的创新型旅游景区。按照景区建设的宣传口号，三峡人家风景区是一网打尽了三峡的所有自然元素与文化旧梦，是中国首创的原生态、场景式、体验式大型民俗旅游区。在景区开发建设过程中，创造性的实施了“政府主导、部门联动、企业运作、公众参与”的开发模式，与传统的旅游开发相比，宜昌三峡环坝旅游发展集团在景区规划、景区开发思路以及项目运作方式上，实现了从传统的政府开发向市场经济条件下业主开发、从以牺牲环境为代价的生态损害型开发向生态保护型开发、从单纯考虑企业利益的常规型开发向兼顾政府、各产业部门、农民、行业利益的综合型开发的三大转变。

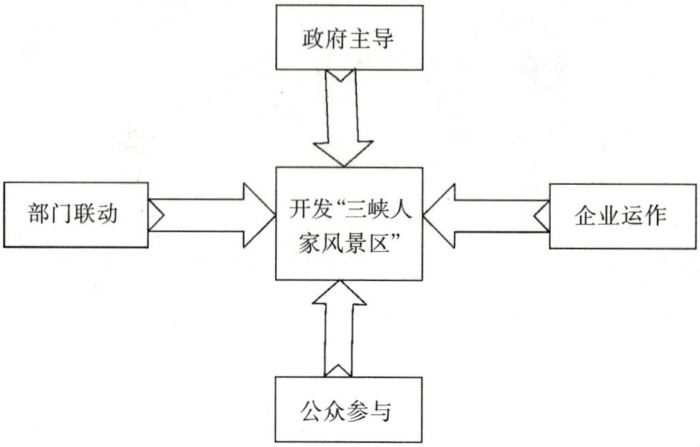

图 6-6　三峡人家风景区开发模式

2. 探索产业化发展模式助推农村文化开发

发展文化产业既可以使文化转化为生产力，创造经济收入，帮助老百姓脱贫致富，又是传承、发展民族传统文化的一种方式。通过发展文化产业，使民族传统工艺、民族传统艺术等在现代社会获得生存土壤，得到传承和发展。湖北省文化产业起步于改革开放之初，自上世纪 90 年代开始发展步伐加快，现已形成了以广播电视、图书出版、报纸期刊、文化娱乐等为重点的产业集群。当前，湖北文化产业呈现出欣欣向荣的发展态势，早在 2004 年，湖北省就制定了《湖北省文化事业和文化产业发展规划(2004—2010)》。2009 年全省文化产业实现增加值 556. 55 亿元，比上年增长 21. 8%，占同期生产总值的 4. 3%，文化产业增加值增长速度高于 GDP 增长速度(13. 6%)8. 2 个百分点，高于第三产业增长速度(12. 3%)9. 5 个百分点[1]。

在农村文化产业发展方面，长阳自治县和宜昌市可谓是典型代表。长阳自治县借助旅游，发展文化产业。早在本世纪初，该县文化馆投资 270 万

〔1〕 刘纪兴. 提升湖北文化产业竞争力的策略[EB/OL]. (2010 - 11 - 04)[2012 - 07 - 02] http://www.qstheory.cn/wh/whtzggyfz/zolon/tzo101104_55528.htm.

元建立民俗文化村，从事土家歌舞营业性演出，用木雕、编织、印染等民族传统工艺，制作加工旅游文化产品。2002 年民俗文化村对外演出收入 321 万元。县民族歌舞团组织民族歌舞演出，2001 年收入 21 万元。资丘镇文化站在旅游景点组织民间艺人表演土家族歌舞，2001 年收入 10 万元。文化旅游产业发展带来了经济效益和社会效益。一方面，许多民族传统文化事象因为有旅游这一新型载体而获得了生存的土壤，为民族传统文化的继承、创新创造了条件。另一方面，带来了丰厚的经济效益，使文化创新有了经济基础。[1] 就宜昌市近年来的文化产业发展而言，民间文化产品的市场竞争优势越来越明显，如巴山舞广场文艺表演已经成为历届旅游节等大型招商活动的保留节目。2007 年底，宜昌市基本建成《年轮——非物质文化遗产资源数据库》，数据库建成后，宜昌市加大民间文化资源开发力度，以市场化和产业化为取向，大力培植民间文化产业，现在基本上形成全市民间文化产业的雏形。

3. *发挥政府在名镇名村保护和开发中的作用*

在农村文化的保护与开发中，政府不仅大力推动社会和市场参与，还在新农村建设中打造名村名镇，形成地方特色，开发乡土资源。2008 年下半年湖北启动了湖北旅游名镇创建工作。第一批确定了 12 个创建试点镇，2009 年 3 月，湖北省又启动了旅游名村创建寻访活动，共有 260 多个村被寻访宣传，全省从中确定 100 个旅游名村创建试点[2]。在创办名村旅游的同时，湖北省政府积极扶持农家乐的发展，专门出台政策，从 2009 年起至 2011 年，每年从省级就业专项资金中安排 3000 万元，3 年共安排 9000 万元，每年扶持 3000 个农家乐经营户，3 年共扶持 9000 户，对新开办并依法办理开业登记的农家乐经营户，达到一定标准的，每户给予 1 万元的资金补贴。据不完全统计，截至 2009 年底，全省农家乐经营户已接近 19000 家，其中地方自评星级以上农家乐达 800 余家，被省评定为四星级农家乐的 13 家；农家乐户平均年收入达 6 万元、吸纳就业 5 人。[3]

---

〔1〕 段超．湖北民族传统文化创新报告［EB/OL］．(2009 - 06 - 05)［2012 - 07 - 03］ http://www.seac.gov.cn/gjmw/zt/2009 - 06 - 05/124417069792.htm.

〔2〕 郭倡民，邓永贵，陈志勇，等．湖北乡村旅游渐入佳境——关于全省旅游名镇名村创建情况的调研报告［J］．政策，2010(3)：14.

〔3〕 谢慧敏，沈旅．湖北省 9000 万元扶持“农家乐”——3 年内带动 4 万农民就业［EB/OL］．(2009 - 09 - 03)［2012 - 07 - 03］ http://www.news.cnhubei.com/hbrb/hbrbsglk/hbr03/200909/t798536.shtml.

湖北各地在旅游名镇名村创建工作中，充分挖掘镇村文化旅游资源，深度利用旅游元素和开发旅游产品，使一些“沉睡多年”的山水旅游资源和一些“藏在深闺”的乡村文化资源重新得到开发利用。如丹江口市吕家河村就是利用当地独特的民歌资源，通过深度挖掘、包装、整理，打造特色鲜明的原生态民歌情景剧，形成以民歌为主的民俗文化旅游。而黄石大冶市陈贵镇利用旅游名镇创建的机遇，开发建设了雷山景区古训堂、大雄宝殿、竹海山庄等30多处景点，推出了雷山山水游、大泉沟避暑游、天台山朝佛游等旅游线路。在旅游名镇名村创建过程中，将旅游业发展融入农村经济社会发展的各个层面，使农业发展由简单的农业种植转变为亦旅亦农、农旅结合、齐头并进，促进旅游创建工作与新农村建设、城乡一体化发展和农村产业结构调整相结合。

表 6-6　湖北省第一批旅游名镇创建试点镇

所在市、州	试点镇
武汉市	黄陂区木兰镇
宜昌市	夷陵区三斗坪镇
襄樊市	谷城县南河镇
孝感市	应城市汤池镇
咸宁市	赤壁市赤壁镇
黄冈市	红安县七里坪镇
荆州市	洪湖市瞿家湾镇
荆门市	钟祥市客店镇
恩施州	利川市谋道镇
神农架林区	木鱼镇
十堰市	武当山旅游经济特区
鄂州市	梁子湖区梁子镇

资料来源：小明．首批试点 12 个镇 湖北省旅游名镇创建全面启动[EB/OL].(2008－07－05)[2012－07－03] http://www.hb.xinhuanet.com/newscenter/2008－07/05/content_13732543.htm。

表 6-7　湖北省 100 个旅游名村创建试点村

所在市、州	试点村
武汉市	黄陂区木兰乡双泉村(大余湾)
黄石市	阳新县龙港镇阳辛村、大冶市灵乡镇坳头村

续表

所在市、州	试点村
襄樊市	襄阳区东津镇三合村、隆中管委会隆中办事处姚庵村、宜城市雷河镇泉水村、保康县马桥镇尧治河村、南漳县李庙镇鱼泉河村、枣阳市新市镇火青村、谷城县五山镇堰河村、老河口市李楼办事处方营村
荆州市	荆州区太湖桃花村、石首市桃花山镇李花山村、洪湖市滨湖办事处乘风村、洪湖市瞿家湾镇陈湾村、监利县棋盘乡高潮村、监利县汴河镇王垸村、松滋市涴水镇北闸村、江陵县郝穴镇龙渊村、公安县章庄铺凤凰村
荆门市	东宝区仙居乡三泉村、沙洋县纪山镇纪山村、京山县绿林镇双桥村、钟祥市郢中街办皇城村、钟祥市客店镇赵泉河村
宜昌市	夷陵区三斗坪镇石牌村、夷陵区黄花乡新坪村、点军区车溪土家族村、秭归县九畹溪镇槐树坪村、秭归县茅坪银杏沱村、远安县荷花镇望家村、宜都市陆城街办红春村、长阳县都镇湾镇庄溪村、枝江市仙女镇烟墩包村、兴山县水月寺镇高岚村、兴山县高阳镇昭君村、五峰县长乐坪镇白岩坪村、宜昌市峡口风景区南津关村、当阳市玉泉办事处百宝寨村
十堰市	郧西县安家乡安家河村、竹山县宝丰镇新茶村、丹江口市官山镇吕家河村、丹江口市石鼓镇九龙桥村、竹溪县蒋家堰镇关垭子村、房县桥上乡杜川村、武当山紫霄村、郧县茶店镇鹰卧沟村
孝感市	孝南区肖港镇小周村、孝感市双峰山管委会大砦村、安陆市烟店镇碧山村、云梦县下辛店镇泗洲寺村、大悟县新城镇江冲村、应城市汤池镇洪河村、孝昌县观音湖管委会熊畈村、汉川市刁汊湖养殖场许家村
鄂州市	鄂城区杜山镇三山村、华容区庙岭镇大雄村、梁子湖区梁子镇梁子村
黄冈市	黄州区陈策楼镇陈策楼村、黄梅县五祖镇一天门村、武穴市刊江办事处泉塘村、罗田县九资河镇圣人堂村、团风县回龙山镇林家大湾村、红安县高桥镇长丰村、红安县天台山风景区对天河村、麻城市歧亭镇杏花村、麻城市龟山镇龟峰山村、蕲春县蕲州镇西角湖村、浠水县三角山旅游度假区李宕村、英山县吴家山国家森林公园吴家山村、英山县红山镇乌云山村
咸宁市	咸安区桂花镇刘家桥村、嘉鱼县鱼岳镇牛头山村、赤壁市赵李桥镇羊楼洞村、赤壁市沧湖生态农业开发区普安村、通城县塘湖镇荻田村、崇阳县天城镇洪下村、通山县大路乡吴田村

续表

所在市、州	试点村
随州市	曾都区洛阳镇胡家河村、随县三里岗镇吉祥寺村、随县(大洪山风景区)长岗镇绿水村、广水市武胜关镇碾子湾村
恩施州	恩施市沐抚办事处营上村、恩施市芭蕉侗族乡高拱桥村、利川市南坪乡朝阳村、利川市都亭街道办事处龙潭村、建始县业州镇代陈沟村、巴东县沿渡河高岩村、巴东县水布垭镇三友坪村、宣恩县沙道沟镇两河口村、咸丰县甲马池镇坪坝营村、来凤县三胡乡黄柏村、鹤峰县容美镇屏山村、鹤峰县走马镇升子村
仙桃市	仙桃市沙湖镇游湖村、仙桃市沙咀办事处杜柳村
潜江市	高石碑镇窑岭村
天门市	皂市镇团山村
神农架	下谷坪土家族乡太和山村、红坪镇温水村

资料来源:湖北省 100 旅游名村[EB/OL].(2010-12-21)[2012-06-25] http://www.cnxeg.com/hb100.html。

4. 鼓励支持各地突出地方文化特色打造文化品牌

近年来,湖北坚持以"两圈一带"战略引领全省经济社会发展,加快武汉省域中心城市和宜昌、襄阳两个省域副中心城市"一主两副"建设步伐。按照城乡统筹的要求,积极推进鄂州城乡一体化试点、仙洪新农村建设试验区、88 个新农村建设乡镇试点等一系列开创性的示范工程,为走出一条具有湖北特色的新型城镇化道路进行积极探索。特色是城镇发展的生命,文化是城市发展的灵魂,在城镇化发展过程中要坚持文化为魂,注重突出地域、历史、民族和文化特色,塑造城镇形象,打造城镇品牌。这方面,孝感市、老河口市和荆州监利县程集古镇可谓是打造城镇文化品牌的典型代表。

忠孝,是孝感的名片。近年来,孝感市将传统忠孝文化与廉政文化相融合,注重营造尚廉耻贪的文化氛围,通过弘扬忠孝文化,发展特色文化旅游,打造廉政文化特色品牌。该市成立廉政文化建设研究会,深度挖掘忠孝文化的科学内涵、现代价值,在旅游景点、城区公园分别设立孝廉文化园、忠孝文化主题公园、中华敬老园等景观工程。孝感市还对地域文化、民间传说进行深入发掘、整理和再创作,对具有乡土气息的地方特色文艺形式进行全方位创作、打磨和推介,积极探索孝廉文化"一县一品"产业化发展,打造文化品牌特色产业,推动廉政文化走向市场。老河口市通过文化旅游建设硬手段，提升文化旅游软实力。老河口市有陈义文巷中国“南派”木版年画，湖北省旅游名村方营，800多年历史的宋长城遗址，春雨开心果园“同树异花”的独特景观，王甫洲万亩花海等等文化、自然景观资源。近3年来，老河口市投资4500多万元完成了一批景观工程建设；总投资6亿元的汉江梨花湖风景区建设项目被纳入鄂西生态文化旅游圈先期启动项目；建设完成一批标志性文化工程，连续举办两届“七夕爱情节”，打响“七夕”文化品牌[1]。该市还结合新农村规划，在村庄建设中注入文化元素，先后建成了楹联村、书法村、漫画村等一批各具文化特色的村庄，具有老河口特色的木版年画、抬妆故事、鄚城锣鼓、丝弦等在这里得到集中展示。老河口市通过实施“旅游兴市”战略，把这些旅游资源优势转化为旅游经济强势，打造文化旅游品牌。

程集古镇地处湖北省监利县西陲，始建于南宋嘉庆年间，是江汉平原保存原貌最为完好、保存规模最大、传递历史文化信息最直观的重要古建筑群体。作为保存较为完好的湖北古镇之一，在800余年的发展过程中，逐渐形成了独特的地域性特色。古寺庙、古桥、古墩等古建筑遍布全镇，同时还保留有老茶馆、老酒馆、老药房、剃头镇、打铁铺等传统作坊，商业文化、红色文化、宗教文化、行帮文化和酒文化历史久远。2007年9月，程集古镇入选第三批“中国历史文化名镇”，该镇以入选中国历史文化名镇为契机，确定了建设旅游重镇的目标，推进“特色小镇、旅游扶贫”的新农村建设。程集对全镇旅游资源进行了全面普查，实施抢救性保护，组办江汉平原古建筑群学术研讨会，深入挖掘文化内涵，做好旅游策划和发展规划，将研究成果转化为商品。

三、当前农村文化保护与开发中存在的困难和问题

湖北省在农村文化保护与开发中虽然取得了一定的成绩，但是还存在不少困难和问题。

（一）农村文化保护与开发的认识存在偏差

1.“重申报、轻保护”，后续保护不力

目前湖北省共有国家级非物质文化遗产名录80个、省级名录项目189个，国家级代表性传承人39人、省级代表性传承人299人，排在全国的中上

〔1〕　魏劲松．走，到老河口赏梨花去[EB/OL].（2011－04－18）[2012－06－25]
http://paper.ce.cn/jjrb/html/2011－04118/content_148475.htm.

游水平,其中端午节和雕花剪纸被列入了世界级非物质文化遗产名录。[1]在湖北省文化遗产申报取得成功之时,一些地方却没有采取有效措施去进行保护,特别是活态保护。很多地方把非物质文化遗产的申报作为争荣誉的一个项目,具体的保护,如经费投入、技术支持、人才保障等却没有跟上。武汉理工大学土建学院院长李百浩教授曾发出这样的感慨:几乎所有湖北古镇都没有像样的图纸,即使有也不完整;由于保护观念不强,有些古建筑"昨天去还在,今天去已拆";部分小城镇已经失去了活力。

目前,非物质文化遗产陷入后继无人的窘境。据调查,湖北省民间艺人普遍老龄化,不少稀有品种的民间艺人大多进入耄耋之年。如秭归县杨林桥镇赵家山村能唱一千多个故事的故事大王王世聪,中国南派木版年画传人陈义文,他们都是年逾古稀的老人,若不对他们的民间文化、技艺进行传承,那么随着他们的老去,这些民间文艺将失传。总体而言,湖北民族文化遗产的保护在取得成效的同时,保护中又出现新问题。一是在申报保护名录等项目中功利性太强,不尊重科学,不实事求是,人为地造成民族文化失真;二是一些地方在开发利用民族文化遗产中以单纯追求利润为目标,把民族文化粗俗化、庸俗化,使一些民族民间文化失去真实性;三是只注重申报,轻视保护的的现象突出。

2."重名村、轻普村",村镇保护失衡

湖北省在城镇化、新农村建设中,在农村文化保护开发方面虽然做了许多工作,但大部分仅限于自然风光优美、文化遗产丰富,具有发展乡村旅游潜力的古镇、名村,而忽视普通村落的文化保护与传承。例如,当前恩施州就力争抓住建设湖北武陵山区少数民族地区经济社会发展试验区的机遇,抓住鄂西生态文化旅游圈建设提供的市场机遇,探索市场经济条件下古村落保护与利用的新机制,做好古村落、民族特色村寨的保护与开发工作,把其开发成为民族文化风情游的重要节点、文化亮点和市场卖点。当前,恩施州还探索进行民族团结进步示范村、生态文化保护村、少数民族特色村寨、新农村建设示范村、生态文化旅游景区建设。进行上述建设的地方主要选取的是文化遗产丰富、自然风光优美等具有特色的村落,如恩施的戽口、小溪,咸丰的官坝、麻柳溪,宣恩的彭家寨,来凤的舍米湖,建始的高店子、石垭子等,没有特色的一般村落尚未纳入进农村文化开发的规划中。

〔1〕 盛小航. 嘉宾访谈:湖北非物质文化遗产不能重申报轻保护[EB/OL].(2011-03-28)[2012-06-25] http://news.cnhubei.com/gdxw/201103/t1654161.shtml.

在世界多极化、经济全球化深入发展，我国工业化、信息化、城镇化、市场化、国际化加速推进的今天，城市文明和工业文明与农业文明和农村文化交汇、冲突，使农民的精神文化生活发生巨大变化，思想价值观念发生很大转变。现在的农村，具有悠久历史传统和本土气息的文化形态匮乏，而城市商品社会制造出来的流行文化、不切农村实际的生活方式和价值观已经渗透到农村的各个角落，与此同时，商品经济社会中产生的唯利是图的负面价值观侵蚀淳朴、富有人情味的乡村传统文化，优秀民族民间文化、特别是大量非物质文化遗产濒临灭绝，一些具有封建迷信色彩的传统宗族文化大兴其道。因此，在农村文化建设中，必须注意农村优秀传统文化的复兴和传承。所以，农村文化保护不仅在古村、古镇，普通村落的文化保护与传承也不容忽视。

3."重经济、轻文化"，发展方式失当

农村是文化遗产分布最广、保存数量最多的地方，全国有半数以上的文化保护单位在农村。以湖北武汉市为例，178 处市级以上文物保护单位中，有 70 处分布在 7 个近郊区，同时这 7 个近郊区还有 110 处区级文物保护单位。[1] 中国文化遗产保护若忽略了广大的农村地区，就会沦为空谈。2005 年，中共中央、国务院《关于推进社会主义新农村建设的若干意见》，要求"村庄治理要突出乡村特色、地方特色和民族特色，保护有历史文化价值的古村落和古民宅。"但是，在规模空前的新农村建设实践中，却使本已生存维艰的农村文物保护雪上加霜。当前，湖北省在推进新农村建设过程中也存在许多破坏农村文化遗产的现象。如武汉市的"家园建设行动计划"，自 2005 年试点至今，形成了具有武汉地域特色的新农村建设模式。然而，由于在新农村建设中片面强调基础设施建设和发展经济，忽视了农村传统文化的保护与传承，未将农村文化遗产保护明确列入"家园行动计划"的工作内容和考核指标，未将乡村文化景观保护纳入村湾建设改造规划，未将农村老建筑老器物纳入文化遗产保护范围。

武汉大冶市水南湾有一座 300 多年前曹氏家族花费 13 年时间建设起来的古村，经媒体报道后，引起了外界的极大关注，然而各级政府却没有引起重视，对其进行有效的保护，导致水南湾古村落的现状岌岌可危。当前，水南湾古村落存在以下四个主要问题：引起倒卖古董的商贩重视，存在监

---

〔1〕 张笃勤．科学发展观视域中的武汉农村文化遗产保护问题——以武汉为中心[EB/OL].(2009－09－27)[2012－06－26] http://kxfzg.cjn.cn/xzw/200909/t1002696.htm.

守自盗现象；拆却旧房的地方，建立起不少新房；有些无人居住的房子面临倒塌、廊柱腐烂、构件脱落的危险；水南湾的主楼、主厅、祠堂明显经过修缮。[1] 另据武汉媒体报道，黄陂区前川镇北约8千米有一村庄，留存有10多处清末民国时期的老建筑，多为带天井的石砌青砖住宅，村中有古水塘、古树木、古学屋以及石碾盘和石礤等老物件，自然景观与人文景观古朴优美。祖籍该村的武汉大学教授为带头保护村中传统老建筑，自己购买一幢住宅进行维修，同时采取多种办法向乡亲宣传保护老建筑的价值和意义，呼吁村委重视老建筑的保护。但是，几年来，他的种种努力皆成空，越来越多的老屋被拆，在老宅基地上建起水泥瓷砖新楼房。而黄陂滠口镇叶店杨家老榨坊，是一家传承数百年的油榨坊，其手工艺已经被列入市级非物质文化遗产保护项目，但在盘龙城经济开发区建设过程中，该项目传承人因不接受开发商拆迁补偿方案，招致榨坊房屋被强行拆毁、部分文物被砸毁。[2] 黄陂区是武汉市文化遗产保护工作做得较好的地区，尚且有如此现象发生，其他地方的农村文化遗产损毁就更加难免。

4.“追现代、丢传统”，失去文化底蕴

随着经济的快速发展，城镇化步伐加快，城镇规划体系也在不断变化，国家多次强调要建设具有地方特色的城镇。但是，在城镇化建设的实践中，往往忽略城镇文化特色，而追求速度、进度以及经济效益最大化。例如，一些分散性民族特色古建筑没有列入规划保护范围，不注重城镇特色和文化，城镇发展一味追求高楼层和大规模，使得特色古建筑被一些单调的现代建筑所代替，一些有价值的古建筑没有得到妥善保护。现在，“南方北方一个样，大城小城一个样”，“千城一面”的问题突出，城镇个性丧失。

尤其值得注意的是，在现代化的冲击下，一些传统物质和非物质文化陷入衰退、濒危、消失、变异之中。比如：土家族传统的吊脚楼木房不断被拆除，取而代之的是钢混结构的房屋，传统的吊脚楼建筑工艺衰退了，吊脚楼木房的不复存在，即意味着它所负载的传统文化也跟着消失了。我们引以为豪的“南、堂、灯、傩、柳”五种地方戏剧基本处于濒危的边缘，例如恩施

〔1〕 沙月．珍惜我省农村文化遗产，保护大冶水南湾古村落[EB/OL].(2011-02-23)[2012-06-27] http://shayuegongzuoshi.blog.hexun.com/61591460-d.html.

〔2〕 张笃勤．科学发展观视域中的武汉农村文化遗产保护问题——以武汉市为中心[EB/OL].(2009-09-27)[2012-06-26] http://kxfzg.cjn.cn/xzw/200909/t1002696.htm.

傩面具就谭学朝一人会制作，由于谭老的逝去，这一技艺就基本失传。又如恩施灯戏传人廖南山去逝后，再也找不到全面精通灯戏的老艺人。一些庆典礼仪、薅草锣鼓、告祖礼仪、舞蹈、口传文艺、手工工艺等大都处于濒危状态。民间文化消失是指一种技艺的完全失传或一种文化现象(物件)已不复存在。消失的技艺往往是民间工艺中工艺水平极高，按习惯又不外传的绝技、绝活，例如：恩施自治州咸丰县过去有一种核桃雕工艺就已经失传。[1] 文化现象的消失主要是外来影响的结果，原有的文化逐步被外来文化所取代，如土家语、土家族传统服饰、稻谷加工工艺等就是例证。文化的变异多是为了适应市场需要或现代人生活的需要，人为地进行的，往往失去文化原有的本质特征。如：传统的西兰卡普工艺在原材料、花纹图案、型制等方面都发生了变化；传统的女儿会移植到了风景区，参加的人也不是原来地方的民众，而是游客，甚至外国人；山歌移植到了漂流船上和宾馆酒店，传统的摆手舞被改编成广场舞，传统的跳丧舞变成巴山舞等等[2]。

(二)农村文化保护和开发工作上存在困难

1. 文化遗产保护主体单一

湖北省民族民间文化遗产保护主要由各级党委政府领导，民族、文化部门负责，目前，基本建立了国家、省、州(市)、县四级遗产名录保护体系。但是，当前的非物质文化遗产保护主要是政府包揽式的保护机制，从政策支持、财政投入到具体保护都由政府大包大揽，这即使政府负担沉重，文化遗产又没有得到有效保护。2005 年国务院通知和 2010 年“文化遗产日”李长春同志的署名文章明确指出，文化遗产保护是全社会的共同事业，要充分调动各方面的积极性。国家文物局单霁翔局长多次强调公众参与的重要性，倡导动员全社会参与文化遗产的保护和利用。《文物认定管理暂行办法》(2009)从法律层面明确了公众在文物认定方面的基本权利，《关于进一步发挥文化遗产保护志愿者作用的意见》(2010)对文化遗产保护志愿者给予了充分肯定和高度评价，并对各级政府在组织、鼓励、尊重和服务文化遗产保护志愿者等方面提出明确要求。文化遗产的保护是一项综合系统工程，政府的保护毕竟是有限的，如不充分发挥农民、非政府组织、志愿者组织以及市场组织等社会力量的参与，湖北省的文化遗产保护是难以取得

---

〔1〕 彭振坤．非物质文化遗产保护与传承的思考——以湖北省恩施自治州为例[J]．湖北民族学院学报(哲学社会科学版)，2006(6)：36.

〔2〕 彭振坤．非物质文化遗产保护与传承的思考——以湖北省恩施自治州为例[J]．湖北民族学院学报(哲学社会科学版)，2006(6)：36.

更大进步,也是难以持续的。

2. 基层文化机构势单力薄

目前,湖北省有132个群艺馆、文化馆和1169个乡镇文化机构,以乡镇综合文化站(中心)为主的乡镇文化机构,是政府举办的公益性文化机构,是群众文化活动和精神文明建设的重要阵地,承担着提供公共文化服务、指导基层文化建设、受委托协助管理农村文化市场等职责。随着乡镇综合配套改革的深入推进,2006年以来,湖北省全面开始对农村文化站实行"以钱养事"新机制,具体做法是,工作转换机制(实行"以钱养事")、单位转变性质(由事业单位转变为"民办非企业单位")、人员改变身份且进行压缩(由文化干部转为"社会人",1站1人)[1]。这次改革,造成了一些明显的负面效果。一是导致文化站单位性质不清,服务人员身份模糊。改革前,乡镇文化站属于"全民事业单位"性质,工作人员身份有两种,即"干部"和"以工代干"。改革后,"事业单位"性质被撤销,改为"民办非企业",工作人员成为"社会人"。二是文化站管理体制不顺。改革前文化站的主管单位是县文化局,而改革后,工作全部按照县农村综合配套改革办公室拟定的合同开展,乡镇府成为主管单位,而文化局成了监管单位,从而出现"外行领导内行"的现象。三是遏制了文化工作人员的主观能动性和工作积极性。由于单位性质改变,文化工作人员身份被取消,"铁饭碗"端掉,造成文化站没有了话语权、决策权,工作无长远规划,工作人员缺乏工作积极性和主动性。与此同时,文化站还存在人员配备少,基础设施缺乏的情况。从目前的情况看,条件好的乡镇,文化站配备有3~4人,少的仅1人,经济落后,地处偏远的个别乡镇甚至无机构、无人员、无场所,有的设置有文化站的乡镇也存在名存实亡的状态。特别是湖北民族地区各县市有9个国家级贫困县,财政十分困难,文化设施投入严重不足,民族文化挖掘整理和保护没有必要的财力。民族民间文化生长在广大农村,乡镇文化机构是挖掘、保护和传承民族文化的基地,但目前的现实是最基层的文化单位没有条件和能力进行民族民间文化的挖掘、整理、保护和传承,根基不牢,其后果是十分严重的。

3. 跨区域文化遗产管理难

由于历史上行政区划的多次划分,部分文化遗产存在跨乡、跨县,甚至跨市的现象,因此,在同一文化遗产的保护上可能存在多个"婆婆"分管的

[1] 亟待完善的湖北乡镇文化站"以钱养事"机制[EB/OL].(2011-05-19)[2012-06-27] http://ltslwhz.blog.163.com/blog/static/173660009201141932942825/.

问题。荆州"国家历史文化大遗址保护区"就是典型例子。由于行政区划多次不科学拆分,具有完整意义的楚文化核心特征的荆州市区划不复存在,现在的大遗址保护荆州片区实际涉及沙洋、潜江、枝江、当阳等历史上属于荆州,但现实不属于荆州行政管理的范围。这不仅造成了楚文化为特征的历史文化遗产大量外溢,甚至被改姓冒名,而且导致多个"婆婆"分管,从而使历史文化遗产保护责任集中度分散,落实乏力,管不到边,管不到位。同时,这种分割的现状也导致无法对大遗址进行科学规划、集中管理和有效保护。

4. 文化遗产保护资金不足

近年来,湖北省大力发展新型小城镇,城镇建设投入逐年增加,但用于保护传统性文化资源的财力投入严重不足,古建筑的修缮、日常维护等经费难以到位。特别是经济发展落后的县市,由于财政收入低,可用财力有限,传统民居保护资金更是捉襟见肘,导致不少有重要价值的民居无法得到及时的维修与保护。同时城镇建设为追求大规模、大体量的建筑群,占用了大量资金,投入古建筑保护的启动资金进一步减少,导致大量古建筑或(民居)因缺少保护修缮资金而消失。如,恩施自治州崔家坝镇鸦雀水村滚龙坝因资金缺位,文物失修,导致历史文化名村的盛名难保。2007 年,滚龙坝被正式命名为中国第三批历史文化名村,但是,由于资金缺位,迟迟没有出台保护规划。据了解,滚龙坝历史文化名村申报成功以后,村里的历史文物保护还是主要靠老百姓的自觉配合来开展,崔家坝镇政府和村委陆续投入了十余万元,主要进行小范围的休整,没有资金支持制定系统、科学的维护整修规划,以及进行大范围的整修。

5. 农村文化保护法制化不足

虽然近些年来湖北省及各级政府都加强了农村文化保护的法制保障,但是,从目前来看,湖北省文化遗产保护立法工作仍有待加强。

地方立法是从属性、地域性、综合性、配套性、试验性与民族性相结合的立法,是指导立法机关所辖范围内人们的行为和社会活动的直接法律依据。做好文化遗产保护立法工作,是保护地方文化遗产、拯救历史文化的根本出路,从以上立法文件的列表中,可看出湖北文化遗产保护立法尚显不足。主要存在以下问题,一是立法体系上的问题,二是立法内容上的问题。在立法体系上,缺乏地区性的综合立法;立法系统庞杂,层次不高;立法制度供给不平衡;缺乏灵活性、可操作性的立法规定。在立法内容方面,主要在于保护方式单一,局限于公法领域的立法,而忽视私法领域;资金保障制度在立法中体现不足。

6. 农村文化开发民间力量缺乏

农村文化建设与开发是一个系统工程，涉及方方面面，需要各种组织、力量的参与，政府在农村文化开发中发挥领导、规划、组织、协调作用，民间团体在农村文化开发中能对政府的功能起到补充作用，而乡村文化人才作为生长在农村的真正主人，是农村文化开发建设不可或缺的角色。目前，湖北民间文化团体有一定的发育，例如，有省民间文艺家协会、省民族学会、恩施州民间文艺家协会、恩施州民族文化保护与发展促进会、襄樊拾穗者民间文化工作群等知名的民间文化团体；有一批积极从事农村文化事业的文化精英人物。但是，湖北当前的农村文化开发建设仍面临着民间文化团体发育不良，农村文化精英流失严重，基层文化人才素质偏低的境况。民间文化团体存在发展不平衡，帮扶政策少；设施不完善，活动开展少；管理不全，创新能力弱等问题。同时，随着市场经济的发展，农村人越来越觉得呆在农村挣不了钱，纷纷外出务工或经商，特别是乡村中的文化精英人物，更是流失严重，因此，出现了“空心村”、“空巢村”等现象。因此，农村文化开发建设的民间力量缺乏。

7. 农村文化产业化程度不高

立足于厚重的荆楚文化，湖北省已形成了具有自身特色的文化产业，且已经发展成为拉动湖北省经济增长的要素之一。据《湖北年鉴·2011》，2011 年湖北省文化产业发展现状如下：举办湖北文化产业招商博览会，海豚传媒股份有限公司、武汉艾立卡电子有限公司被评为第四批国家文化产业示范基地。湖北长江出版传媒集团、武汉两点十分数码科技有限公司等 12 个文化企业被评为省级文化产业示范基地等[1]。但是，在取得成效的同时，湖北省文化产业的发展也存在一些问题：文化产业结构需要调整，城乡居民文化消费水平偏低，文化资源利用挖掘不足，文化活力没有充分发挥，文化市场还有待进一步发展，城乡文化发展差距大，农村文化发展尚未实现产业化。农村一直是湖北省文化建设的软肋，近年来，虽然鄂西生态文化旅游圈、民族生态旅游村的建设，乡村旅游的开发，对农村文化产业的发展起了一定的推动作用，不过，在农村文化开发、建设方面，整个湖北省尚未形成产业化发展之势。

8. 文化遗产开发过度商业化

当前，很多地方都在借非物质文化遗产进行生态文化旅游开发，特别

〔1〕 湖北省人民政府主管，湖北年鉴编辑委员会．2011 湖北统计年鉴[M]．北京：中国统计出版社，2011.

是在民族风情旅游中，非物质文化遗产的作用越来越重要，它对于充实民族旅游内涵、丰富民族旅游形式、增加民族旅游的综合效益有积极作用。例如，恩施自治州利用其独具特色的非物质文化遗产，开发民族文化生态旅游村、农家乐等乡村旅游。虽然进行适度的旅游开发可为非物质文化遗产保护提供资金，其带来的市场价值可以激发人们保护非遗的积极性，使非物质文化得到传承和创新。但是，一些地方为开发而开发，丧失本土文化内核，搞虚假宣传。有的旅游开发为获取经济效益，致使非物质文化遗产表演化、商品化甚至庸俗化，其多样性和文化空间遭到破坏。为满足旅游者的猎奇心理，一些民族旅游的开发者故意追求落后和原始，甚至不分精华和糟粕，极不负责地把那些已经摈弃的封建迷信活动和陈规陋俗原始地展现给旅游者，使民族旅游庸俗化。有的生搬硬套，标新立异，制造一些当地根本不存在的假民族文化。

例如恩施州分布着28个少数民族，各民族风俗各异，但为旅游开发的需要，他们经常混同在一起。土家族服饰尚黑，但为吸引游客，也被设计得花花绿绿，部分参见苗族服饰。过去，朴素的恩施人热情好客、忠诚朴实、吃苦耐劳，以见利忘义为耻，但是在当地旅游业的带动下，人们深受商品经济价值观念的影响，在经营过程中重利轻义，部分居民甚至让小孩给客人唱歌、引路，从而收取费用，有的居民在旅游商品交易中以次充好，甚至坑蒙拐骗。土家族婚礼中的哭嫁活动，有些地方曾经把它作为旅游节目来表演，因脱离它固有的民俗文化生态，哭起来缺乏真实情感，越哭越假，哭的人和看的人都觉得毫无意趣，后来只好黯然收场。一些以特定民间信仰为内核的民俗活动，如祭祖、祭神仪式，作为商业旅游活动来设计安排，几乎完全失去原有的庄重特质与人文内涵，成为一场不伦不类的滑稽剧。又如在一个“民俗村”，为游客演唱的民歌中，不但有“十八摸”，“新媳妇闹五更”等荤歌，甚至还有明显违反道德伦理的“公公扒灰”、“叔嫂调情”等节目。[1] 非物质文化遗产在旅游业中泛滥的商业开发造成民族文化价值观逐渐退化和消失，也是对非物质文化遗产的不尊重甚至践踏。

9. 传统民间文化活动式微

据财政部教科司与华中师范大学联合课题组于2006年组织的全国农村文化调查得出的结论显示，文化消费在农村家庭消费支出结构中不占重要地位。2005年，农民家庭的平均文化消费支出仅有871.77元，占全部平

〔1〕 刘守华．非物质文化遗产保护与湖北旅游振兴[J]．三峡论坛(三峡文学·理论版)，2010(5)：68.

均开支(10989.46 元)的 7.93%,在所有开支项目中排在最后。农民在劳动之余,从事较多的 5 种文娱活动分别是:看电视(27.35%)、打牌(12.69%)、读书看报(11.15%)、下棋(7.25%)、听广播(7.11%)。在接受调查并作答的 15770 位农民中,人均每天看电视时间约为 2.76 小时。农民的业余文化活动多以现代文化形式为主,受制于文化形式的经济性、便利性和可获取性,农民对传统民间文化活动的兴趣正在逐步降低。[1]

同样,湖北省农村文化消费情况也不容乐观。2005 年,湖北省人均生产总值 11430 元,比上年增长 15.49%,全年城镇居民人均可支配收入 8786 元,增长 9.5%,城镇居民家庭恩格尔系数为 39%,比上年下降 0.3 个百分点;城镇居民人均消费支出 6737 元,增长 5.29%,但其中城镇居民文化娱乐用品及服务支出 387.5 元,仅增长 2.27%[2]。人民群众用于文化娱乐消

表 6-8 武汉市村民的主要娱乐活动方式

排序	活动项目	统计数
1	看电视	875
2	喝茶、喝酒、聊天	318
3	打牌(打麻将)	265
4	逛街、赶集	237
5	听流行歌曲	148
6	读书	96
7	看电影	80
8	呆着,什么也不干	52
9	外出旅游	26
10	去迪厅录像厅	11
11	去游乐场	8
12	去游戏厅、卡拉 OK 厅	2

资料来源:http://blog.sina.com.cn/s/blog_4a8bc35d0100071w.html。

注:发放问卷 1000 份,回收有效问卷 949 份,(多项选择,限选三项)

---

〔1〕 吴国生,傅柴武,徐晓军,吴理财,等. 中国农村文化建设的现状分析与战略思考[J]. 华中师范大学学报(人文社会科学版),2007(4):102.

〔2〕 湖北文化产业发展现状、问题及对策研究[EB/OL]. (2006-12-08)[2012-06-25] http://www.hubei.gov.cn/yghb/yg08/yg08a/200612/t20061208_11243.htm.

费方面的支出明显偏低。从国外的发展经验看，人均 GDP 超过 1000 美元，经济将进入一个新的发展阶段，社会消费结构将向发展型、享受型升级。但湖北省城市居民消费支出构成中文化娱乐消费所占比重为 5.75%，比上年占 5.92% 还下降了 0.17 个百分点[1]。根据 2004 年统计资料显示，湖北城市居民消费支出构成中文化娱乐消费所占比重处于较低水平，低于全国 6.60% 的平均水平，在湖北、安徽、湖南、江西、山西、河南等中部六省中仅高于安徽(4.56%)。普遍而言，城市文化消费水平高于农村，从湖北省城市文化消费水平低的情况可窥见农村文化消费也很不容乐观。根据武汉市社会科学院于 2006 年开展的对该市农村文化的调查显示，农村居民的主要娱乐方式为看电视、饮食娱乐、打牌、赶集、听流行歌曲，而传统娱乐活动则越来越少了。

四、进一步加强湖北农村文化保护与开发的政策建议

由于长期以来整个社会重经济轻文化的发展倾向，致使无论是城市还是农村都呈现出“经济巨人，文化短腿”现象，而由于城乡二元分割的体制束缚，农村无论是经济还是文化都远远落后于城市，因此，农村的文化发展更是不可能和城市相提并论。近年来，在城镇化发展进程中，农村传统文化破坏严重，特别是一些优秀的文化遗产在城市向乡村的拓展中不断消失，因此，农村文化的保护、开发、建设显得比以往更为紧迫。在新一轮城镇化发展中，怎样调整城镇建设战略，改变只重基础设施建设、忽视城镇文化内涵的发展思路，做好农村文化的保护与开发，对湖北省而言是一重大挑战。

(一) 更新观念，立足经济、社会与文化协调发展

一个健全的社会结构，从来都是由经济、政治、文化这三大层面组成的，它们之间既相对独立，自成系统，又相互关联。其中，经济与文化之间是一种共生互动的关系。在当代，文化已成为经济发展的重要动力与源泉，经济发展中的文化含量即文化附加值越来越高，呈现出经济文化一体化趋势。[2] 同时，文化特色也是城镇建设中不可忽视的重要无形资产，一

---

〔1〕 湖北文化产业发展现状、问题及对策研究[EB/OL]. (2006 - 12 - 08) [2012 - 06 - 25] http://www.hubei.gov.cn/yghb/yg08/yg08a/200612/t20061208_11243.htm.

〔2〕 周志山，方同义，朱桂谦. 共生互动：经济与文化关系探讨[J]. 浙江社会科学，1995(3)：59.

个城镇没有自己的特色与文化内涵，就等于没有灵魂。湖北省在发展城镇化过程中，首先要把农村文化的保护与开发纳入进城镇发展规划，不以牺牲古建筑、古村落以及非物质文化遗产为代价，实现经济发展、文化保护开发的城镇化协调发展战略。其次，各级政府要提高文化保护与开发意识，加强文化事业的财政投入。再次，制定文化发展的相关政策，鼓励支持各个地方在城镇化发展中办好文化事业。通过多种举措，切实扭转长期以来城镇化“重经济，轻文化”的发展思路，促进湖北省城镇化的健康发展。创新保护和传承方式，对具有重大历史价值的非物质文化遗产，按照国家有关要求，与经济建设、政治建设、文化建设、社会建设紧密结合起来，对于有市场前景的，鼓励在国家、省级政策支持下进入市场，特别是和发展旅游业紧密结合，开发文化产品，拓展服务项目，在与产业和市场的结合中实现传承和可持续发展。

（二）创新机制，活态保护农村文化遗产

对于民间非物质文化遗产的保护，一般有静态保护和活态保护两种方式。静态保护主要是对民间文化成果进行记录、收集、保存、陈列，必要的时间能够再现，也称为“标本”式的保护。而活态保护则要让文化生态在流传中继承，在展示中保护，在利用中发展，在活动中实现社会效益、经济效益和文化生态效益的最佳结合。活态保护作为民间传统文化的构成主体和基础，是其传承和发展的主要手段和特点，也应该是民间文化保护工程的基本方式之一。[1] 目前，湖北省的非物质文化遗产主要采取的是静态保护，所以在活态保护方面有待加强。在非物质文化遗产的保护中，要积极地将传统文化资源融入现实生活之中，切入现代建设之中，激活其生命力，使传统文化以鲜活的形象为经济发展和社会进步提供基础、优势和营养。

(1)传承人保护。非物质文化遗产最大的特点就是必须依托本人而存在，通过语言、动作和特定的空间来传播和延续，非物质文化遗产与人的活动息息相关，是靠人传承下来的，代代相传、口传心授是其独特的传播延续方式。因此，非物质文化遗产保护的关键在于广大民众，尤其是文化遗产传承人的积极参与。针对湖北省面临的非物质文化遗产传承人老龄化、传承后继乏人、传承意识欠缺等问题，一方面要加强对传承人的关怀，本着以人为本原则，加大对传承人的保护力度，例如给传承人发放生活补贴，对重要文化遗产的传承人每月发工资，提高传承人的社会福利待遇，鼓励他们

---

〔1〕 常贵章．浅谈非物质文化遗产的活态保护[J]．大众文艺(理论)，2008(3)：56.

把自身技艺发扬光大。另一方面，要重视培养非物质文化遗产的继承者，特别是现在，面对农村青壮年外出务工经商的不断增多，一些承载着古老民族民间文化的技艺面临后继无人的窘况，年轻一代传承人的培养显得相当紧迫。因此，要“因地制宜，因技制宜”，采取多种鼓励措施，提高进行非物质文化传承的经济效益比，使年轻人看到学习民间技艺的相对优势。

(2)产业化保护。日本人在上世纪50年代就认为，非遗项目的保护不能是“圈养性”的保护，而应形成有商业收入的良性循环和现实土壤。非物质文化遗产保护不能仅仅停留在保护层面，要在固守其本真性和原生态的基础上，以适当的经济理念和适度的市场化手段予以开发，把利用与开发有机地结合起来，实现文化遗产的“可持续性”保护。

(3)创新性保护。一个民族的传统文化如果不加以变革创新，也就没有了生命力。首先，在传统文化的基础上增加新的内容，使之更适合于当代人的生活方式；其次，运用现代科技制作传统文化产品，使传统文明升华为现代文明。非物质文化遗产不同于出土文物，非物质文化遗产是可以再延伸的，关键是如何利用现代的手段来发展它，在传统工艺上加以突破，满足现代人的生活需要[1]。

(三)完善体制，加强乡镇公共文化站建设

乡镇文化站是政府公共文化服务机构，在农村文化保护与开发中发挥着重要作用。2004年湖北省乡镇综合配套改革后，乡镇文化站由原来的公益性文化机构转变为民办非企业的“中介组织”，其管理关系、工作人员性质待遇、经费投入情况发生了很大变化。改革精简了人员、强化了激励，激发了活力。但是，目前湖北省乡镇文化站是由乡镇政府主管，县文化部门监管，这样的管理体制，一方面出现“外行领导内行”，另一方面致使有的文化专干“专职不干”，常疲于应付乡镇党委政府的中心工作，影响业务开展。其次，工作人员退出事业编制后，一些工作人员一年一聘，工作失去稳定性和连续性。另外，经费投入不足。据2011年的情况，全省文化站人员最高工资不过1500元(孝感应城市)，最低的每月仅有950元(荆州江陵县)。许多县市物化投入(即工作经费)被其它部门挤占，如松滋市被当地广播和体育三分经费后，每个乡镇文化站年物化投入只有3000元，还不够交网费、水电费等基本运行费，同时，全省普遍存在资金少且拨付不及时现象。

---

〔1〕 武俊平，伊丽．把握活态特点重在继承发展——非物质文化遗产保护的三种形式[J]．实践(思想理论版)，2009(3)：53.

中宣发[2010]14号文件指出“乡镇综合文化站(中心)是政府举办的公益性文化机构,是群众文化活动和精神文明建设的重要阵地,承担着提供公共文化服务、指导基层文化建设、受委托协助管理农村文化市场等职责,要配备专职人员,每个乡镇综合文化站(中心)至少应有1至2个编制,比较大的乡镇可适当增加编制。”国家颁布的《文化站管理办法》规定:“文化站是国家最基层的文化事业机构,是乡镇人民政府、城市街道办事处所设立的全民所有制文化事业单位,同时又是当地群众进行各种文化娱乐活动的场所。”为此,应进一步加强乡镇公共文化站的建设。配备适量的文化专职管理干部,增加文化站的投入,提高文化干部的工资待遇,加强文化阵地、设施设备的建设。地方财政每年预算必要的文化活动专项经费,用于文体活动的举办、文化艺术的交流和精品创作的奖励。此外,为有利统筹安排,工作调度,人财物可归口县局统一管理,并建立长效的考核、评聘、奖惩机制;根据管理需要,建立覆盖城乡的执法网络,县有综合执法大队,乡镇有文化稽查员。同时,要逐年引进、培养年轻文化人才,强队伍活力,增事业后劲。

(四)深化改革,建立多元化文化保护开发机制

2006年以来,湖北省对农村文化站全面实行“以钱养事”新机制,把农村基层文化组织推向社会,意味着单纯靠政府办文化的时代已经成为过去,要进一步深化文化体制改革,充分调动社会和市场资源推进文化的保护和开发。

第一,通过公共财政引导农村文化建设,对从事农村文化保护与开发的农村文化精英进行适当的财政补贴,资助各种优秀民间文化的保护、开发、发扬和研究活动,扶持农民自办文化团体,开展农民喜闻乐见的文化活动,加大对先进文化形式的投入,引导农民积极参与进来。

第二,民办公助,发展农村文化中心户和各种民间文化团体,培育和支持农村文化保护与开发方面的公益组织的发展,开展各种面向农村、面向农民的文化经营活动,使农民群众成为农村文化开发的主体。这样一来,在农村文化保护与开发上有利于农民权益的维护,也方便文化的开展。

第三,加快农村基层文化事业单位改革,深化劳动、人事、分配等方面的内部改革,根据相关法律法规的规定,在重视农村文化保护与开发的基础上,采取多种措施逐步培育和完善农村文化市场,进一步理顺农村文化保护与开发的投融资机制,鼓励社会资本参与农村文化的保护与开发。要改变农村文化保护与开发主体单一的现状,大力吸引民间资本,发掘传统文化经营能手，变文化资源为文化资本，建立政府、企业、村集体和村民个人的多元化参与模式，实现投资主体多元化，支持社会力量办文化，扶持农民自办文化。

（五）分类建设，充分发挥市场和社会的力量

农村文化存在多种类型，根据不同的特点和需要，应立足特点、分类管理、多元建设。在农村文化保护中，既要保护物质文化，又要保护非物质文化；要妥善处理物质文化遗产保护、传承、利用、发展的关系。既保护和传承好非物质文化遗产，又利用和发展好非物质文化遗产，在保护和传承的基础上充分利用和发展，通过利用和发展促进保护和传承。要做大做强非物质文化遗产产业链。对于非物质文化遗产项目实施产业化应按照类别进行统筹规划，根据国家、省、市、县四级"非遗"项目名录，确定不同的产业化发展目标。对于远离现代社会生活、没有市场生存能力的项目，如礼仪类、语言类、风俗类、信仰类等，应主要由各级政府、社会力量和广大民众共同承担。对于仍有市场需求的"非遗"项目，包括戏曲、舞蹈、杂技、传统技艺、民间美术等，应通过进行生产性保护，开辟新的文化市场，进行全部或者部分产业化运作，实现"非遗"项目良性运转。对非物质文化遗产实施产业化需要政府、传承人、企事业单位等社会各方面的协调配合，需要相关产业资源的配套发展，包括公共文化服务体系建设、高新技术介入和实体产品生产经营等层面和环节。而每个层面和环节都应根据不同的"非遗"项目特点，有机融合商业元素和文化元素，通过规模化运作提升行业竞争力，实现文化传承下的产业勃兴。尤其值得注意的是，对待非物质文化产业项目，一要遵循其发展的内在规律和特点，不可盲从地强制其产业化或禁止其产业化，应根据市场需求和潜力调整完善其产业化的方向和方式。二要从有利于文化资源的科学配置和优化组合出发，最大限度地追求文化资本不断积累的社会效益，努力形成经营性和公益性两种文化产业。要进行科技创新，充分运用现代科学技术研究和修缮非物质文化遗产，破解古代发明创造和工艺成果，提高非物质文化遗产保护的科技水平。另外，创新展示方法，注重介绍非物质文化遗产发掘过程、历史背景、相关历史人物故事等信息，注重再现非物质文化遗产的传统生产技术和工艺流程，注重增强参与性、互动性、体验性和趣味性，使人们深入了解和亲身体验民间传统文化的丰富内涵和独特魅力。

（六）做大产业，推进农村文化的产业化开发

党的十六大报告指出："发展文化产业是市场经济条件下繁荣社会主

义文化、满足人民群众精神文化需求的重要途径。"十七届五中全会指出：推动文化产业成为国民经济支柱性产业，充分发挥文化引导社会、教育人民、推动发展的功能，建设中华民族共有精神家园，增强民族凝聚力和创造力。在城镇化进程中，加强农村文化建设、发展农村文化产业，有利于充分发掘湖北省历史文化资源优势，优化产业结构，增强经济势力，增加就业，促进湖北省农村经济、文化和社会的协调发展。湖北省要实现由文化资源大省向文化强省的跨越，必须加强农村文化建设，发展农村文化产业，优化全省文化产业结构。

第一，加大农村文化资源挖掘和利用力度。正确认识传统民间文化的价值和作用，充分发掘蕴藏在农村的民间传统文化精髓，激发农村文化活力。要大力开展文化招商活动，做好宣传工作，展示湖北农村文化发展的优势项目。重视人才在农村文化产业发展中的作用，着力培养农村群众文化工作者、民间艺人、专业文化工作者、综合执法管理人员等多支文化队伍，培养、集聚一批文化发展规划优势人才，增强农村文化人才的创新能力。做好农村旅游文化，湖北省拥有举世瞩目的三峡工程和革命传统文化，楚文化、三国文化、编钟文化，化石文化、原始生态文化以及奇石文化等等，要充分利用好丰富的文化资源，将其与旅游文化服务融为一体深度开发。

第二，整合文化资源，调整文化产业发展结构。一方面，优化湖北省文化发展的产业结构。加大文化资源整合力度，突出优势，合理开发，既要盘活历史资源，更要不断创新，依靠科技进步来创造新的文化资源。另一方面，优化湖北省文化发展的城乡结构。深刻认识农村文化产业发展的空白，通过加大农村文化基础设施建设投入，为农村文化产业的发展提供基础；通过招商引资、政策扶持，鼓励社会资本进行农村文化开发；充分发挥市场的作用，运用市场机制和模式发展农村文化产业。

第三，多头并举，着力提升湖北省文化消费水平。文化消费是文化产业链条上的最终环节。与经济运行的规律一样，消费水平直接影响甚至决定着文化产品生产能力和流通效率。没有活跃旺盛的文化消费能力，就不可能有强大的文化生产力与活跃的文化市场，文化产业和文化事业的发展也就会受到阻碍。促进湖北省文化消费，除大力发展经济，提高群众收入水平以外，一要从培养和提高居民文化消费观念入手，通过舆论引导，兴趣培养和素质教育，大力提高居民的文化素质，通过提供更为丰富精彩的文化产品和服务，让人们逐步体验到精神享受的美好。二要靠市场经济运作，将传统文化文艺作品的创作、文化产品的生产，在舆论导向正确的前提下，最大限度地导向市场、导向消费者。[1] 依靠作品和产品自身的闪亮"卖点"，并通过充分的市场推广手段，来赢得消费者的亲睐，获得最大的经济效益和社会效益，带来文化产业链的良性循环发展和人民群众文化消费水平的提高。

城镇化是社会生产力发展到一定阶段的必然产物，城镇化承载着现代文明的发展进程。在新的历史时期，构建促进中部地区崛起的重要战略支点，对湖北城镇化发展提出了新的更高要求，新型城镇化发展将朝着布局优化、功能强化、生态突出、内涵提升的方向迈进。城镇内涵的提升，文化建设和发展是关键。湖北省在城镇化过程中，要注重地域、历史和文化特色，加强农村历史文化遗产的保护，重视历史文脉的传承、发展和宣扬，弘扬传统文化和地域文化特色，提升城镇文化内涵，彰显荆楚文化魅力。

（七）培养人才，鼓励基层群众参与保护与传承

文化要发展，人才是关键。文化的传承开发也离不开优秀人才。为此，要大力培养文化人才队伍。通过严把文化干部人才质量关，提高基层文化工作者的业务素质和管理能力，加强农村基层文化队伍建设。组织专家学者和专业文化工作者深入农村，不断加强农村文化队伍的培训指导，积极培养农民群众文化骨干。另一方面，要推动文化保护和传承的普及化，充分调动广大民众的参与。按照国务院非物质文化保护条例提出的"保护为主、抢救第一，政府主导、社会参与"的方针，政府在"非遗"保护中扮演了重要角色，撑起了"保护伞"，但大量"非遗"项目存在于民俗活动中，民俗活动是"非遗"长存长盛的沃土。因此，基层群众才是文化遗产的真正主人，如何唤醒民间的文化自觉是"非遗"保护的根本。首先，政府重视人民群众在"非遗"保护中的重要作用。群众的文化自觉是保护非物质文化遗产的基础和保障，政府要重视群众在"非遗"保护中的主人翁作用，通过组织举办各种民间文化活动，为群众传承和群众文化活动创造展示的平台。其次，建立"非遗"保护区。在"非遗"文化遗存完备的地区和少数民族聚居的地区，如恩施、荆州荆门、宜昌的长阳等地区，继续有计划地建设"非遗"生态保护区（村），创建民间传统文化之乡，促进生活于其中的人们发挥好"非遗"保护中的主体地位和作用，使"非遗"项目更具旺盛的生命力。

（八）加强监管，强化政府文化保护的责任

在农村文化保护中，一方面要加强政府对文化遗产的保护、文化市场

---

〔1〕 葛海燕，郑方云．聊城市文化产业发展对策研究[J]．理论学习，2009(7)：49.

的监管，另一方面要加强对政府本身工作职责的监督。要把农村文化保护与开发纳入政府绩效评估和城镇化发展的目标体系中。政府绩效评估是政府绩效管理的核心，是提高政府绩效的有效途径。长期以来，各级政府绩效考核的重点是经济发展和社会稳定指标，文化工作是软指标，造成一些地方党政领导思想认识不到位，重视程度不一致，农村文化保护与开发也被忽视（见表 6-9）。

表 6-9　政府绩效评估指标体系

	一级指标	二级指标	三级指标
政府绩效	影响指标	1. 经济	（1）人均 GDP（2）劳动生产率（3）外来投资占 GDP 比重
		2. 社会	（4）人均预期寿命（5）恩格尔系数（6）平均受教育程度
		3. 人口与环境	（7）环境与生态（8）非农业人口比重（9）人口自然增长率
	职能指标	4. 经济调节	（10）GDP 增长率（11）城镇登记失业率（12）财政收支状况
		5. 市场监管	（13）法规的完善程度（14）执法状况（15）企业满意度
		6. 社会管理	（16）贫困人口占总人口比例（17）刑事案件发案率（18）生产和交通事故死亡率
		7. 公共服务	（19）基础设施建设（20）信息公开程度（21）公民满意度
		8. 国有资产管理	（22）国有企业资产保值增值率（23）其他国有资产占 GDP 的比重（24）国有企业实现利润增长率
	潜力指标	9. 人力资源状况	（25）行政人员本科以上学历者所占比例（26）领导班子团队建设（27）人力资源开发战略规划
		10. 廉洁状况	（28）腐败案件涉案人数占行政人员比率（29）机关工作作风（30）公民评议状况
		11. 行政效率	（31）行政经费占财政支出的比重（32）行政人员占总人口的比重（33）信息管理水平

资料来源：政府绩效评估指标休息［EB/OL］.（2010－12－09）［2012－06－25］ http://wenku. baidu. com/view/0b24114f767f5acfa1c7cd36. html.

从表6-9可看出，我国政府绩效评估指标体系中没有关于文化工作方面的内容，再看表6-10：

表6-10　湖北省城镇化发展的目标体系[1]

目标领域	分目标	分目标描述
人口发展目标	城镇人口数	2000年为2393万人，2005年为2800万人，2010年为3050万人，2020年为3900万人
	乡村人口数	2000年为3557万人，2005年为3422万人，2010年为3201万人，2020年为2710万人
	城镇化水平	2000年为40.22%，2005年为45%，2010年为49.6%，2020年为59%
社会发展目标	城镇新增就业人数	"十一五"期间每年新增城镇就业人数60~70万人
	城镇登记失业率	"十一五"期间为4.5%以内
	农村劳动力转移就业人数	"十一五"期间每年转移农村劳动力就业人数40~80万人
经济发展目标	GDP年均增长率	2000—2005年为8%，2005—2020年为7%
	产业结构	2020年三大产业结构为9:45:46
	城镇建设用地规模	2020年控制在3660km^2以内
	城镇建设用地增量	2020年控制在1380km^2以内

从表6-10可看出，湖北省城镇化的发展目标主要包括人口、社会、经济三个方面，根本没有文化方面的相关项目。在当前深化文化体制改革、推动社会主义文化大发展大繁荣的发展背景下，湖北省要把农村文化保护与开发纳入城镇化建设的目标体系中，加大政府绩效考评中的农村文化保护建设权重。首先，推行农村文化保护开发的指标量化，纳入各地政府绩效考核范围，解决农村文化保护与开发长期存在的考核缺失、指标不量化的问题；其次，考核内容要包括农村文化保护与开发工作保障机制、队伍建设、文物保护工作、农村民俗民间文化产业发展等方面；再次，考核任务宜由各地方的绩效考核领导小组统一承担；最后，奖金要纳入各级财政预算，

[1] 万艳华，罗丹，余思雨．湖北省城镇化发展政策实施评估研究[J]．城市规划学刊，2011(5)：38.

主要投向农村文化保护与开发阵地，也可实行以奖代投，达到促进文化遗产保护经费投入、文化资源挖掘开发等各方面发展的目的。

（九）加强法制，提高文化保护开发的法制化水平

针对湖北省在文化事业方面存在的缺乏地区性综合立法，缺乏可操作性立法，私法领域立法不足等问题，特别是针对农村文化保护、开发方面立法的缺失，湖北省在农村文化保护、开发中要重视相关法律法规的制定。第一，转变观念，克服和改变长期以来形成的"重中央立法，轻地方立法"、"上下一般粗"、"宜粗不宜细"的观念和指导思想，充分重视地方特色的重要性，以更好的发挥地方立法的作用。第二，完善文化事业方面的立法体制和立法内容，建立综合性文化事业地方立法，强化地方行政立法监督和规范性文件的管理，加快农村文化保护与开发的立法步伐，不断完善立法内容。第三，特别要重视和加强文化遗产保护的地方立法，积极探索行之有效的湖北省文化遗产立法保护途径和模式，充分发挥法律对文化遗产保护的指导作用、规范作用。第四，法律保障，政策扶持。用法律来规范非物质文化遗产的产业化水平是联合国教科文组织的硬性要求和发达国家的成功经验。2011 年 6 月 1 日，《中华人民共和国非物质文化遗产法》开始实施，把"非遗"的产业化保障提升到国家层面上，我国在制定促进"非遗"产业化政策方面还缺乏相应的政策可供执行。在"非遗"保护方面，湖北省可以根据地方情况，探索有利于保护"非遗"的政策法律措施。

总之，农村凝聚着中华民族几千年的农耕文明，沉淀了丰富多彩的物质文化遗产和非物质文化遗产，农村文化遗产是中华民族的根。农村城镇化建设需要发挥文化的影响、凝聚、引领作用，同时，一个城镇的品质和品位也主要取决于文化要素，因此，湖北省在城镇化建设中，对农村文化的重要性要引起重视，也要着重打造城镇品质，提升城镇品位。

第七章
湖北省新型城镇化中的财政能力和财政政策研究报告[1]

十七大报告指出，“走中国特色城镇化道路，按照统筹城乡、布局合理、节约土地、功能完美、以大带小的原则，促进大中小城市和小城镇协调发展。以增强综合承载能力为重点，以特大城市为依托，形成辐射作用大的城市群，培育新的增长点。”[2]加快推进中国特色的城镇化建设，已经成为新时期继工业化、市场化后，我国现代化发展的一项紧迫任务，城镇化不仅是实现我国城乡统筹、促进经济社会转型发展的重要推动力量，也是实现农村现代化的重要途径。

一、城镇化与财政的关系

建国后较长的历史时期内，我国经济社会发展遵循的是重城市、轻农村的发展战略，大中城市经济社会发展是国家发展的重点内容，小城镇及农村地区发展较为迟缓，导致城镇化一直都处于较低水平。改革开放初期，我国城镇化率仅为 17.92%，不过，随着经济的稳步发展和城乡政策逐步放开，城镇化率稳步提高。城镇化不仅带动了国民经济的持续快速增长，也为国家的财政做出了巨大贡献。美国经济学家、2001 年诺贝尔经济学将获得者斯蒂格利茨列就认为“中国城市化”与“美国高科技”是影响 21 世纪人类发展进程的两大关键因素。然而，当前，我国城镇化总体水平不高，与经济社会发展水平和工业化水平极不相称，制约着国家经济的进一步发展。另一方面，国家财政收入及财政投入规模又进一步影响着城镇化的进程，城镇化与国家财政状况具有密不可分的关系。

---

〔1〕 报告执笔：吴茜琴，华中师范大学政治学研究院研究生，中国农村综合改革协同创新研究中心研究人员．

〔2〕 董伟．城市新产业区演进研究——以连云港市为例[D]．南京：南京师范大学商学院，2011.

(一)城镇化带动国民经济增长

城镇化的过程不仅是人口向城镇集聚的过程,更是资源的聚集过程。在这个过程中,大量的农村资源向城镇集中,不仅拓宽了广阔的农村消费市场,也使大量的投资涌入城镇,带动城镇经济发展。

1. 城镇化拉动投资与消费需求

在城镇化过程中,大量的农村人口向城镇集聚,原有的基础设施等不能满足日益集聚的人口的需求,而城镇化通过集中人口、资金、技术等资源,带来产业的集聚效应,从而拉动投资需求,促使能源、基础设施建设、房地产以及市政建设等方面的快速发展,提高了城镇的综合经济效益,形成持续的经济增长点,拉动地区的国民经济增长。另外,城镇化的集聚效应有利于拉大内需。近几年来,随着农村经济发展水平的不断提高,农民的消费需求也在不断扩展,当今农民已经成为一个潜能广阔的消费市场。从2010年湖北省的居民消费水平来看,居民消费为5136.78亿元,其中农村居民为1419.65亿元,城市居民为3717.13亿元,农村人口转化为城镇人口之后,其消费水平也会相应的增长。城镇化进程中,社会商品的总销售额将会呈现出明显增加趋势,成为整个国家经济发展的长久推动力。例如,美国大纽约区、五大湖区、大洛杉矶区三大城市区,其国内生产总值占全美的67%;日本的三大城市区,即大东京区、阪神区、名古屋区,国内生产总值占日本全国的70%。[1] 为此,湖北省财政厅还专门刊载《把城镇化作为扩大内需的引擎》,以此改变内需与外需的失衡状况,进而构建内需驱动、消费支撑的发展模式的长期战略。[2] 一个国家和地区的经济发展水平决定了当地的财政税收水平,城镇化带来的经济发展的同时也会带动税收收入的相应增长。

2. 城镇化有利于促进产业结构的优化

从全国产业结构来看,受城镇化的影响,一、二、三产业结构由2011年的10.1∶46.8∶43.1转变为2012年的10.1∶45.3∶44.6,第三产业比重呈上升趋势;湖北省的一、二、三产业结构则由2011年的13.1∶50.1∶36.8转变为2012年的12.8∶50.3∶36.9,2011年第三产业比重低于全国6.3个百

---

〔1〕 王梦奎.中国特色城镇化道路[M].北京:中国发展出版社,2004.

〔2〕 辜胜阻,武兢.把城镇化作为扩大内需的引擎[EB/OL].(2009-07-21)[2012-04-24] http://theory.people.com.cn/GB/9688166.html.

分点,2012 年第三产业比重低于全国近 7.7 个百分点。[1] 这组数据表明,湖北省的第三产业比重低于全国,而且与全国的上升趋势相反,呈现下降趋势。因此,第三产业即服务业是湖北省的一个弱项。从表 7-1 中可以看出,近几年来,第一产业在湖北省的地区生产总值的贡献率逐渐减小,而第二产业在地区生产总值的贡献率不断提升,尤其是第三产业呈现迅猛发展的趋势,我们可以推测,在未来湖北省的城镇化进程中,第二、三产业仍然是湖北省城镇化的重要推力,而第三产业对地区生产总值有待提升,仍有很大的发挥空间。不过,在城镇化过程中,随着大量人口向城镇的转移,从事第二、三产业的人数会持续增加,促进二、三产业的快速发展,这是城镇化发展的一般规律。这不仅有利于优化资源配置,还有利于加快产业结构的优化升级,也为二、三产业提供了广阔的发展空间。而随着科技的进步和资本密集化,现代工业所能提供的就业岗位会越来越少,大量的剩余劳动力尤其是农村劳动力逐渐会转入第三产业,给第三产业带来巨大的发展机遇。发达国家的经验表明,城镇化的发展必然会带来第二、三产业的大发展,在优化产业结构的同时,也为财政税收和经济增长提供强有力的支撑。

表 7-1　湖北省 2006—2012 年三大产业贡献率　　(单位:%)

年份	地区生产总值	第一产业	第二产业	第三产业
2006	100	6.97	58.20	34.83
2007	100	17.09	44.19	38.72
2008	100	16.38	39.87	43.74
2009	100	9.05	63.01	27.94
2010	100	7.77	62.37	29.86
2011	100	11.15	54.23	34.63
2012	100	10.52	51.65	37.83

(二)财政投入是城镇化运行的基础

财政乃庶政之基,是政府运行和发展的基础。地方治理能力表现为服

[1] 简新华. 湖北省实现跨越式发展的关键是加快推进健康城镇化[J]. 理论月刊,2012(4):104.

务能力,而服务能力以财政能力为基础,是政府发挥其职能的基础能力[1]。在我国,城镇化主要是由政府外部推动,城镇化所需要的资金主要是国家公共财政,在当前由政府主导的城镇化模式下,一个地区的财政收入和支出的标准直接决定着地区的城镇化水平。由于城镇化进程在沿海地区起步较早,极大的促进了沿海各省份的经济社会发展和产业结构升级,带动了沿海各省份的财税收入,财税收入的增加通过财政支出支持经济社会发展的方式,进一步促进城镇化的发展水平和发展规模,形成互推互利的良性发展机制。以2008年为例,如从表7-2中我们可以看出,沿海地区发达省市的经济发展水平较高,财税收入也相应较高,他们有足够的财力投入城镇化建设,因而城镇化发展水平也位于全国前列。尤其是广东省,2012年财政收入为6228.20亿元,以10594万常住人口为标准,2012年广东省的城镇化率达到了67.40%。由此可见,稳健的财政收支是提升城镇化率的强有力的保障。

表7-2　2008年全国各主要省份的财政收支与城镇化水平

省份	财政收入(亿元)	财政支出(亿元)	城镇化率
湖北省	710.85	1650.27	45.20%
江苏省	2731.41	3247.49	54.30%
广东省	3310.32	3778.57	63.37%
河南省	1008.90	2281.61	36.03%
辽宁省	1356.08	2153.43	60.05%
四川省	1041.66	2948.83	43.70%
山东省	1957.05	2704.66	47.60%

注:表中所列的财政收支为一般预算财政收支,数据由2009年《中国统计年鉴》整理而成。

与全国其他地方相比,从表7-3中我们可以看出,近年来湖北省的财政收入不断增长,湖北省的城镇化率也不断攀升,伴随着财政支出不断增长,城镇化的增长比例也越来越快,表明湖北省财政收支与城镇化率存在正相关关系。同时,财政收入的增速越高的年份,该年的城镇化率也相对较高,由此可见,财政的投入是湖北省城镇化能否顺利进行的基本前提。

[1] 王敬尧.地方财政与治理能力[M].北京:商务印书馆,2010.

表 7-3　湖北省 2006—12 年财政收支与城镇化增加值　（单位：亿元）

年份	2006 年	2007 年	2008 年	2009 年	2010 年	2011 年	2012
财政收入	901. 17	1115. 47	1338. 04	1533. 89	1918. 94	2582. 81	3115. 63
增速	23. 85%	23. 78%	20. 0%	14. 6%	25. 1%	33. 0%	18. 0%
财政支出	1029. 13	1256. 41	1638. 03	2107. 31	2465. 18	3159. 76	3801. 79
增速	32. 9%	20. 0%	28. 2%	27. 2%	17. 9%	26. 3%	18. 3%
城镇化率	43. 8%	44. 3%	45. 2%	46%	49. 7%	51. 8%	53. 5%
年增加值	0. 5%	1. 4%	0. 9%	0. 8%	3. 7%	2. 1%	1. 7%

注：为体现城镇化率增长的科学合理性，本报告中采用城镇化率的年增加值而不是年增长率为测算标准。

不过，作为中部大省，湖北省近年来工业比重高于全国平均水平，而城镇化率却低于全国平均水平，作为中部崛起战略的重要支点，在新时期湖北省城镇化能否顺利进行，不仅关系到湖北省的跨越式发展，更是顺利实现中部崛起、体现中部地区在国家战略地位的重大举措。经济学中有条著名的“纳瑟姆曲线”，即当一个国家的城市化水平在 30% 以下，说明这个国家还处于农业社会。而城市化率在 30% ~ 70% 两个临界值之间，就表明该国家和地区的经济进入快速发展时期，是城镇化率上升最快的时期。超过 70% 之后，经济发展的势头会放缓。就湖北省而言，2012 年全省的城镇化率达到 53. 5%，显然，城市化发展水平还处于快速发展的阶段，城镇化是投资和消费需求的结合点。未来 10 年，城镇化将继续成为促进湖北跨越式发展的重要增长点。这一时期典型的特点就是需要大量的资金投入。法国学者布丹认为财政是国家的神经，政府活动的边界由财政决定，作为新时期现代化的重要内容，城镇化与财政状况有着紧密的联系，财政是城镇化的前提与必要条件。作为中部大省，湖北的财政状况直接关系到城镇化的进程及发展水平。

一、湖北省城镇化的财政资金构成

城镇化的发展不仅是人口、资源、经济和社会的变化过程，更是农民生产生活方式的转变过程。城镇化中的基础设施建设、公共服务供给、转移剩余农村劳动力等等都需要大量的资金支持。如何筹措这样巨额的资金，是事关城镇化能否顺利进行的关键一环。从我国的具体国情来看，城镇化的发展是以政府为主导推进的，尤其是在改革前的计划经济时期，城镇化的资金基本上来源于公共财政的投入。改革开放以后，随着市场经济的发展，市场在人口流动、产业发展及资源配置中发挥着越来越重要的作用。但是，城镇化过程中，政府不仅承担着公共服务和公共设施建设的投入，也直接投入产业开发、经济结构调整等经济领域。公共财政依然是支持城镇化发展的重要的甚至是基本的资金来源。[1] 对于湖北省而言，推进城镇化有其自身的财政现实与需求。

（一）湖北省城镇化财政投入的主要测算指标

一个地区城镇化到底需要多少资金投入，首先必须确定相应的指标体系，并进行相关测算。在对湖北省城镇化的财政资金投入测算中，为了避免使用某个单项指标反映湖北省城镇化的财政支持，造成结论的片面性，我们以城乡融合以及城乡一体化的指标体系选取一般公共服务、教育、社会保障和就业、医疗卫生、环境保护、城乡社区事务、环境保护等7项指标作为湖北省城镇化的财政支持宽口径测算范围，按公共财政支出的功能分类，综合考量湖北省城镇化进程中涉及城镇化的财政投入指标，全面科学的对湖北省城镇化中的财政投入进行分析。这几项指标基本涵盖了城镇化进程中农民转入城市的就业问题、基础设施建设、公共管理和服务等各个方面的内容，对这几项的财政投入，可以充分反映在过去的几年里湖北省财政支持城镇化的范围和力度，因而将此7项指标作为财政投入的宽口径计算范围，其具体的内涵和概念以及在城镇化中的作用如表7-4所示。另外，我们将教育、社会保障和就业、医疗卫生、财政支农四项指标作为财政支持湖北省城镇化的窄口径测算范围。因为窄口径的四项指标主要关系到城镇化过程中人民的直接利益，是保障人民生产生活的基本投入，这四项是城镇化进程中必须的支出，因而将其列入窄口径的计算模式中。

表7-4　城镇化财政投入评估范围

评估范围	基本内涵
一般公共服务	政府提供基本公共管理和服务的支出，包括人大事务、政协事务、政府机构事务等等支出。在城镇化的过程中，要消除城乡二元的社会管理体制，政府面向社会公众所提供的公共管理和服务也应该是一致的，因而此项支出是实现城镇化中社会管理融合的必备支出。

[1] 项继权．城镇化的“中国问题”及其解决之道[J]．华中师范大学学报（人文社会科学版），2011（1）：3.

续表

评估范围	基本内涵
教育	政府教育事务支出,包括教育行政管理,各阶段、各层次教育等支出。教育支出在城镇化过程主要是保障城乡教育公平,提高湖北省整体教育水平和质量,客观方面反映湖北省人口的素质,作为教育大省,此项支出直接体现湖北省当前甚至以后的综合竞争力。
社会保障和就业	包括社会保障和就业管理事务、民政管理事务、财政对社会保险基金的补助,就业补助等。大量的人口转入城市是城镇化的必然趋势,这些人的社会保障和就业问题是各级政府面临的重大问题,此项支出是湖北省城镇化水平和质量的直接表现。
医疗卫生	包括医疗服务支出、医疗保障支出、农村卫生支出等。国家提出"让人人享有基本公共医疗服务"的目标,在财政支持湖北省城镇化的过程中,能否使与人民利益紧密相关的医疗服务得到改善,此项支出对湖北省的城镇化的质量和水平的评估起到重要作用。
环境保护	政府环境保护支出,包括污染治理支出、环境监测与监察支出等,城镇化不仅要求经济发展和人口的转移,更要注重当地生态环境保护,使城市生态环境乡村化,乡村环境城镇化,此项支出在湖北省城镇化过程中必不可少。
城乡社区事务	包括城乡社区管理事务、城乡社区公共设施等方面的支出,以社区带动城镇化进程是当前湖北省城镇化的重点工作,此项支出也是湖北省城镇化的财政支持的重要组成部分,体现湖北省社区建设工作的质量和水平,直接影响到湖北省城镇化的顺利进程。
农林水事务	包括农业支出、林业支出、农业综合开发支出等内容,这项支出在公共财政支出功能划分里与农业最紧密相关,在推进城镇化的过程中,如何使农业也有所提升,是湖北省城镇化面临的重要问题。
财政支农	财政支农是指国家财政对农业、农村、农民的支持,是国家财政支持农业、农村、农民的主要手段,此项支出在公共财政支出功能表上没有单列,实际是指财政支出中直接用于支援农业生产或与农业生产联系较为密切的资金。此项支出以中央投入为主,省级投入为辅,是城镇化过程中保障农业生产和农民生活的重要组成部分。

注:此表中的统计指标的解释来源于《中国统计年鉴》,由笔者整理而成。

如表 7-5 所示,以 2009 年为例,根据湖北省财政统计报表及 2009 年相关工作报告数据,我们采用广义和狭义的城镇化财政投入口径测算 2009 年湖北省城镇化进程中政府财政投入的口径及其规模。其中,在涉农资金方面,2009 年,全省共发放涉农补贴资金(不含家电下乡、汽车下乡补贴) 91.22 亿元,其中粮食直补资金 7.07 亿元,良种补贴资金 8.73 亿元,综合直补资金 30.78 亿元,退耕还林补贴 9.91 亿元,库区移民补贴 4.69 亿元,特困、五保、优抚补贴 27.02 亿元,各种保险补贴 3.02 亿元。不难发现,在宽口径财政投入中,城镇化总投入为 1550.2583 亿元,其中省级投入 157.881 亿元,地市级投入 1392.4373 亿元,地市级拿大头。而窄口径投入计算时,各级政府仅投入了 892.8243 亿元。近几年的政府财政投入规模将直接影响着未来的财政投入状况。

表 7-5　2009 年湖北省城镇化财政投入口径与规模　　(单位:亿元)

类型	支出口径	投入规模	备注
宽口径	一般公共支出	308.3969(省:59.0878;地市:249.3091)	按照财政收支统计表,城镇化投入支出口径涵盖城镇化和城乡一体化发展的各方面
	教育	317.2911(省:27.7532;地市:289.5379)	
	社会保障和就业	343.9813(省:46.6763;地市:297.3050)	
	医疗卫生	139.2419(省:10.0082;地市:129.2337)	
	环境保护	74.1536(省:1.3787;地市:72.7749)	
	城乡社区事务	112.3352(省:0.2759;地市:112.0593)	
	农林水事务	254.9183(省:12.7009;地市:242.2174)	
	小计	1550.2583(省:157.881;地市:1392.4373)	
窄口径	教育	317.2911(省:27.7532;地市:289.5379)	根据财政收支统计表及专项报告,支出口径涵盖城乡居民基本公共服务及涉农专项投入
	社会保障和就业	343.9813(省:46.6763;地市:297.3050)	
	医疗卫生	139.2419(省:10.0082;地市:129.2337)	
	财政支农	39.1300(省级);53.2300(中央)	
	小计	892.8243	

数据来源:本测算中原始数据均来源于历年的《湖北省财政年鉴》、《湖北省统计年鉴》、《湖北省国民经济和社会发展统计公报》及各相关政府部门网上。

(二)湖北省城镇化的财政资金投入

从我国以往的城镇化投入来看,城镇化资金主要有以下四个来源:一是国家财政投入;二是农民自身收入或集体经济收入;三是社会资金;四是正规金融机构贷款。从《中国统计年鉴2011》来看,湖北省的居民人均储蓄存款余额为17211元,低于全国22639元的平均水平,二者的差距达5428元。尤其是在当前农民收入不高、农村经济乏力的情况下,除经济发达地区外,湖北省的广大农村地区正处于从温饱步入小康的转折期,城镇化仍然依赖于政府的外部推动。从社会力量来看,由于我国的证券市场以及相关的法律法规未尽完善,社会资金对于城镇化的投入微乎其微,使得社会资金直接融资到城镇建设中举步维艰也不现实。因此,在很长的时间内,我国的城镇化建设资金主要依靠公共财政投入和信贷资金。目前的城镇化主要靠政府的行政力量在主导,作为公益性事业,政府的财政力量无疑在担当着主要职责。依据湖北省城镇化的测算情况,对近几年城镇化宽口径和窄口径财政投入进行评估,就可以判断出湖北省城镇化财政支持资金的大致发展趋向。

1. 宽口径中的湖北省城镇化公共财政投入状况

从表7-6所示,是通过宽口径测算的2007—2010年城镇化进程中的财政资金投入状况。从表中不难看出,在宽口径的条件下,随着近年来经济的发展和增长速度不断加快,湖北省城镇化的投入逐年增加,投资规模和比重都略有上升。具体而言,近几年来,湖北省日益重视城镇居民社会保障,在社会保障方面的投入增长最为明显,由2007年的111.0357亿元增长至2010年的368.42亿元,翻了三番。当然,从投入资金的政府主体来看,社会保障的投入资金主要是由地市一级承担,而在地市一级,则主要是由县级财力承担。其次,对教育的投入始终保持一个较高的水平,呈稳定增长的态势。而一般公共支出在整个城镇化的投入中也保持一个较高的比例,医疗卫生支出的比重快速增长,对环境保护工作日益重视,加大了对环境保护的资金投入。随着城乡社区建设的步伐加快,地市一级在这方面的财政投入占绝对主导。此外,"三农"日益成为财政投入的重点,农林水支出在整个城镇化的投入的比重迅速增长,从2007年的92亿元快速增长至2010年的305.44亿元。尤其是从2012年湖北省前三季度的财政收支情况看来,全省财政支出重点用于保障民生方面。其中,教育支出436亿元,增长48.7%;社会保障和就业支出382亿元,增长22.5%;医疗卫生支出202亿元,增长34.6%;城乡社区事务支出130亿元,增长29.9%;农林水事务支出265亿元,增长25.6%。[1] 这充分说明,在近几年来,湖北省十分

---

〔1〕 2012年前三季度全省财政预算执行情况分析[EB/OL].(2012-08-15)[2012-11-24] http://www.ecz.gov.cn/gk/czsjtj/26883.htm.

注重关系民生方面的财政投入建设，无论是针对城市地区，还是农村地区，都将关系民众切身利益的各项公共需求作为重要的财政支出方向。

表 7-6　2007—2010 年湖北省财政投入城镇化建设资金项目（单位：亿元）

投入口径	2007 年投入规模	2008 年投入规模	2009 年投入规模	2010 年投入规模
一般公共支出	176.0362（地市：5.4614；县级：121.4199）	265.8031（省：51.2724；地市：214.5307）	308.3969（省：59.0878；地市：249.3091）	314.930
教育	192.3681（地市：30.9723；县级：161.3958）	284.194（省：37.0100；地市：247.1840）	317.2911（省：27.7532；地市：289.5379）	366.57
社会保障和就业	111.0357（地市：36.0818；县级：74.9539）	281.3000（省：129.9079；地市：151.3924）	343.9813（省：46.6763；地市：297.3050）	368.42
医疗卫生	57.0452（地市：16.0866；县级：40.9586）	95.0838（省：9.3701；地市：85.7137）	139.2419（省：10.0082；地市：129.2337）	179.13
环境保护	10.0843（地市：3.4377；县级：6.6646）	40.91941（省：11.0582；地市：29.8612）	74.1536（省：1.3787；地市：72.7749）	96.31
城乡社区事务	54.4464（地市：27.4810；县级：26.9654）	85.2202（省：7.2639；地市：77.9563）	112.3352（省：0.2759；地市：112.0593）	119.63
农林水事务	92.1948（地市：18.7615；县级：73.4333）	176.7006（省：42.8609；地市：133.8397）	254.9183（省：12.7009；地市：242.2174）	305.44
小计	693.2108（地市：138.2823；县级：508.7885）	1229.2211（省：288.7434；地市：940.478）	1550.3183（省：157.881；地市：1392.4373）	1750.43

备注：此投入口径按照财政收支统计表，城镇化投入支出口径涵盖城镇化和城乡一体化发展的各方面，原始数据来源于历年《湖北省财政年鉴》。

2. 窄口径中的湖北省城镇化财政投入状况

就城镇化投入资金的窄口径而言，如表7-7所示，社会保障和就业、教育方面的投入是城镇化投入的重头，占据整个窄口径中城镇财政投入的60%以上。在财政支农这方面，中央的投入保持一个较高的比例，省级财政在争取中央财政支农的资金上取得的成效明显。但从长远来看，这些财政支农的资金在改善农村的生产和生活方面还远远不能满足湖北省广大农村地区和人口的需求，还需要更大程度上的投入。

表7-7　2007—2010年湖北省财政投入城镇化建设资金项目(单位:亿元)

投入口径	2007年投入规模	2008年投入规模	2009年投入规模	2010年投入规模
教育	192.3681（地市:30.9723;县级:161.3958）	284.194（省:37.0100;地市:247.1840）	317.2911（省:27.7532;地市:289.5379）	366.57
社会保障和就业	111.0357（地市:36.0818;县级:74.9539）	281.300（省:129.9079;地市:151.3924）	343.9813（省:46.6763;地市:297.3050）	368.42
医疗卫生	57.0452(地市:16.0866;县级:40.9586)	95.0838（省:9.3701;地市:85.7137）	139.2419（省:10.0082;地市:129.2337）	179.13
财政支农	25.1500（省级）;22.5900（中央）	31.8500（省）;47.4700（中央）	39.1300（省）;53.2300（中央）	——
小计	408.109(地市:83.1407;县级:277.3093)	739.9878（省:208.138;地市:484.2901）	892.8743（省:123.5677;地市:726.0766）	914.12

备注:根据财政收支统计表及专项报告，支出口径涵盖城乡居民基本公共服务及涉农专项投入。

由于2006年财政年鉴与后来的财政年鉴的统计口径不一，因此，我们将其单列出来。2006年省级预算安排对下级转移支付涉农专项资金101.81亿元，新增21.16亿元，增长26.56%，在预算执行中，及时调整和追加支农资金2.53亿元，用于种猪发展、水利血防、扶持优质稻生产等项目。

从06年的数据来看,由于其统计口径与后来的几年不一,整个投入城镇化的资金占财政收入的比重略低。2012年前三季度,湖北省地方公共财政预算支出达2495亿元,增长29.6%。其中,省级支出301亿元,增长26.5%;市县支出2194亿元,增长30%。[1] 纵观这些条目,县级政府的财政投入基本上占主要部分,而地市级财政在社保、基本建设方面的支出超过县级的财政投入,教育在这年度的城镇化财政支出中占最高的比例。

表7-8　2006年湖北省城镇化财政投入口径与规模　　(单位:亿元)

类型	支出口径	投入规模	备注
宽口径	基本建设支出	13.6512(地市:13.5478;县级:0.1034)	按照财政收支统计表,城镇化投入支出口径涵盖城镇化和城乡一体化发展的各方面
	教育	128.4445(地市:17.4806;县级:110.9639)	
	社会保障补助支出	30.4808(地市:17.4086;县级:13.0722)	
	医疗卫生	38.5181(地市:13.3012;县级:25.2169)	
	林业支出	6.5765(地市:0.8364;县级:5.7401)	
	水利和气象支出	11.0460(地市:1.5630;县级:9.4830)	
	小计	228.7117(地市:64.2096;县级:164.5795)	
窄口径	教育	128.4445(地市:17.4806;县级:110.9639)	根据财政收支统计表及专项报告,支出口径涵盖城乡居民基本公共服务及涉农专项投入
	社会保障补助支出	30.4808(地市:17.4086;县级:13.0722)	
	医疗卫生	38.5181(地市:13.3012;县级:25.2169)	
	财政支农	104.3400(省级);	
	小计	197.4439(除财政支农)	

从以上几个表中可以看出,城镇化作为一项系统的民生工程,由其公益性质决定了政府在城镇化的投入中的主导作用。而政府投入中的主要组成部分就是财政投入,数据显示,在湖北省城镇化进程中的财政投入主要以地市、州财政投入为主,而省级财政投入所占比例较小。对于中央直

[1] 2012年前三季度全省财政预算执行情况分析[EB/OL].(2012-08-15)[2012-11-24] http://www.ecz.gov.cn/gk/czsjtj/26883.htm.

接的财政支农资金，如粮食补贴、良种补贴等资金在整个城镇化的财政投入中也显得略微单薄。在市、州的财政投入层面，主要以县级投入为主，市、州一级的投入较之而言所占比例较小。

因此，不难发现，在湖北省城镇化的进程中，主要是地市级财政在发挥作用。具体而言，县级的财政投入占主导，市级财政次之，省级财政投入辅之，而中央财政主要起到宏观调控的作用，侧重于惠农政策的补助，在城镇的基础设施建设、社会保障、教育等方面的投入明显不足，说明在未来的城镇化的财政投入中，中央财政和省级财政的投入还有很大的改善空间。

（三）湖北省新型城镇化的财政资金需求

作为城镇建设的主体，湖北省在目前和未来一段时间的财政投入对城镇化的发展具有举足轻重的作用。城镇化的发展水平和城镇化比率的提升与政府的公共财政投入紧密相关，城镇化过程中城乡居民对公共物品的规模、层次等方面的需求会发生质的变化，这对政府提出更多的要求和挑战。而城镇化中的开发区基本上是由荒地和转换的农田而来，生产和生活设施都要从头建设。城镇化的推进，财政投入不可避免的会增加。因此，未来城镇化的财政投入需求到底有多少，立足当前的数据，我们可以做一个大致的推测。

1. 湖北省未来城镇化水平

近几年来，湖北省城镇化率逐年都有明显的变化。如表7-9所示，从湖北省近年来的总人口来看，人口的增长极具稳定性，未出现大幅度的增长，在未来这种趋势也将继续保持。湖北省农业人口从2006年开始逐年减少，6年间减少了512.27万人，并且还在继续下降，非农业人口的比例占总人口的比率不断上升，也反映出最近几年湖北省在城镇化方面的卓越成绩，尤其是2010年和2011年，这两年城镇化的年增长率在近6年的城镇化增长率中遥遥领先。2012年，湖北省的城镇化率达到了53.5%，快速增长的城镇化率也给湖北省的经济发展和其他方面的工作带来了更多的机遇和挑战。

从表7-9中我们可以看出，近几年城镇化的增长速度较为合理，以2010年为例，由于统计口径把城镇化率的总人口统计转换为在湖北省居住的城镇人口，因而这一年的城镇化率的增长速度在这几年是最快的，其他年份的城镇化率增长呈相对缓慢的趋势，毫无疑问，城镇化率的增长是与经济发展的速度与整体水平是紧密相连的，这几年的城镇化增加值的趋势说明，目前城镇化的水平和增加值还在湖北省的经济承受范围以内。

表 7-9　2006—2012 年湖北省人口城乡构成　（单位:万人）

人口	2006 年	2007 年	2008 年	2009 年	2010 年	2011 年	2012 年
总人口	5693. 00	5699. 00	5711. 00	5720. 00	5723. 77	5758	5779
农业人口	3199. 50	3174. 30	3129. 60	3088. 00	2877. 64	2773. 60	2687. 23
非农人口	2439. 50	2524. 70	2581. 40	2631. 20	2846. 13	2984. 40	3091. 77
城镇化率	43. 8%	44. 3%	45. 2%	46%	49. 7%	51. 8%	53. 5%
年增加值	0. 5%	1. 4%	0. 9%	0. 8%	3. 7%	2. 1%	1. 7%

注:2010 年开始,湖北人口统计数据属于常住人口,原始数据均来源于历年的《湖北省统计年鉴》。

根据以上表我们可以看出,自 2006 年以来,湖北的城镇化率以 1. 59% 的年均增加值不断攀升,尤其是 2010 年以来,湖北省的城镇化年增加值维持在一个较高的水平,年最高增加值达到 3. 7% 。不过,这两年湖北的城镇化年最高增加值并不具有代表性,运用自 2006 年以来的湖北省城镇化年均增加值对测算未来湖北省城镇化率更具有科学合理性,因此我们选取近几年湖北的年均城镇化增加值 1. 59% 为计算标准,以 2012 年 53. 5% 的城镇化率为基数测算 2015 年、2020 年、2030 年的城镇化率,按照目前的年均增长速度如表 7-10 所示,2015 年,湖北省城镇化率将达到 58. 27% ,2020 年将接近 66. 22% ,而到 2030 年将接近 82. 12% 。从世界发达国家的城市化水平来看,1960 年城镇化率达到 60. 5% ,1980 年达到 70. 2% ,2000 年达到 74. 4% ,现在普遍是 80% 左右。因此,湖北省 2030 年城镇化率将达到发达国家的城市化水平。不过,城镇化不仅是数字的提升,更是相关方面的基础设施等其他配套措施不断完善的过程,需要大量的资金投入才能保证城镇化的顺利开展。

表 7-10　2015—2030 年湖北省城镇化水平

标　准	2015	2020	2030
2006—2012 年年均增加值 1. 59%	58. 27%	66. 22%	82. 12%

2. 未来湖北省城镇化的财政需求状况

基于湖北省当前财政投入城镇化资金的规模及城镇化水平,我们可以列出表示 7-11 所示的财政投入与城镇化率之间的变化关系。从上表我们可以看出,2007 年湖北省财政投入城镇化的宽口径资金为 693. 21 亿元,窄口径资金为408.12亿元，当年的城镇化率为44.3%；而到了2010年，宽口径资金增长至1750.43亿元，比2007年翻了一倍多，窄口径投入资金也达到914.12亿元，所以当年的城镇化率攀升至49.7%，比2007年的城镇化率提高了5.4个百分点。从2012年来看，前三季度教育、社会保障和就业支出、医疗卫生支出、城乡社区事务支出、农林水事务支出总额就达到1415亿元，比2007年宽口径支出总额翻了两番，2012年的城镇化率也达到53.5%。由此看来，政府投入城镇化建设资金不断扩大，一定程度上推动着城镇化水平不断提高。

表7-11　湖北省2007—2010年财政投入与城镇化率状况（单位：亿元）

年份	2007年	2008年	2009年	2010年
宽口径	693.2108	1229.2211	1550.3183	1750.43
增加值	——	536.01	321.10	200.11
窄口径	408.109	739.9878	892.8743	914.12
增加值	——	311.88	152.89	21.25
城镇化率	44.3%	45.2%	46%	49.7%
城镇化增加值	——	0.9%	0.8%	3.7%

由表7-11近几年来湖北省城镇化财政投入与城镇化率的变化状况，我们可以得出城镇化率与财政投入的比例关系，如下表7-12所示，依据表7-12的每年的城镇化率及财政投入数量，我们可以测算出每增加一个百分点，每年所需要的宽口径与宅口径的财政投入数量，由此测算出近几年来，平均每增长一个百分点，每年所需要的财政投入。总体上根据近几年的平均值来看，湖北省城镇化率每增长一个百分点，湖北省财政宽口径平均就要投入350.34亿元，窄口径平均投入就要增加326.95亿元。

表7-12　湖北省2007—2010年财政投入与城镇化率的比例关系（单位：亿元）

年份	2008	2009	2010	年均增长金额
宽口径增加值	595.57	401.37	54.08	350.34
窄口径增加值	822.21	152.89	5.74	326.95

根据湖北省财政统计报表及2010年相关工作报告数据，如表7-11所示，我们采用广义和狭义的城镇化财政投入口径来测算当前湖北省城镇化

进程中政府财政投入的口径及其规模。以 2010 年湖北省城镇化速度 49. 7% 为基数,湖北省城镇化率每增长一个百分点,湖北省财政宽口径平均就要投入 350. 34 亿元,窄口径平均投入就要增加 326. 95 亿元。如 2015 年比 2010 年的城镇化比率提高了 8. 57% ,则 2015 年湖北省财政宽口径需投入为 1750. 43 亿元,另外加上 350. 34 亿元乘以 8. 57% ,得出 2015 年湖北省城镇化宽口径财政投入需求。分别对应于此前估算的 2015 年、2020 年、2030 年的城镇化率,来测算其未来的财政投入规模,所得结果如表 7-13 所示。数据显示,到 2015 年,湖北省的城镇化率将达到 58. 27% ,不考虑通货膨胀等因素,2015 年湖北省城镇化所需的宽口径财政资金为 4752. 84 亿元,就窄口径需求也有 3716. 08 亿元。2020 年的城镇化率即将步入 60% ,对于财政资金的需求进一步扩大,城镇化总体格局继续得到巩固。2030 年,湖北省城镇化的财政资金需求达 13108. 45 亿元,相当于 2012 年度湖北省的财政收入总额的近 4 倍,城镇化率达到 82. 12% ,与发达国家目前的城市化水平持平,将进入"纳瑟姆曲线"中 70% 的临界值,步入经济平缓发展的阶段。而财政投入能否达到城镇化增长的规模与需求水平,也正是湖北省在新型城镇化中所面临的重要问题。

表 7-13　2015—2030 年湖北省城镇化财政投入需求　　（单位:亿元）

年份	城镇化率	投入需求	
		宽口径	窄口径
2015	58. 27%	4752. 84	3716. 08
2020	66. 22%	7538. 05	6315. 33
2030	82. 12%	13108. 45	11513. 84

注:此处宽口径统计只包含地方财政投入,即省、地市投入,窄口径只包含常规投入,其他财政支农未列入其中。

三、湖北省财力现状支持城镇化建设面临的现实困境

随着湖北省经济社会的快速发展,在未来二十年里,城乡社会流动性将进一步加大,城镇化水平也将不断推进。然而,从现实来看,资金短缺、资金来源渠道单一、财政支出结构不合理等问题仍然是湖北省财政支持城镇化建设所面临的突出矛盾与问题,这对湖北省城镇化建设提出了新要求。

(一)资金短缺是城镇化建设的瓶颈

城镇化作为一项系统的民生工程,涉及的范围非常广,可持续的城镇化发展需要大量的资金保障。中国科学院城市报告中指出,根据实践和测算,每转移一个农村人口平均需要的城市建设费用达5万~6万元人民币,在城市基础设施完备的前提下,每转移一个农民成为城市居民平均需支付成本2.5万元。按湖北省目前的城镇化增长速度,如果每年城市化水平提高1个百分点,则意味着新增城市人口57万人(以湖北省常住人口来算),按人均建设费10万元计算,则每年需投资约570亿元,这还不包括转入城市的这些人的社会保障等相关方面的配套所需要投入的资金,也尚未考虑生产性固定资产投资增长。

城镇化水平与经济发展呈高度正相关,这集中体现在人均国民收入和人均GDP中,即一个国家或地区城镇化水平越高,人均GDP水平就越高;人均GDP水平越高,城镇化水平就越高。如表7-14所示,2008年的全国各主要省份的GDP与城镇化率为例,可以看出湖北省的城镇化在全国的水平。从表中可以看出,GDP总量越高的省份,其城镇化率越高,而人均GDP越高的省份,其城镇化也就越高。如广东省2008年的GDP总量共35696.5亿元,人均GDP为37589元,其城镇化率达到63.37%。广东省的经济发展水平位于全国前列,它的城镇化的速度与规模在全国也是领先水平。而湖北省的地区生产总值不论从规模和人均水平来看,都处于全国中等水平。从2011年《中国统计年鉴》来看,2010年湖北省的GDP总量在全国的31个省中仅排第11位,湖北省15967.6亿元的GDP总量占全国的4.0%,全

表7-14　2008年全国各主要省份的GDP总量与城镇化水平

省份	GDP总量(亿元)	人均GDP(元)	城镇化率
湖北省	11330.4	19860	45.20%
江苏省	30312.6	39622	54.30%
广东省	35696.5	37589	63.37%
河南省	18407.8	19593	36.03%
辽宁省	13461.6	31259	60.05%
四川省	12506.3	15378	43.70%
云南省	5700.1	12587	31.60%

数据来源:2009年《中国统计年鉴》。

省居民消费价格总水平(CPI)同比上涨2.9%,低于全国平均水平3.3%的涨幅,在中部地区位于河南省与湖南省之后。更重要的是,湖北省的人口占全国的4.3%,这与其GDP占全国4.0%的比例不相称。其中,湖北省城镇居民人均可支配收入16058.4元,低于全国19109.4元的平均水平,差距达3051.07元。农村人均纯收入5832.3元,低于全国5919元的平均水平。作为中部农业大省,由于缺少相应的工业支撑,相对于东部地区而言,湖北省属于经济欠发达地区,财力有限。以湖北省目前的经济发展状况,随着城镇化建设步伐加快,各方面对财政资金需求量会越来越大,启动资金和建设维护资金的供需矛盾更加突出。

(二)土地财政造成城镇化的畸形发展

城镇化过程的基础设施建设、公用事业和公共服务等都有很强的外部性、低收益性,这些靠市场力量难以完成的融资任务,都需要政府介入。从以上的表格和数据来看,地方财政收入快速增长,但比例下降,城镇化融资依赖中央转移支付。1994年分税制改革,经过近20年的平稳发展,财政收入占GDP的比重和中央财政占全国财政的比重均有明显上升。税收占GDP的比重从1993年最低的12.3%上升到2010年的20.9%。因此,目前的城镇化过程基本上是政府主导,而作为城镇化建设的主体,政府的财政投入也成为城镇建设的投入主体。

而随着20世纪90年代以来土地有偿使用制度的推行,各地逐渐步入"土地财政"发展模式,通过土地开发与市政建设提高土地的成本,再通过项目开发的土地转让或挂牌拍卖等方式,以数倍于原土地价值的价格卖出,获得的资金作为地方财政收入。"土地财政"带来的肥厚收益诱发地方政府竞相出让土地的趋势,存在严重的土地透支现象。据国家审计署报告显示,2010年底,地方政府负有偿还责任的债务余额中,承诺用土地出让收入作为偿债来源的债务余额为25473.51亿元,共涉及12个省级、307个市级和1131个县级政府。

如表7-15所示,近10年来土地出让收入突飞猛进,土地收入收益占地方财政收入的比重持续攀升,土地财政构成地方政府的"第二财政",成为地方政府预算外收入的支柱来源。

1987年,全国的土地出让收入仅为0.352亿元。1988年和1989年上升到4亿元左右。1990年和1991年土地出让收入分别达到10.52亿元和11.37亿元。1992年的房地产热,使得当年土地收入陡增至525亿元,出让面积也大幅度增加。1993年和1994年保持在557亿元和639亿元的水平。由于宏观经济因素,1995—2000 年间土地市场一直在低位运行,1995 年土地出让收入降至 388 亿元,1996 年降至低谷的 349 亿元,之后开始缓慢回升,到 2000 年土地出让收入仅为 596 亿元,依然未超过 1994 年的高点。[1] 如表 7-15 所示,2001 年全国土地出让收入达到 1295. 98 亿元,比 2000 年翻了两番;2002 年达到 2416. 79 亿元,同比增长 86. 4%,占地方财政收入的比例高达 28. 38%;2003 年至 2005 年,由于国家的宏观调控,土地出让收入有所下降,2006 年又回升至 2978. 29 亿元,2007 年猛增至 4541. 42 亿元,2008 年为 9600 亿元,占地方财政收入的比例升至 33. 51%,以迅猛的速度增长。据国土资源部 2010 年 2 月 3 日公开发布的统计数据显示,2009 年中国土地出让总收入猛增至 1. 59 万亿元人民币,比上年增长 65. 6%。[2]

表 7-15　全国土地出让收入和预算内收入比重情况[3]

年份	土地出让收入（亿元）	地方财政收入（亿元）	土地出让占地方政收入比重(%)
1999	514. 33	5594. 87	9. 19
2000	595. 58	6406. 06	9. 3
2001	1295. 89	7803. 3	16. 61
2002	2416. 79	8515	28. 38
2003	1799. 12	9849. 98	18. 27
2004	2339. 79	11893. 37	19. 67
2005	2183. 97	15100. 76	14. 46
2006	2978. 29	18303. 58	16. 27
2007	4541. 42	23572. 62	19. 27
2008	9600	28644. 91	33. 51

注:数据来源,2000 年至 2008 年《中国国土资源年鉴》和 2009 年《中国统计年鉴》。

〔1〕 韩本毅. 城市化与地方政府土地财政关系分析[J]. 城市发展研究,2010(5):14.

〔2〕 韩本毅. 城市化与地方政府土地财政关系分析[J]. 城市发展研究,2010(5):14.

〔3〕 韩本毅. 城市化与地方政府土地财政关系分析[J]. 城市发展研究,2010(5):14.

毫无疑问,土地财政在湖北省甚至全国的城镇化中都起到了重要的、积极的作用,尤其是增加政府的财政来源,加快地方基础设施建设和空间布局等方面,但土地财政所带来的负面影响也是不容忽视的。第一,土地征收过程中农民利益受损。随着土地征收的范围和规模扩大,土地征收带来的土地补偿、相关保障等问题也越来越凸显。我国《宪法》规定:“国家为了公共利益的需要,可以依法对土地实行征收或者征用并给予补偿”,《土地管理法》规定“依法申请使用国有农地包括国家所有的农地和国家征用的属于农民集体所有的农地”。征用农地成为新增建设用地的唯一途径。然而,至今没有法律对“公共利益”做出明确的界定,就“公共利益”这个概念而言,本身也不是可以量化的概念。在现有的农地征用过程中,政府既是农地征用者,又是农地出让者,还承担着征地纠纷的裁判者,各地政府出于保证财政收入以及政绩的驱动等因素,很容易与市场资本的逐利性形成共谋关系。许多牟利性的征地被政府官员、利益集团等描述为非营利性目的,他们通过“公共利益”的名义,强制性征用农民的土地。政府职能从“为民谋利”转变为“与民争利”。如果说改革之前我国城市化的发展是靠“农业支持”的话,当前城市化的发展实际上是依靠“农地支持”。[1] 土地财政中的土地大多由农民的农用地或宅基地组成,在“迁村腾地”的过程中,带来了大量的失地、失业农民问题,也诱发了征收过程中的暴力不合作、官员腐败等现象,这种成本高昂、不公平的发展方式,不仅使农民群众的利益遭受威胁和损失,也引发了党和政府合法性危机。第二,土地财政的不可复制性与不可持续性。土地资源是有限的,坚持18亿亩耕地红线的硬性要求的情况下政府掌握的可以出让的土地更是有限,这种粗放式的出让土地的方式从短期内来看可以为政府获取更多的财政收入以致力于地方的城镇化建设。但从长远来看,土地的成本被推高后,导致流转至城镇的农民随即就面临火箭式增长的房价,就像“定时炸弹”一样,滋生不稳定因素,影响社会和谐与稳定的大局。而作为工业化的重要依托基地,我国开发区土地投入产出效率和国际上先进开发区相比差距甚远。伴随着未来城市人口的进一步增加,“十二五”期间人地矛盾将进一步尖锐。尤其是现任政府透支未来政府土地收入的情况下,更加缺乏可持续性。第三,土地财政的风险性。如今中央大力打压房价,势必造成地方财政收入的缩减,而对于保障房的建设需要地方政府大量的配套资金。住房是人的基本需求,在城

---

〔1〕 项继权. 城镇化的"中国问题"及其解决之道[J]. 华中师范大学学报(人文社会科学版),2011(1):6.

镇化的进程中,政府对于住房的财政投入必然只增不减。土地财政以金融为媒介,将地方政府、房地产企业和居民个人有机捆绑在一起。这样一来,倘若利益链条中某一环节出现问题,就会引发各利益主体的风险。城市的基础设施建设对于金融的依赖性过大也大大增加了地方政府财政风险,一旦土地无法出让或者出让的价格偏低,政府就必须动用其他财政资金偿还。另外,在市场经济条件下,房地产企业随时都有可能面临房产滞销,引发企业财务风险。对于银行这个中介机构而言,如果居民个人无力偿还房贷,也潜伏着较大的违约风险。政府的财政风险和企业财务风险以及银行的借贷风险,都有可能转化为金融风险,2008 年席卷全球的金融危机就是很好的例证。

在土地财政的助推下,湖北省城镇化进程得以稳步推进,却呈现出畸形发展。在未来的城镇化进程中,如何改善现有的政府占绝对主导的融资模式,尤其是改变土地财政为主导的投入机制,是湖北省进一步推行城镇化面临的巨大挑战。总之,在当前城镇化进程中,最紧要的问题是资金投入问题,如何建立科学合理的政府财政投入机制,积极拓展多元的资金投入已成为解决农村问题的当务之急。

(三)城镇化中的基本公共服务财政支持不足

城镇化的成本,不仅仅是城市及相应基础设施建设的费用,还包括每年实现农民进入和融入城镇的所有费用。在推行城镇化的过程中,不仅是把农村人口转移到城市的过程,也不仅是形式上的城镇化,更是城镇化的保障体系与配套措施不断完善的过程。然而,在很多地方,“被城镇化”、“贵族式城镇化”现象比较严重,城镇化的质量远未与城镇化发展的规模和速度相匹配,如公共服务财政投入不足就是其中的重要表现。从整体上来看,在城镇化过程中,农村社会各项公共服务及基础设施建设仍需要大量资金投入,然而,由于地域发展的不平衡性,不同地方政府的财政能力具有差异性,这势必导致地方财政资金在配套过程中出现不到位的现象,从而使农村社会公共事业发生层化现象,严重制约了湖北省城镇化发展的进程。如现阶段,湖北省的义务教育、公共卫生和基本医疗、基本社会保障、公共就业服务等基本公共服务供给严重不足。以公共卫生和医疗的情况为例,近年来农村医疗卫生条件得到很大改善,新型农村合作医疗制度正在建立,但由于农村卫生投资比重不高,医疗资源配置不合理,医疗卫生管理和服务跟不上。2010 年,湖北省每千人口的卫生技术人员为 4. 16 人,低于全国的平均水平 4. 37 人。每千人口医疗卫生机构床位全国平均为 3. 81

张，湖北省为3.26张；每千人口医院和卫生院床位湖北省为2.98张，全国为3.40张，其中城市地区的全国每千人口亿元和卫生院床位为6.60张，湖北省仅为4.75张，为全国平均水平的71.9%。这表明，城市的这些基本公共服务在现有的情况下，已经低于全国的平均水平。在未来的城镇化进程中，大量的农村人口转移至城市，城市的这些公共服务资源将会更加短缺。

从绝对量看，按照世界银行中等收入国家公共需求指标的平均值为基本标准，达到全面小康水平的社会公共需求指标中，公共教育支出占的比重至少要达到GDP的4.8%，公共医疗卫生支出占的比重至少要达到GDP的3.1%，社会保障和就业支出占的比重至少要达到GDP的5.7%。满足以上三项重点社会公共需求指标的公共支出要达到GDP的13.6%。但就湖北省的情况而言，2010年一般预算教育支出为366.57亿元，占当年GDP的总量的2.29%；一般预算公共医疗卫生支出为179.13亿元，仅占当年度GDP的总量的1.12%；一般预算社会保障和就业支出368.42亿元，占GDP总量的2.31%，湖北省这三项重点社会公共需求的指标占GDP的比重仅为5.72%，未及世界银行中等收入国家公共需求指标的一半。另外，湖北省一般预算环境保护支出为96.32亿元，占年度GDP总量的0.60%，与联合国和世界银行指定的发展中国家的环保项目资金投入占GDP总量2%的标准相差甚远。城镇化的推进导致各种资源向城镇集中，而自然禀赋和发展起点的不同又导致湖北省区域之间经济发展差距较大，某些制度上的约束又加剧了这些不公平现象的严重程度，这表现在基本公共服务供给上就是区域、城乡、不同利益群体之间的极度不平衡，使“三农”问题日益突出，偏离了城镇化发展的初衷。相对于农村地区而言，城市借助于政府充足的财政支持及有力的政策措施获得了巨额的建设资金，基础设施日臻完善。以环境保护工作为例，湖北省垃圾处理基础设施建设多集中于城市地区，而农村地区垃圾处理、环境卫生等基础设施及投入相对非常薄弱。在城市地区或城镇地区具有较系统完善的环卫基础设施及运行机制，由于受到财政条件的限制，城市环卫设施并没有进一步延伸到农村地区，使农村环卫建设远远落后于湖北省城市地区，尤其是落后于中心城区。总体上来看，城镇化进程中，缺少财力支持，城乡基本公共服务之间的差距非常明显，大量的进城农民也无法享受到相应的公共服务，违背了城镇化的基本内涵。

（四）财政支出结构不合理

城镇化不仅要靠大中型城市的带动，更要致力于小城镇的发展带动作用。从以上的图表中看到,在现有的财政能力的框架内,县级政府承担着政府财政投入城镇化的主要职责。在经济能力和产业发展较为突出的县级单位,支持城镇化的动力和前景较好,城镇化与经济发展的良性互动机制运转的也比较好。然而,财政相对匮乏的县市,基本上都是吃饭型财政,对于城镇化的投入更是有心无力。

以洪湖市 2011 年的财政收支为例[1],2011 年全市共完成 4.68 亿的全口径地方财政收入,其中一般地方预算财政收入 3.27 亿元,1.4 亿元的工业税收。以全市 2.2 万人的财政供养人为标准,全市每年发放的工资需要 3 个多亿,人均 3 万元,加上维持政府运转的办公经费约 1 亿元,也就是说,维持政府运转和人员的经费占到整个财政收入的 90% 以上。这样一来,用于基础设施建设的资金就非常少,更不用说用于公共服务等其他项目的资金了。2012 年全市预计安排 5000 万用于城市建设投入,2011 年用于城市基础建设的资金为 4000 万元,在人口接近百万的洪湖市,这些资金等于是杯水车薪。对于洪湖市这样一个农业大市而言,城镇化建设的资金主要依靠上级转移支付的资金,然而从现实来看,中央和省级财政在整个城镇化投入中所占的份额相对较小,面对城镇化的庞大资金需求,上级转移支付大多对地区的城镇化并没有实质性的突破作用,地区的城镇化建设还是要依靠本级的财政支持。近两年来,省财政在省级预算基本建设投资中,连续两年年均安排 3 亿元资金用于武汉城市圈内重点市县基础设施建设,这既表明了省级财政对于城镇化中基础建设的重视,也说明在现有的财政支持模式下,基础设施建设的财政投入还远远不够,对城镇化的支持力度有待加强。

无论从现有的财政收入结构还是财政支出结构来看,财政在城镇化中发挥作用的空间还有待提升。目前,财政收入主要来源于产业的集聚而不是人口的集聚,现有的城镇化的财政投入中,重点是搞产业发展,重点改善产业园区的基础设施等相关方面的工作,而地方财力的有限性使财政投入很难向公共服务方面倾斜,这就偏离了城镇化战略的主题。这种城镇化发展模式也使得基层政府难以获得稳定的、随人口而增加的财政资金渠道,缺乏对公共设施建设的相应的财力保障。

四、湖北省支持城镇化建设的财政政策思路

在未来 10 年甚至 20 年湖北省城镇化的关键时期,每年新增近 70 万的

〔1〕 以下数据由调研访谈整理而成.

城镇人口,需要大量的基础设施、公共服务等设施,以此来满足新增城市人口的巨大需求。如何发挥政府财政资金导向和财政政策的杠杆作用,深化城镇化建设,对湖北省提出了新的挑战。总体来看,推进财政制度、财政政策及执行层面改革,强化财政能力,是推动城镇化建设的根本思路。

(一)财政制度层面

城镇化的过程涉及到方方面面,湖北省在推进城镇化的过程中,要积极进行财政制度创新,形成稳健的财政蓄水池,从而为城镇化建设提供相应财力支撑。

1. 创新财政来源及使用制度

土地财政愈演愈烈,固然与我国现行的土地征用制度不完善有很大的关系,但也是现行财政制度不民主所导致的直接后果。根据财政分权理论,重大财政事项必须由人民代表大会审议决定。因此,作为预算外资金,土地出让收益的管理、分配与使用都应该接受人大的监督,加强对土地出让金和土地征用的征收、管理和使用的规范,加大监督力度,杜绝侵犯群众利益的行为。第一,打破政府垄断土地一级市场的格局。法律规定集体和农民的土地只有经过政府征收和征用之后,才可以拿到市场上进行交易,这样一来,名义上的产权所有者并没有处分产权的权利,手中的产权难以转化为资本要素进入市场,主动权在国家手中,寻租空间导致政府官员的腐败行为迅速攀升,农民在征地过程中常常处于劣势地位,难以保障自身的利益。因此,在土地征用过程中,要真正还权于民,规范政府在土地征用和建设过程中的角色,使其从直接参与向间接参与转变,通过税收的形式参与其中土地增值分配,如修改土地增值税,按照土地流转收益的一定比例分享收入。第二,构建物业税体系。土地财政并不是中国独创,事实上,世界上很多发达国家也都依靠土地财政,但他们不是通过"卖地"的方式,而是通过对存量土地征收物业税、房产税等多种方式创造财政收入。这一方面体现了财政税收的公平性,也保障了政府稳定的财政收入。在稳定乃至适当降低基本负担的前提下,开征物业税,有助于改变地价、房价虚高而住房刚性需求得不到满足的局面,一定程度上抑制房地产的投机性交易,调节收入分配,促进社会公平,构建持续、稳定的地方财政收入,推进经济结构的调整和转型,使城镇化朝着健康有益的方向发展。加快政府从"征地"向"征税"的方式转变,即建立和充分利用市场化平台,通过公开和公平的产权交易获得城镇发展的土地资源,以及通过土地和房产税收积累城镇建设和发展资金。另外,在扣除土地开发成本后,可以将土地产生的收益设立专门的土地收益基金，采用市场化的方式运作，使其保值增值。在此基础上，明确政府使用土地收益基金的程序，避免政府在土地收益上的短期行为取向，使土地收益分配具有可持续性，为政府提供稳定而有保障的建设资金来源。

2. 健全财政规划制度

财政规划是财政合理运行的重要基础，“规划的节约是最大的节约，规划的浪费是最大的浪费”。各级财政应该重视规划工作，构建完善的财政规划制度，设立城镇规划的专项资金，加大对城镇规划专项资金的投入，保证湖北省城镇化建设规划的科学制定。由中国城市设计研究院制定的《湖北省城镇化与城镇发展战略规划 2010—2030》在 2011 年 9 月向公众颁布，规划了湖北省近 20 年的城镇发展，市州、县市、乡镇等都应该遵循湖北省的整体规划，结合地区实际，做出城镇发展的中长期战略规划。尤其是宜昌、襄阳的城市规划水平，支持两个省域副中心城市跨区域规划编制。财政部门要依据政府相关部门的城镇建设规划，制定专门的城镇化财政资金投入规划制度，保障城镇化建设的财政资金的长效性、稳健性与制度性，做到有法可依，有章可循。

3. 完善财政预算和转移支付制度

各级财政要逐年加大对城镇化建设资金的预算安排，将城镇化建设的专项资金列入政府财政预算。各级财政部门要严格执行《预算法》，根据湖北省各地财政状况的实际，将城镇化建设所需的各项资金有序纳入财政预算范畴，编制科学、合理的城镇化建设项目供给预算，有效提高城镇化建设项目供给的预算化程度。具体来看，一是实行综合预算。各级财政部门要在综合考虑实际需要和财力可能的情况下，统筹安排使用预算内外资金，在推进城镇化建设过程中做到量力而行，尽力而为。二是实行零基预算。严格按照城镇建设规划、建设项目的轻重缓急程度及年度建设需求，据实测算后确定各项预算支出。三是实行滚动预算。依据各地中长期城镇化建设规划和建设项目进度，实行滚动预算。四是实行优先预算。优先发展社会事业发展的薄弱环节，优先保障改善民生项目，优先支持社会主义新农村建设。[1] 如 2009 年湖北省财政预算草案中，把推进农村改革和发展摆在了重要位置，将所有涉及“三农”、义务教育、医疗卫生、社会保障、就业等方面的财政资金依法依规公开。这就保证了财政资金对于涉农项目和

[1] 黎基钦，邓小莲，韦瑞智．促进广西城镇化的财政政策研究[J]．经济研究参考，2011(59)：19.

行业的支持，切实保障了农民的权益。五是实行绩效预算。将绩效预算的理念引入城镇化建设项目供给预算，注重结果导向分析，将财政资金的使用绩效结果作为编制今后预算的重要依据，有效提升资金运用效率。[1] 合理确定湖北地方政府和上级政府的收支范围，明确界定城镇建设可利用的资金范围，增强农村城镇为社区服务的预算内财政能力，做到"以制度管钱"。其次，要不断完善财政转移支付制度，合理确定转移支付的数额。形成按照人口的比例增加转移支付的金额，增加财税收入机制。按照湖北省级、市、县的事权范围，将一般转移支付和专项转移支付相结合，逐步形成科学合理的转移支付纵向和横向的财政分布。同时，建立健全财政转移支付评价、监督和考核体系。设置科学合理的评价指标和考核标准，确保资金利用效益最大化。

4. 完善落实财权与事权匹配制度

通过数据分析不难发现，县级财政在城镇化的投入中占有主要地位，城镇化建设的主体是地方政府尤其是县市级政府，需要投入大量的资金进行城镇化的建设。然而，1994 年分税制改革以来，中央与地方财权和事权分立，以 2010 年为例，当年国家财政收入 83101.51 亿元，其中中央财政收入为 42488.47 亿元，地方财政收入为 40613.04 亿元，地方财政收入占国家财政收入的 48.87%。财政支出 89874.16 亿元，其中中央财政支出 15989.73 亿元，地方财政支出 73884.43 亿元，地方财政支出占国家财政支出比 82.2%。从这两个比重中可以看出，地方财政在城镇化的建设中财政主动权不高，很多时候要靠争取上级的项目资金致力于本地区的建设，给城镇化的建设带来制度的约束，客观上延缓了城镇化的进程。因此，在未来的城镇化建设中，湖北省应当注重财税体制改革，尤其是注重赋予县市级更多的财权，适当放宽县级财政的支配权，使其财权与事权相匹配，积极推动城镇化的发展进程。这样一来，地方可以结合当地城镇化的不同发展模式和地方特色自主调节资源配置。另外，小城镇在当今的城镇化体系中日益发挥重要的作用，逐步成为新时期城镇化发展的重要载体。目前一些地方在有限的财权与税权的空间内给予地方适当财税返还或补助的做法，在县域经济发展和中小城镇的建设中起到了很好的效果。

5. 构建区域内的财政共享制度

就湖北省而言，武汉城市圈、"襄十随""宜荆荆"都有其相应的地理优

---

[1] 黎基钦，邓小莲，韦瑞智．促进广西城镇化的财政政策研究[J]．经济研究参考，2011(59)：19.

势和资源优势，尤其是武汉城市圈，圈内土地面积5.8万公里，总人口3000多万人，占全省的二分之一，国民生产总值、全社会固定资产等都占全省的60%以上。因而在未来的城镇化进程中，要注重发挥湖北省的地区特色，尤其是武汉城市圈的带动作用，立足“两性”社会试验区的比较优势，要突出财政支持城市圈的力度和广度，建立广泛的财政利益共享机制，调节地区间的财政收入差距，促进城市圈内基本公共服务均等化，建立县级基本财力保障机制，促进共同发展。围绕“两圈一带”战略，做强武汉城市圈，“宜荆荆”、“襄十随”城市群和中心城市，以武鄂黄巨型都市区为龙头，以襄樊、宜昌、荆州为次级中心城市，以众多中、小城市（县城）为支撑、以若干重点镇及特色镇为补充的节点聚集的网络状城镇，新的城镇体系将逐步打破地域界限及人员边界，促成城市间的一体与融合，并以此为基础，创新财政制度，构建区域间的财政共享制度，推动城镇体系的建设及区域城镇化发展水平。

（二）财政政策层面

在城镇化过程中，政府发挥着重要的作用，但同时，社会及市场力量在城镇化过程中的作用也应该逐步体现出来，应积极进行财政政策调整，为城镇化建设提供相应的政策支持。

1. 改革财政投入机制

财政投入水平直接关系到城镇化的水平，而财政投入机制则关系到财政投入能否发挥出应有的效果。从当前湖北省城镇化发展现实来看，应逐步改革财政投入机制，为城镇化的发展提供财政保障。

第一，加强扶持小城镇的财政投入政策。中央政府和省级政府的专项资金，主要应用于重点和示范性城镇建设。2010年，全省乡镇财政总收入999.7亿元，比上年增长26%，是“十五”末的3.63倍，年均增长29.4%；地方财政一般预算收入326.6亿元，比上年增长29.5%，是“十五”末的3.41倍，年均增长27.8%；农民人均纯收入5832元，比上年增长15.8%，是“十五”末的1.38倍，年均增长6.7%；居民储蓄存款余额4679亿元，占全省总额的47.5%，比上年增长20.1%，是“十五”末的2.94倍，年均增长24.1%；固定资产投资完成额6357.6亿元，占全省的58.9%，比上年增长30.2%，是“十五”末的4.36倍，年均增长34.2%。[1] 值得注意的是，小城

〔1〕 湖北省镇域经济及百强乡镇发展评价报告[EB/OL].(2011-11-16)[2012-04-24] http://www.hubei.gov.cn/zwgk/tjfx/201112/t20111216_243735.shtml.

镇经济的快速发展已成为新时期经济社会发展的助推器，它成为继大城市之后，在新时期吸纳人力资本、生产要素、各项优势资源的新载体，在农村与城市之间起着承上启下的作用，也是新时期提高城镇化水平的新的增长点。不过，由于地方财力有限，这就很难使其载体平台的优势发挥出来，因此，应通过调整财政投入机制，建立对小城镇建设的重点财政投入机制，促进小城镇在推进城镇化发展中的作用。

第二，实施倾斜性财政投入计划。调整财政支出结构，减少直接经济活动的投入，降低行政成本，以增强城镇公共财政投入的能力。在实践中，支持农村公共事业发展的资金究竟应该如何使用，必须按照现实实情做出判断，实施倾斜性财政支出计划。对广大农民急需要的公共服务及公共需求实现优先供给，加大相应财政的支持力度，对于需求程度较小或者当前暂时不需要的公共事业建设实行缓期建设计划。逐步加大对农村贫困群体的社会保障力度，逐步加大财政投入力度，切实保障广大贫困群体的基本生活需求。努力实现城乡社会保障接轨，实现城乡社保一体化，根据经济发展水平，逐步提高社保标准，并实现全覆盖。在城乡公共事业建设中，上级政府也应该逐步实施倾斜性财政计划，将财力向不发达地区倾斜，在固定的财政支出比例之外，尽量扩展补助性资金，实施财政倾斜，逐步缩小区域差距，实现区域间的协调发展。

第三，重视财政支农的作用。财政支农是政府和社会保护和支持农村与农民的有力手段，要加大财政对三农的支持力度，按照“总量持续增加、比例稳步提高”的要求，增加财政支农资金投入，调整优化财政支农投入结构。积极引导工商业向农村地区开发，鼓励和扶持农业领域的深层发展，发挥湖北省农业大省的优势，利用地方特色资源，努力从“农业大省”过渡至“农业强省”，带动农村地区的经济发展，形成以工促农、以城带乡的发展格局。

2. 拓宽城镇化的融资渠道

城镇化建设具有投资大、回收期长的特点，但它所带来的社会效益也是巨大的。城镇化涉及社会方方面面，面对庞大的资金需求不能仅靠财政资金的投入，而目前以政府为背景、以银行贷款为主要资金来源的投融资模式也表现出了极大的局限性，因而必须探索多元的、有效的金融支持城镇化的融资机制。金融作为现代经济社会的核心，具有整合区域资源优势、优化生产要素布局方面的特殊功能。它通过促进农业产业化、支持乡镇企业的发展和支持城镇设施建设等影响城镇化进程，对城镇化起着巨大的推动作用。

第一，明确金融支持城镇化的政策导向。在城镇化过程中，政府应当明确城镇化的战略方向，积极吸引和鼓励金融机构的资金向城镇化地区流动，健全城镇化中的金融市场。采用差别化的政策手段，尤其是对农村基础设施建设、小城镇开发、农业现代化企业等方面作为引导投资的重点领域。充分发挥政策性银行的杠杆作用，为企业和项目做担保，调动资金用于城镇化的建设，带动区域经济的发展，推动城镇化中的产业结构升级，提高湖北省城镇化的水平，既发挥其经济效益，又发挥其社会效益。同时，鼓励民间金融对湖北省城镇化的支撑。2010 年 5 月 13 日，国务院下发了《国务院关于鼓励和引导民间投资健康发展的若干意见》（国发〔2010〕13 号），意见中指出要“进一步拓宽民间投资的领域和范围”，“鼓励和引导民间资本进入基础产业和基础设施、市政公用事业和政策性住房建设、社会事业、金融服务、商贸流通、国防科技工业等领域”〔1〕。民间金融不仅能满足、缓解城镇化资金供需矛盾，也能从客观上促进民营经济的发展，进一步带动城镇化的进程。因而在湖北省未来的城镇化过程中，应当重视引导民间资本投入，给予民间金融适当的财税政策支持，保障其正常运行。尤其是支持基础设施建设和农业资源的开发等方面，应当给予相应的税收优惠政策，促进农业的集约化发展。当然，在鼓励民间金融进入城镇化领域的同时要加强对它的监管，将其纳入金融监管的范围，构建多种形式的民间金融机构，提升金融对城镇化的支持能力。

第二，实施政策创新，吸引社会资本投入城镇化发展实践。从当前来看，湖北省进一步发展城镇化仍然需要大量的资金投入，而吸纳社会资本投入是当前统筹城乡发展的重要途径之一。根据《国务院关于加强地方政府融资平台公司管理有关问题的通知》要求，充分结合湖北省城镇化建设的实际，打造充满活力的城镇化建设融资平台。近年来湖北省出台的相关政策，对农作物种植、新品种选育、牲畜家禽饲养、农技推广、农机作业等项目免征、减征企业所得税，对涉农企业技改和设备引进贷款、农产品收购贷款、种养业种苗（种子）贷款等项目实行财政贴息，对社会力量直接投资的现代都市农业大中型项目及农业产业化、农产品加工等项目，担保收费率优惠收取，对农村经济发展产生了重要的影响。从当前来看，应进一步加大政策创新的力度，积极吸引更多的社会资本，包括国际资本投入农村经济社会发展行列，推动城镇化进程。同时，加强政府对社会资本的引导作

〔1〕 国务院关于鼓励和引导民间投资健康发展的若干意见[EB/OL].（2010 - 05 - 13）[2012 - 06 - 15] http://www.gov.cn/zwgk/2010 - 05/13/content_1605218.htm.

用,使其实现科学管理、科学运营。另外,依托农村社区金融,为金融机构开展金融服务之路,如山东诸城的农村社区金融模式,使山东省诸城市走出了一条依托农村社区金融的道路,盘活了农村的资源,并取得了良好的反响,在变革中做活了农村社区。

3. 强化市场配置功能

国内外的经验都充分证明,市场这只“看不见的手”在资源配置中都起着重大的作用,市场竞争是活力与效率之源。进一步发挥市场的基础性资源配置作用,是新时期湖北省发挥财政支持城镇化的前提,更是国民经济发展的必然趋势。湖北省各地因为资源禀赋和其他条件的不一,各地方的财政收入情况都不一样,所以要采用多样化的融资模式,除了采用传统的财政投入方式外,要积极引入项目融资方式,使“行政化”的城镇化与“市场化”的城镇化集合起来。20 世纪 80 年代以来,英美等发达国家在国内的一些基础设施项目融资中,如电信、电力、交通运输等初步利用项目融资的方式,经过 30 多年的发展,已经形成一套日趋成熟的项目融资模式。大致有 BO(Build - Operate - Transfer)、TOT(Transfer - Operate - Transfer)、ABS(Asset - Backed - Securitization 资产证券化)、PPP(Private - Public - Project 公私合作)和 PFI(Private Finance Initiative 私人主动融资)五种(见表 7-16)。

表 7-16　5 种项目融资方式分析

	BOT	TOT	ABS	PPP	PFI
项目所有权	拥有	可能部分拥有,可能没有	不完全拥有	拥有	不拥有
融资成本	最高	中	最低	中	较低
融资时间	最长	最短	较长	较短	较短
政府风险	最大	一般(运营期间投资者风险大)	最小	一般	一般
政策风险	大	小	小	一般	一般
对宏观经济的影响	利弊都有	利	利	利	利
适用范围	有长期稳定现金流的技术密集型项目	有长期稳定现金流的已建成项目	有长期稳定现金流的项目	政策性较强的准经营性项目	有长期稳定现金流的项目、公益项目

以上每种融资方式都有自己的适用范围和各自的优劣，这些融资方式的运用，能够有效引导民营资金、外资和各种贷款进入城镇化建设项目。在财政支持城镇化的具体过程中，各地方政府要充分结合当地的实际情况，尤其是地区的不同财政状况，选择不同的融资方式，引导其成为湖北省城镇化中的重要环节。从现有的发达国家和发展中国家的经验来看，城镇化进程中投资都经历过政府投资到私人投资再到公私合作的投资模式。由于城镇化涉及最广的基础设施、公用事业、公共服务三个方面都是准公共产品，无论政府投资或是私人投资提供，都存在严重不足或缺陷，实践证明较为理想的模式是公私合作的模式。

4. 因地制宜的财政支持政策

在城镇化建中，财政支持也需要因地制宜，灵活对待。就非竞争性融资而言，因为其具有公共性、长期性、外部性、巨额性等特征，这就决定着政府是非竞争性融资的唯一的承担着，其重点在于完善公益性的领域，如交通、电力、水利设施等公共基础服务设施。对于此类纯公共产品，属政府应提供的基本公共产品和基本公共服务类，各级财政应将项目建设资金纳入预算体系，统筹管理，确保资金足额落实到位。其次，对于收费偏低、无法完全收回投资、难以完全靠自身积累、自我发展的准经营性项目，应该采用政府与市场合作的方式，根据相关的产业政策以及建设项目的社会效益和经济效益，制定适当的优惠政策，保障市场组织的合理收益，激发其投资城镇化的积极性。第三，对于具有收费能力并可取得合理利润的项目，应该充分发挥市场的作用，通过市场进行资源配置，综合运用多种金融工具，鼓励和让位于社会资本投资和经营，降低政府的财政支出成本和融资成本。政府要逐渐退出竞争性投融资参与的领域，把能推向市场的项目都推向市场，然后集中资金投资于完全公益性的领域，提升政府投资的质量。

（三）财政执行与投入层面

湖北省未来城镇化建设中，仍然需要大量的资金投入。在面对如此巨大的财政需求资金的状况下，要综合利用政府的财政执行能力，拓宽财政税收的渠道，合理利用公共财政资源。

1. 湖北省未来城镇化财政投入的可行性

城镇化的财政投入必须以地方的经济发展和财政收入为基础，从表7-17和图2所示的2006年到2012年湖北省财政收支及增速情况，虽然与东部地区还有一定的差距，但是正努力追赶。从表7-17可以看出，近几年湖北省的财政收入年均增速约为22.99%，最高增速达到33%，显示出财政收入规模和社会的经济发展水平越来越高，随着经济社会的发展，财政收入逐年递增。就地方财政收入而言，近几年来以年均 25.68% 的增长速度逐渐攀升，最高的增速达 45.4%。而年均财政支出增速也达到 25.64%，最高增速也突破 30%，随着经济社会发展的需求不断增加，其增速略高于财政收入，表明地方的经济发展速度不断加快，公民对于公共产品的要求越来越高，因而对政府的要求也不断增长，这就需要政府的财政有更多的作为。就省级财政支出在湖北省的财政支出来看，所占的比例不高，因而也制约着省级财政对城镇化的支持。同时，从地方财政收入和湖北省的财政支出对比来看，地方财政收入与湖北省的财政支出存在巨大的差距，可以看出，湖北省的财政支出中中央转移支付所占比例较大，说明在现有的城镇化投入体系中，中央财政发挥作用的空间还有待加强。

表 7-17　2006—2012 年湖北省财政收入和支出　（单位：亿元）

年份	2006	2007	2008	2009	2010	2011	2012
财政收入	901.17	1115.47	1338.04	1533.89	1918.94	2582.81	3115.63
增速	23.85%	23.78%	20.0%	14.6%	25.1%	33.0%	18.0%
地方（指市、州）财政收入	469.82	590.36	710.24	814.78	1011.23	1470.12	1823.05
增速	25.6%	24.0%	20.3%	14.7%	24.1%	45.4%	19.4%
财政支出	1029.13	1256.41	1638.03	2107.31	2465.18	3159.76	3801.79
增速	32.9%	20.0%	28.2%	27.2%	17.9%	26.3%	18.3%
省级财政支出	284.30	312.94	388.90	258.00	273.40	——	——

数据来源：历年湖北省国民经济和社会发展统计公报。

由此，如表 7-17 所示，可以得出表 7-18 中所示的 2006—2012 年湖北省财政收支的平均增速和最高增速，地方财政收入的年均增速与财政支出基本持平，而最高增速高出 10 多个百分点。继而，以 2012 年湖北省财政收入和支出水平为基数，分别对应于不同时期的增长速度，就可以测算出湖北省未来的财政收入及支出规模（表 7-19）。以 2006—2012 年的财政收入平均增速 22.99% 所测算出的 2015 年的全口径财政收入将达到 5796.36 亿元，2020 年和 2030 年的全口径收入更是分别将达到 16311.89 亿元和

129182.09 亿元，更不用说用最高增速测算的全口径收入。而地方性财政收入也将分别达到 3619.07 亿元、11348.23 亿元和 111580.85 亿元。

表 7-18　2006—2012 年湖北省财政收入和支出增速

	全口径财政收入	地方财政收入	财政支出
平均增速	22.99%	25.68%	25.64%
最高增速	33.00%	45.4%	32.9%

表 7-19　2015—2030 年湖北省财政收入和支出　（单位：亿元）

		2015	2020	2030
全口径财政收入（万元）	2006—2012 年最高增速	7329.95	30504.16	528293.68
	2006—2012 年年均增速	5796.36	16311.89	129182.09
地方财政收入（万元）	2006—2012 年最高增速	5603.92	36417.81	1538005.53
	2006—2012 年年均增速	3619.07	11348.23	111580.85
财政支出（万元）	2006—2012 年最高增速	8924.07	36998.83	635971.69
	2006—2012 年年均增速	7540.01	23605.41	231361.36

就目前的测算方式来说，财政支出在未来的 5 年、10 年甚至是 20 年都会高出财政支出，而地方性财政支出在整个湖北省的财政支出中依然占有重要地位，但并不是主导地位。在不改变分税制的体制下，未来的湖北省财政支出很大一部分还是依靠中央的转移支付。因而，中央政府与地方政府在城镇化的进程中所担当的责任也可以依赖财政投入的比重做出划分。据此，再按照不同年份财政投入及支出的最高增速和年均增速，如表 7-20 所示，可以得出 2015 年到 2030 年湖北省城镇化投入所占财政收支的比重。

表 7-20　2015—2030 年湖北省城镇化投入占财政收支比重

		2015		2020		2030	
		宽口径	窄口径	宽口径	窄口径	宽口径	窄口径
城镇化投入占财政收入比重	最高增速	64.84%	50.69%	24.71%	12.18%	2.48%	2.18%
	平均增速	82.00%	64.11%	46.21%	38.72%	10.15%	8.91%
城镇化投入占地方财政收入比重	最高增速	84.81%	66.31%	20.70%	17.34%	0.85%	0.75%
	平均增速	131.33%	102.68%	66.42%	55.65%	11.75%	10.32%
城镇化投入占财政支出比重	最高增速	53.25%	41.64%	20.37%	17.07%	2.06%	1.81%
	平均增速	63.03%	49.28%	31.93%	26.75%	5.67%	4.98%

就未来的湖北省城镇化投入所占财政收支比重而言，不论是从宽口径还是窄口径计算，城镇化财政投入的比重占整个财政收入和支出呈逐年下降趋势。从湖北省财政收入和支出的平均增速来看，以城镇化投入在地方财政收入所占比例为例，2015 年宽口径城镇化投入将占地方财政收入的 102.68%，至 2020 年将降至 55.65%，较之 2015 年而言有明显下降趋势，至 2030 年仅为 10.32%，那时城镇化的财政投入在地方的财政收入的比重非常小。

上述数据说明，无论是按照平均增速还是最高增速，城镇化投入所占财政收支比重逐年缩小。这表明，未来的城镇化投入规模将具有相当强的可操作性和可行性，完全在湖北省财政收支可承受的能力范围之内。并且，由城镇化的特征所致，其投入是一个渐进的过程，收效在短期内不甚明显，但从长远来看，不管是投入还是收益，城镇化进程都是一个可持续的发展过程。同时，根据数据显示，选择平均增速状态下城镇化投入所占财政收支的比重，较为符合现实发展趋势，因此，可以作为进一步预测的基础。

2. *湖北省未来城镇化财政投入的分摊机制*

根据湖北省财政投入中本级财政收入及上级转移支付的比重，可以得出湖北省未来城镇化的财政投入分摊规模及比重，如表 7-21 所示，湖北省 2006—2012 年地方财政收入占财政总收入的比重及增长率如下。[1]

〔1〕 袁方成，李增元．武汉市统筹城乡一体化发展研究[J]．城市观察 2010(5)：140 – 141.

表 7-21　2006—2012 年湖北省地方财政收入占财政收入比重(单位:亿元)

年份	2006	2007	2008	2009	2010	2011(预算)	2012
财政收入	901.17	1115.47	1338.04	1533.89	1918.94	2582.81	3115.63
地方财政收入	469.82	590.36	710.24	814.78	1011.23	1470.12	1823.05
比重	52.13%	52.93%	53.06%	53.12%	52.70%	56.92%	58.51%
增长率	1.00%	1.54%	0.25%	0.11%	-0.79%	8.01%	2.79%

综合分析,湖北省地方财政收入占整个财政收入的比重保持在 50% 以上,从这几年的数据来看,最低为 52.13%,最高为 58.51%,说明在目前的城镇化的投入中,地方财政收入当之无愧占主导作用。但是,结合前面的图表,这个比例与城镇化的投入中地方财政投入占绝对主导的比例极不相称。也就是说,地方财政投入在整个财政收入中所占的地位与其在城镇化投入的资金的主导作用是不平衡的,通俗的讲,就是低收入,高投资。由此可以看出,当前的城镇化财政投入资金过分依赖地方的财政投入,给地方财政带来极大的压力和困难。

同样,根据湖北省地方财政收入占全口径财政总收入的比重变化,可获得其平均增长率为 1.84%,最高增长率为 8.01%,如表 7-22 所示,我们可以预测未来湖北省地方财政收入占全口径财政收入的比重变化。

表 7-22　2015—2030 年湖北省地方财政收入比重

		2015 年	2020 年	2030 年
地方财政收入占全口径财政收入比重	2006—2011 年年均增速 1.84%	61.80%	67.70%	81.24%

从表中可以看出,在年均增速 1.84% 状态下,湖北省地方财政收入占全口径财政收入比重增长较为平缓,与历年增长趋势较为符合,作为预测湖北省城镇化中财政投入的分摊比重。在未来的几年中,地方财政收入占湖北省全口径财政收入的比重会逐年上升,但是增长的速度比较平缓,到 2030 年,其比例也将达到 81.24%,说明在未来的城镇化进程中,地方财政将会一如既往的发挥其主导作用,中央政府承担小部分的财力。根据分摊比例,可以计算出未来 2015—2030 年湖北省城镇化建设中各级政府需投入的规模。

表 7-23　2015—2030 年湖北省城镇化投入分摊规模及比重（单位:亿元）

年份	口径	总投入	中央投入	比重	湖北省及地市投入	比重
2015	宽口径	4752. 84	1815. 58	38. 2%	2937. 26	61. 80%
	窄口径	3716. 08	1419. 54		2296. 54	
2020	宽口径	7538. 05	2434. 79	32. 3%	5103. 26	67. 70%
	窄口径	6315. 33	2039. 85		4275. 48	
2030	宽口径	13108. 45	2459. 15	18. 76%	10649. 3	81. 24%
	窄口径	11513. 84	2160. 00		9353. 84	

由表 7-23 可知，中央财政在未来湖北省的城镇化过程中所占的比例会减小，2015 年为 38. 2%，到 2030 年比重降低至 18. 76%。从宽口径来看，湖北省及地市财政投入在 2015 年的城镇化投入中将占 2937. 26 亿元，2020 年为 5103. 26 亿元，至 2030 年，湖北省的财政投入将达到 10649. 3 亿元。较之而言，中央财政投入 2015 年为 1815. 58 亿元，2020 年将达到 2434. 79 亿元，2030 年为 2459. 15 亿元，增长的总量会增加，但较之湖北省及地市投入而言，中央财政投入城镇化的资金相应要少很多。表明中央财政在湖北省城镇化中占有重要作用，湖北省的城镇化离不开中央财政的支持，在未来的城镇化中，湖北省应该积极争取中央的资金致力于城镇化建设。

从以上几个表中可以看出，在未来城镇化的财政投入中，地方财政的投入仍然占主导地位，中央投入的比重逐年降低。这对地方的财政是一个巨大的考验，在分税制改革后，国家加强对地方的财政控制，地方财力相对减弱。但是，以上的数据表明要顺利推进城镇化，必须有雄厚的地方财力作为支撑，中央财政的投入仅占小部分。因而，未来的城镇化不仅体现着一个地区的经济和社会发展水平，更彰显着地方财政能力及分配机制。

因地制宜制定中央、地方各级政府间的财政分担机制是促进城镇化合理发展的重要基础。通过预测发现，在未来财政投入分担机制中，作为湖北省及地市政府的财政投入比重将不断提高，2015 年将达到 61. 80%，2020 年将达到 67. 70%，而到 2030 年将达到 81. 24%，作为中央一级、省一级的财政投入比重将不断下降。这就要求在推动城镇化进程中，应积极加大省级、市级政府在推动城镇化中的财政投入力度。在如何确定省、市政府投入比例中，应该做到因地制宜的原则，对于在省中心的地区，由于市级政府经济实力较强，应该逐步减少省级政府投入的比重，比如武汉市在全省的地区生产总值和财政收入都占有较高的比重，市级政府有能力承担城镇化带来的资金问题。而对于湖北省周边地区的区级政府，由于经济实力相对较弱，要加大市级政府的财政投入比重，从而做到依据各级政府之间的财政实力状况建立与政府财政实力相适应的分担机制，杜绝搞一刀切。同时，合理配置财政资金，要增加教育、医疗、社会保证等方面的投入，使其增长速度要与财政收支的速度基本持平甚至快于后者的速度，着力解决人民群众最迫切、最需要、最直接的公共服务问题。为此，也要相应设立基本公共服务的评价和考核标准，在具体的执行过程中，与领导干部的考核标准结合起来，综合考量地方政府及干部的政绩，使城乡居民的基本权利得到切实的保障。

城镇化是中国现代化的必由之路，是破解城乡二元结构，实现城乡一体化的历史选择。就湖北省而言，在城镇化的过程中，要破除湖北省城镇化资金短缺等问题，发挥政府财政支持城镇化的导向作用，积极引导市场资源配置的城镇化趋向，促进政府与市场的合作。湖北省的城镇化发展及发展道路最终都取决于财政和其他资金的有效配合，也只有这样，才能保证湖北省集约有效、可持续的城镇化道路的顺利进行，更好的服务于湖北省城乡的繁荣和社会的融合与和谐发展的大局。

第八章
湖北城镇化的发展与地方治理的变革[1]

2010年11月,湖北省委、省政府下发了《关于加快推进新型城镇化的意见》。这是推动全省城乡经济社会发展的重大决策。伴随工业化、城镇化“双轮驱动”,在过去的一年里,被誉为中部农业大省的湖北城乡人口比例出现根本性变化,城镇化率首次突破50%(达到51.83%),比全国平均水平高0.56个百分点,比2010年提高了2.1个百分点。在这一年里,约有138万农民进城成为城镇居民。

如今,我省正步入新型城镇化的快速发展时期,各方面的问题更加突出、复杂;城镇化战略面临深刻调整,原有的地方管理方式已不再适用。城镇化背景下,农村正在从单一、静止和封闭向多元、流动和开放的社会转变,越来越多的农民从“集体人”变成了“社会人”,当他们逐渐进入城市安居就业的时候,变成“新市民”从而能够融入城市社会,平等地参与城市的公共管理活动、享受城市公共服务与基本福利的愿望与要求也就十分强烈。然而,由于多年沿袭的城乡二元结构并没有被完全打破,与之相联系的户籍制度也仍然制约着跨区域流动的公民大部分政治权利履行与公共服务享受的资格的实现,而土地制度和农村集体资产的经营管理方式也使得农业资产难以进入市场实现保值增值或转化为进城农民的经济资源,因此,城市化的快速发展并没有改变城乡分离的基本结构,从而不仅阻碍了农村人口和资源的流动和城镇化的进一步发展,也使对进城农民的社会管理难以有效实施、公共服务和基本福利无法获取,更让他们不能有效融入本地社区并获得政治参与权利、意见表达机会、利益维护渠道,衍生出诸多的社会矛盾和冲突。如何正确认识城镇化发展对地方基层治理带来的深层次影响,并构建与农村开放、流动和城乡一体化相适应的新型基层治理体系,已经成为亟待解决的问题。

一、湖北城镇化的发展及管理体制的改革

改革开放以来,特别是自“十五”以来,湖北省把推进城镇化进程作为

[1] 报告执笔:袁芳,华中师范大学政治学研究院硕士生.

统筹城乡协调发展、加快全面建设小康社会步伐的一项重要战略，出台了一系列加快人口城镇化进程的政策、措施，湖北省城镇化水平有了很大提高，呈现出快速健康发展的新局面；城乡分割的社会管理体制障碍进一步得到清除，城乡经济发展不平衡加速消减，城乡矛盾冲突得到缓解；加速城乡社会融合，建立城乡一体化发展的社会管理体制机制刚改革成效明显。从实践看，主要体现在以下几个方面：

（一）从发展历程看，城镇化逐年提高

1982 年我省城镇化率为 17.32%，低于全国平均水平 3.23 个百分点。1990 年上升至 28.75%，高于全国平均水平 2.55 个百分点。[1] 2000 年达到 40.48%，高于全国平均水平 3.56 个百分点。2010 年为 49.73%，与全国平均水平 49.68% 基本持平。2011 年为 51.83%，比全国平均水平高 0.56 个百分点，城乡人口首次逆转。2000 年到 2011 年，全省城镇化率从 40.5% 提高到 51.8%，在中部六省处于领先位置，基本形成了以“一主两副”为依托，以其他设区城市和县城、中心镇为基础的城镇化发展格局。武汉城市圈 2010 年常住人口达到 3024 万，占全省的 52.83%，城镇化率达到 54.70%，高出全省 5 个百分点，聚集效应初步显现。尤其可喜的是，武汉城市圈发展上升为国家战略，一批城市步入同等城市先进行列，为下一步我省城镇化加快发展奠定了重要基础。但是也要看到我省城镇化人口质量还不是很高：主要是因为城镇人口统计中包含了大量农业户籍人口，以流动就业为主要形式，导致城镇人口极具不稳定性和城镇化率容易被高估。

（二）从城市空间布局看，城镇体系逐步完善

如图 8-1 所示，我省中心城市加速集聚发展，武汉、宜昌、襄阳“一主两副”中心格局初步形成；城镇空间网络联系增强，从单中心走向“区域城市化”。从武汉沿长江向东，武鄂黄黄城市空间连绵的态势明显；宜昌 - 荆州之间沿江连绵发展的趋势初现；宜昌与荆门、荆州的联系正在增强。以大城市为中心、中小城市为骨干，小城镇为基础的多层次城镇体系已经形成。至 2010 年底，全省有城镇 816 个，其中省辖市 12 个，县级市 24 个（含 3 个直管市），县城 40 个，建制镇 740 个。按城镇规模分，人口 50 万人以上的特大城市和大城市 6 个，合计 868 万人；中小城市 40 个，合计 677 万人；人口超过或接近 10 万人的县城有 19 个；人口 5 至 9 万人的县城有 12 个；人口

[1] 江易华，程琼．湖北省城镇化现状及对策分析[J]．湖北工业大学学报，2011(6)：2.

不足 5 万人的县城有 10 个;3 万人以上的建制镇 46 个。

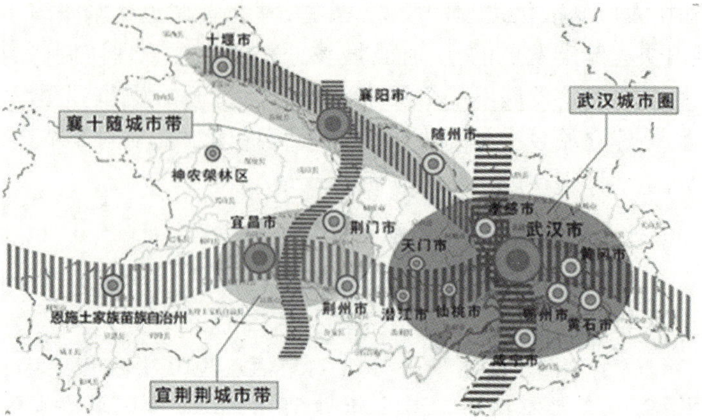

图 8-1 湖北省城镇带分布示意图

从空间结构布局来看,我省城镇东密西疏的特点十分明显,城镇主要沿交通干线或长江汉水沿岸集聚,东部城镇数量多密度高规模大,西部城镇数量少密度低规模小。西部为大山区,主要是恩施州和十堰市全部,宜昌和襄阳一部分,人口密度较小,城镇也少;北部与东南部为丘陵,主要是随州、黄冈、咸宁等市大部分和襄阳市一部分;鄂中鄂南为平原,以武汉为首,城市密集,人口密度较大。

从铁道和水域干线影响来看,城镇主要沿省内京广线、汉丹接襄渝线及焦柳线和长江干流及其第一大支流汉江展开。东部地区城镇数量较多,且密度和规模较大,西部地区城镇数量少,密度相对较低。全省 36 个城市中,沿长江 11 个,汉江 6 个,沿铁道 29 个,铁道水路兼临的 17 个。如果以丹江口 - 远安 - 宜昌 - 宜都一线分界,将省域划分成鄂东、鄂西,可发现东、西部城镇化差异较大。如表 8-1 所示。

(三)从经济集聚效应看,区域中心城市和城镇群地区作用突出,小城镇功能凸显

武汉城市圈、"宜荆荆"、"襄十随"城市群聚集经济和人口的能力在不断增强;两条国家主轴(长江带、京广轴)地区一些密集的城镇地区也在迅速发展。2010 年,武汉城市圈以 31.23% 的国土面积,集聚了全省 49% 的人口,创造了 60% 的省内生产总值,吸引了 81% 的外来投资,[1] 在辐射带

〔1〕 资料来源:参见湖北省人民政府主管,湖北年鉴编辑委员会 . 2011 年湖北统计年鉴[M]. 北京:中国统计出版社,2011.

表 8-1　湖北省城镇发展及空间分布差异

地区	特　　征
鄂东部地区	经济发达程度和城镇化程度最高；围绕核心城市武汉组织空间关系，核心城市与外围城镇之间已有一定的功能联系和产业协作；核心区域的空间增长已呈连绵态势，传统的城乡关系发生变化。
鄂西平原地区	农业人口众多，但城镇化发展水平低，是全面提升湖北城镇化发展的关键地区；大城市是发展的主体，中心城市处于集聚阶段，外围县级城市的城镇化和工业化发展不足；“中心－外围”是城乡空间的主要模式。
鄂西山地地区	生态敏感、发展条件受限，人口及城镇分布稀疏；整体城镇化和工业化水平较低，旅游等特色资源突出。

动城乡和区域发展中发挥了重要作用。再次，小城镇在我省新型城镇化及统筹城乡区域协调发展等方面中的作用显著；以劳动密集型为主的产业结构小城镇建设，创造了大量就业岗位，吸纳了广大农村富余劳动力转移。目前，排在全省第一位城市的武汉，人口规模总量是第二位城市的 6 倍多，城市首位度为 3.79，大于正常值 2。其非农人口数是湖北省除武汉外 11 个地级市市辖区非农业人口之和，GDP 是 11 市市辖区之和的 1.2 倍，财政收入是 1.6 倍。[1] “十一五”期间累计投资 3439 亿元，占全省总投资的 32%，贷款余额占全省的 62%。宜昌、襄樊、黄石、荆州、十堰 5 大城市城区平均人口约在武汉市城区人口的 1/7 至 1/8 之间；包括所辖县市在内，5 个市平均国内生产总值约为武汉市的 24%。

（四）从城镇规划来看，城乡工作不断改进，科学规划有待提高

城乡规划工作不断改进和加强，规划对城镇化和城镇发展的引导作用得到发挥。同时，城市供水、排水、燃气、供热、公共交通、园林绿化、市容环卫、市政道路桥梁等各项公用设施的投资规模大幅度增长。“十一五”期间，我省城镇市政公用设施建设累计完成投资 1741 亿元，是“十五”时期的 2 倍；投资总额占 GDP 的 11%，与“十五”时期相比有所提高。[2] 截止 2010 年底，全省用水普及率 98%，燃气普及率 92%，污水处理率 70%，生活垃圾

〔1〕 王智勇，黄亚平，张毅．湖北省城镇化发展的路径思考[J]．小城镇建设，2010(5)：14.

〔2〕 资料来源：湖北省经济和社会发展第十一个五年规划纲要、湖北省经济和社会发展第十二个五年规划纲要．

无害化处理率66.4%,城市建成区绿化覆盖率38.5%,[1]比“十五”时期均有大幅度提高。但一些城市发展特别是许多小城镇发展缺乏规划,随意性、低要求等造成的聚集能力低、聚集效益差、扩散能力弱、资源利用率低等问题。一些城市设置和建制没有从经济规律和城市发展规律等方面进行规划、论证,人为因素影响大。加上一些历史原因,造成我省一些城镇单位规模不平衡。一些地方随意性较大,不顾实际情况设置城市基层建制,一些城市内部不同程度地存在“城中村”、“插花地”的问题。市带县本来是为了打破地区封锁、实现市县优势互补及区域协调发展,但有的地方人为制造新的地方壁垒,限制地区间的公平交流;有的有意、无意地限制所辖县市的发展,出现“市压县”的情况。[2] 一些政府和部门从各自的职责范围和自身利益角度出发对城镇化的过程进行管理,政出多门、多头管理的现象非常普遍,政策在实施中难以形成合力,影响城镇化进程健康高效地发展。

(五)城乡管理体制改革取得了积极进展

总的来讲,限制农村人口的体制和机制性障碍正在逐步破除,县级和县以下镇对当地农民进城落户的限制现在已经完全取消了,大城市对外来人口的限制条件也在逐步松动。特别是对农民工,进城就业和生活的歧视性政策正在逐步取消,农民工的公共服务逐步在改善,子女教育得到了一定的保障,虽不能说完全和城镇居民一样,但确实得到了很好的保障。有条件的地方已将稳定就业的农民工纳入了城镇职工基本医疗保险,农民工的社会保障制度也在逐步完善。一些地方开展了城乡建设用地增减挂钩的试点。我省早在2008年就开始实施“迎接新市民工程”,率先在全国打破户籍门槛。[3] 政策规定“凡在县级市和地级市的建制镇有合法固定住所、相对稳定的职业或合法生活来源的农民工,可直接加入当地城镇户口。而入武汉市和其他地级市的城区的户口,门槛则略有提高。除了有合法固定住所、相对稳定职业或合法生活来源外,还要具备其他条件。”[4]

---

〔1〕 资料来源:湖北省住房和城乡建设厅. 年度计划规则. 湖北省住房和城乡建设事业“十二五”规划纲要.

〔2〕 吴昭雄. 浅谈统筹湖北城乡发展问题[J]. 湖北农机化,2009(4):37.

〔3〕 姚德春,王荣海. 湖北300万农民工12日起可转城市户口[EB/OL]. (2008-7-12)[2012-7-14] http://news.ifeng.com/mainland/200807/0712_17_648618.shtml.

〔4〕 国务院发展研究中心课题组. 农民工市民化进程中的总体态势与战略取向[J]. 改革,2011(5):16.

(六)城乡一体化管理的发展取得新进展

第一,城乡规划从分割走向一体。2004年湖北省汉南区出台了全省首个城乡一体化空间规划方案之后,鄂州市、孝感市、咸宁市、嘉鱼县等等都分别制订了城乡一体化发展总体规划。鄂州市在制订规划中强调把城市与农村作为一个整体,统筹谋划,一体推进,确定以主城区为中心、3座新城为支撑、10个特色镇为节点、106个中心村(新社区)为基础的城乡空间格局。2009年,武汉市制订并实施了《武汉市新农村建设空间规划》,确定了以"集中"为主线,以主城为中心,以发展轴线为骨架,向外围依次形成"新城建设发展圈"、"农业生产圈"、"生态维育圈"的圈层结构。到2009年,编制并实施了武汉城市圈空间规划、产业发展规划、综合交通规划、社会事业规划、生态环境规划纲要等五个专项规划,对区域城乡一体化进行全面规划和布局。

第二,基础设施从城镇向乡村延伸。2005年,武汉市正式启动农村"家园建设行动计划",用5年左右时间对在全市7个近郊区的2087个建制村(含农场大队)实施"四通四改一化一室一场"项目建设。[1] 截至2008年底,武汉市市、区两级财政投入专项资金18.5亿元,调动社会资金等各类投入27.5亿元,从而使农村基础设施的水平和质量得以明显改观。从2008年起,武汉将市级财政每年新增财力的30%用于农业农村建设,近两年来,市、区财政投入新农村、现代农业建设资金147.5亿元。投入4亿元改善农村卫生设施。

第三,公共服务从二元制到均等化。湖北鄂州市出台《均衡城乡公共服务推进城乡一体化的意见》,努力实现城乡基本公共服务制度统一、标准一致、水平均衡。目前,鄂州市已经开始进行户籍管理、就业、教育、医疗等十个重点领域和关键环节的改革,实现了城乡一体化的供水、交通、医保、社会救助、文化体育、低保、社会保险、就业服务八个方面的全覆盖。2009年武汉市启动"义务教育均衡发展行动计划",包括学校标准化建设工程、教师队伍建设工程、关爱工程、经费投入机制和督导评估评价机制等,逐步缩小城乡义务教育差距。2010年,武汉市将社会保障向非公经济从业人员、农民工、企业退休人员等边缘群体扩大,其中5项社会保险将净增70万

---

[1] "四通"即路通、水通、电通、信息网络通;"四改"即改水、改厕、改圈、改垃圾堆放形式;"一化"即村湾绿化;"一室"即新建或改扩建集村委会工作用房、村民活动室、村卫生室于一体的多功能室;"一场"即建集晒场、文体活动场地于一体的多功能活动场。

人次。

第四,管理体制从城乡分治走向共治。在社会组织与管理上,武汉城市圈及鄂州市等城乡一体化试验区都开始突破行政区划管理模式,按照经济流向和发展潜力进行城乡功能分区,重建组织管理体系及市县城乡协作和合作机制。如鄂州在靠近武汉、黄石的地域布局新城,在交通节点、经贸较发达镇区建设特色镇,突破行政村的界限规划中心村(新社区),构建以新型的城镇——中心村——村组的组织和服务体系。在每个新农村社区,都按照"1+8"模式设置社区综合服务中心,为农民提供基本的公共服务。[1] 为了建立与城乡一体化相适应的行政管理体制,整合了城建、财政和涉农部门相关职能,组建市统筹城乡发展办公室,负责协调全市城乡一体化工作;与35家省直部门建立"厅市共建"合作机制。[2] 此外,鄂州市还统一出台了城乡一体化资金管理、农村新区规划建设管理、国土整理管理等3个管理办法,从制度层面对资金投入、劳动力转移、土地流转等实际问题进行规范。

二、湖北城镇化发展进程中地方治理的困境

城镇化是一场深刻的变革,给城市居民和农村人口均带来生产方式、生活方式的巨大变化。城镇化作为由传统乡村社会向现代城镇社会转型的社会发展过程,也是城乡间居民关系和他们生活的自然和人文环境持续变化的过程。无论从全国还是湖北来看,当前阻碍城镇化发展的最大的问题是城乡分割和二元化的组织、管理和服务体制和机制依然存在,农村现存的经济、组织、管理和服务体制严重滞后于经济社会发展,特别是在现行的城乡有别的农村土地制度、户籍制度、公共服务、社会保障以及集体经济经营管理体制和城乡基层组织与管理体制下,农民的财产性权利得不到严格和有效的保障,各类要素不能在城乡之间平等自由流动,既阻碍了农业资本通过市场经济活动实现保值增值,也使得进城安居、就业的农民难以将农业资本转化为在城市生活与发展的资源,还造成农民进城后政治身份与福利资格的丧失——他们无法获得履行政治权利、参与公共决策的资格,也被排除在城市公共服务获取与社会福利享受的范围之外。由于当前

---

〔1〕 "1+8"模式的"1"是指村(社区)党支部、村委会和农民经济组织综合办公场所;"8"是指便民服务中心、综治维稳站、文体活动中心、劳动就业培训中心、卫生服务站、计划生育服务站、农村党员群众电教中心、村级综合服务社。

〔2〕 作者不详. 城乡一体化的"鄂州样本"[J]. 小城镇建设,2010(9):36.

的城镇化进程是在城乡二元结构差异的前提下进行的,城镇化的快速发展并没有真正弥补城乡分离和城乡差异形成的裂痕,这不仅为社会管理的有效进行与地方治理顺利实施的造成了制度瓶颈,也严重制约着城镇化发展和城乡一体化建设目标的达成,更会对社会秩序稳定和公平正义实现带来极其深远的负面影响。

(一)农村"空心化"、分散化:基层管理、服务的新挑战

近年来,随着湖北城镇化进程的加快,人口大量外出谋生,向城镇大批外迁,其结果是农村最紧迫需求的资金、人才、知识和需求大量向城市集中,以至造成农村发展的"空心化"。一方面在农村形成了一个以妇女、儿童和老人为主体的留守群体(又被称为"603861"部队),形成农村人口年龄结构上的不均衡分布。另一方面城乡二元户籍制度的藩篱,以及村庄建设的不合理规划,又在村庄空间形态上形成了空心分布状况。"说村不是村,有院没有人;说地不是地,草有半人深",这是对湖北村庄日益"空心化"的真实写照。在此背景下,村庄的"空心化"不仅带来农村经济社会的急剧调整变化,更对当前农村的基层社会管理和服务提出新要求、新挑战。

1. 农村日益空心化,村民自治出现运行困境

(1)选举主体缺位,参选率降低。民主选举是村民自治的前提和基础,村委会是否由村民民主选举产生是村民自治的重要标志。湖北省 2011 年第八届村委会换届选举中,全省 3900 万村民中有选举权的村民数 2930 万,然而直接参加投票选举的村民数只有 1998 万,占有选举权人数总数的 68%。而黄石市直接投票选举村民数只占 51%,恩施州 50.7%,荆门市 61%,黄冈市 64.6%,潜江市 62.9%,天门市 59.4%,神农架林区 66.6%,这七个市(州)的直接选民投票率均低于全省平均水平 68%;而武汉、荆州、十堰、鄂州、随州和仙桃等地直接选民投票率较高。[1] 可以看出,超过半数的地方村民参加选举不仅低于全省平均水平,而且有的地方仅仅只有一半的村民参与。究其原因,是因为大部分中青年劳动力外出打工,使得留居在家的老年人、儿童或者在外无法谋生的农民,在数量上正成为农村常住人口的主体。因而事实上他们在基层民主建设中承担着"选民"的角色,但由于知识、精力、眼界等的限制,以及对政策的不了解等原因,他们对于事关农村改革发展的公共事务,大多无法表达意见;并且他们也知道自己没

[1] 资料来源:湖北省第八届村民委员会换届选举结果,由湖北省民政厅基层政权和社区建设处提供.

有能力从事村庄的政治活动，就算参加了，他们的选择也不能对其产生实际影响。因此，对于选举就更加没有积极性了。农村日益空心化，其结果选举人数远远达不到法定人数，直接影响了村级组织的建设，选举的合法性受到严重挑战，降低了民主选举的意义。

(2)选举成本高，质量低。村民自治从现阶段的实际运作来看，村民公共参与的实践与其制度之间还存在着较大的偏差，理论与现实之间存在着较大的差异。由于农村人口大量进城，其中更多的是有文化、有才干的农村精英，这些流出原籍村庄的农村精英无法充分享受到村民自治制度赋予的公共参与权利，如果回村参与则成本太高。据调查统计，在外出务工人员中，18~45岁的青壮年占92%，具有初中以上文化水平的占70%，男性比例高达79.2%。在农村的大多数是没有文化或者文化程度很低的妇女、年幼的儿童和年长的老人，其文化程度低，政治素质相对较低，从而造成村委会成员选择面窄，质量低下。另一方面，大量"离土不离乡"近城工作的农民和那些长期在家从事农业生产的农民对于选举积极性也不高，大部分是在短期利益驱使下参与选举的执行过程。就如宜昌市点军街办一个村2009年公布的村两委选举开支情况，共花费了近两万元，而最大的开支在于支付村民每人30元的工日费；该街办的其他三个村也每人支付了5元、10元的工日费。在税费改革和乡镇体制改革之后，财政资金支持不足成为制约农村社区建设的最大瓶颈，而很多地方的村两委毫不吝啬这笔巨大开支，其原因就如点军街办的村干部所说的：

"村里的很多事情都没钱开展，比如村里自来水管老化了，多处漏水，没钱修理。可是选举这笔钱又不得不花，我们村大部分村民在宜昌市区或点军街区做事，都是早出晚归的，由于做劳务性质的事情，很少有休息日。而选举的一个要求就是保证有过半数的参选率才有效。现在农民为了选举而耽误工作，因此，如果不用工日费补偿，难以保证有三分之一的人参加。"[1]

而农民只是为了轻松得到工日费而参加选举，并没有本着"选出有能力、为农民办实事的村干部"的态度对待选票。选举成本高和候选人范围变小，特别是委托选举的变形，使可能选出的村委会成员素质偏低。如一位村民所说：

"说老实话，不想参加（投票），一点儿意思都没有，选票上的人（村党支

---

〔1〕 杜云素．城乡结合部农民社区参与行为研究——基于湖北省宜昌市点军街办的调查[D]．武汉：华中农业大学文法学院，2009.

书候选人)都是定好了的,都不是老百姓想选的人,我们肯定想选办实事、做好事的人,我拿着选票选谁呢?还不如不参加,少些牢骚。"("为什么您最后还是参与了投票呢?")"有钱啊,每人30元钱吸引了很多人,大家都将就着选了,我一个人僵着也没用,参加的话,毕竟可以得钱。"[1]

(3)村民流出地:留守村民无能力实行自治。城镇化发展进程中,农村中以30岁左右、文化程度较高、个人素质较好的村庄"精英"成为近年来外出打工的农村劳动力的主要群体。2011年湖北省常居人口5758万人(指常住本省半年以上人口)其中,乡村2773.60万人,占48.17%,而截至2011年底,湖北省有1163.6万外出务工人员,留在农村中的人数有1610万人,其中大多数剩余人口多为不谙世事的青少年和受教育程度较低的大龄人口。据首份《湖北省人口与发展研究报告》统计,2011年我省60岁及以上老人比重达13.11%,65岁及以上老人达8.71%,80岁及以上老人达1.51%。据第六次人口普查数据预测,到2015年,不到7个湖北人中就有1个是老年人,这些老年人中不少是空巢老人。第六次全国人口普查数据显示:中西部六省[2]常住人口出现了"负增长",湖北达到-5.0%。可以预期,随着人口外流、低生育率持续,中西部地区人口将持续向东部扩散,中部人口"空心化"会日益加剧。我省是以农民为主的省份,人口的大量流出,必然使村委会选举中出现法定人数不够以及村民自治难以为继的问题。[3]以湖北省浠水县为例,该县是传统农业大县和劳务输出大县,常年有近20万人在外务工经商,"空巢老人"8000多名,"留守儿童"多达1.1万名,要靠剩下这部分村民来进行村民自治,显然是自欺欺人。

乡村政治精英层缺失,村民自治实际上沦落为村委会少数人决策。民主决策过程中不能召开全体会议,不能反映大多数的意愿;民主监督过程中的主体缺失致使监督权的让渡,不能有效监督制约村委会工作和讨论决定重大村务。人口流动必定会削弱流出乡村的自治功能。

(4)村民流入地:流动村民民主权利难以实现。并非所有的农村人口流动的目的地都是城市,还有不少是流向经济更加发达的乡镇、农村,这就在一定程度上影响到了流入农村的自治。其一,流入村民的民主权利难以

[1] 杜云素.城乡结合部农民社区参与行为研究——基于湖北省宜昌市点军街办的调查[D].武汉:华中农业大学文法学院,2009.

[2] 指重庆、湖北、四川、贵州、安徽和甘肃.

[3] 邱辉,任中平.农村人口流动对当前村民自治的影响及对策[J].重庆邮电大学学报(社会科学版),2012(1):109.

实现，不能充分行使选举权和被选举权。关于流动人口（村民）的选举问题，1998年颁布的《村民委员会组织法》并没有明确规定，2010年10月新颁布的《村民委员会组织法》在第13条作了具体规定。尽管如此，户籍不在本村的流入村民的被选举权事实上还是难以保障；而且，在一些流入人口规模较大、甚至超过本地村民数量的一些发达农村，户籍在本村的村民的权利也会受到一定程度的影响。其二，导致当地管理难、治安恶化。有学者认为，目前的农民流动是有流动无发展，导致乡村发展资源流失；有流动无突破，导致乡村传统文化结构在复制；有流动无安宁，导致乡村社会秩序失衡。一个社会秩序失衡、治安恶化的乡村，如何能保证村委会行使自治权、村民真正实行自治呢？

2. 基层组织“衰弱”，民主管理机制难以维持

（1）基层政权“空心化”：农村基层组织面临“瘫痪”。对于农村的事务管理，村民委员会是执行主体，担任着维护农村基层稳定和发展的任务，村民作为基层的主要构成，在农村治理和发展中充当着无可替代的功能；从现实来看，2011年湖北省第八届村民委员会换届选举的结果显示，全省新一届的村委会成员中，45岁以上的党员占到党员总数的41%，初中以下文化程度占到了40%；45岁以上的村委会主任占53%，初中以下文化程度占33%，高中文化程度达56%；[1]而大学生村官当选率不足1%。由于知识层次较高的群体集中在30岁以下，总体向市外流动，农村基层无论从自治组织成员构成还是参与主体构成方面都明显地表现为学历普遍偏低、年龄层次普遍偏大的问题；加上优秀年轻基层人才的流失，基层财政危机等因素，基层工作人员离职率持续增长，阻碍了干部队伍的年轻化与知识化。同时，基层组织在薪金待遇和工作环境方面与城镇有明显的差距，进一步增加了人才引进的难度，加速导致基层政权“空心化”[2]。人力资本的空心化，不仅是农村基层管理组织的“硬伤”，更是建设农村社区的短板。

---

〔1〕 资料来源：湖北省第八届村民委员会换届选举结果，由湖北省民政厅基层政权和社区建设处提供.

〔2〕 基层政权“空心化”是指，在基层政权或农村政权组织中有文化的青壮年劳动力离开基层流向城市工作，造成基层政权组织中的人口在年龄结构上出现脱节，人员构成上出现部分真空，使政府职能得不到有效地发挥；又因城乡二元体制和户籍制度的限制，加之城乡经济发展的极不平衡，导致基层政权内部人力、物力、财力流失与断层，致使基层政权职能、权力和责任的弱化。参见文献：何彦骞，佘勇．基层政权“空心化”：原因与对策分析[J]．经营管理者，2012(6)：27.

案例1　村庄渐趋“空心化”[1]

湖北省随州市曾都区洛阳镇张畈村,60岁的凌顺诗老人带着7岁的孙子生活。在曾都农村,大部分人家是这样的“老幼配”,村子里绝大部分青壮年都外出打工了。

华中师大中国农村问题研究中心教授项继权形象地描述:“当前的农村就像过冬的萝卜,看起来很大,实际上是空心的。老弱病残成了农村的主体人群,防护力量非常脆弱。”“老幼配”还带来另一个问题,老人对孙子辈多是迁就和溺爱,这种隔代教育容易让孩子养成不良习惯,甚至使其误入歧途。省公安厅治安总队人士透露,农村留守孩子犯罪现象正逐年增多。

“村里已经好些年没有组织治安巡逻了。”洛阳镇九口堰村村干部张明继说,“主要是两个原因,一缺人,二没钱。”在武汉工作的胡永清告诉记者,在他老家郧西乡村,以前有纠纷找村治保会就能解决,现在这个组织基本是个空架子了。曾经,村治安巡逻队和治保会是农村治安防控的主要力量。

项继权认为,造成这一现状的主要原因是农村基层组织弱化。以曾都区洛阳镇为例,村组合并后,现在每个村人口、面积平均增加一倍,而村干部则由以前的8名左右减少为5名。缺经费又差人手,农村安防组织大多处于瘫痪、半瘫痪状态。

(2)“村官空巢”:村庄权力得不到监督。我省因农村空心化,家庭“空巢”化而产生的农村留守人口总量已接近1610万人。在这种愈来愈严重的农村人口“空巢化”大背景下,农村党组织活动场所大大缩水,党组织的活动也几近消失,农村干部在农村的地位便迅速下跌。带头致富、发展村级经济的基础条件基本完全丧失。农村干部也就失去了施展身手的舞台,更没有了发展的空间。留下来硬撑着的干部的工作就只能付出——为村里的老弱病残服务。失去的是自己致富、发展经济的宝贵时间乃至宝贵的青春年华,而得到的回报仅仅是上级给予的工资(或补助)少的可怜,使村干部的位置成为了鸡肋——“食之无味,去之可惜”。显然付出和回报没有半点对称的余地。

“村官空巢”凸显基层权力的衰败,农村干部待遇的低微,致使基层政

---

[1] 空心化,农村的痛[EB/OL].(2009-3-2)[2012-7-24] http://ctdsb.cnhubei.com/html/hbrb/20090302/hbrb637722.htm.

权人力的匮乏。当前,农村基层政权处于真空的状态,一些党支部和村委会也就唱起了空城计。无人照管的组织,便失去了组织的作用,核心战斗堡垒作用也就成了空谈。党的最基层的组织就出现了问题,常言道:“基础不牢,地动山摇”。就农村社会的现实生活需要来看,这种“村官空巢”现象,显然又是极不合理、甚至十分危险的。在青壮年人口流失、家庭普遍“空心化”的现实下,农村的各种社会秩序和公共服务需要,不仅不会减少,反而会不断增加且更显紧迫。此外,更大的警示还在于,农村社会法治基础秩序的失衡、管理民主的严重不到位。

案例2　湖北反贪局长:村官犯案多因权力运行监督不到位

在湖北省人民检察院1月至4月立案查处的涉农惠民领域贪污贿赂犯罪涉案人员中,62.5%为农村基层组织工作人员。如何看待这一数字,《法制日报》记者今天就此与该院反贪局局长龚举文展开对话。

记者:在湖北省检察院公布的数据中,涉农惠民领域贪污贿赂犯罪涉案人中,村支部书记83人、村委会主任34人、其他人员60人。涉案人员为什么以村官居多?

龚举文:之所以出现这种现象,权力运行监督不到位是一个主要原因。各级政府出台了很多支农惠农资金方面的监管制度,也有申报、审批、复核、发放的机构和流程。但是由于涉及面广、层级多、补贴标准不一,监管工作量大,有关部门监管难以落到实处。

记者:小小村官动辄贪污几十万甚至上百万元涉农惠民资金,他们为什么会如此轻易得手呢?

龚举文:村级财务管理制度不健全,给村官职务犯罪留下了可乘之机。湖北检察系统查办的村官贪污案,多数没有建立健全严格规范的财务收支审批和经办制度。

与此同时,政策宣传不到位,农民知情权难以保障,也就难以维护自身权益。国家支农惠农资金经初步统计有27项,农民熟知的不过四五项,获得信息主要是广播、电视,甚至部分村基层组织人员出于私心故意不宣传不告知。[1]

(3)人口流动管理机制缺位:民主管理失控。按照现行制度,村委会拥有管理外出村民的权力和职责。但是,在当前,农民流动既不需要村组织

〔1〕 袁定波. 湖北反贪局长:村官犯案多因权力运行监督不到位[EB/OL]. (2012-5-29)[2012-7-12] http://www.chinanews.com/fz/2012/05-29/3922741.shtml.

的批准,也没有严格意义上的组织手续。村委会对本村村民流动情况了解不全面,对大多数村民是否处于流动中、如何流动、流向何方等均无约束力,时间和空间的阻隔也使村落公共权力难以达致外出村民身上。在此背景下,村委会对于流动人口的计划生育管理和组织村落公共工程建设等方面都面临相当大的难度。因此,这些村民实际上"逸出"了村庄治理的范围,村委会对其管理上显得鞭长莫及、力不从心,处于"无能"和"无力"的境地。

(4)村务公开流于形式:民主管理难以落实。"村务公开是指在一个村民委员会的辖区内,村民委员会组织把处理本村涉及国家的、集体的和村民群众利益的事务的活动情况,通过一定的形式和程序告知全体村民,并由村民参与管理、实施监督的一种民主行为。"[1]村务公开和民主管理是改革开放以来我省农村基层管理体制的重大创新,而城镇化的快速发展,导致大量农村人口向外流动,不仅导致村民会议由于人数不足难以召开,一些村庄甚至连村民代表会也难以召齐人数;另一方面,大量农村人口的外出,也使得留在村庄内的村民逐渐漠视村级事务而更加向往到城市发展,这样的结果是留村村民缺乏参与村级事务的动力与热情,也缺乏对村务公开的有效监督,从而给村级民主管理带来严重影响,造成村务公开流于形式。

3. 基层政府在农村日益空心化中面临的挑战

(1)大规模而频繁的人口流动对基层政府的社会管理能力提出挑战。据国家统计局分析,过去十年,湖北省净迁出人口 470 万,净迁出人口规模仅少于四川省,居全国第 2 位;人口总数减少 5%,减少幅度仅低于重庆市,居全国第 2 位。截至 2011 年底,湖北省有 1163.6 万外出务工经商人员,占全省农村劳动力总数的 51%,比 2010 年增加了 199.6 万。如此大规模的人口流动,对基层政府的管理能力无疑是巨大的挑战。首先,流动到外地(本省其他地区或者跨省域)的农民由于受空间距离的阻隔,而难以像原籍村民那样有效地行使民主管理权,而又由于受户籍关系等的限制,无权参与流入地的民主管理。因此,流动农民事实上处于政治民主化和社会化的"边缘"。[2] 其次,户籍所在村的基层政府具有管理和调控流动农民行为

〔1〕 项继权. 后税改时代"的村务公开与民主管理——对湖北及若干省市的调查与分析[J]. 中国农村观察,2006(2):49.

〔2〕 吴传英. 论农民流动对村民自治的影响及对策[J]. 山东省农业管理干部学院学报,2011(1):12.

的权力和责任，但由于这些人流动在外，原籍基层政府在不知流动农民在何处、做什么的情况下，实际上失去了管理能力，而流入地的基层政府有拥有管理流动农民的客观条件，却又没有全面管理流动农民的充分权力。如此一来，流动农民成了"有权管而管不着，管得着而无权管"的"边缘人"。

(2)农村公共服务需求增加与基层政府公共服务能力矛盾日益显现。从整体上来看，当前农村社会各项公共服务及基础设施建设与村民日益增长的需求之间的矛盾仍然存在。由于地域发展的不平衡性，不同地方政府的公共服务提供能力差异性，使农村社会公共事业发生层化现象，严重制约了新型城镇化的发展进程。

第一，基层政府资金不足使公共服务难以落到实处，农村部分公共需求不足。以武汉市三农投入为例，如图 8-2 所示，自税费改革后，2005 年到 2006 年，武汉市政府对三农财政投入有一个较大的提高，自 2006 年到 2008 年的三年间，基本上稳定在 6.7%、6.8% 之间，并没有明显的增加。然而，相对于急剧增长的农村公共事业及公共服务需求，市级财政投入却逐步放慢。此外，各项基本设施建设的投入均需地区配套资金支持，但是，由于"农村家园建设行动"、"村村通"公路建设、农业综合开发、农村安全饮水等项目的实施，均需要区级配套，区级财政负担较重。因此，对于农村水利基本建设，除"以奖代补"能拿出少量资金来调动农民兴修水利的积极性以外，农村水利建设区级投入情况并不理想。

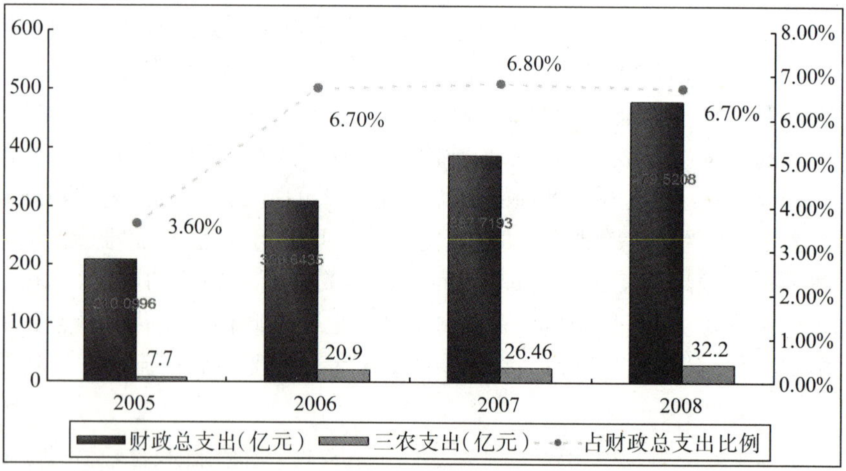

图 8-2　2006—2008 年武汉市三农资金投入状况

第二，村干部素质低，普遍待遇不高，缺乏激励，工作积极性不高，大大影响了公共服务工作的安排与落实。我省村委会成员中，45岁以上的党员占到党员总数的41%，初中以下文化程度占到了40%；45岁以上的村委会主任占53%，初中以下文化程度占33%，高中文化程度达56%；而大学生村官当选率不足1%[1]。

第三，农村社会保障体系不完善。以农村留守老人养老为例，截止2011年10月，全省共有65个县（市、区）列入国家新农保试点范围，占103个县（市、区）的63%。目前，试点地区正在按省政府部署加紧推进。65个试点县（市、区）共覆盖农业人口2983万人，占全省农业人口的74%，其中，60岁以上的农村老年人口411万，占全省60周岁以上农村老年人口的72%。[2] 月均养老金在百元以下，在当下社会，这点养老金还不够买几斤肉；农村养老院建设也远远落后于城市，相比城镇，空心化农村老人的养老更加脆弱。

（二）流动中的制度束缚：农民离土难离乡

随着湖北省经济社会的快速发展，在未来二十年里，城乡社会流动性将进一步加大，城镇化水平也将不断推进。到目前为止，城乡有别的政策和制度并没有完全消除，城乡之间在户籍、居住、就业、社保、教育、医疗等方面的二元化制度在相当程度上依然存在，基本医疗卫生服务及社会保障等制度设计仍是坚持城乡分离的思路，按照人们的身份和地域来设计，农民仍受到诸多的政策上歧视和制度上的束缚。[3] 从现实来看，基于户籍制度的捆绑下农民权益问题仍然是我省新型城镇化面临的突出矛盾与问题，对我省新型城镇化发展提出了新的挑战。

1. 城乡二元户籍制度是新型城镇化快速发展的现实障碍

城镇化的核心问题是人口迁移问题，而作为允许人口自由迁徙的户籍制度，是城镇化进程的制度保障。我国传统的二元户籍制度使农业户口与非农业户口在医疗、社保、就学、就业等待遇具有明显的差异，户籍不仅证实了一个人的身份，而更彰显着与之相适应的各种权利与待遇。如表8-2

[1] 资料来源：湖北省第八届村民委员会换届选举结果，由湖北省民政厅基层政权和社区建设处提供.

[2] 陈会君，宋欣然. 湖北省农村社会养老保险：让农民"老有所养"[EB/OL]. (2011－10－11)[2012－8－12] http://news.cnhubei.com/hbrb/hbrbsglk/hbrb01/201110/t1851153.shtml.

[3] 项继权. 城镇化的"中国问题"及其解决之道[J]. 华中师范大学学报（人文社会科学版），2011(1)：4.

所示,二元化的户籍制度下,城乡人口所享受的公共服务存在严重的不均等。尤其是那些在城镇居住多年的农民工和农民虽然被算成是城镇人口,但他们在劳动就业、工资福利、子女就学、社会保障、保障性住房购买等方面仍很难享受城镇居民同等待遇,并没有真正地完全城镇化,离土难离乡。

表 8-2 城镇户口优于农村户口的主要权益

权益内容	城镇户口	农村户口
子女免费义务教育	能读好学校	只能读一般学校
基本养老保险标准	600 元/月	55 元/月
享受贫困户低保标准	低于 240 元/月	低于 100 元/年
失业保险金	564 元/月	无
医保(大病住院)	4 万元封顶	3 万元封顶
政府廉租房	可以申请购买	无资格
政府经济适用房	可以申请购买	无资格
复员军人安置费	25000 元	5000 元
丧葬费补助	3840 元	500 元
交通事故死亡赔偿	高	低
自主创业小额贷款	可以享受	无法享受
住房公积金	可以享受	无法享受

资料参考:夏志强. 城乡劳动力市场一体化研究:基于统筹城乡发展理论——以湖北省为例[D]. 武汉:华中师范大学政治学研究院,2011.

我省城乡二元分割体制尚未打破,加快城乡户籍制度改革刻不容缓。如图 8-3 所示,近几年来,随着农村经济的快速发展,2011 年,农业人口占全省总人口的比例仍然超过了 48%。城乡户籍制度在现实改革中的难度仍然相当大。

随着经济社会的发展及社会结构性变迁,城乡社会的流动、融合已经成为城乡社会发展的必然趋势,如表 3 所示,经预测,未来 20 年里武汉市非农人口将大幅度增加,这也对城乡二元户籍提出的一大挑战,未来新型城镇化的过程必定是非农人口逐步减少城乡分离逐步走向城乡融合的过程,这客观上要求打破户籍壁垒,实现城乡一体化户籍制度。

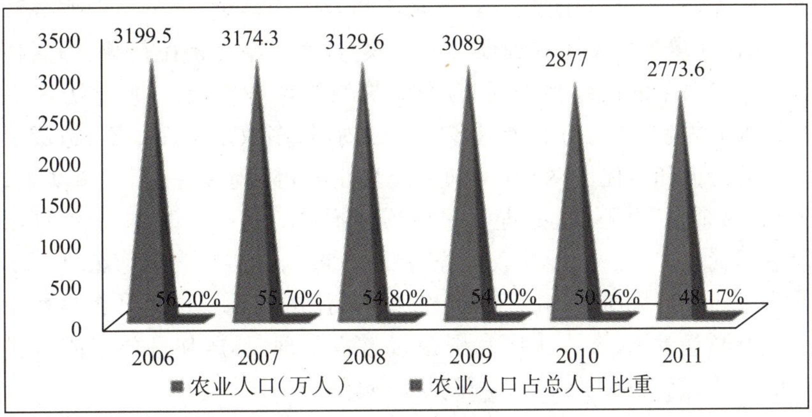

图 3　2006—2011 年湖北省农业人口及比例

数据来源:《2006—2011 年湖北省国民经济和社会发展统计公报》。

表 3　武汉市 2013—2030 年新增非农业人口预测值[1]　(单位:万)

年份	新增非农人口	年份	新增非农人口	年份	新增非农人口
2013	6. 35	2019	4. 37	2025	2. 74
2014	6. 00	2020	4. 08	2026	2. 50
2015	5. 65	2021	3. 79	2027	2. 27
2016	5. 32	2022	3. 52	2028	2. 05
2017	4. 99	2023	3. 25	2029	1. 83
2018	4. 68	2024	2. 99	2030	1. 62

城市对于外来农村流动人口,几十年来均实行的是发放暂住证,但暂住证只是移民文化的标志性符号,让初到城市的外来流动人口拥有暂时居住的权利和一个身份,这个词本身就蕴含着生活的不安定性。我省自 2008 年实行"迎接新市民工程"到 2011 年武汉市实行"居住证"制度,户籍改革之旅可谓是步履蹒跚。武汉市实行居住证制度已满一年,近年来武汉流动人口快速膨胀。2002 年,该市流动人口为 39 万,到 2011 年底,这一数字达到 225 万。流动人口与户籍人口数量比为 1∶4。尽管武汉市的"居住证"

〔1〕 陈华飞. 武汉市新增非农人口与建设用地规模[EB/OL]. (2010 - 4 - 28)[2012 - 6 - 9] http://www.lrn.cn/zjtg/academicPaper/201004/t20100428_485336.htm.

制度原则上持证人可享有义务教育阶段儿童入学就读、计划生育服务和奖励、在居住地申领机动车驾驶证等十项权益，逐步享受市民待遇，但居住证制度离户籍改革的最终目标尚有距离，据媒体调查发现，一些地方考虑到财政投入的因素，并没有赋予更多实质性内涵，多数是华而不实，造成了外来工有身份证和居住证两张证，却无法真正获得"同城待遇"。事实上，居住证的"含金量"并不高，办理程序也烦琐不堪。退一步说，即使办理居住证能够享受就业、医保、子女教育等"同城待遇"，也必将对城市公共资源及公共服务造成巨大压力，并且还涉及巨额费用的问题。这笔开销显然没有地方政府愿意承担，统一由国家财政拨款也不现实，居住证便将陷入进退两难的境地，流动农民工的权益依然难以保障。

案例3　武汉办居住证二三事[1]

回武汉也有两年左右了，近日有事宜必须用到居住证，这可得了，把个居住证程序与办事人员看个彻底。怎么办理居住证，上官方网站查过，简单却并不实用，字里行间却暗含有，诸多人去办需跑多次而不顺的情况。不过，我总算见识了，办个居住证多么不省事的遭遇。

有人说找社区居委会，有人说找片警，我哪知道片警或是居委会在哪呢？于是我查到了辖区派出所的电话，打电话过去，说带上房屋租赁合同，带上身份证，工作证明，就可以了，鉴于在其他部门办证的经历，我于是问了句：要不要带上房产证复印件，对方这样回答：那带上吧！这个还可以商量？

骑车过去了，X青派出所，窗口的女民警告诉我墙壁上有电话，让我找辖区的民警，打了墙上一个邬X社区警务室的电话，对方说我应该到邬X社区警务室去，我又辗转去了这位警官说的地方，头上那个太阳烈啊，我在想，这程序繁琐的意义在哪里？直接每个区集中办理不就行了？

刚到警务室坐下来让警官填单子，一听说我的办公室在X都，警官说，你那儿不归我管，你那儿是在XX花园。于是我又颠到XX花园，一看墙壁上两位警官，一位有头像无名字无电话，一位有头像有电话，打有电话的那位，他说他今天休息，让我周一过来。不就办个居住证？如何搞出了这么多事呢？一国两证（身份证，居住证）已让我等"难堪"，再如此不经意程序繁琐，简直就是"情何以堪"。

---

〔1〕 武汉办居住证二三事[EB/OL].（2011－7－31）[2012－7－28] http://www.caogen.com/blog/infor_detail/28486.html.

2. 流动农民子女异地求学难

子女的教育问题，最是牵动外来务工人员的心。农村剩余劳动力进入城市后，本身就面临着各方面的重重压力，如果他们的子女在城市里的受教育问题再得不到很好的解决，就不能使他们在流入地顺利地工作和生活，就算是在城市已生活十年八年，其子女依然是“流动的花朵”。据有关资料统计，截至2011年秋季，武汉市共接收义务教育阶段流动人口随迁子女13.7万人。其他几个中等城市进城务工的农民工也有数万人或10多万人，进城就读的子女达到数千人甚至上万人。如黄石市进城务工的农民工有10.22万人，占市区人口的15.46%，小学阶段农民工子女有3184人，占城区小学生的5.48%，初中阶段农民工子女有2072人，占城区初中生的8%；荆门市共有进城务工的农民59840人，约占全市城区总人口的10%，其适龄子女18700，其中小学阶段15068人，初中阶段3622人，分别占城区中小学生的比例也在5%以上。进城务工农民子女90%集中在中心城区，几个中等城市80%以上安排在公办中小学就读，其他在民办学校学习；武汉市11.58万农民工子女中，有4.8万人在公办学校读书，5.08万人在已经审批的简易民办学校上学，1.7万人在未经审批的简易民办学校就读。[1]

目前流动儿童义务教育坚持以公办中小学和简易学校为主，但由于各省市间“户籍鸿沟”的存在，流动农民工的子女在城市接受义务教育和高中教育往往会遭受歧视，比如：需要缴纳借读费和赞助费、“借读”学生没有学籍、不能平等参加校内外的各种活动、得不到合法的毕业证书等。尤其流动人口随迁子女在异地参加高考的政策一直没有得到解决，外来人口随迁子女在城市接受高中教育后，必须返回籍贯地参加高考。这无疑对农民工的市民化雪上加霜。

案例4　户口卡住农民工子女高考，无户口须回原籍

“我做梦都在为女儿跑户口。”秦曼的父亲曾向公安部门咨询过，若能在汉买一套120平方米或者价值30万元以上的房屋，便可在汉落户。但对于月收入只有数百元的秦家来说，30万元无异于天文数字。

秦父说，女儿回河南高考，除了试卷类型不同外，还有一系列难题。

首先，得托关系找一所高中借读，然后才能以该校学生的身份报名高

〔1〕　百度知道．湖北农民工子女教育[EB/OL]．(2007-7-20)[2012-9-17] http://zhidao.baidu.com/question/31153659.html.

考;借读要缴纳借读费不说,来来往往还得一笔交通费。

最让人担心的是安全问题。老家只有年迈的爷爷奶奶,根本无力照看孙女,“我们在这边打工,怎么放心让一个姑娘伢回农村?”

“如果户口问题最后还是解决不了,那就想让她退学。小女儿秦婷也不用继续在汉读书了,都打工去,”秦父脸上透出无奈的神情:“我打电话求助媒体,是想引起各方重视,给女儿争取一个在汉高考的机会,不要排斥农民工的孩子。”

2012年8月30日,国务院转发了教育部等四部委《关于做好进城务工人员随迁子女接受义务教育后在当地参加升学考试工作的意见》(以下简称《意见》),《意见》指出,在因地制宜的方针指导下,各省、自治区、直辖市有关随迁子女升学考试的方案原则上应在2012年年底前出台。不可置否,《意见》对进城务工人员及其随迁子女是一个利好的消息。然而,《意见》中明确规定“随迁子女‘当地’高考须满足三项条件。”首先家长要符合条件,学生还要符合条件,还有一个是城市条件。且看家长需要满足的条件有“工作稳定”、“有房”、“有保险”。不能不承认,这的确解决了一部分需求,却只是让一部分孩子先“异地高考”起来。但凡对这片土地有着深切体会和认知的人都晓得,能够满足“工作稳定有房上保险”这三项,庞大的农民工,这个最需要关照的群体,断然是被排除在外了。表面上是“条件”,实质上依然是“门槛”。

3. 就业不稳定,农民工社会保障滞后

农民工在城市的就业岗位不稳定,流动性很强,加上就业行业窄,一般从事重、脏、累、险的工作,劳动条件差,工伤事故的发生率比较高,且一旦发生就会比较严重;加上农民工的健康状况差,如果没有相关的社会保险,一旦出现失业或者事故,生活成本和昂贵的医疗费用,对广大农民工显然不堪重负。而我省目前农民工社会保障滞后问题依然很突出:农民工工伤保险和医疗保险纳入财政保障范围的工作步调不统一,而养老保险尚未纳入统一的城镇职工养老保险范围。很多企业录用农民工,都没有按国家有关规定为其提供法定的各种保险。

从现实来看,我省大多数农民工社会保险参与率不高,参与积极性低。一些民营企业在每年生产旺季急需大量员工,淡季却不得不裁掉大部分员工,企业劳动合同及社保签约率一直不高。如武汉实行“五险合一”,虽然是为了保护农民工权益,但是却与农民工想法有较大差距。社保中,农民工最大的顾虑是养老保险,有调查显示,武汉有八成农民工不愿意购买养老保险,尤其是年轻的农民工,他们更关心的是直接享受到医疗保险和工伤保险。相关调查结果表明，武汉市外来农民工平均在同一用工单位连续谋职时间在一年以内的占71.6%，绝大多数的农民工会在一年内更换1～2个工作，这说明大部分农民工经常面临着失业，重新寻求就业机会的情况。[1] 农民工的流动性不仅对其正常收入造成影响，而且给农民工自身的保障形成了障碍——较大的流动不宜于地方政府部门统计所在市的外来人员数量，从而使得针对这些外来人员的一系列社会保障政策难以实施。

案例5　湖北农民工的社保困惑[2]

7日上午，武汉市劳动社保部门相关负责人来到宏海公司召开农民工座谈会，听取大家意见。25岁的廖兴娥，来自陕西安康一个偏远山村，今年刚到宏海公司打工，提起参加社保，她连连摇头。

社保局工作人员告诉她，按照《劳动合同法》，企业和用人单位必须签订劳动合同，参加社会保险；员工不参保，企业只有辞退。

每月162元的社保费在老家足够养活一个人了！她一脸焦急地说，家里经济很困难，一个月辛苦攒下的1000元工资，大都寄回家里。社保局工作人员张华解释，这162元只是个人缴纳部分，企业还要缴纳400多元，参加社保后可以享受到养老、医保、工伤、失业、生育五种保险待遇，很划算！

由于武汉市实行的是“五险合一”，许多农民工提出，可不可以只参加部分保险，像生育保险对在农村已结婚生子的农民工而言毫无意义；还有一些农民工则提出找不到工作会返乡务农，怎么能享受到失业保险？46岁的张师傅更关心的是，自己返乡后，社保如何处理？尤其是养老保险15年的参保期太长！一旦失业，没有企业缴“大头”社保费用，600多元的社保费自己如何承担？

值得关注的是，当前对广大农民工和失地农民的社会保障欠帐，虽然降低了目前的企业运营和城市发展成本，但是将构成对未来社会保障体系的巨大压力。

4. 非转农：新时期的伪“逆城市化”

随着城市化的发展，农村户口——尤其是城乡接合地的农村户籍的价值也发生了变化，引发这一切变化的源头在于这些地区土地的增值。大量

---

〔1〕 姚仁慧．真空地带——武汉市农民工社会保障问题调查[J]．中国保险，2007(1)：44.

〔2〕 杨麟．湖北农民工的社保困惑[EB/OL]．(2010－4－20)[2012－8－20] http://news.cnhubei.com/hbrb/hbrbsqik/hbrb11/201004/t1094714.shtml.

“非农户”将户口迁到农村,参与分享农村各项福利,农村户口变得日益抢手。专家认为,在城乡接合地带“非转农”现象激增,不仅严重侵犯了农民的切身利益,还加剧了农村新的矛盾。目前,我省城镇化过程中希望逃出城市、流向农村“非转农”的群体中,大致可以分为两种类型:一是主动流动,二是被动流动。

从主动流动角度看,有相当一批人是在利益驱动下的行为。在农村土地不断被纳入城市化进程的大背景中,一个农村户口背后的利益链越来越长,农村户口也越来越值钱了。不愿意“农转非”的大学生们正是把眼光放在了这里。在武汉市的城中村或城市周边等地,一旦村里房子拆迁,一个农村户口涉及征地补偿、安置房补贴、土地开发后每年村里的分红等等,加起来往往有几十万元甚至近百万元。细算一个城市周边农村户口的价值,主要可分为两大方面:一方面是征地补偿费用和还建房的赔付;另一方面是在集体经济组织中享受的各种福利和分红的功能。

从被动流动这一角度来看,主要包括两类群体。首先,相当一批城市先富者把农村生活当作改善生活品质的一种选择,拥挤的交通、污浊的空气逼着这些城里人走向城郊、乡村。其次,一些普通城市居民或低收入群体,无法承受高房价、高消费等城市生活成本,无法依赖仍有欠缺的社会保障,不得不被挤出城市。

目前村委会接收“非转农”户口手续简单,且极不规范。据相关人士透露,办理“非转农”的手续很简单,只要村干部愿意接收,村委会盖上章,当地派出所签字盖章,户口就“光明正大”地回到村里。随着土地价格不断上涨,城郊的“非转农”还会不断升温,而在土地增值较快的地区,这种现象更加突出。如果不加以争取引导,对返村的“非农户”回村条件、享受福利待遇等方面明确规定,作出限制,大量而无序的“非转农”潮将诱发新的社会矛盾。

案例6　怪象“非转农”[1]

“由于城市市区的大部分规划都已经完成,因此被用于征地的土地已经十分稀少了。不过一旦土地和房子被征用,补偿费用将是一笔巨大的收入。”武汉市近郊的一城中村居民告诉记者,根据地段以及征地使用的功能不同,补偿费用也各不一样,从几万到几十万元的都有。随着时间越往后

---

〔1〕 胡长华. 怪象“非转农”[EB/OL]. (2010-12-10)[2012-7-13] http://hubeitoday.com.cn/show.asp? b=189&bid=190&id=6537.

推移,土地价值越贵,分到的补偿费用将会越多。

近年来,在城市近郊的农村集体经济组织中,每位村民享受的福利和年终分红越来越受到村民的重视。据城中村村民的介绍,作为新农村试点,村里基本上完成了集体经济股份制度,由村委会负责经营集体经济,每位村民作为集体经济制度的股东,每个月享受五六百元的福利补贴,在年底还享受分红。该村民说,"分红多少不等,少则几千多则上万元。自己去年从所在片区里就得到了3800元的年底分红,这还算是拿得少的。"

今年9月,刚入学的大一新生小赵来自于武汉市的近郊农村。入学时,学校要求统一办理大学生集体户口,小赵自愿申请保留原籍,不想转成城镇户口。小赵说:"我们村里马上就要抵押征地了,到时赔偿时我也有一份,而且我在村里也有股份,每月村里都会给我一定的生活费用,保险也有,包括我读书的相关费用村里也会解决一部分,到年底时我还有个大红包拿,多好啊!现在的城镇户口只是说出来让人感觉好听,并没有多大的实际好处。如果将户口迁到学校,我将损失几十上百万元,因为户口一旦迁出,以后就很难回到原籍了,如果学校当时不同意我的申请,我会为了保住户口而放弃现在的学习机会的,否则,机会成本就太大了。毕业后我多少年才能够挣回现在的户口钱啊!"

(三)城市基层治理难题:外来人口与城中村

1. 外来人口流入:城市治理的压力

"单位"曾是我国基层治理的基本单元,20世纪80年代的改革打破了单位制,大批的"单位人"变成"社会人"。无论是农村还是城市,人或事都溢出了原有的相对封闭的单位,于是政府认为"最好的选择就是由社区来承接,由街道、居委会来承接",但由于社区不像单位那样占有经济和政治资源,对其成员的控制能力远弱于单位,社区内也不存在一个刚性的制度化的管理体系,加上我省户籍制度逐步松弛、人员流动削弱了社区对人员的束缚能力,因此社区无法简单替代"单位"的基层社会治理功能。[1] 外来人口流入城市寻找生存空间和就业空间,为城市社会发展、经济增长注入了新的动力,促进了城市化的发展。但长期以来,大多数学者都将关注的眼光放在外来人口在城市中受到的不公平待遇,却忽视了大量外来人口的涌入,也打破了城市正常的管理体系,加大了城市运行成本和社会治理

〔1〕 马卫红,桂勇. 从控制到治理——社会转型与城市基层组织框架的变迁[J]. 华中科技大学学报(社学科学版),2008(5):78.

成本，增大了城市本来就严重的就业压力。根国家统计局抽样调查数据，2011年全省流动人口已超过1100万，如此之多的流动人口大量涌进城市，将会对城市带来全方位的治理压力。

(1)大量外来流动人口冲击城市公共安全。一些外来流动人口在城市找不到工作，而又不想回到农村去，就极易成为“失范”倾向的“流民”，而“流民”是城市中犯罪率较高的人群。大部分的外来人口，尤其是没有找到正式工作的人，大多处于边缘人的地位，利益经常受到损害；家乡的组织管不到他们，城市的组织不管他们，因而处于管理的真空地带，给城市的社会管理加大难度；外来流动人口受到城市的负面影响，法治意识和秩序意识淡薄，当没有正式的组织和方式维护自己的合法权益时，易铤而走险，产生报复社会的念头，对城市的治安综合治理带来潜在的压力。我省公安机关抓获的犯罪嫌疑人中，流动人口所占比例较大，各类刑事案件、治安案件中，被侵害对象也有很大一部分是流动人口。据湖北省公安局统计显示，近年来湖北常住人口已突破6100万，流动人口超过1100万；而2009年全省流动人口犯罪案件占到案发总数的56%。2006年以来，武汉市公安机关抓获外来人口犯罪嫌疑人3083名，其中刑拘3076名，占刑拘总人数的41.5%。[1]

(2)公共资源问题。大量涌入的流动人口增加城市供给负担，加速资源消耗，尤其是一些已经有较高人口密度的大城市。据统计在大城市每增加10万流动人口，就需要增加5万公斤蔬菜，10万千瓦度电，204万公斤水，730部公共汽车，每天会生产出10万公斤垃圾，排放2300万公斤生活污水和污染物。湖北城镇化率每提高一个百分点将增加60万城镇人口，按每个(完全化)城镇人口所必须的供水、供电、通信、交通、治安、供暖供气等基础设施投资和商业服务、文化、教育、卫生、社保、环保、住房等设施最低投资需求30万元计算，即每年增加1800亿元投资。如按50万元计算的话，则为3000亿元投资。以流动人口最多的武汉为例，据警方统计，2010年武汉市登记流动人口已达180多万人，[2]同期武汉市常住人口为980万，外来流动人口常住人口数量比大概为1∶6，在这个比例中，我们看到了

[1] 蒋世新．对当前武汉市外来人口管理的调查与思考[J]．武汉公安干部学院学报，2007(2)：16.

[2] 张真真．湖北武汉废止暂住证制度 外来人口将享市民待遇[EB/OL]．(2010-9-16)[2012-9-12] http://midchina.xinhuanet.com/2010-09/16/content_20915860.htm.

外来人口对武汉带来的巨大社会价值，为武汉的发展带来大量的劳动力，注入更大的发展活力；为武汉城镇化、现代化做出的巨大贡献。尽管武汉地理位置九省通衢，集聚了大量优质社会资源，然而庞大的外来人口群流入城市，使城市的人口压力大增，生存的压力对环境和自然资源的需求进一步加大，不仅对武汉市的环境、交通造成消极影响，其供水、电、暖等基础设施也将难以承受。

(3)社会保障问题。外来流动人口(主要是农民工流动人口)在各大中型城市中的比重不断上升，使得城市本身就存在的就业、住房等矛盾进一步激化。像北京、上海、广州等大城市流动人口已超过200万，对城市业已紧张的住房、交通、通讯、上学、就医等带来沉重的压力。[1] 据湖北省人力资源和社会保障厅资料，我省2011年底全省城镇新增就业人员1221万人，有553万城镇失业人员实现了再就业，就业困难人员就业180万人。如图8-4所示，全省近五年来城镇登记失业人数一直居高不下，持续增加，2011年末城镇登记失业人数为922万人，城镇登记失业率为4.1%。大量经济型流动人口的涌入，冲击了湖北的就业市场，而对于我省失业人口的就业与再就业都造成了一定的障碍。

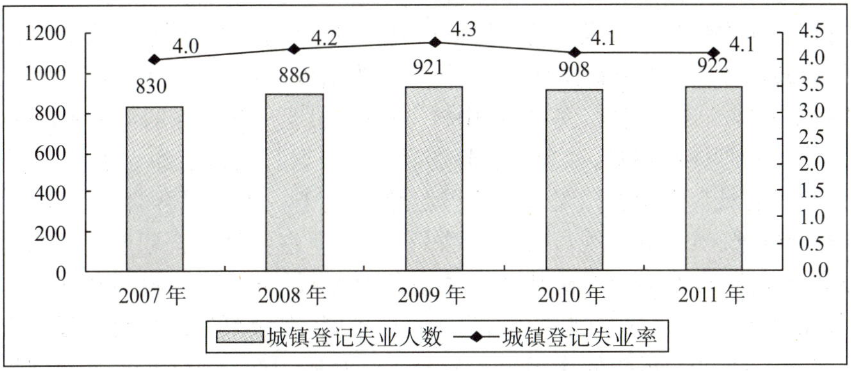

图8-4　我省近五年城镇登记失业人数及登记失业率

数据来源：湖北省人力资源和社会保障厅

(4)城市文明形象问题。流动人口由于具有不固定性，故存在着短期行为。他们从事着社会最底层的工作，不仅工作环境脏乱差，长期处于非文明的环境中，其自身环境卫生意识较差。生活聚居区垃圾遍地、污水乱

〔1〕 王爽．外来流动人口的增长与城市政府的治理创新——以上海市公安管理部门为例[D]．上海：复旦大学管理学院，2007.

流的现象随处可见;而聚居区违章建筑多、市容杂乱更是影响城市形象的一大原因,甚至还滋生出某些疫病。在大城市中,每增加10万人口,每天会产生10万公斤垃圾,排放2300万公斤生活污水和污染物。我省大量的城中村,相关配套设施不完善,是城市中脏乱差问题的集中点,垃圾随意倾倒,脏乱现象突出。同时规模太大的流动人口增加了城市拥挤程度、新生出大量噪音。而育龄人群的大量迁入,为我省计划生育工作增加了难度。多数外流人口进入城市后脱离了当地计划生育管理的视线,加上流入地政府对她们的管理没有及时跟上,出现了许多计生盲点和计生死角,为她们超生滥生大开了方便之门,因而随心所欲,形成浩浩荡荡的"超生游击队"。不仅严重影响了我省计划生育规划的实施,而且加重了城市人口控制的负担。

这一系列的问题都对城市政府的治理能力提出了挑战,原有的管理制度、管理模式和管理能力都与现实需求不相匹配,如果不能及时给与高度关注,探索出一条具有湖北特色的城市外来人口管理之路,外来人口的负面效应将不断扩大,并将成为影响我省新型城镇化发展战略的障碍。

2. 城中村:城镇基层治理的难点

随着我省城镇化进程的加快,出现了一批因建设征用早已没有什么土地,实际上已经失去农村经济形态,且基本被城市包围的都市村庄——"城中村"。城中村是城市发展的阶段性产物,人口结构的复杂化、社会管理滞后、公共服务缺失及基础工作薄弱,使其成为治安的乱点;加上现行的流动人口不完善的管理制度,使得"城中村"的成为社会管理工作的重点和难点。

(1)管理体制不顺,社会管理职责混乱。根据我国目前的立法,村委会有《村民委员会组织法》,是集社会与经济职能于一体的混合自治组织,而居委会依据《城市居民委员会组织法》行使的却主要是社会职能。因为村委会组织法、居委会组织法从法律法规的角度赋予村、居的权利和义务有严格的区分,村、居的管理体制因此也完全不同,在城市经济社会建设与管理中发挥的功能、承担的作用也各有分工。众所周知,"居委会"是我国城市的基层组织,在城市管理、社区服务、社会救助等方面发挥着重要而积极的作用,是党和政府联系城市居民的桥梁和纽带,而村委会在城市建设和管理中发挥的作用相对来说就比较弱。城中村作为一个"特殊社区"类型的存在,往往村委会和居委会同时存在,这就导致村居交叉,职责不清,给城中村的相关管理工作带来很大的混乱,已明显不适应新型城镇化和现代化的发展需要。

湖北省"村改居"工程实质上是换汤不换药,村中大小事务仍由原村里的股份公司说了算,导致在"村改居"过程中发生权力重新分配的矛盾。产权制度改革滞后，加上“村改居”工作不到位，目前多数“城中村”仍实行“政经合一”、“政社合一”、“村居合一”的管理模式；股份公司不仅负责经济工作，而且担负着集社区内的政治、村民就业、社会治安、计划生育、基层党建等于一体的综合性工作，并且市政、环卫等设施仍由股份公司投资。尽管一些村已经进行了“村改居”，但是新成立的社区居委会与原来的村委会并没有实质性的变化，管理体制依然没有理顺，造成城中村社会管理职责换乱。

（2）居住人群复杂，管理难度大，影响了城市的长治久安。城中村农民和市民混居，外来人口主要集中在城中村，人员进出量大；少数地方成为“黄、赌、毒”的温床，“超生游击队”的藏身之所。在武汉洪山区公安分局去年受理的此类警情中，有34%来自于城中村。由此导致的户籍管理、人口管制等问题突出，增加了城市社会管理的难度。在一个流动性人口比例很大，各类人群鱼目混珠的环境中，靠目前一两个片警进行管理简直是不可能。如武汉市洪山区的警力编制是80年代按照郊区的要求配置的，但是洪山区近些年经济发展迅速，2000年至今，洪山区城区面积从40平方千米增至80余平方千米；实有人口从66万增至110万，在这一情况下，警力却一直未变。治安管理任务日趋繁重，直接导致有的工作无法开展或力度不够。而洪山区总共28个“城中村”新建社区共有外来暂住人口5万余人，占全区外来暂住人口总量的38%；房屋出租户5962户，占全区出租户总量的50%。管理难度增大。

据相关资料显示，近几年发生的治安问题突出的区域，基本上全部集中在城中村。特别是城乡结合部和农、市民混居区域，管理上基本处于失控状况，已经严重影响了整个城市的政令畅通和社会稳定。据警情数据统计，武汉仅青山区2011年就查处传销违法犯罪团伙3个，捣毁传销窝点18个，破获传销类刑事案件5起，刑事拘留12人，行政拘留4人，劳动教养10人，教育遣返传销人员135人，解救被骗传销人员14人。同时，通过组织出租屋业主、房屋中介机构学习有关打击非法传销的法律法规，规范房屋中介的经营行为，挤压传销组织的生存空间。洪山区洪山街的7个城中村有传销人员3000余人因拆迁改造失去落脚之地而离开。

案例7　城中村治安乱象[1]

2005年10月中旬，武汉警方在后湖乡淌湖村查获捣毁一制贩假证窝

〔1〕 城中村治安乱象[J]. 瞭望新闻周刊，2006(Z1)：25.

点。一对湖南娄底的中年男女,2005年初来到淌湖村,开始制贩假证、假户口等,每个卖15至20元,其中,假土地证每个卖30元。民警从租房处搜出假证、假章2000余件套,以及200多个公章模具及编号目。其中不仅有部队、大学院校、政府、商业机构专用章,还有73家派出所公章。

(3)基层民主建设滞后,腐败现象严重。从城中村的经济结构来看,其实已经发生了根本性的变化,一些社会公共权力隐含着巨大的经济利益。但在现有的村委会管理体制下,基层民主政治建设滞后,隐藏的腐败现象非常严重。管理体制的落后,使得村民自治章程和村规民约难以贯彻落实,村委会对村民的自我教育、自我管理、自我服务作用没有得到充分发挥,民主选举、民主决策、民主管理、民主监督很难体现。另一方面,今年来城中村换届选举中出现村委干部一旦当选,往往利用自己手中的权力大肆损害村民利益的事件。如湖北省广水市根据城市建设发展的需要,把过去农村性质的20个"城中村"更名为社区,仅有6个自然村仍然保留村的称谓。一些社区干部在这一社会调整变革过程中,贪污、挪用征地补偿款、青苗损失费以及在基础设施工程建设发包中收受贿赂、贪污资金等职务犯罪案件时有发生。来自广水市检察院的一份调查报告显示,2007年1月至2011年12月,该院先后立案查处了8个社区干部职务犯罪案件10件31人,占查办职务犯罪案件总人数的67%,是前10年的3倍。[1]

案例8 "村干部"印象:城中村基层民主之忧[2]

《瞭望新闻周刊》今日在北京、上海、武汉等地采访,屡见城中村村干部们出入高级轿车,抽"中华"香烟,言谈间,曾到欧美哪国考察,数百万元资产如何往来,说得轻轻松松。在记者采访的几个城中村,村支书、村主任个个都乘名牌高档轿车,凌志400、奥迪A6、皇冠、帕萨特,俨然高官富豪。武汉市江岸区岱山村主任邓大双说村里负债1000多万元,而他坐着30万元的别克君威,并称买车是经村民代表大会通过的。村干部的私房更让村民望而兴叹。在一处城中村,村民带着记者去看一排房子,说连着五六栋都是前任老支书的房子,现任村支书的七层楼房,一年租金据说就有十几万元。

---

〔1〕 阮晨雪. 湖北广水检察院调研显示:城中村变社区 干部腐败多发[EB/OL].(2012-2-1)[2012-8-21] http://www.zsnews.cn/zt/ZSJCY/News/2012/02/01/1919950.shtml.

〔2〕 "村干部"印象:城中村基层民主之忧. 瞭望新闻周刊,2006(Z1):23-24.

武汉市江岸区岱山村几位村民听说记者要采访村主任，笑说能找到他就是你们福气。记者在村委会问了两个人，均称不知道去向，等了个把小时，才碰巧等来了邓大双。汉阳区汉桥村刚刚改制完毕，记者去采访负责人，社区居委会干事说在企业集团那边，企业集团的人又说在社区这边，记者两边跑，后请他们帮忙电话联系，又说都在外面开会、办事。记者在武汉市洪山区姚家岭村采访时，遇上几位村干部在聊天。听说要找村支书王胜祥，都摇头表示，王书记不在，开会去了。有位50多岁的老李说，王书记是省人大代表，活动多，忙得很，经常开会，一般找不见人。记者请他们帮忙打个电话，或说不知道手机号码，或说不便联系。

王胜祥的忙，在武汉大学教授李光那里得到证实。李光是洪山区城中村改造专家组组长，采访中他和记者谈到，找王胜祥的人多，有一次省里一位副厅长找王，王开玩笑说，找我的人，你算是官最小的。

2005年6月，武汉市检察机关通报村干部犯罪案件呈上升趋势。1至5月，已立案侦查，9名村官涉嫌行贿、受贿、挪用公款案，数量是上一年的两倍。

2005年10月份以来，村官违法犯罪事件又有多起：10月24日，洪山区桥梁村村支书付明森和副支书付登勇，因涉嫌非法转让土地供外来户违规建房，从中牟利，被警方逮捕；10月中旬，江岸区后湖乡新益村原党支部书记湛小运被检察机关审查起诉，他涉嫌收受武汉华海公司贿赂5万多元，与之签订"合同"，致使对方把计划被征用的土地"抢占"在手；11月1日，后湖乡新春村委会原主任周三保因签订圈地协议套取国家补偿，受贿33万元，被法院判处6年有期徒刑。

三、湖北城镇化发展中地方治理的创新

城镇化的发展对社会和城乡居民生活的变化在基层社会表现得最为直接和明显，从而影响着地方治理，引起地方治理的变化和转型。应对城镇化对地方治理的挑战，应当构建有助于城镇化健康发展的面向未来的地方治理新机制。在我省城镇化进程中，应通过至上而下的行政体制改革、构建公共服务体系、整合城乡经济社会资源、变革户籍制度、发展社会中介组织及新型城乡社区，探索具有湖北特色的新型城镇化进程中城乡一体的地方治理变革之道。

（一）实行区域化治理：重构以社区为单位的基层管理、服务组织新体系

湖北是经济高度发展地区，也是城镇化快速发展地区，农村人口不断

向城镇聚集,一些村落日益空心化。如何因势利导在推动城镇化发展的同时构建与城镇化相适应的新型乡镇治理体系,推动农村基层社会组织、管理和服务体制的创新和变革,是湖北省新型城镇化的重要内容,也是我省实施以城带乡战略、推进城乡一体化进程和建设社会主义新农村的重要载体,是农村城镇化的切入点。

1. 将农村社区建设和村民自治有机结合,完善农村基层民主制度

(1)科学规划农村社区规模和布局。科学建设农村社区要按照"生产发展、生活宽裕、乡风文明、村容整洁、管理民主"的社会主义新农村建设要求,协调推进社区的全面建设。农村社区人口数量和地域面积也是制约和影响农村社区组织、管理及服务的重要因素。人口数量多、地域面积大,虽然有助于降低公共服务成本,提高规模效益。但是,如果社区范围过大,会对社区的管理和自我服务增加压力,影响自治活动的开展;如果社区范围过小,会造成管理成本加大,公用基础设施建设投入压力增大,甚至造成浪费。[1] 从全国各省市和实验区农村社区建设试点的经验表明,在绝大多数省市,农村社区范围以"一村一社区"为宜,农村人口大约2000—3000人左右。当然,对于一些村委会规模较少的地方实行"多村一社区"显然是合理的;而一些分散或偏远的自然村设立"服务站"或"服务点",这样可以实现管理幅度与服务规模的平衡。

(2)因地制宜,探索多样化的村民自治组织模式。在当前的村民自治框架下,村委会是村民选举产生的群众性自治组织,而随着农村空心化的加剧以及农村人口流动,村委会也日渐式微,严重阻碍了村民自治的发展。将村民自治组织的多样化模式探索纳入到农村社区建设中,不仅有利于根据自身职能和社区内群众的实际需要,实施具体服务;还能在村委会和社区组织的指导下,按照《社区理事会章程》等行使自我教育、自我管理、自我服务、自我发展的职责,提高村民自我服务的能力和水平。

多元化的社区组织体系意味着长期以来束缚农民流动的集体土地产权将不再成为人们参与村级公共事务管理的先决条件。我省在推进农村社区建设的过程中,可以考虑打破原有的村民会议、村民代表会议、村委会、村民小组等组织的限制,按照农村社区的范围培育发展农村社区生产生活服务组织、专业经济合作组织、文化娱乐组织等多元化的社区组织体系。本村村民、外来流动人口及驻区单位均可在自愿、互利和合作的基础上参与社区事务、社区组织和社区建设。或许有望为长期以来村民自治中

---

〔1〕 夏周青,张惠萍. 农村社区建设规划应把握的几点[J]. 理论探索,2010(4):92.

一直没有从根本上解决的“居民”资格条件（身份）界定问题有望找到突破口。我省一些地方在农村社区中推行“专业协会”或服务中心模式，取得了很好的效果。如我省宜城市桃花渡社区，是以一个自然村为基础建立的社区，不仅设有社区中心理事会，还成立了诸如志愿者协会、农家乐餐饮协会、红白理事会等多种群众性服务组织。[1]

2. *以农村社区为平台，建立和完善以社区服务为核心的农村公共服务体系*

创新农村公共服务，要打破原有的行政区划界线，彻底改变因行政区划而产生的人口分散化，公共服务不能达至单个个体的情况，将各类公共服务纳入到农村社区中。在推进农村多元化的社区服务上，将各地方政府和社会组织联合起来：第一，政府公共服务方面，诸如计划生育、公共卫生、警务司法、文化体育、社会保障、法律咨询、科技培训、种粮补贴、家电下乡补贴等与农民生产生活密切相关的基本公共服务，在推进农村社区建设中，要纳入社区平台，为村民提供一站式服务；第二，社会化服务方面，积极拓展各类村民自我服务、自我管理的组织，以及志愿组织服务等；第三，市场化服务方面，在有条件的地方努力组建医疗卫生站（中心）、集中配送连锁经营的农资超市服务、便民超市、专业经济合作组织服务等。全省各试点社区在建立和完善农村社区公共服务体系方面，要以提高农村公共服务水平和村民生活质量为原则，以培育社会服务组织网络、社区志愿者服务队伍为载体，建立服务中心——工作站、专业协会、理事会等服务组织网络。

3. *发展农村社区文化，为村民自治提供思想保证*

农村文化事业与城市的差距，主要表现为农村基础设施短缺、“五乱”现象突出、打牌赌博、封建迷信等不良风气尚未杜绝。同时，村级文化活动室随着人口的外流日渐衰落。导致一些农民群众想学农业知识缺资料，想奔富路缺技术，想找市场缺信息，想搞娱乐无场所，农民群众的精神文化生活总体贫乏。因此积极推动农村文化事业发展，已经成为农村社区建设中不可或缺的目标和重要内容。从现实来看，一是建立农村文化的主阵地。一方面积极投入资金，推动农村综合文化站建设；另一方面，加强广播室、图书室、科普活动室，体育健身场、文化活动场，以及有市场需求又能传承民间文化的农民娱乐队即“三室两场一队”的建设。二是推动农村文化信

[1] 张艳国，胡盛仪．新农村建设背景下农村社区走势研究——以湖北省农村社区发展研究为个案[J]．湖北大学学报（哲学社会科学版），2011(3)：100.

息资源共享工程建设。各市、县、区加快“使网络进入农户”的建设步伐,送书下乡,建立并壮大“农家书屋”。三是建立文化中心户。四是建设文化墙和文化长廊。五是开展丰富多彩的文化活动。[1]

4. 创新基层组织管理服务的运行机制,为城镇化发展提供有序参与的环境

第一,构建政府主导、社会参与的协同治理机制。“在基层的治理过程中,离不开政府与各社会组织或群体之间的相互依赖与互动,只有建立基层政府、市场、社区、社团组织和城乡居民之间合作共赢的秩序,才能实现城乡基层有效的治理”。[2] 因此,新型城镇化发展中,应该逐步建立期政府主导、社会参与的协同治理机制,既形成城镇化发展中的政府主导性,也形成多元社会力量有序参与的运行机制,为城镇化发展提供有序参与的环境。

第二,建立、完善一体化的市场运行体系及监管机制。在未来,应逐步建立城乡功能有别、经济结构布局层次分明、有序管理的机制,这客观上要求必须建立一体化的城乡市场体系,实现各种资源的合理流动与配置,从而形成城乡互补、共同发展的局面。在市场机制运作下,政府应该更加体现出管理者与引导者的角色,通过建立法律法规、完善各种管理规章制度,彻底消除城乡行政管理壁垒和政策障碍,真正促进农村劳动力、农产品等有序流动到城市所需要的地区,推动城市各种优势资源下乡,切实推动农村经济社会的全面发展,从而有序推进城乡社会各类要素的合理流动,推动城乡经济协调发展,促进城乡社会的互动与融合。另外,在构建城乡市场一体化建设中,除了通过制度推进外,要逐步加强市场体系的监管制度建设,通过健全的法律、法规与制度建设,起到积极监管与协调督导的作用,创造城乡市场机制有序运行的良好环境,从而推动城乡市场一体化机制的良性运转。[3]

(二)打破城乡二元化体制:保障农民离土又离乡

要保障流动中的农民的权益及利益,从户籍管理、劳动就业、社会保障、文化教育、医疗卫生等各个方面全方位地改革创新。

---

〔1〕 张艳国,胡盛仪. 新农村建设背景下农村社区走势研究——以湖北省农村社区发展研究为个案[J]. 湖北大学学报(哲学社会科学版),2011(3):101.

〔2〕 程又中,张勇. 城乡基层治理:使之走出困境的政府责任[J]. 社会主义研究,2009(4):6.

〔3〕 袁方成,李增元. 武汉市统筹城乡一体化发展研究[J]. 城市观察,2010(5):142.

1. 修改、完善城乡一体化的户籍管理制度

户籍制度的改革，关系到城乡一体化的纵深发展和流动人口的各项权益。促进城镇化发展，应逐步构建有利于城乡统一的居民登记制度，实施以身份证为核心、以居住地为基础的身份统一、机会均等、权利平等的城乡统一的人口管理体制。[1] 要使城乡人口自由流动，就要深化户籍及公共服务体制的改革，剥离现行的城镇户籍与就业、教育、医疗、社保和住房等方面的福利关系，消除依附于城乡分割户籍制度之上的对农民社会福利的制度性歧视；继续深化户籍制度改革，分阶段放开城镇户籍。破除制度障碍，在中小城市和中心城镇建立城乡统一的户籍登记制度，以合法固定住所和相对稳定的职业或合法生活来源为基本落户条件，鼓励农村劳动力就近有序向城镇转移。条件成熟时，逐步放开大城市户籍，实行居住证管理，形成城乡一体的户籍管理体系。[2]

建立自上而下的全国统一的户籍管理机构，有利于对城乡户籍实施统筹协调管理，消除城乡户口的差距，使户口真正成为标示成员身份的印证，不断破除不同区域间工作、就业及参与市场竞争的门槛，这也有利于实现城乡人力资源的合理流动与配置。特别是在城镇化过程中，通过统一的户籍管理制度有利于破除农民的进入门槛，促进广大劳动力的大量转移，有利于推动城镇化及乡村工业化的进程。

2. 构建城乡一体的社会保障体系

将社会保障与农地产权剥离，建立高效的集聚机制和政策环境，为农民进城及失地农民提供公平的社会保障。一是鼓励有条件的农民工到城镇安居乐业。加快住房、教育、医疗、社会保障等与户籍管理相关的配套制度改革，让进城务工人员在劳动报酬、子女就学、公共卫生、住房租购以及社会保障方面与城镇居民享有同等待遇；二是加快人力资源市场和就业服务体系的培养和发展，充分发挥人力资源市场在配置人力资源中的主渠道作用，加强农村劳动力转移技能培训、农村实用人才培训、城乡专业技术人员培训，加强进城务工农民就业指导，加强农村劳动者职业能力建设，逐步健全乡镇（街道）劳动权益维护和劳动争议仲裁调解组织，促进城乡劳动者平等、稳定就业。

---

〔1〕 项继权．城镇化的“中国问题”及其解决之道[J]．华中师范大学学报（人文社会科学版），2011（1）：6.

〔2〕 参考资料：湖北省城镇化与城镇发展战略规划（征求公众意见稿）（2010—2030）.

3. 完善城乡流动居民权益保护制度

改善进城务工人员的劳动和生活条件，消除制度性障碍，加快住房、教育、医疗、社会保障等与户籍管理相关配套的制度改革，让进城务工人员逐步与城镇居民享有同等待遇。应逐步完善农民工在城市地区打工、就业的制度保障，逐步建立于城市工人同等的住房、就业、医疗等福利制度，建立维护农民工权益的保障制度建设。同时保障城市居民能够流通到农村地区发展的保障制度建设。逐步建立城乡流动中居民权益的长效保护机制，确保农村居民到城市地区能够“走的进、呆得住、干得好”，城市居民到农村地区能够“进得去、容得进”，从而形成平等的地位与同等的国民待遇。

4. 健全、完善农村社会保障制度

在未来统筹城乡社保建设中，应加强相关制度建设，因地制宜制定低保制度，进一步提升贫困地区、贫困人口的低保水平，使农村低保与农村经济发展水平结合起来，严禁一刀切，并建立各级政府之间合理的财政投入机制，对财政相对较弱的地区，上级政府应加大财政投入力度。建立科学合理的低保标准评估制度，使真正符合条件的人员能够做到应保尽保，体现社会保障的公正性。同时，实现城乡之间低保的均衡机制，切实缩小城乡低保差距，保障城乡困难群体同等的生存权利及利益维护机制，真正体现公平、公正的价值理念。

（三）改革城市治理机制：构建包容性治理制度

外来人口的治理是城市治理中不可忽略的问题，应逐步建立具有包容性的城乡统一的公共服务制度，推动流动人口服务和管理体制创新，统筹城乡社会管理。改革城市外来流动人口治理机制，需要正确定位外来人口，很多城市简单把外来人口视为不稳定因素的根源，重防范和管理、轻服务和保障；重强制手段、轻引导机制，不了解其需求，造成大部分外来流动人口对城市缺乏归属感和认同感。在城市治理认识上，忽略将其纳入社区建设和治理中，城市社会成为一个对外来人口“封闭性”极强的排斥区域，既不利于城镇化的发展，也不利于体现社会公平和合理。

1. 构建城市外来人口包容性治理机制

（1）建立具有包容性的外来人口管理体制。从目前来看，要想通过户籍制度改革来彻底解决外来人口在城市中的管理问题，似乎一时难以实现。那么我们可以尝试在现行户籍制度框架内创新外来人口的管理体制问题。

第一，可以借鉴国外经验，对外来流动人口实行“移民制度”的管理。

在一定的社会经济发展阶段，承认城市外来流动人口在取得城镇户籍之前和当地人在某些方面的权益进行区别对待是合理的。但是这些区别应当是以地方法规形式事先确定的，并且随着经济、社会的发展，这些区别应当逐步缩小以至最终取消。在法规没有做出规定的方面，外来人口应当享受和户籍人口相同的权利，不得歧视。第二，成立专门性的外来人口管理机构。可以由各级地方政府成立专门的“外来人口事务管理局”一类的机构，也可以在公安部门或民政部门内设立专门的二级管理机构，这个机构的主旨职能体现为三个方面：管理、服务、维权。第三，实行外来人口“居住证”制度，所有外来人口都应当在被用人单位录用后的规定时限内（如一个月内）申报登记“居住证”，进入“外来人口管理”。任何单位和个人都必须在外来人口申领“居住证”后方与之签定劳动合同；领取了“居住证”的外来人口，享受各种由地方法规明确规定的各种权益。未申领“居住证”的外来人口不得享受相关权益。[1]

（2）外来人口有权益，城市才更加包容。首先应当保障他们的各项劳动权益。外来人口为城市经济发展做出了贡献却不能参加城市的社会保障有失社会公平，与加强对外来流动人口的管理结合起来，要把建立适合于他们的社会保障放在突出重要的位置。外来人口作为劳动者，应当享受《劳动法》规定的各项劳动权益：参加当地的社会保险，特别是养老保险，同时也有利于扩大整体保险基金来源，增强基金支付能力。我们应当看到，随着城市化进程推进和城镇户籍制度的进一步改革，外来人口中的一部分终将转变为当地城镇居民，他们参保越早，今后的矛盾就越少。此外，在外来人口管理体制中，缴纳社会保险费的记录也可以成为外来人口转变为户籍人口的重要资格和依据。据调查，很多企业中外来人口参保问题的难点就在于他们对于自身今后的去留不确定，一部分人选择回乡或再去别的城市，不仅转移他们的社会保险基金有许多技术上的困难，而且应当怎样转移当地用人单位为他们缴纳的统筹基金目前也没有合理、明确的规定，应当尽快进行相关的政策研究。[2] 其次，保障外来人口享受流入地公共产品和服务。如各级地方政府可以考虑把持有居住证的外来人口纳入城市建设的施政范围。在规划、提供公共产品和服务的时候应当把持有居住证的外来人口和户籍人口一并纳入，统筹安排，统一管理。

（3）大力推进中小城市、县城和中心镇建设，作为吸纳农村人口转移的

---

〔1〕 陈颐．对外来人口管理体制的思考[J]．江苏社会科学，2006（5）：3.

〔2〕 陈颐．对外来人口管理体制的思考[J]．江苏社会科学，2006（5）：4.

主阵地，缓解大城市治理压力。到2015年，为实现转移360万以上的农村人口进入城镇的目标，必须大力发展中心镇、特色镇和县城。其中大城市吸纳100万人以上（占28%左右），中小城市和县城吸纳150万人以上（占42%左右），中心镇和其他小城镇吸纳110万人以上（占30%左右）。我省在2005—2009年间，全省城镇人口增量为155万人，年均增加人口38.8万人。其中，特大城市和大城市人口增加46万人，占29%；中小城市人口增加21万人，占14%；县城人口增加40万人，占26%；建制镇人口增加48万人，占31%。可以看出，各规模层次城镇人口增量占比与城镇人口基数占比基本相同，说明我省前阶段的城镇化是均衡的、自然的城镇化，没有特殊导向性影响。大城市和建制镇人口增加人口所占比重最高，说明大城市聚集效应明显，但受户籍制度限制，大城市转移人口中农村人口不占主流，在承接农村人口转移方面，建制镇是主阵地。所以，为了既能快速促进农村人口向城镇转移，又能发挥规模效应，在推进我省新型城镇化过程中，应该将发展中小城市、县城和中心镇作为重点。

2. 城中村改造：村庄变社区，村民变居民

城中村在一定时期内为解决失地农民社会保障，承接进城务工人员和保留传统文化等方面发挥了一定的作用，但在人居环境、公共安全、社会治安等方面存在诸多隐患，越来越不适应新型城镇化的发展要求，实行城中村的综合改造，是统筹城乡协调发展，改善城乡人民生活环境，提升城市功能，推动城市经济发展和社会进步，全面建设小康社会的重要组成部分。

（1）理顺城中村行政管理体制，纳入城市社区管理。目前，城中村管理体制还存在城乡二元分割的状况，城市社区管理体制尚未向城中村延伸。导致部分城中村管理十分松散，基本处于放任状态。近年来，我省大部分地区已完成“村改居”工作，把城中村纳入了城镇社区，但是新成立的社区居委会与原来的村委会并没有实质性的变化，城中村并未真正达到城市社区管理的要求。因此，我省在新型城镇化建设过程中，要进一步理顺城中村行政管理体制。

一是把老“城中村”纳入城市社区管理体系，加大城中村卫生、治安、绿化等方面的管理力度，实现社区管理一体化。二是近郊社区新村点推行城市社区管理模式，将近郊社区纳入城市社区管理范围，城建、城管、环卫、园林等城市建设和管理职能延伸至近郊社区，真正体现城乡一体化，城市现代化。三是完善社区居民自治组织，城中村聚集了大量流动人口，打破了原来农村承包组的区域界线，基层自治管理松散混乱。因此，在新形成的

城中村中要重新完善社区居民自治组织，建立居民小组，以利于自主管理、自我服务。四是强化社区综合管理职能。各级政府及职能部门要按照“小政府、大社会”，“小社区、大服务”的改革思路将适合社区承担的公益性、社会性、群众性的职能下放给社区，并按照“费随事转”的原则移交工作经费，赋予城中村社区综合管理职能，增强社区功能。

(2)公安机关要立足职能，推进警务机制改革，用信息化手段努力破解城中村管理难题。我省城中村的实际情况是：面积大、私房出租屋、流动人口多，治安情况复杂，管理难度大。而城中村警力不足仍将在相当一段时间内长期存在，所以必须坚持科教强警的战略，进一步优化警力资源。一是增加社区民警警力。分局、派出所要想方设法增加、配强城中村社区民警，积极争取区、街道、行政村大力支持，增加协管员和辅警人员。要改革社区警务机制，加强社区民警习惯养成，使信息采集、走访、巡查、服务群众等成为其基本工作方式，实现工作常态化。二是切实加强源头信息采集。社区民警要转变工作方式，通过上门登记办证、走访群众、到网吧、旅店、门点巡查等日常工作，加强基础性、源头性信息的采集录入，提高信息的数量和质量，扩大信息源。三是强化对社区民警的考核。户政处要尽快研究制定社区民警考核的意见，突出抓好信息采集、重点人员管控、提供破案线索等主要指标的考核，用考核制度倒逼其全力做好社区警务工作。四是要加大视频监控系统建设力度。加强现有探头的利用，尽快修复损坏、效果不好的，突出重点部位增加监控探头，严防死守，提高安全防范科技含量，同时也为破案打击服务。

如武汉市由政府出资买岗，为每个城中村社区配备专职安保人员 10 余名。各街抽调 60% 的安保队员，各公安派出所抽调 3 名专职干警，在加强阵地控制的同时，根据城乡结合部多发案地段、多发案时段和发案类型，采取步巡、车巡相结合，定点控制和机动巡逻相结合方式，有针对性地进行集中联片巡逻，取得了不错的成效。

(3)健全基层民主制度。城中村改造涉及农民的切身利益，没有健全的民主制度，党员群众不能以正常渠道参与基层组织建设。在一些城中村，干部群众民主意识比较薄弱，村民思想认识水平和参政议政能力普遍较差，没有统一具体操作性强的规范性制度和配套机制，改造过程中阻力重重，平时没有养成民主管理的传统，要用的时候“临时抱佛脚”，难免触及村民利益印发矛盾纠纷，影响改造进程。城中村改造后按法定审批程序在撤销村委会的同时，需要在居民自治的基础上建立社区居委会和党组织，因此，“村改居”要实现真正的城市化转型，需要在党内民主和党外民主的共同作用下完成。一方面社区管理职能的非行政化转变要求民主管理；另一方面社区自治体系的健全有赖于民主管理制度的不断完善和有效施行。只有健全民主管理制度，畅通居民、党员表达真实意愿的渠道，合法选举社区党组织班子，才能实现“城中村”改造后“村改居”从形式到实质的真正转变。